羅光全書

冊十二

中國哲學思想史

元明篇

臺灣學生書局印行

羅光著

中國哲學思想史

元、明篇

臺灣學生書局印行

中國哲學思想史　元明篇

目錄

第三章　北方理學家

明代篇

第四章 明末哲學思想

元代篇

第一章 導論

宋朝的哲學思想，以理學為代表，理學又以朱熹作代表。朱熹晚年，因韓侂胄當政，興起打擊理學的政治風潮。北宋時，因新政舊政之爭，乃有元祐年間的黨案。南宋時，因韓侂胄誣朱熹的理學，為『道學』或『偽學』，予以打擊，貶逐朱熹和他的門生。侂胄被誅以後，史彌遠用事，復興理學，又因廢立皇太子事，遭理學之士的指責，又放逐眞德秀、魏了翁等人。彌遠既死，理宗臨朝親政，乃明令尊朱熹為太師，提倡四書集註，理學乃得延續。理學在宋朝對社會最大的影響為，改正五代的寡廉鮮恥的頹風，學者和社會人士都能崇尚氣節，孔孟的思想成為人生的規律。然因高談性理，專講正心，不免流於空疏，不務實際。宋末，國家受金人蒙古人的侵害，學者不能從事改革朝政，太學生又任氣囂張，評議國事且自相攻擊。葉適、陳亮、呂祖謙等人乃提倡致用之學。

金人攻取了遼人的國土，佔有長江以北。然而金人本來沒有學術。金熙宗完顏合剌提倡儒學，以女眞文字翻譯易經、書經、論語、老子等書。當時長江以北的儒學家，都遷居江南。蒙古人滅了金，又滅了宋朝，改國號曰『元』，建立了龐大的歐亞帝國。元世祖心好儒學，遂重用儒者，先則收集金朝和南宋的書籍，設立「宏文院」和「秘書監」，專管圖書經籍。又設立「興文署」掌管經籍的版刻和雕印。再興辦太學，以許衡爲教師，教授孔孟和程朱之學。制定考試，以經議取士，經議以四書集註爲主。元朝的儒學，遂直承宋朝理學。

當元朝滅了宋朝而統一大江南北時，那時有兩位理學家，一爲黃震，一爲王應麟，兩人都不願意在元朝做官。

黃震，字東發，慈溪人。宋度宗時曾爲史館檢閱，修寧宗、理宗兩朝國史實錄，曾著日鈔分類百卷。東發宗守朱熹之學，終身讀論語，然也常有和朱子不同的意見，例如論天地之性和氣質之性，東發特崇孔子的『性相近』說，「言性豈有加於夫子之一語哉……夫子未嘗言性，言性只此一語，何今世學者言性之多也。」(日鈔・讀論語性相近章)性理之學，研究性命心情。二程論心性，有些和禪宗的識心見性相通。二程的門生楊時、羅從彥、李侗就陷入了禪學的靜坐以求心的本體。「不有晦翁，孰與敎正。嗚呼危哉！故二程固大有功於聖門，而

晦翁尤大有功於程子。」（黃震。日鈔。）(1)

宋亡，黃震，餓於寶幢而死。

宋元學案東發學案有案語說：「百家謹案……當宋季之時，吾東浙狂慧充斥，慈湖之流弊極矣。果齋（史蒙卿）、文潔（黃震）不得不起而救之。然果齋之氣魄，不能及於文潔。而日鈔之作，折衷諸儒，即於考亭亦不肯苟同。其所自得者深也。今但言文潔之上接考亭，豈知言哉。」（宋元學案 卷八十六）

王應麟，字伯厚，自號深寧居士。履官至禮部尚書。學者稱爲厚齋先生。

應麟幼繼父訓，習陸象山的心學，後復習朱學和呂學。全祖望按深寧學案說：「四明之學多陸氏，深寧之父，亦師史獨善，以接陸學。而深寧紹其家訓，又從王子文以接朱氏，從樓迂齋以接呂氏。又嘗與湯東澗遊，東澗亦兼治朱呂陸之學者也。和齊斟酌，不名一師。」（宋元學案 卷八十五） 然而應麟的思想，實宗朱熹。著有困學紀聞。宋亡，隱居不仕。(2)

元兵南下侵宋時，佔據了德安，俘虜理學名師趙復。趙復謀自殺殉國。當時姚樞受元太宗禮遇，乃勸復保全性命以傳道學，復隨樞到燕京，把程朱的經書傳註都給了樞。趙復是南宋理學家眞德秀的弟子，德秀號稱西山先生，爲朱熹的再傳弟子，傳晦庵的理學。王應麟爲德秀的再傳弟子。宋末，理學家有鶴山、西山兩人，鶴山爲魏了翁，西山即眞德秀。姚樞字公茂，本柳城人，移居洛陽，受元太宗和世祖的寵遇，盡力提倡儒學。在燕京建立「太極書院」，請趙復在院中講學。因與台官不和，便隱居輝州蘇門山，許衡來訪。許衡少年好學，沒有教師，慕姚樞名，往見，聽說有程朱的書，專心誦讀，又手抄朱子四書章句以歸。元世祖時，姚樞任勸農使，薦許衡，衡在太學敎讀，官至集賢院大學士兼國子祭酒。元朝朝廷大臣，多爲許衡的學生。理學乃得在元朝繼續傳授。

元朝北方傳授理學的學者，除姚樞、許衡外，有劉因、蕭𣂏。劉因一生沒有作官，號稱靜修先生，著有四書精要三十卷。宋元學案「魯齊學案」趙復傳有案語說：「百家謹案，自石晉燕雲十六州之割，北方之爲異域也久矣。雖有宋儒疊出，聲敎不通。自趙江漢（趙復）以南冠之囚，吾道入北。而姚樞、竇默、許衡、劉因之徒，得聞程朱之學以廣其傳。由是北方之學鬱起。如吳澄之經學，姚燧之文學，指不勝屈，皆彬彬郁郁矣。」（宋元學案　卷九十）

蕭𣂏字惟斗，奉元人，隱居終南山，博覽羣書，敎授弟子，傳習理學。著有三禮說和勤齋文集。（宋元學案　卷九十五）

元朝南方傳理學者，有吳澄、金履祥、許謙等人。吳澄學問淵博，長於理學，又專經學，著有草廬文集，爲元朝學者之中最著者。

金履祥，字吉父，婺州蘭谿人，師事何基，基爲黃榦的門人，榦爲朱熹的弟子。宋亡，履祥隱居金華山。述著頗多，考訂四書集註。學者稱他爲仁山先生。

許謙爲金履祥的同鄉弟子，隱居東陽，講學華山，弟子著名者很多，謙傳朱熹理學，注意經典的義理和考訂。

元朝傳陸象山的思想的很少，黃宗羲在宋元學案「靜明寶峯學案」有案語說：「宗羲案：陸氏之學，流於浙東，而江右反衰矣。至於有元，許衡、趙復以朱氏，倡學於北方，故士人但知有朱氏耳。然非實能知朱氏也，不過以科目爲資，不得不從事焉。則不肯道陸學者，亦復何怪。陳靜明乃能獨得於殘編斷簡之中，興起斯人，豈非豪傑之士哉！」（卷九十三）

陳靜明，名苑，字立大，江西上饒人號稱靜明先生，專心研究陸象山的思想，尋陸氏和陸氏弟子等的著作。他鄙視考訂訓詁的工作，一意求反觀自心。另一陸學的傳者爲趙偕，字永，慈溪人，號稱寶峯先生，力主靜坐。「凡日夜云爲，若恐迷復，則於夙興入夜之時，宜靜坐以凝神。」「凡除合應用之事外，必入齋莊之所靜坐」（宋元學案　卷九十三　靜明寶峯學案）全祖望按語說：「祖望謹按：靜坐本於延平（李侗），而寶峯尤主之，然近於禪，非延平宗旨。」（同上）實際上李侗的靜坐，已經是近於禪，李侗的弟子朱熹便不接受他的主張。宋元學案「靜明寶峯學案」的寶峯傳說：「先生之學，以靜虛爲宗，然其墮於禪門者，則固慈湖之餘習。要其立身行己，自可師也。」（同上）

佛教禪宗在元朝時，尚有一脈的流傳，但因連年兵禍，禪寺多毀於火。五燈會元續略說：「曹洞宗至宋季尤盛於河北，所以元世祖大集沙門，惟少室裕祖，高賢鱗依，如黃鐘爲八十四調之首，如車轂爲三十六輻所歸，間至盛矣，誰與京焉。獨惜明興以前，金遼以後，河北爲戰爭之所，名刹兵燬，格言燹如；如洛之白馬、天慶，嵩之少室、龍潭，熊耳之空室，磁之大明，泰之靈巖，燕之報恩萬壽，燈燈不絕，斑斑可紀，而人罕被其光。至今僅存雲門壽昌少室三葉，頗稱繁衍。」當金遼蒙古人續相侵害時，北方的大寺多被戰火所毀。元朝皇帝雖崇奉佛教，然所奉的是由西藏傳來的喇嘛教，禪宗因劉秉忠的得寵，乃能宏臨濟宗。秉忠本爲禪僧，居雲中南堂寺，有海雲印簡法師，蒙元世祖召入京，偕秉忠同往。印簡旋卽回山，秉忠留侍世祖。武宗至大二年，勑趙孟頫撰臨濟正宗碑，碑文說：「海雲大宗師簡公，性與道合，心與法宜，細無不入，大無不包。住臨濟院，能係祖傳，以正道統；佛法蓋至此而中興焉。」(3)

道教在金朝的統域裏，出現了號稱『全眞』，『大道』，『統一』的三種派別，三派中以全眞教爲最盛。全眞教爲王喆所創。王喆本名中孚，咸陽人，生於宋徽宗政和二年（公元一一一三年），卒於金世宗大定十年（公元一一七〇年），他有弟子六人，郝璘，邱處機，馬鈺，譚處端，劉處玄，王處，合稱七眞人。弟子中，以邱處機爲最著。王喆以性爲元神，命爲元氣，人有性有命，有神有氣。天地的神和氣歸於眞道，眞道有虛有實，虛爲道的本體，實爲道的發用。人心爲道，道卽是心，心卽是虛。身爲物，物爲外表。金丹卽是本來眞性，是神。全眞敎以虛靜柔弱爲修身原則；以識心見性，除情去欲，忍恥含垢，苦己利人爲宗旨。邱處機在金元兩朝，宏揚全眞敎義，很受金朝皇帝和元朝大可汗的重視。所住的棲霞山道觀，爲東方道林之冠。邱處機歿後，全眞敎卽衰滅。當時南方的道敎，則有白玉蟾的南宗，玉蟾仿周敦頤的「太極圖說」作「無極圖說」：「夫道也，性與命而已。性無生也，命有生也。無者萬物之始也，有者萬物之母也。一陰一陽之謂道，生生不窮之謂易，易卽道也。道生一，⊙混沌也。一生二⚍，陽奇陰偶，卽已生三矣。純乾☰，性也；兩乾而成坤☷，命也。……」白玉蟾在他的思想裏，糅合朱熹的理學思想和老莊的『知止』『虛靜』思想，反應出宋末金元時代的儒道釋三家融合的趨勢。

元朝在哲學上，學者不多，思想係宋代理學的承襲；然而在史學上有馬端臨的三百八十卷文獻通考；在文學上有關漢卿，王實甫，馬致遠的元曲；在藝術上，有趙孟頫的行書，有錢選的花卉，吳鎭，黃公望，倪瓚，王蒙的山水；在中國文化史上佔上乘的地位。

註：

(1) 參閱 錢穆 中國學術思想史論叢(六) 黃東發學述。東大圖書公司印行。

宋元學案 卷八十六，東發學案。

(2) 參閱 錢穆 中國學術思想史論叢(六) 王深寧學述。東大圖書公司印行。

宋元學案 卷八十五，深寧學案。

(3) 參閱 蔣維喬 中國佛敎史（中册），商務印書館。

第二章　元朝理學的源流

宋末學者的思想，或者是宗朱熹，或者是宗陸象山；宗陸氏者少，宗朱氏者多。我們祇要看元朝的學者，北方的許衡、劉因、蕭㪺，都是由趙復而得程朱之學，趙復是眞德秀的學生。南方的學者有吳澄、金履祥、許謙。許爲金履祥的弟子，履祥爲何基的弟子，何基爲黃榦的弟子。吳澄爲饒魯的再傳弟子，饒魯爲黃榦弟子。在宋朝理學思想的部份裏，我曾講了黃榦的思想(1)。爲認識元朝理學思想的來源，我便講眞德秀，但和德秀同時，而又和德秀合稱爲『鳥之雙翼，車之雙輪』的魏了翁，應該同予講述。德秀號稱西山，了翁號稱鶴山。西山、鶴山常在思想史上並稱，故我也講魏了翁。

(1) 魏了翁

魏了翁，字華父邛州蒲江人，宋理宗嘉熙元年（公元一二三七年）卒，生年尙待考。宋寧宗慶元五年（公元一二九七年）曾登進士第，在蜀居官十七年然後入京，官至權工部侍郎。因和史彌遠不和，被降官三次，彌遠死乃還朝，以端明殿學士同簽樞密院事，督視京湖軍馬，不久召回京，出知紹興府安撫使，卒於官。著有九經要義二百六十三卷，鶴山全集一百九卷。

(甲) 心性

了翁於易學，以心學爲要。易爲宇宙的變化，變化在於我心，有得於心，乃能知天地的變易。

「然而，盈宇宙間莫非太極流行之妙，而人物得之，以各正性命，則易因我之所自出，無須臾可離者也。學易者要在內反於心，精體實踐，近之則遷善。……邵子曰：『先天學，心法也。萬化萬物，生於心也。』每味其言，先儒之所謂學者蓋如此。……」（鶴山先生大全 文集 卷五十二，四明胡兼易說序）

以易學爲心學，不是朱熹的思想，邵雍的易學在於數，沒有發展所謂先天易學爲心學。

邵雍所謂先天易學爲心學，乃勉強解釋先天易學的價值，所謂心學祇是說先王變圖爲心的自然變化，先天圖符合心的自然變化。魏了翁說易爲我之所自出，是說宇宙的變化和人心的變化相通，因爲人的性命，卽是太極的流行，太極的流行卽是宇宙的變化，這似乎有些像陸象山所說自反觀心，則得理。

「臣聞，心者，人之太極，而人心又爲天地之太極，以主兩儀，以命萬物，不越諸此。故天之神明爲春秋冬夏，風雨霜露。地載神氣爲風霆流形庶物露生。其於人也，則清明在躬，志氣如神，蓋貫通上下，表裏民物，自繼善以及於成性，皆一本而分也。而人心之靈，則所以奠人極，人極立而天地位焉。」（鶴山先生大全　文集　卷十六，乙酉上殿劄子）

「臣聞人與天地一本也，天統元氣以覆萬物，地統元形以載萬物，天地之廣大，蓋無以加也。而人以一心兼天地之能，備萬物之體以成位兩間，以主天地，以命萬物，闔闢陰陽，範圍造化，進退古今，莫不由之。」

（鶴山先生大全　文集　卷十五，論人心不能與天地相似者五）

這種心學，在二程和朱熹的思想裏都沒有前例。心和天地相通，漢朝的儒家已有這種說法；但是以心爲天地之主，則爲一種新說。魏了翁以心爲天地的太極，主管陰陽兩儀，能够命定諸物；這可以說是唯心論了。他的主張，是以「心之神明則天也。此心之所不安，則天理之所不可。天豈居居然與人商校是非邪！」（鶴山先生大全 文集 卷六十五，跋師原卿致仕詩）這個天字所指的是上天，心以上天爲神明，卽是心的神明通於上天的神明。心旣通於上天神明，則可以與宇宙間的太極流行相通了。心爲天地的太極，陸象山也沒有這種思想，來源應是佛教的天臺、華嚴兩宗，也能來自禪宗。

「天統元氣而始萬物也，地統元形而生萬物，人則稟氣受形而爲萬物之靈，所以爲天地立心也。」（鶴山先生大全 文集 卷五十二，達賢錄序）

「人受天地之中以生，莫不有仁義禮智之性具乎其心，故仁其體也，義其用也。」（同上，橫渠禮記說序）

人得天地之氣和形，又得天地之中道以生，心中具有仁義禮智之性，爲萬物之靈，以自己的心代表天地之心而立宇宙之心。萬物中惟有人的心可以知，萬物雖都具有天地之心而不能自知，又不能表現，惟有人心能知能表達，人心乃代表天地之心，整個天地萬物之心，由人心而表現，「所以爲天地立心也」。

> 「天統元氣而始萬物，地統元形而生萬物，人則稟氣受形，所以位天地育萬物也。」（鶴山先生大全 文集 卷四十八，涪州社稷壇記）

天始萬物，地生萬物，爲易經的思想。易經乾卦坤卦，以乾爲萬物之始，以坤爲萬物之生。乾爲天，坤爲地。氣和形的思想，起於漢易，宋朝理學家以形爲氣所成，性則爲理。至於說人稟氣受性而不提到理，這是張載的主張，以理寓於氣內。朱熹則理氣分別爲二。人稟氣受形成爲萬物之靈，立天地之心，究竟有什麼作用？「位天地，育萬物。」「位天地」爲禮的功用，禮使人物各得其位；各得其位是爲使萬物化育。中庸讚揚至誠的人贊天地之化育。天地以生物爲心，人得天地之心爲心，人心立天地之心，當然要化育萬物；這乃是人心之仁。

宋朝理學家的思想，來自易經、中庸和大學，魏了翁明白底說出來：

「夫易，聖人所以開物濟民者也，首於乾坤發明性善之義。曰：『大哉乾元，萬物資始。』曰：『至哉坤元，萬物資生。』凡各正性命於天地間者，未有不資於元，元則萬善之長，四德之宗也。猶慮人之弗察也，於繫辭中之說：『一陰一陽之謂道，繼之者善也，成之者性也。』猶曰：是理也，行乎氣之先，而人得之以爲性云耳。曰：『成性存存，道義之門。』則又示人以知禮成性，道義皆由此出也。而終之曰：『聖人之作易也，將以順性命之理。』是易之爲書，其大本要道，顧有先於此者乎！故子思於中庸撮其要而言之，若曰天所以命於人則謂之性，率乎性而行之則謂之道，卽是道而品節之以示訓，則謂之敎。嗚呼！聖人之心先後一揆，故中庸之首，則易與誥誓之旨也。」(鶴山先生大全 文集 卷四十八，全州清湘書院率性堂記)

中庸所講『性』的學理，以易經爲基礎。性的基礎，中庸雖說「天命之謂性」，然沒有說明『天命』如何實行。易經則說「一陰一陽之謂道，……成之者性也。」性由陰陽變化之道而來。既有了形上的基礎，修行的功夫怎樣，中庸說盡心知性，戒愼恐懼以愼其獨。這種修行功夫也來自易經，了翁說：

「疑者又曰：以性命爲教，旣得聞命矣，則在學者則何如其爲功也？曰：先天之易，乾南坤北，非性之體乎！後天之易，離南坎北，非性之用乎！坤之正位變乾爲離，明見乎外者也。而曰：畜牝牛吉，則順以養之。乾之正位變坤爲坎，明根乎中者也，而曰：有孚維心，亨，則剛以行之。夫維位在德元，而養之以順，行之以剛，淸明在躬，不役於物，此盡心知性之極功也。故子思子先列性道教之目，次又釋道體之不可離，而繼之曰：是故君子戒愼乎其所不睹，恐懼其所不聞。莫見乎隱，莫顯乎微，故君子愼其獨也。」(同上)

儒家的修身論，就在於這一段話。以易經的話解釋中庸的話，給中庸應有的形上根基，宋朝理學家都注意這點。不僅在解釋儒家經典上，常以易經爲據，就是在政治上，也常根據易經。魏了翁上封事，「奏體八卦往來之用，玩上下交濟之理，以盡下情。」云：

「臣嘗讀易至天地定位，則乾與坤對；山澤通氣，則艮與兌對；雷風相薄，則震與巽對；水火不相射，則離與坎對；此爲先天八卦之序也。然而語其用，則地天而爲泰，澤山而爲咸，風雷而爲益，水火而爲濟。蓋天道不下濟則地氣不上躋，山體不內虛則澤氣不內通，雷不倡則風不和也，火不降則水不外也，於是而爲否爲損爲常爲未濟。又卽其大體而言，則水雷山皆乾也，火風澤皆坤也，其要則乾坤坎離，故先天之卦，乾南坤北，而其用則乾上而坤下也。後天之卦，離南坎北，而其用則離降而坎升也。大率，居上者必以下濟爲用，在下者必以上躋爲功，天地萬物之理，凡莫不然。況乾天也離日也，皆爲君之象；坤地也坎月也，皆爲臣之象，其理顧不曉然？未有乾坤不交而能位天地，坎離不交而能育萬物，君臣不交而能躋斯世於泰和也。」（鶴山先生大全 文集 卷十七）

漢朝易學家解釋易卦，推演到日常小事和朝廷大政。這種解釋的原理，來自易經。易經繫辭以天地人爲三才，卦有三爻，三爻卽代表天人地，人居天地之中，和天地相通，天道地道周流於人道，人道應不違天地之道。易卦的變化代表天地之道，當然就要用之於人事。對於易卦的解釋，根據陰陽變化之道，第一，陰陽互相結合，陽就下，陰就上，象徵君臣之道。第二，中間位置爲正位，離卦是陰在中，坎卦是陽在中，代表陰陽各得其位。第三，先天卦位，左方四卦：雷離兌乾，左方為東南，代表由陰到陽，陽氣增盛；右方四卦：巽坎艮坤，右方為西北，代表由陽到陰，陰氣增盛，若兩方持卦相合，則陰陽相調濟。魏了翁乃說：「地天而為泰」，泰卦上坤下乾。「澤山而為咸」，咸卦上兌下艮，「風雷而為益」，益卦上巽下震。「水火而為濟」，濟卦上坎下離。這種結合是在先天卦位相對卦的下位卦居上，上位卦居下，在上向下，在下向上。這是自然之道。「天地萬物之理，凡莫不然。」若是反過來，在上位的卦仍居上，在下位的卦仍居下，則「於是而為否為損為常為未濟」，否卦上乾下坤，損卦上艮下兌，常卦上震下巽，未濟上離下坎。若是這樣則是天地不交，泰卦彖曰：「天地交而萬物通也」，否卦的彖曰：「則是天地不交而萬物不通也。」

天地相交則萬物通而繁茂，君臣相通則可以使人民得福利，這一切的道理都在人心中。魏了翁在上面所引的「乙酉上殿劄子」一文中說：

「陛下謂此心之外，別有所謂天地神明者乎？抑天地神明不越乎此心也。……當陛下居深宮之中，十手十目所不睹聞也，而惕然終夜，若有終乎其前者，以此見天非蒼蒼之謂也。陛下之心與億兆人之心義理所安，是之謂天。不愧于人，是不愧于天也；不畏于人，是不畏於天也。」（鶴山先生大全

文集 卷十六，乙酉上殿劄子）

魏了翁認爲人心包括了宇宙一切，人就是天。天不是蒼蒼的形天，而是神明的上天，上天的一切義理都顯明在人心裏，人須要戰戰兢兢，順從『心』的義理，如同順從天的義理。他又說：「臣願陛下，即此不安之心而益加推廣共見天地也。毋專以禱祀爲事，常使此心兢兢惕惕，如與天陟降，如在帝左右，可以對越而無愧奉宗廟也。」（同上）

「天地不可量也，古今不可度也，人以七尺之軀，方寸之心，立乎兩間，形氣所拘，僅百年耳。然而由百世之上，以考諸太古久遠二帝三王之事，隨其心之所之，如生乎其時，立乎其位，與之相周旋也。著龜不可方物也，而是心之動，見乎卜筮。鬼神不可見聞也，而是心之誠，行乎祭享。萬世之後，不可藝極也，而是心之靈，著乎方冊。舟車所至，不可限際也，而是心之明，光乎日月。然則心者，神明之舍，所以範圍天地，出入古今，錯綜人物，貫通幽明。其遠若此，彼溺於文藝，泥於佛老，沈於功利者，尚爲知所以用其心乎！」（鶴山先生大全 文集 卷四十九，心遠堂記）

易經稱天地的變化神妙莫測，宋代理學家常以心爲神，因心的行動，也神妙莫測。荀子以心爲靈明，能徵知。魏了翁在這段文章裏所說心的神妙，也就是心的徵知。心爲神明，即是精神體，不受時間和空間的限制，可以上到百世以前，也可以推想百世以後。但是他以卜筮和祭祀，都歸之於心，卜筮的預測吉凶，不是龜策的功能，因爲「蓍龜不能方物」，祇是心的動，「見乎卜筮」。在祭祀時，鬼神不能見聞，祇是人心之誠，「行乎祭享」這種解釋，以卜筮祭祀，都只是人主觀的滿足，而不是客觀有客體的行動。這一點和孔孟的思想有些不同了。孔子不主張卜筮祭祀，乃是主張人要自己振作，自己勉力行善，善必有善報，而又去求神問卜則是人神相混；然孔子並不否認有鬼神，也不否認卜筮可以知道吉凶。

(乙) 修身

儒家之學以修身爲目的。易經講天地變化之道，歸終於到人生之道。中庸、大學、論語都以修身爲本，儒家修身之學，由孔孟建立，由宋朝理學家而繼承。對於儒家道統，理學家都不承認漢唐的儒學。魏了翁說：

「蓋自國衰，孔孟氏歿，更秦漢魏晉隋唐學者，無所宗主。爽離判渙，莫適與歸。醇質者，滯於佔異訓詁。雋爽者，溺於記覽詞章。言理者，則清虛寂滅之歸。論事則功利智術之尚，誣民惑世，至於淪浹肌髓，不可救藥。斯民也，堯舜三代之所以治也。涉秦而後，千數百年，治之日少，亂之日多，寧不以此。而頤（周敦頤）獨奮乎百世之下，乃始探造化之至賾，建圖著書，闡發幽秘，而示人以日用常行之要，使誦其遺文者，始得以曉然於洙泗之正傳。而世之所謂學者，非滯於俗師，則淪於異端，有不足學者矣。又有河南程顥程頤，親得其傳，其學益以大振。雖三人者皆不及大用於時，而其嗣往聖，開來哲。發天理，正人心，其於一代之理亂，萬世之明暗，所關繫，蓋甚不淺。……」（鶴山先生大全文集 卷十五，奏乞爲周濂溪賜謚）

「自孔子沒，則諸子已有不能盡得其傳者。於是子思、孟子又爲之闡幽明微，著嫌辯似，而後孔氏之道，歷萬世而無敝。嗚呼！是不曰天之所命，而誰實爲之！秦漢以來，諸儒生於籍去書焚，師異指殊之後，不惟孔道晦蝕，孟氏之說，亦鮮知之。千數百年間，何可謂無人？則往往孤立寡儔，倡焉莫之和也，絕焉莫之續也。乃至國朝之盛，南自湖湘，北至河洛，西極關輔，地之相去何衹千有餘里，而大儒輩出，聲應氣求，若合符節。曰誠，曰仁，曰道，曰中，曰恕，曰性命，曰氣質，曰天理人欲，曰陰陽鬼神。若此等類，凡皆聖門講學之樞要，而千數百年，習浮踵陋，莫知其說，至是脫然如沈疴之開，大寢之醒。至于呂謝游楊尹張侯胡諸儒，切磋究之，分別白之，亦幾無餘蘊矣。然而絕之久而復之難，傳者寡而咻者衆也。朱文公先生始以強志博見，凌高厲空，自受學延平李子，遏然如將弗勝。於是歛華就實，反博歸約，迨其蓄久而思渾，資深而行熟，則貫精粗，合外內，羣獻之精蘊，百家之異指，毫分縷析，如示諸掌。……」（鶴山先生大全文集卷五十四，朱文公年譜序，）（案：呂希哲，謝良佐，游酢，楊時，尹焞，張栻，侯仲良，胡安國）

魏了翁認爲自孟子去世以後，儒學失了傳，到了宋朝周敦頤是第一個繼起孔孟學術的人。究竟儒學在漢唐所失傳的是什麼？王陽明曾作「陸象山全集序」，他認爲儒家的心學，從子思以後沒有繼傳的人，陸象山則是第一個繼承的人；王陽明指出儒學所失傳的是正心誠意之學。陸象山講心外無理，反觀自心。魏了翁和朱熹的主張一樣，以周敦頤是第一個繼子思孟子的人，周敦頤所繼承的是什麼學術呢？「始探造化之至賾，……而示人以日用常行之要。」這是指的周敦頤的「太極圖說」，研究宇宙的變化，又以天地之道用之於人。「曰誠，曰仁，曰道，曰中，曰恕，曰性命，曰氣節，曰天理人欲，曰鬼神陰陽。」這就說到宋朝理學繼承易經、中庸、大學，講修身之道。漢唐的儒者，大都從事訓詁，從事文藝，或墮於佛學。宋朝儒家對佛學發生反響，乃由易經而建立性理之學。

魏了翁自己願意追隨周程朱熹之後，講述而且實踐孔孟的修身之道。

「夫所謂伊洛之學，非伊洛之學也，天下萬世之學也。索諸天地萬物之奥，而父子夫婦之常，不能違也，約諸日用飲食之近，而陰陽鬼神之微，不能外也。大要以六經、語、孟爲本，使人卽事卽物，窮理以致其知，而近思反求，精體實踐，期不失焉耳。」(鶴山先生大全 文集 卷十六，論敷求碩儒開闡正學)

儒家修身之道，首在『敬』。理學家由周二程到朱熹，一步一步地加緊『敬』的重要。

「孔門說仁處，大抵多有敬意，四勿二如之類是也。左傳敬德之聚，此義極精。聖學不傳，人多以擎跽拳曲正坐拱默之類爲敬。周、程所謂主一無適之謂敬，方得聖賢本旨。來教所謂敬而未仁，似以世俗之謬爲恭謹者爲敬。蓋敬則仁矣。敬而未仁，亦未得爲敬。」（鶴山先生大全 文集 卷六十四，答張大監忠恕）

魏了翁以「仁者心之德，聚而不散，則仁在此矣。」（同上）敬在於主一以養心，心不散亂而能培養德性，則即是仁。仁爲心之德，孟子和中庸都有這種主張，而且孟子還說：「仁也者，人也。」（孟子 盡心）人就是仁，因人得天地之心爲心，天地之心則是元亨利貞，元是仁，爲四德之首。敬便是使心主於一，凡事都守天理。敬以守仁，敬以正心。

在另一封答張大監的信，魏了翁述說宋朝理學家講論主敬的經驗：

「南軒初謁五峯，五峯首以忠清二事，令其反覆究玩，書問至數次往返，最後五峯答書曰：『聖門有人，吾道甚幸。』由此遂定師友之分，此梁仁伯所云也。晦翁初謁李延平，只是教他靜坐，作居敬工夫。由此有得前日仁敬之說，蓋據實言之耳。」（同上）

究其實，朱晦庵並不以延平的靜坐爲主敬的工夫，祇爲初學入門的方便罷了。『敬』是要事事都不亂於心，能常見天理，使心常正，心中的固有仁德，乃得發育。

「內主敬恭，恐恭之義乃是發見在外，今欲易作主敬於內，未知可否。」
（鶴山先生大全 文集 卷三十五，答池州張通判治）

『主敬』本是程朱已經常用的術語，敬雖有內外，然以內敬爲要，若祇有外敬，則流於靜坐的空虛外形。了翁所以說『恭』字不妥，因『恭』祇表示外面的形式。程子的門生流於靜坐，朱子乃力爲改進。

人之性本善，然氣質之性則有惡，故宜加以澄治的功夫。這種功夫，多取力於『敬』。

「若論性之本體，則性卽理也，無有不善。夫人皆可爲堯舜。故孟子有道性善，必稱堯舜以實之，所以明人性之善，不以賢且知有餘，愚不肖爲不足。今止言資，則別有說。資字雖於經無明證，然以字義言之，謂之資質，資景，才資，大抵只是氣質之類。氣質之性，則未免有昏明清濁。得氣之清明者爲聖人，或昏或濁者凡人。爲人能於此亟加澄治之功，而自此完而爲堯舜，亦無可然。」（鶴山先生大全 文集 卷三十二，答虞永康剛簡）

「來教所謂資性之說，本之於易之資生，繼之以孟氏之性善之論以及於伊洛氣禀之說，先指大本，乃及其次。源流固自正當，但資與性，字義各別，亦須別白令分曉。董子所謂有能致之資，注云：資，才質也。程子銘李仲通之墓，亦曰：剛柔雜揉兮善惡不齊，聖雖可學（作）兮，所貴者資：：而前輩論資字只是如此說，難以與性字混而言之。」（鶴山先生大全 文集 三十二，又答虞永康，）

氣質之性，源自程子，朱熹特加發揮，成了他的性善性惡論的基礎。資是才質，是個性，由氣而成。改變氣質，因此便成爲理學家修身的要點。修身在於對己則是『敬』，對人則是『忠恕』。了翁在上面所引的同一信裏說：

「在學者分上，要切已體認，只是從盡己推己，中心如心之類，推尋將去，乃爲切近。如世間人所謂忠於君父，忠於朋友，及恕心恕法之類。大

概同此一說，忠卽體，恕卽用，卽所謂大本達道，不可拆看也。」(同上；答虞永康)

忠，是心居於中，不偏不倚；恕是如心，以自己的心去推測別人的心，則『己所不欲，勿施於人。』所以說：「盡己推己。」了翁說：「己所不欲，勿施於人。此意便與施諸己而不願亦勿施於人同理。己者忠也，只說恕便有忠在其間，若分出一己字作忠字，便傷於鑿，語意反不渾然。」(同上，又答虞永康)

修身在於實踐，然也不宜做死工夫，而是事事留心，篤行天理。

「仁與誠之別，則先看二程說，以取朱子語孟中庸大學熟看，久當見之。來論又謂此心當如何用功着力把捉，愈見其爲害。所謂操存者，非着力把捉之謂。纔說着力，便是助力。細玩孟子三勿之語，參以先儒講說，令書味浹洽，而卽功躬行，日用間隨處體驗。須是眞知得便能篤行之得力，則所知益明。此皆前輩說來，其實不可易。若書自書，人自人，說自說，底行自是底行，則全不濟事。某少時，只喜記問詞章，所以無書不記。甲子乙丑年間，與輔漢卿李公晦解，后於都城，卽招二公，時時同看朱子諸書，只數月間，便覺記覽詞章，皆不足以爲學。於是取六經語孟，字字讀過，胸次愈覺開豁。」（鶴山先生大全 文集 卷三十五，答朱擇善，改之）

以自己的經驗，說明求學不在死讀書。孔子早已說過，好學在於力行，力行是眞知篤行，不要把知和行分開。然也不要一心去把捉自己的心，令不旁騖。這是一種蠢功夫，越想把捉自己的心，愈把捉不住。或能把捉，則成了死心。

以敬而主一，以主一以養心，敬則誠，誠則篤。

「是故敬焉者，所以此心而根萬善者也；……人能充類以求，遇事而察，而有以眞知其爲天之所命，則必將竦然知畏其於所不睹不聞之頃，宴安佚樂之時，有必不敢自畫者矣。程子曰：『主一之謂敬，無適之謂一。』」（鶴山先生大全 文集 卷五十，敬安堂記）

主一卽是正，正不是謹坐的正，而是正道。按正道行事則居正位。

「建安張子壽名其室曰正齋，而爲箴以自儆。其意蓋曰：觀於乾，則知大者無不正，天之道，聖之事也。觀於坤，則知正可以至於大，地之道，賢之事也。大者不敢跂而望也，而於其正焉，不敢不勉。子壽所以深自約飭，亦云至矣，猶以爲未足也，馳書某，俾申其義。予未之能信而安能以語人。雖然，竊願有質焉。天命流行，繼之者善，成之者性，人與聖人一也。所居廣居，所位正位，所行大道，人與聖賢亦非有異也；人惟局於氣質，梏於物慾，則有曠其居而失其位者矣。」（同上，正齋記）

由易經而講到修身，乃理學者的常規。『正』，來自易經的正位。易經非常注重『中』和『正』，中是兩爻之中位，正是陰陽應居的正位。居正，卽在各自應在的位置，也就是孔子的正名。正名在於名實相符，行事和所有的名義相合，也就是義，義是養我，養我在作自己應做的事。因此，正就是作自己的事，盡自己的責。了翁在「正齋記」說：「聖人雖曰生知，亦曷嘗不謹所以養之者。」（同上）

「盧陵戴幼學通守潭陽，……最後別去，謁（求）一言以識於齋廬，予名之曰篤。幼學曰：『盍爲我言其義。』予因記王文公云：其本強大堅實者竹也，其行盡力有所至者馬也。竹其性，然馬則策而有所志，故篤字從竹從馬。……然則篤云者，旣重厚而深固，有自靖自克，惟理是止，不求人知之意。故聖賢之敎，博學矣而必曰篤志，明辨矣而必曰篤行。」（鶴山先生大全 文集 卷五十，篤齋記）

篤，爲篤厚。「躬自厚而薄責於人」，一個人很厚道，厚道人有骨節，不是鄉愿，可以用竹作象徵。篤又是篤行，卽用功夫去做，不虛僞，不偷閒，這可以用馬作象徵。中庸講爲學，在博學、審問、愼思、明辨以後，以篤行作終結，篤行乃爲修身的大道。中庸以這種大道，說其平庸，則愚夫愚婦都可以知曉；說其高深，則聖人也有所不能行。

魏了翁的思想，純是程朱的一系，不從陸學。然而他的心學，則較比二程和朱熹卻又有不同處，反近於陸氏，可見他受佛教哲學的影響，開啟明朝王陽明思想的途徑。但他又反對佛教的無欲，無欲則人心死了，也不能行善。「聖賢言寡欲，未嘗言無欲也。……今日自寡欲以至無欲，不其戾乎。」（鶴山先生大全 文集 卷四十五，濂溪先生祠堂記）

宋元學案「鶴山學案」全祖望按語說：「嘉定而後，私淑朱張之學者曰鶴山魏文靖公，兼有永嘉經制之粹而去其駁。世之稱之者，以之並西山，有如溫公、蜀公，不敢軒輊。黎洲則曰：鶴山之卓犖，非西山之依門傍戶所能及。予以爲知言。」（宋元學案　卷八十）

(2) 眞德秀

眞德秀，字景元，後更爲希元，建之浦城人，從學於同郡詹體仁。詹爲朱熹同郡門生。和魏了翁同在慶元五年（公元一一九九年）中進士。屢官至禮部尙書，翰林學士。居官十年，奏疏達數十萬言，史傳說：「直聲震朝廷，四方文士誦其文，想見其風采。及遊宦所至，惠政深洽，由是中外交頌。……時相益以此忌之，輒擯不用，而名愈彰。自韓侂胄立僞學之名以錮善類，凡近時大儒之書，皆顯業絕之。先生晚出獨立，慨然以斯文自任，講習而服行之。」（宋元學案　卷八十一，西山眞氏學案）宋理宗端平八年卒（公元一二三五年），年五十二歲。他的生年則應在宋孝宗隆興二年（公元一一八四年），著有西山文集五十一卷。(2)

(甲) 太極

眞德秀的文集裏有「問答」一項，有似於程朱的語錄。「問答」的每條很短，然而對於一個問題的解釋，言詞緊密，較比書信或記敍文所說更明瞭。所以宋元學案「西山學案」所列資料，都屬於「西山答問」之類。

「下問太極中庸二條，自顧淺陋，何足以辱，姑卽平時所讀朱文公先生之書及嘗見所窺者，略陳一二。夫所謂無極而太極者，豈太極之上別有所謂無極哉！特不過謂無形無像而至理存焉耳。蓋極者，至極之理也。窮天下之物，可尊可貴者，孰有加於此者，故曰太極也。世之人以北辰爲天極，以屋脊爲屋極，此皆有形而可見者。周子恐人亦以太極爲一物，故以無極二字加於其上，猶言本無一物，只有此理也。」（眞文忠公文集　卷三十一，問太極中庸之義。）

以無極只是無形像，太極爲極至之理，這是朱熹對周敦頤太極圖說的解釋。朱熹以太極爲理，每物各有一太極，宇宙又有一太極，所謂太極，卽是理之極至。然而按照太極圖說的本意，太極並不是只是理，而是沒有分陰陽之氣，有似於張載的太虛之氣。若太極祇是理，怎麼能够生陰陽之氣。所以說：「周子恐人亦以太極爲一物，故以無極二字加於其上，猶言本無一物，只有此理。」較比朱熹的思想更進一步，和周子更難相符。

「太極自爲太極，今知吾身有太極矣。昔也，乾元自爲乾元，今知吾身卽乾元矣。有一性則有五常，有五常則有百善，雖源而流，不假人力，道之全體，渙然益明者，周子之功也。」（眞文忠公文集　卷二十五，昌黎、濂溪二先生祠記。）

每一物有一太極，卽每一物有一物之理，理爲性。以太極爲性，爲朱熹的主張。雖說朱熹以太極爲理之極至，太極和性並不能有分別；因爲一物之性，卽是一物之理之極至。而天地又有一太極，這和朱熹的『理一而殊』的主張一樣，在解釋上有很大的困難。

「萬物各具一理，萬理同出一原，所謂萬物一原者，太極也，太極者，乃萬物總會之名。有理卽有氣。分而爲二，則爲陰陽，分而爲五，則爲五行。萬事萬物皆原於此。……萬物各具一理，是物物一太極也。萬理同出一原，是萬物同體一太極也。太極非有形有器之物，只是理之至者而已，

故曰無極而太極。」（眞文忠公文集 卷三十，問格物致知）

問題在於「一原」，一原是在萬物之上，另一理呢？或是萬物之理之總合？有理卽有氣，這個太極是否有太極之氣？

（乙）性

一物有一物之性，性卽物之所以成爲一物之理。朱熹以性爲理，理卽天理，爲自然生來之理。理與氣合，乃成一物。物所有的一切，都以理爲根基，因此孟子所講仁義禮智四善端，就是以性爲根基了。

「窮理謂事事物物各有其理，窮究之而無不盡也。此卽大學所謂格物也。盡性謂一性之中，萬善備具，如性中有仁，我則盡其仁之至；性中有義，我則盡其義之至；禮也，智也，亦然。」（眞文忠公文集 卷三十，問理性命）

一物之性，由物之所以爲物去說，爲理。所謂理，不僅是物之本體所以成之理，也是物本體之動之理。人性在本體之動之理，卽是仁義禮智，真德秀稱爲「萬善備具」，孟子稱爲人心所有的善『端』。

「橫渠先生曰：『性者，萬物之一原，非有我之得私也。』此性字指天道而言。凡人物之性，皆自此流出，如百川之同一源也。」(眞文忠公文集 卷三十，問張子所謂萬物之一原)

眞德秀以張載的主張和朱熹的主張相同。朱熹主張天地有一太極，卽萬物同一理；張載主張萬物同一原，卽萬物同以性爲原。但「同一理」和「同一原」意義並不完全相同。

「康節先生曰：性者，道之形體。心者，心之郛郭。言道不可得而見，因性而後可見。蓋性之所具皆實理也。故曰道之形體。」(同上，問邵子所謂道之形體)

性爲道的形體，從學理上講，不合符道理，道是無形像，性也是無形像。若把性解爲性和氣相合的性，纔可以說是性是道的形體。邵雍不主張理氣一元，所以有這種主張。但不能說因性所具的理爲實理，便有形像。

朱熹以天地之性，或謂本然之性爲善，這種善不是倫理之善，而是本體的善。然因爲理學家以倫理之善來自本體之善，乃常接受孟子的主張，以人性是有各種善德，只要人知道存養操持，便是聖賢。其實孟子祇說心有善端，人必須好好培植，善端纔能成爲善德。

「過化存神此四字本出孟子，過化謂聖人凡所從歷處，人皆化之；存神謂其中所有神妙，正意只是如此。至橫渠先生乃謂性性爲能存神，物物爲能過化。下性字指本然者而言，上性字乃謂我能存其性而不爲情所蕩，而失其性，則其所存者神妙而不可測。下物字指事物而言，上物字指我之應物而言，謂物物各自有理，我隨其理以應之，物各付物，不以己之私意夾乎其間，則事過弗留，如冰之釋，如風之休。後來諸老先生，多本其說，猶文公不以爲然。蓋孟子之意未說到如此深故也。文公解經每務平實，如此。然橫渠先生之說，亦不可不知也。」（眞文忠公文集 卷三十，問過化存神）

眞德秀贊成朱熹的意見，不把「過化存神」牽涉到性字上來；然而他也贊成心備眾善，人若能存性，就是聖賢。然爲存性，人應努力。

「人之爲人，所以與天地並立而爲三者，蓋形有小大之殊，而理無小大之間故也。理者何？仁義禮智是也。人之有是理者，天與之也。自天道而言，則曰元亨利貞；自人道而言，則仁義禮智，其實一也。……人與天地，本一無二，而其所以異者，天地無心而人有欲。天地惟無心也，是以於穆之命，終古常新。元而亨，亨而利，利而貞，貞而又元，一通一復，循環而無間。人之生也，初皆全具，惟其有形體之累，則不能無物欲之私。……此孟子所以惓惓於充之一言也。……天地無心，其生成萬物之理，皆至微至著，蓋無一歲不然者。人能體天地之心以爲心，因其善端之發，保養扶持，去其所以害之者。若火之燃，因而噓之，若水之達，因而導之；則一念之惻隱，可以澤百世，一念之羞惡，可以正萬民。堯舜之仁，湯武之義，所以天地同其大者，以其能充之也。……」（眞文忠公文集卷三十二，四德四端講義）

孟子的性善論，雖沒有被朱熹完全接受，然而人性備有眾善，則爲朱熹和理學家們的共同主張。但人心有私慾，私慾障蔽人性眾善，人要克慾以保人性之善。故大學稱人性之善爲『明德』，卽「大學之道，在明明德。」之謂。

「明德乃天賦與之德性也，本自光明。緣人始生之初，所稟之氣不同。……及生而爲人，旣自知識與外物接，則耳欲聲，目欲色，鼻欲香，口欲味，私欲一勝，則本心爲其所奪，遂流於不善。明德者亦從而昏矣，此所謂所欲所蔽。能講學窮理，則可以復其本然之性，故曰明明德也。」

（眞文忠公文集　卷三十，問明德）

（丙）心

宋朝理學家常以心和性同爲一物，只是所有的觀點不同。性是從理一方面去看，在天爲理，在人爲性；心是從行動方面去看，不動爲性，動爲心。朱熹爲解心之動，說明心包性情，性不動，情爲動。孟子則以心爲性的具體化，抽象爲性，具體爲心，『心』是代表『性』。

「圜外竅中者，心之形體，可以物言。備具衆理，神明不測，此心之理，不可以物言。然有此形體，方包得此理。」（眞文忠公文集 卷三十，問心之爲物實主於身）

心不是抽象之理，而是具體之物，所以有形體。然而心不以形體言，是以理言。心乃是精神，靈明莫測，具有眾善。所謂仁義禮智四善端，是在心內。

「心者，指知覺而言也；指心所具之理而言也。蓋圜外竅中，是心之體；虛靈知覺，是心之靈；仁義禮智信，是心之理。」（眞文忠公文集 卷三十一，問不違仁）

「孟子曰：惻隱之心，仁也。羞惡之心，義也。又曰：雖存乎人者，豈無仁義之心哉。其所以放其良心者，亦猶斧斤之於木也。言人旣得陰陽之理以爲性，則自然有仁義之心，但爲物欲所害，則不能存之耳。」（眞文忠公文集 卷三十，問孟子所謂仁義之心）

理學家常說性有眾善，又說心有仁義禮智，他們不把性和心分清楚，本來他們就以爲性和心是一物的兩面。心是有形之性，心的形是神明，爲精神體。精神體的表現爲仁義禮智，猶之如天之性有元亨利貞。然而仁義禮智在心裏，尙是一種『種子』，需要加以培育，才能發揚，中庸所以講『率性』，孟子所以講『盡性』講『存心養性。』

「德性，謂得之予天者，仁義禮智信是也。收放心，養德性，雖云二事，其實一事。蓋德性在人，本皆全備，緣放縱其心，不知操存，是致賊害其性。若能收其放心，卽是養其德性，非有二事也。」（眞文忠公文集 卷三十，問收其放心養其德性）

理學家的思想和大學、中庸相同，大學講『明明德』，中庸講『誠』，明和誠，都是表示人性本有善德，祇要不爲物慾所蔽，就能顯明出來。心愈淸，善德顯明愈淸楚，德行便愈高。因此，不是要修行善德，而是要克除私慾，克慾就是修德，存心就是養性。

（丁）中

從程伊川以來，他的弟子們，很注意『中』的意義。程伊川曾說『中』是心的氣象，即是心不動時的情態。他的門生呂大臨卻以『中』是性的本體，爲道之所從出。朱熹改正了這種思想，魏了翁又回到伊川的解釋。

「左傳劉康公曰：『民受天地之中以生』，言民之生也，皆稟受天地至中之理以爲性也。」（眞文忠公文集 卷三十，問劉子所謂天地之中）

這種解釋則不合於朱熹的解釋，而是合於呂大臨的主張。就字句來說，「禀受天地至中之理以爲性」，理是性，理的特性是至中。然旣是特性，則不是情態氣象，而是性的本體中所有。

（戊）仁

漢朝易學注釋家，常以『仁』配『元』。『元』爲四德之首，易經講元亨利貞。元又爲生命之原，元以乾卦作代表，乾爲「萬物資始」，宋朝理學家則常以『仁』爲『生』。萬物沒有不愛惜自己的『生』，因此仁乃是「愛之理」。眞德秀在問答裏有幾條答覆關於仁的問題。

「仁之一言，從古無訓。且如義訓宜，禮訓理，又訓履，智訓知，皆可以一字名其義。惟仁不可以一字訓。孟子曰：仁者人也，亦只言仁者，乃人之所以爲人之理，亦不是以人訓仁。蓋緣仁之道，大包五常，貫萬善，所以不可以一言盡之。自漢以後，儒者，只將愛字說仁，殊不知仁固主乎愛，然愛不足以盡仁。孟子曰：惻隱之心，仁之端也。惻隱者，此心惻然有隱，卽所謂愛也，然只是仁之端而已。韓文公言博愛之謂仁，程先生非之，以爲仁，自是性。愛，自是情。以愛爲仁，是以情爲性也，至哉言乎！朱文公先生始以愛之理，心之德，六字形容之。所謂愛之理者，言仁非止乎愛，乃愛之理也。蓋以體言之，則仁之道，大無不包，發而爲用，則主乎愛。……又曰：心之德，何也？蓋心者，此心之主，而其理則得於天。仁義禮智皆心之德，而仁又爲五常之本，如元亨利貞皆乾之德，而元獨爲四德之長，天之元，卽人之仁也。元爲天之全德，故仁亦爲人心之全德。然仁之所以爲心之德者，正以主乎愛故也。仁所以能愛者，蓋天地以生物爲心，而人得之以爲心，是以主乎愛也。愛之理，心之德，六字之義，乃先儒所未發，而文公始發之，其有功於學者，至矣！豈可不深味之

乎！」（眞文忠公文集　卷三十，問仁字之義）

眞德秀對於『仁』的解釋，追隨朱熹的主張。程頤曾以仁爲性，因爲孟子和中庸都說過「仁者，人也」，仁便是人之性。然而仁究竟有什麼意義？仁的根原是天，天以生物爲心，稱爲元，由元而有亨利貞，合成四德，元爲長，且包含亨利貞三德。人的根源是天，因此人以生物爲心，稱爲仁，由仁而有義禮智，會成四德，仁爲長，也包含義禮智。朱熹不喜歡說仁是性，他認爲天以生物爲心，人得天之心爲心，則仁是在心。心統性情，仁爲愛之理，屬於性，愛則屬於情。仁和愛都在人心。愛生之心，卽是使萬物發生。

「凡天下至微之物，皆有箇心，發生皆從此出。緣是禀受之初，皆得天地發生之心以爲心，故其心無不能發生者。一物有一心，自心中發出生意，又成無限物。且如蓮實之中，有所謂么荷者，便儼然如一根之荷，他物亦莫不如是。故上蔡先生論仁，以桃仁杏仁比之，謂其中有生意，才種便生故也。惟人受中以生，全具天地之理，故其爲心又最靈於物，故其中意，纔發生，則近而親親，推而仁民，又推而愛物。無所不可以。至於覆育四海，惠利百世，亦自此而推之爾。此人心之大，所以與天地同量也……。」

(眞文忠公文集　卷三十，問仁字)

『仁』是『生』，來自程門思想，上蔡謝良佐以桃仁杏仁作比喩，朱熹繼承了這種學說，朱熹的門人，後來也都同樣解釋。眞德秀以萬物都各有自己的心，心是生命中心，心卽萬物有各自生命的中心點。人的生命中心是心，靈明神妙，而且發生本心的生命時，卽是愛，由愛而有義禮智。

「此卽所謂本心，卽所謂仁也。便當存之養之，使之不失，則萬善皆從此而生。」(同上)

仁是心的本體，眞德秀也稱爲『中』，「惟人受中而生」，他以『中』爲性的本體。

「仁，性也。愛，情也。性中有此仁，故發之於情，則能愛。仁猶根也，愛猶枝葉也。有此根，故有此枝葉；然指枝葉作根，則不可。……到上蔡先生又以覺爲仁，言心之虛明知覺，凡痒疴疾痛，便知便覺，卽此是仁。無垢張氏又從而推演其說。於是百十年來，學者又以覺爲仁。殊不知知覺自屬智，仁者之心固有知覺，但以知覺爲仁則不可。……至文公先生立六字以斷之，曰：仁者，心之德，愛之理，於是體用兼全，旣異乎漢儒指情爲仁之失，又足以破近世學者以覺爲仁之弊。所謂心之德者，蓋言仁者，此心之全德，包五常，貫四端，而爲一心之主也。所謂愛之理者，蓋謂仁乃愛之理，仁未便是愛，乃愛之道理；愛未盡是仁，乃仁之發用，有此道理，便有此發用。理卽性也，用卽情也。於是仁之爲義，明白昭著。至此章又斷以全體不息四字，蓋仁者兼該萬善，無所不備，如人之頭目手足皆具，然後謂之人也。不息者，如天地之氣運行於六合之間，無頃刻止息，所以生成萬物，無有已時。文公前後十字於仁之義，曲盡其至。」

(眞文忠公文集　卷三十一，問仁字)

眞德秀在這一段答問裏，詳細而且有條理地述說朱熹對仁的解釋，他自己全盤接受。仁是天地好生之心，也就是萬物的生理。「人之初生，得天地生物之心以爲心，所以合下便有此仁。天地之心立於生物，故人之心亦主乎萬物」(同上)天地生物以氣的運行結合而現實，天地之氣周流六合，無時或息；仁在人心也周流於人的生命中，使生命發揚。人的生命乃是心靈的生命，心靈的生命卽是倫理道德的生命，因此仁乃通貫人的一切善德。而且人的生命和天萬物相通，因爲人的生命之氣和天地之氣相通既然生命相通，人的生命發揚便也有利於萬物的生存，所以說「推而仁民，又推而愛物」。

(己) 敬

心之本性爲仁，仁包衆善，人爲能發揚自心之仁，應該養性存仁，或說應該收心養性，又或說存心養性。要緊的就是孟子所說的『求放心』，理學家程朱等便主張收心在於主敬；敬字是理學家修身和正心誠意的工夫的中心點。

「伊川先生言：主一之謂敬，又恐人未曉一字之義，又曰無適之謂一。適，往也。主於此事，則不移於他事，是之謂無適也。主者，存主之義。伊川又云：主一之謂敬，一者之謂誠。主則有意在。學者用功，須當主於一。主者，念念守此而不離之意也。及其涵養既熟，此心湛然，自然無二無雜，則不待主而自一矣。不待主而自一，卽所謂誠也。敬，是人事之本，學者用功之要。至於誠，則達乎天道矣，此又誠之分也。所謂主一者，靜時要一，動時亦要一。……靜時能敬，則無思慮紛紜之患，動時能靜，則無擧措煩擾之患。如此，則本心常存而不失，爲學之要莫先於此。」(眞文忠公文集 卷三十一，問敬字)

這一段解釋敬字，取材於伊川的思想。敬就是大學所說『心在』，若「心不在焉，視而不見，聽而不聞，食而不知其味。」(大學・第七章) 也就是中庸所說的『愼獨』。但是宋朝理學從楊時以後，主張靜坐，以靜坐爲敬，朱熹特別予以撇正，又回到伊川的思想。靜坐出於佛教，佛教以眞心在人的假心內，被無明慾情所蔽，人若絕慾，眞心自然顯明。靜坐卽是絕慾，宋朝理學以克慾和修德性同爲一事，眞德秀也有這種主張。那麼修身之道便完全是消極的絕慾，沒有積極的修德。因此，也說敬是誠。

敬既解爲專一，便落到不動心，心動則不敬，敬則心不動，動便失去中。

「不敬則此心易動，敬則此心不動。此心微動，百過隨之；此心不動，常

一常明。嗚呼！斯言至矣。」（眞文忠公文集　卷三十五，慈湖訓語）

心動則失敬，不動則敬；動則有過，不動則常善；這是陸象山學派楊慈湖的話。眞德秀以爲「斯言至矣」，推爲至高名言。實則和中庸的思想不同，也和朱熹的思想不同。中庸所重的不是在於心不動，而是在於『動而皆中節』之『和』。朱熹說明心不能不動，動不必就是不善，而是要使動時合符理；所以主一也是說主於天理。因此，強調致知格物的重要。所謂致知格物，是研究外面的事理，而不祇是反觀自心。若以反觀自心爲致知格物，那以修身就祇在於心不動，便能見自心之天理。

「卽吾一心而觀之，方喜怒哀樂之未發也，渾然一性而已，無形無象之中，萬理畢具。……喜怒哀樂之未發卽寂然不動之時，思慮一萌，則已動矣。」（眞文忠公文集　卷三十一，問太極中庸之義）

假若是這樣，「寂然不動」便是心的至善。那麼，怎麼還可以說動中有敬，靜中有敬呢？眞德秀和一些宋朝理學家常不理會自相矛盾之處。

「端莊主容貌而言，靜一主心而言，蓋表裏交正之義。合而言之，則敬而已矣。」(眞文忠公文集 卷三十，問端莊靜一乃存養工夫)

端莊爲外面的敬，靜一是內心的敬；外面的端莊，足以相助內心的靜一，未有外面不端莊而內心能够靜一的。孔子也曾教訓門生要容貌端莊，行動有威儀，以見重於人。君子端重，小人輕佻。端莊乃是禮儀的表現。

既求外容端莊，便不能不有情動之時，當怒則怒，當喜則喜。便不能沒有心之動，便不能以靜止時爲善，動時爲萬過之原。眞德秀自己也講到這一點：

「喜怒哀懼乃心之用，非惟不能無，亦不可無。但平居無事之時，不要先有此四者在胸中。如平居先有四者，卽是私意。人若有些私意塞在胸中，便是不得其正。須是涵養此心，未應物時，湛然虛靜，如鏡之明，衡之平。到應物之時，方不差錯，當喜而喜，當怒而怒，當憂而憂，當懼而懼，恰好則止，更無過當，如此方是本心之正。」(同上，問正心修身章)

這種講解，企圖把楊時、羅從彥等人的靜坐和中庸的『中和』能够融洽。但在實行上，平居無事時，心要虛靜，這種虛靜乃是靜坐。否則無論什麼時候，人一有思慮，感情就動，所以除人自己養靜時，心常動。不能說無事時，心有情，便是私意。孔子曾說七十而從心所欲不踰矩，並不說七十而心無欲，祇說不踰矩，孔子的修養不在於心不動，而在心動不踰矩而能中節。

(庚) 格物致知

格物致知的問題，朱陸各有爭執，後來王陽明發揮陸氏的『心卽理』說，更批評朱熹的格物致知的解釋。朱陸的爭執還有一個相關的問題，卽是尊德性和道問學。朱熹偏重格物致知以道問學，陸象山以反心見性以尊德性。實際上，朱熹的格物致知也就是爲正心誠意以尊德性。他們的門生，沒有了解老師的思想，乃大爲標新立異。眞德秀追宗朱熹。

「物，謂事物也。自吾一身以至於萬事萬物，皆各各有個道理，須要逐件窮究。且如一身，是從何來？須是知天地賦我以此形，與我以此性。……格，訓至，言於事物之理，窮究到極至處也。窮理旣到至處，則吾心之知識，日明一日，既久且熟，則於天下之理，無不通曉，故曰物格而後知至也。此一段聖人教人緊要處，蓋緣天下之理，能知得，方能行得。若知得一分，只是行得一分，知得十分，方能行得十分，所以用逐事窮究也。……」（眞文忠公文集 卷三十，問格物致知）

這種思想完全是朱熹的思想，而且說得很明白。人是有理性的，一切以理性爲嚮導。有些動作不屬於理性，那是生理方面的動作；有些動作，習慣成了自然，不必思索，有些動作，只知道原則，便付諸實行；有些動作，需要詳加研究，才能決定行止。儒家所說的知行，祇是關於倫理道德方面的是非善惡。良知固然可以告訴人在行事時的是非，然而良知也應予以培養，有許多實際環境複雜的事，須要先有研究，才可以知道適當的應付之道。因此，朱熹主張事事加以研究，而且要研究到底。研究不是爲求學問，而是爲行善。所以所謂道問學，即是尊德性。若如陸象山所說，理盡在良心上，人爲行善祇要看自己的心，不必研究外面事物，所謂道學問便沒有意義，便祇有尊德性了。陸氏的主張，爲修養已經有成的人可以適用，而且最洽當，例如孔子說七十從心所欲而不踰矩。但爲初學的人或沒有修養的人，則不能實行，而且必定流入空疏。若說普通一般的行事知識或治國的學識，則絕不能從良知去找，應該用心去學習。

「雖然人君之學，必知其要，然後有以爲用力之地。蓋明道術，辨人才，審治體，察民情者，人君格物致知之要也。」（眞文忠公文集　卷二十九，大學衍義序）

「獨嘗竊謂士之於學，窮理致用而已。理必達於用，用必原於理，又非二事也。」（眞文忠公　文集　卷三十六，跋劉彌邵讀書小記）

一切行事，應原於理；人行事須有理由。理不是憑空虛構，而是由實學所得。大學所以說致知在格物。

（辛）誠

中庸以『誠』爲天之道，『誠之』爲人之道。眞德秀以誠通於天道，和敬不相同。楊時一系的理學家，以中爲人性的本原，誠便是人性發揚的自然方法，用不着格物，也用不着敬。若是講敬，敬便是誠。朱熹不像周敦頤着重誠，然也以誠爲貴。誠是修養的工夫，不是靜坐的對越自心。眞德秀接納朱熹的思想。

「然而兩宮之所以畀付國公，與夫天下軍民之所期於國公者，蓋甚重而弗輕矣。而今而後，學問必益進於前，德業必益充於前，然後足以饜天人之心，塞中外之望。國公其不可不深勉乎此也！然則其道將安出哉？蔽之以一言曰：誠而已矣。夫誠之爲道，可以參天地，贊化育，其功用大矣。然求其用力之地，不過曰無妄也，不欺也，悠久不息也。盡此三者，而誠之體具矣。何謂無妄？純乎眞實而不雜以虛僞是也。何謂不欺？戒謹其所不睹，恐懼其所不聞是也。何謂不息？終始惟一，時乃日新是也。此三者，有一之未至焉，則去誠遠矣。……其學也必誠於學，其忠也必誠於忠，親賢以誠，而喜佞之私不參其間，好學以誠，而燕游之樂不干其慮。進侍兩宮，其誠固如此，退處私室，其誠亦如此。出對賓僚，其誠固如此，入親近習，其誠亦如此。此不惟勉強於一時，抑且安行於悠久。不惟克謹於其始，抑且弗渝於其終。夫如是則學問日以光明，德業日以充大。循是而往，雖優入聖域可也。天人之心愈孚，中外之望彌愜，而聖上之所以爲天

下得人者，亦有光於堯舜矣。國公其可不勉乎此哉。……」（眞文忠公文集卷三十七，上皇子書辛巳）

眞德秀把『誠』看得非常重要。爲皇太子的修養，舉出『誠』字，又詳加以解釋。他以爲誠有三種意義，互相結合而成一德：無妄、不欺，不息。這就是中庸所說的『誠之』，也就是着實去做，自強不息。

眞德秀的思想，純淨地接受朱熹的思想，是一位忠實的儒者。宋元學案「西山學案」全祖望按語說：「西山之望，直繼晦翁，然晚節何其委蛇也。東發於朱學最尊信，而不滿於西山。理度兩朝政要言之詳矣。宋史亦有微辭。」

眞文忠公文集黃翬作序說，德秀爲朱熹同郡人，私淑晦翁，「蓋先生之學，朱子之學也。」

註：

(1) 羅光著 中國哲學思想史，宋代理學篇（第十章）臺灣學生書局

(2) 參考：宋元學案卷八十一，西山眞氏學案。四部備要 中華書局
眞文忠公文集 四部叢刊初編縮本 商務印書館。

第三章　北方理學家

(1) 許　衡

許衡，字仲平，河南懷州人。生於金衞紹王大安元年（公元一二〇九年），卒於元世祖至元十八年（公元一二八一年），年七十三歲，追贈司徒，諡文正，學者稱爲魯齋先生。許衡出生以前九年，朱熹去世。朱子的哲學思想由弟子們流傳，弟子中以陳淳、黃榦、蔡元定、蔡沈爲最著。陳淳去世於公元一二一七年，黃榦卒於公元一二二一年，蔡元定於公元一一九八年逝世，蔡沈卒世於公元一二三〇年。這四位學者都是許衡的同時人，但年歲都比他大。宋末私淑朱熹的學者有西山和鶴山，西山爲眞德秀，鶴山爲魏了翁。稍後，有黃東發（震）、王深寧（應麟）。許衡都沒有能够遇到這幾位理學者，祇是在元窩濶臺滅金後，在河南蘇門和姚樞相遇。姚樞那時年二十五歲，許衡年三十四歲。姚樞曾從南宋學者趙復得伊洛的理學，許衡往訪時，姚樞出示伊川易傳、朱熹的論語集註、大學中庸章句，許衡乃手抄以歸，致力研究宋朝理學。

元世祖忽必烈傾心漢人文化，重用儒者。在沒有卽帝位以前，治理內蒙古漢人地區，曾延用漢儒。當時竇默、張德輝、姚樞、王恂、廉希憲等都被收羅。公元一二五三年，廉希憲爲關西道宣撫使，姚樞爲勸農使。廉希憲薦許衡，以充京兆敎授，許衡時四十四歲。忽必烈卽帝位後，徵詔許衡入京，曾幾度接見，被任爲太子太保，同時姚樞被任爲太子太師，竇默爲太子太傅。三人因和丞相王文統政見不和，一併辭官不就。許衡歸懷州敎學。公元一二六六年，詔輔丞相安童，安童時年十九歲，許衡應命，參預國事。至元四年，許衡抱病，不再入省，疏請還家，蒙帝詔許。同年，又被召回京，除國子祭酒，編「歷代帝王嘉言善政錄」。至元六年，參加議定朝廷官制。至元七年（公元一二七〇年）詔拜衡爲中書左丞。次年，衡堅辭左丞職，乃改授集賢大學士兼國子祭酒，專掌敎學。任敎三年，因權臣阿合馬掌管財政，不照例供給國子生的日用所需，衡乃辭職。至元十三年（公元一二七六）衡年六十八歲，參預修訂曆法。至元十七年（公元一二八〇）曆法修訂完成，衡獲准還鄉養病，次年，去世。

（甲）性理的思想

(A) 陰陽

許衡有魯齋遺書十四卷傳世，對於理學的性理思想略有講述。所有講述，散見在語錄和讀易私事兩卷裏，衡的性理思想較近於朱熹，以理氣爲物的成素，以陰陽爲氣的兩氣，化成萬物。衡沒有講太極，祇便中提到。

「或問：心也性也天也，一理也，何如？
曰：便是一以貫之。
又問：理出於天，天出於理？
曰：天卽理也，有則一時有，本無先後。有是理而後有是物。……凡物之生，必得此理，而後有是形。無理則無形。……事物必有理，未有無理之物，兩件不可離，無物則理何所寓？」（魯齋遺書 卷一，語錄上）

「天下皆有對，惟一理無對，**便是太極也。**」（同上，語錄下）

一物有一物之理，一事有一事之理。許衡所注意的是，對於事物，要識得事物之理，能够知道應變之道。他所處的時代，是蒙古人的時代，他特別強調求知古代聖賢的教訓。

「讀史傳事實文字，皆已往粗迹；但其中亦有理在。……雖淺近事物，亦必有形而上者。但學者能得聖神功用之妙，以觀萬事萬物之理可也。則形而下者事爲之間，皆粗迹而不可廢。」（同上）

有理則有形，形不由理而成，而是由理而定。成形者爲氣。理爲形而上，爲事物之所以然或成爲事物的理由；氣則爲形而下，是「粗迹」可見。天地因陰陽兩氣而成，萬物也成於陰陽。

「天之低以濁者，又復清而浮。地之裂以洩者，又復凝而塡。人物之歇滅萎敗者又復生息而繁滋。比陰陽運氣泰而通，則前日之混沌者，復爲之開闢矣。」(魯齊遺書 卷一，語錄上)

「天地陰陽精氣，爲日月星辰。日月不是有輪廓生成，只是至精之氣，到處便如此光明。陰精爲光，故遠近隨日所照。」(同上)

「萬物皆本於陰陽，要去一件去不得。」(同上)

天地構造，本屬於天文物理，古來則屬於哲學的宇宙論。朱熹也講天地由陽陰兩氣所成，許衡接繼這種思想；以陰陽解釋日月的光明和陰圈的現象。又更採易經的往復，兼採邵雍的皇極經世的世運思想，解釋天地的變化。整個宇宙有往復的數字，每個現象也有往復的度數。人身血脈的週流有度數，一年四季的流轉也有度數。

「日月行有度數，人身血氣週流亦有度數，天地六氣運轉亦如是。到東方

便是春，到南方便是夏，行到處便主一時。日行十二時亦然。萬物都隨他轉，過去便不屬他。」（魯齋遺書 卷一，語錄上）

陰陽流轉的度數，乃是消長的變化。現象不能常久，常有變化，互相輪轉。

「長生長春，如何長得？春夏秋冬，寒暑代謝，天之道也。如春可長，亦不是貴矣。南北東西是定體相對，春夏秋冬是流行運用，却便相循環，一體一用。」（魯齋遺書 卷一，語錄上）

對於陰陽的消長，許衡有自己的主張。他以爲陰陽的消長，由下而上。在下者容易向上；在上者則不容易向下。在下，過失少；在上，危險多。

「凡陰陽消長，皆始於下。故得下則長，失下則消。自始少而至長極凡八；消則始消而至消盡凡八。長，蓋消之中復有長焉，長之中復有消焉。……是知，天下古今，未有無陽之陰，亦未有無陰之陽。此一物各具一太極，一身還有一乾坤也。孟子謂萬物皆備於我者是也。第未得一無之數，沿而下之以見吾生，亦未得吾生之數，泝而上之，以見其元。安得如康節

邵先生者，從而問之！」（魯齋遺書 卷六，陰陽消長）

從卦爻的消息，以見陰陽的消長：由陰陽的消長，以推變化的數。他根據「伏羲六十四卦方位圖」的圓圖，解說陰陽的消長，由復卦一陽而到乾卦的六陽，中間的變化爲：由復卦的一陽長到益卦的三陽，卻又消爲震卦的二陽，由二陽長到無妄卦的四陽，四陽又消爲明夷卦的二陽，二陽長到學人卦的四陽，四陽又消爲豐卦的三陽，三陽長到同人卦的五陽，五陽又消爲臨卦的二陽，二陽長到中孚卦的四陽。四陽又消爲歸妹卦的三陽，三陽長到履卦的五陽，五陽又消爲泰卦的三陽，三陽長到小畜卦的五陽，五陽又消爲大壯卦的四陽，大壯卦的四陽不再消滅，以到乾卦的六陽。他懊喪自己不能推出自己的生數，也不能推出生命的根原數字，似乎願意以數目去代表有無，自無而有，由有而無。但是『無』不可以數去代表。

許衡又以爲由下向上，陰應居下位。陰在下位則安。但是他認爲陰過於懦弱，沒有進取心。因此，他寧願陽居下位，以圖進取，雖有危險，尚較比懦弱無爲更好。這是元朝蒙古人強悍氣色所造成的社會風氣。

「初初位之下，事之始也。以陽居之，才可以有爲矣。或恐其不安於分也，以陰居之，不患其過越矣。或恐其懦弱昏滯，未足以趨時也。四之應否，亦類此義。大抵柔弱則難濟，剛健則易行。故諸卦柔弱而致凶者其數居多，剛健而致凶者，唯頤、大壯、夬而已。若總言之，居初者易貞，居上者難貞。易貞者，由其所適之道多；難貞者，以其所處之位極。故六十四卦，初爻多得免咎，而上每有不可救者。始終之際，其難易之不同蓋如此。」（魯齋遺書　卷六，讀易私言）

中國傳統思想，傾於溫柔；雖以陽爲主，陰爲輔，然不主張以剛爲人生之道。許衡卻舉出卦爻中「諸卦柔弱而致凶者多，剛健而致凶者，唯頤、大壯、夬而已。」這大約是受了崇古人悍勇風氣的影響。

(B)　心・性

人有性有氣，性爲理，氣爲情。理常相同，身和情則人人各殊。朱熹常說理一而殊；即天地而論，所有理爲一，所有理的表現則不同。許衡說：

「心之所存者理一，身之所行者分殊。」（魯齋遺書　卷二，語錄下）

的變。

人禀有天地一元之氣；氣在天地間繼續變化，在人以內也繼續有變，生少壯老，就是氣

「問：一元之氣，變於四時，在人亦然。人生四變，嬰兒少壯老耄死亡。先生曰：此是邵先生所言，豈止人，萬有皆存四段。」（魯齋遺書 卷二，語錄下）

朱熹曾說氣有清濁，因此人性有善惡，善惡的分別來自氣。許衡也說：

「爲惡者氣，爲善者是性。」（魯齋遺書 卷二，語錄下）

「明德的靈明覺，天下古今無不一般。只爲受生之初，所稟之氣，有清者，有濁者，有美者，有惡者，得其清者則爲智，得其濁者則爲愚，得其美者則爲賢，得其惡者則爲不肖。若得全清全美則大智大賢。」（魯齋遺書 卷三，論明明德）

性本來是善，朱熹說天地之性無所謂善惡，究竟說來是善。性和氣相合，因氣的清濁乃

有善惡的氣質之性。惡是來自氣。許衡的話很簡單，但是話的意思卽是朱子的思想。

性的具體表現爲心，心可以說是『氣質之性』，朱熹說心統性情。性爲理，情爲氣，性爲善，情有善惡。心統性情，心便有理有氣，可以善，可以惡。許衡說：

「心統性情者也。性者，心之體。情者，心之用。」（魯齋遺書　卷二，語錄下）

心的體，旣是性，便是理，便是善。若是心所有的氣很淸明，性理便可完全表現出來，卽是聖人之心。

「聖人之心如明鏡止水，物來不亂，物去不留。用功夫主一也。主一是持敬也。」（魯齋遺書　卷二，語錄下）

天地萬物同有一理，理在人心，人心便和天地相同，而且可以相通。人應該善養自己的心，以期能盡性。

「人與天地同。是甚底同？人不過有六尺之軀，其大處同處，指心。謂心與天地一般。」(同上)

「大哉乾元，萬物資始，是天賦以德性，虛靈不昧，人皆有之。所以物我皆得，求之卽與之，所得深淺厚薄在人，而其始本同是一理也。雲行雨施，是施恩澤也，在乎理；主乎氣者，是命也。不在彼來求取，與不與在乎天。天者君命也，止說分殊也。」(同上)

「古之聖人，以天地人爲三才。天地之大，其與人相懸不知幾何也，而聖人以人配之，何耶？蓋上帝降衷，人得之以爲心。心形雖小，中間蘊藏天地萬物之理，所謂性也，所謂明德也，虛靈明覺，神妙不測，與天地一般。故聖人說天地人爲三才。」(魯齋遺書 卷三，論明明德)

人性相同，氣不相同，此乃是命，命在乎天。命和性常相連，孟子已經就說到。宋朝理學家把命和性的分別，加以說明，天所授於人的，稱爲命，人所受於天的，稱爲性。然而，再又有分別，性是理，命是人生不可抵抗的遭遇，卽貧賤富貴，死生脩短乃是命。

「凡言性者便有命，凡言命者便有性。貧賤富貴死生脩短禍福，稟於氣，皆本乎天也，是一定之分，不可求也。然此其中有正命，有非正命者，盡其道而不立乎巖牆之下，脩身以待之。亦有吉凶禍福死生脩短，來當以順受。所謂莫之致而至者，皆正命也，乃係乎天之所爲也。非正命者，行險徼幸，行非禮義之事，致於禍害桎梏死者，命亦隨焉，人之自召也。」（魯齋遺書　卷一，語錄上）

命，來自天，人不能自求，祇可以順受。孔子曾說樂天知命。惡人和小人，則不知天命，自己行險，以圖徼幸求得福利，反而招殃，這是自造的孽，不是正命。天常愛人，凡禍凡福，都與人爲善，人能順受，都能快樂。

「問：樂善所以樂天也，貧賤患難不憂所以知命也。曰：天賦與萬物無不盡善。譬若父母養育幼子，少與飲食衣服，多與飲食衣服，皆是愛惜，固是嗔責教訓，使之成人，亦是無不是底，父母無有錯了的。天自古老，天造化豈有錯了處，只有人錯了。天與富貴福澤，教人行善，天與貧賤，亦教人行善。是天降大任之說。……知有天命不敢違，雖得貧賤患難，亦不爲憂，可謂以順受也。樂天便是知命，知命便是樂天也，此說君子之事也。孔子五十而知天命，窮理盡性以至於命，聖人之事也。」（魯齋遺書 卷二，語錄下）

許衡解釋天命，較比朱熹更詳細明白，且更合理。他以命爲天命，天爲愛民的上天，愛民有如父母愛子女。所給人的命，無論吉凶，都是爲教人爲善，人若能順受，則可爲君子。

「人處貧富貴賤，如天之春夏秋冬。天行春夏令，人有春夏衣服，天行秋冬令，人準備秋冬衣服。冬裘夏葛，卽其義也。天有命，人有義。雖處于貧賤富貴，各行乎當為之事，卽義也。只有一箇義字，都應對了。隨遇而安，便是樂天知命也。」（魯齋遺書 卷二，語錄下）

隨遇而安，爲在不安定環境中的人，是一種最好的生活原則。許衡出生在不安定的時代，金人元人都被看爲異族，許衡生在金人的統域裏，成了元人的臣子，便祇能求問心無愧，「行乎當行之事」，以隨遇而安。他對命字，在語錄裏，多次提到，可見非常重視。心統性情，心便是主宰，人爲隨遇而安，爲行善避惡，都由心主宰。情是心之動，善惡由情所造，但情是由心去主宰。

「問；一心可以宰萬物，一理可以統萬事。先生曰：是說一以貫之。」（魯齋遺書　卷二，語錄下）

「喜怒哀樂愛惡欲一有動於心，則氣便不平。氣旣不平，則發言多失。七者之中，惟怒爲難治，又偏招患難。須於盛怒時，堅忍不動，俟心氣平時，審而應之，庶幾無失。」（魯齋遺書　卷一，語錄上）

許衡在「中庸直解」裏注解中庸的喜怒哀樂未發已發，以未發之中爲性之本體，以已發爲心之動。

「子思說喜怒哀樂這四件是人之情，未與物接時都未發出來，乃是人之性。這性渾然在中，無所偏依，故謂之中。及其旣與物接，這喜怒哀樂發將出來，件件都中節，無所乖戾，故謂之和。

子思又說，這未發之中，便是天命之性，天下萬事萬物之理，皆從此出，道之體也，所以爲天下之大本。這發而皆中節之和，便是率性之道，天下古今所共由之路，道之用也。

子思又說，人能自戒懼而約之以至於至靜之中，無所偏依，則吾心正，天地之心亦正。」(魯齋遺書 卷五，中庸直解)

對於『中』的解釋，朱熹曾批評楊時，羅從彥、李延平的解釋。他們以『中』爲心之體，程伊川以『中』爲心的氣象，朱熹接受伊川的主張。以『中』爲心的特徵，心不動時便有『中』的氣象。楊時和他的門生則以『中』爲心的本體，卽是性。這樣，心若是動卽失去本性，李延平就一意靜坐。這種思想來自禪宗，和理學大師周張程朱的思想不同；而且也是違背中庸之道。中庸說：「動而皆中節謂之和」，中庸主張『中和』。心有情，必定會動，動則應中節。許衡也說『中』爲道之體，『和』爲道之用。他的思想便和楊時等人的思想相近，他雖不說『中』是心之體，然而他以性爲道，『中』便是性之體。

許衡又解釋『中』爲正心，『和』爲誠意。又說「則吾心正，天地之心亦正」。人心與天地之心相通。他接納張載「西銘」的萬物一體而相通的思想，又接納朱熹的思想，以人心與天地之心相通爲仁。

「仁爲溫和慈愛，得天地生萬物的道理。」（魯齋遺書　卷三，大學要略）

「仁爲四德之長，元者善之長。前人訓元爲廣大，直是有理。心胸不廣大，安能愛敬。……仁與元，俱包四德，而俱列並稱，所謂合之不渾，離之不散。仁者，性之至而愛之理也；愛者，情之發而仁之用也；公者，人之所以爲仁之道也。元者，天之所以爲仁之至也。仁者，人心之所固有，而私或蔽之，以陷於不仁。……若夫知覺則仁之用，而仁者之所兼也。元者，四德之長，故兼亨利貞；仁者，五常之長，故兼義禮智信。此仁者所以必有知覺，不可便以知覺名仁也。」（魯齋遺書　卷一，語錄上）

仁配元，爲漢以來儒家以元亨利貞配仁義禮智的通論。宋朝理學家，尤其是朱熹以仁爲生，因爲元是生，亨利貞爲生命的發展程序，所以元包括亨利貞。仁配元，乃是生，生是人性之理；生之理表現於人心，人心便是仁。生有知覺，普通以手足沒有知覺，爲痲木不仁。

知覺爲生命的表現，所以說「此仁者所以必有知覺，不可便以知覺名仁也。」許衡沒有發揮這種思想，祇說了大綱；這也是語錄體所能記錄的。語錄是一段一段短短的話，不是長篇的議論文。

(乙)修身

(A)學

許衡生在金朝和元朝的統治之下，在金元的治下，中國古代傳統的學術，都忽然斷絕。因爲當時儒者都在南宋的江南，書院也都由南宋儒者掌教。金朝的學者只靠自己私人力學，缺乏師教。元朝可汗忽必烈治理中國，誠心訪求儒者，恢復儒家的政治制度，獎勵興學。許衡當時擔負興學的責任，一心力求培育青年子弟，繼續儒學。歐陽玄「神道碑」說：

「以先生爲集賢大學士，兼國子祭酒。先生之爲教，精粗有序，張弛有宜，而必本諸聖賢啓廸後學之方。踰年，諸生涵養薰陶，周旋中禮，講貫適用。上喜其業成。」

元史本傳說：

「時所選弟子皆幼稚，衡待之如成人，愛之如子。出入進退，其嚴若君臣。其爲教，因覺以明善，因明以開蔽，相其動靜以爲張弛。課誦少暇，卽習禮或習書算。少者，則令習拜跪揖讓進退應對，或射或投壺。負者，罰讀書若干遍。久之，諸生人人自得尊師敬業。下至童子，亦知三綱五常爲生人之道。」

讀了這兩段文章，可以想到許衡辦學的原則，以聖賢之書，教導學生實踐於日常生活。尊重學生的人格，待童子如成人，卻又嚴師生之分，尊重師道。

在魯齋遺書裏有「小學大義」，「大學要略」，「小大學要問」三篇，講論教學之道。小學，收八歲以上童子；大學，收十五歲以上青年。小學教「洒掃應對進退之節，禮樂射御書數之文。」（魯齋遺書 卷三，小學大義）大學教「窮理正心修己治人之道」（同上）對於小學教育，按朱熹所編小學四卷中的三綱目：立教、明倫、敬身。

「立教者，明三代聖王所以教人之法也。蓋人之良心本無不善，由有生之後，氣禀所拘，物欲所蔽，然後私意妄作，始有不善。聖人設教，使養其良心之本善，去其私意之不善。……」

「明倫，明者明之也，倫者倫理也。人之賦命於天，莫不各有當然之則。如父子之有親，君臣之有義，夫婦之有別，長幼之有序，朋友之有信，乃所謂天倫也。三代聖王設爲庠序學校，以教天下者無他，明此而已。……」

「敬身序引孔子言，君子無不敬也。敬身爲大身也者，親之枝也，敢不敬乎。不能敬其身是傷其親，傷其親是傷其本，傷其本，枝從而亡。聖人以此垂戒。則知凡爲人者，不可一日離乎敬也。…」（魯齋遺書 卷三，小學大義）

教育爲倫理教育，從小就教童子知道人生的要理；知道修身，按良心行事；知道倫常，動作有禮；知道自重，衣食有儀，養成修德的基礎。

大學的教育，以大學一書作基礎。「大學之道在明明德」，人心都有這德性，虛靈不昧。然因風俗不良，私慾昏蔽，人心乃有昏昧不明，孔子教人明明德。教育的方法，在於正心，使心能定。

「孔子道修身在正心，這的是大學裏一箇好法度，能正心便能修身。……那誠意格物致知，都從這上頭做根脚來。大概看來，這個當於正心上，一步一步行著去。……」(魯齋遺書　卷三，大學要略)

許衡總結小學大學的教育說：

「小學教人自下事上之道，如子孝於父，臣忠於君等之類。大學教人自上臨下之道，如敬天脩德，節用愛民之類。上知所以臨下則下順，下知所以事上則上安，上安下順。此古昔治平之興，必本於小學大學之教也。」

(魯齋遺書　卷三，對小大學問)

人文教育爲中國傳統的教育，論語會以孝弟爲教育的根本。在五倫上，傳統思想注重下對上的義務，因此論語說一個人有孝弟的善德，便不會作亂犯上，國家便能太平。這是因爲在下的人多，在上的人少，因此，注重在下的人對於在上的人所有的義務；但並不是說在上的人對於在下的人沒有義務。孔子講正名，也肯定在上的人所有的應做的事。許衡對於大學生教育「自上臨下之道」，因爲大學生都是預官，將來要治國治民。

從『學』的方面說，儒家的傳統是主張學必有行。中庸說博學、審問、愼思、明辨、篤行，篤行在最後，也最重要，是『學』的完成。沒有實踐，學就不算是學。

「凡爲學之道，必須一言一句自求己事。如六經語孟中，我所未能，當勉而行之。或我所行，不合於六經語孟中，便須改之。先務躬行，非止誦書作文而已。」（魯齋遺書 卷一，語錄上）

「學則三代共之，皆所以明人倫也……」（同上）

「今將一世精力，專意於文，鋪敍轉換，極其工巧，則其於所當文者闕漏多矣。今者能文之士，道堯舜周孔曾孟之言。如出諸其口，由之以責其實，則霄壤矣。使其無意於文，由聖人之言求聖人之心，則其所得，亦必有可觀者。……」（同上）

「問：學者當學顏子，入聖人爲近，有用力處，學得不錯，須是學顏子。

曰：從自己身上用力克己復禮，是矣。」（魯齋遺書　卷二，語錄下）

「小學四書，吾敬信如神明。自汝孩提，便令講習，望於此有得。他書雖不治無憾也。今殆十五年矣，尚未成誦，問其指意，亦不曉知，此吾所以深憂也。高凝來，聞汝肯自勉勵，勝於前日，我心甚喜，未識其果然乎？……我生平長處，在信此數書，其短處，在虛聲牽制，以有今日。今日之勢可憂而不可恃也。汝當繼我長處，改我短處，汝果能篤實，果能自強。我雖貴顯，適足禍汝，萬宜致思！比見且專讀孟子，孟子如泰山巖巖，可以起人偷惰無恥之病也。」（魯齋遺書　卷九，與子師可書）

許衡對於『學』的思想，在上面幾段引文裏，很明顯地表白出來。讀聖賢書，就要實踐聖人之道。他痛惡當時的讀書人，祇講究作文，以應考試，而行事則相反於六經四書。他教訓兒子，篤實自強，讀孟子以振作精神。以作官為可憂，「尊榮貴顯，固人之所甚欲。然鶴之乘軒，隼之乘墉，豈欲取謗怒於天下？被挾矢者交會圜至，殆其生之不能保。」（魯齋遺書　卷九，與子聲義之書）他希望「得受共成一廛，與老妻稚子，竭力耕耝，閑暇日，會二三學者，讀古人書，則志願足矣。」（同上）學作聖人，自己克己守禮。自己心安，家人也心安。在亂世乃爲生活的上策。

「吾先代皆以宦業名世，原其所自，蓋積於勤學。學之於人，其大矣乎！父子之親，君臣之義，與夫夫婦長幼朋友，亦莫不各有當然之則，此人倫也。苟無學問以明之，則違遠人道，與禽獸殆無少異。以禽獸無異之材，汲汲焉求處衆人之表，吾見其謬悠荒唐之言，卒陷於自欺而後已也。吾衰且老，重以疾廢，平時所期于汝者，自是愈切。不知汝之處心，亦果如吾之處心乎！……」（魯齋遺書 卷九，代李和叔與兄子）

這時雖是代筆，也表現自己的處心。看重學問，以學問在於明瞭人倫之道，使人力行，以別於禽獸。

（B）格物致知

大學講論修身，以個人的正心爲根基，正心則仍要建立在另一基礎上，即是格物致知。

人有理性，行動直接間接都由理智支配。許衡也說：「此人倫也。苟無學問以明之，則違遠人道」。但是大學卻失掉了格物致知一章或兩章，而由朱熹補作。朱熹的補作代表他自己的思想，當時陸象山也另有主張。因此對於格物致知，就有朱陸不同的意見。後代的學者，以「道問學」屬於朱熹，以「尊德性」屬於陸象山。實際上這是一種錯誤，朱熹「道學問」，却也「尊德性」。朱陸對於致知格物，祇是方法不同，目的是一樣。許衡接納周張二程和朱熹的思想，以格物致知在於研究究物理，以知聖賢爲人之道。

> 「或問：窮理至於天下之物，必有所以然之故，與其所當然之則，所謂理也。曰：博學審問愼思明辨，此解說箇窮字。其所以然與其所當然，此說箇理字。所以然者是本原也；所當然者是末流也。所以然者是命也；所當然者是義也。每一事每一物須有所以然與所當然。」（魯齋遺書 卷一，語錄上）

「窮理致於天下之物」，是說格物研究事物之理，要研究澈底，對每一樁事物，要研究所以然和所當然之理，而且要研究天下的事物。當然不是要研究天下一切的事物，然必要研

究相當多的事物，所得結論能代表這些事物的理由。朱熹曾說：「至於用力之久，而一旦豁然貫通焉。」（大學章句）

「盡其心者知其性也。知其性則知天矣。在大學所謂物格知至也，是知到十分善處也。存其心養其性所以事天也，在大學所謂意識心正是也，行到十分善處也。」（魯齋遺書　卷二，語錄下）

許衡解釋大學的格物致知，以孟子的話作比，「盡心知性」常受陸象山的引用，可以代表陸氏反觀自心以知自性的主張。許衡用這句話來解釋格物致知，似乎偏重陸氏，然他衹說是「知到十分善處」，朱熹也認爲知到十分善處，在於認識人性天理。

在大學直解一書理，許衡完全採納朱熹的見解。

「致知在格物：格字解做至字，物是事物。若要推極本心的知識，又在窮究天下事物之理，直到那至極處，不可有一些不到，所以說致知在格物。物格而后知至；人於天下之理，旣能窮究到至極處，然後本心的知識，無

一些不盡矣。」（魯齋遺書　卷四，大學直解）

再就朱熹所補的格物致知章，加以簡單的解釋。許衡根據朱熹的解釋來解釋大學。他是繼承朱熹的思想，以心去求事物之理；因爲「心是人之神明。人之一心雖不過方寸，然其本體至虛至靈，莫不有箇自然知識。」（同上）自然知識是認識的能力，用這能力便能知事物之理。「若於天下事物的道理，不能一件件窮到那極至處，則他心裏雖有自然的知識，也未免昏昧欠缺，有不能盡了。」（同上）不像陸象山所說理完全在心內，心以外沒有理，祇要反觀自心就能明理；而是如朱子所說天下事物都有自己的理，應該一件件去研究。不過，研究祇是一面，力行又是應有的一面，陸象山以知就是行，朱熹以知應該和行一致。『應該』則假定人該努力去做。

（C）主敬

格物致知不是目標，而是方法，是用爲能夠正心誠意。不是爲求學而求學，是爲求實行而求學。實行在於正心誠意，正心誠意在於敬。宋朝理學家二程主張守敬，朱熹繼承二程，以主敬爲正心誠意的實踐。

「東萊嘗云：南軒言心在焉則謂之敬。且如方對客談論而他有所思，雖思之善，亦不敬也。纔有間斷，便是不敬。凡事一一省察，不要逐物去了。雖在千萬人中，常知有己，此持敬大略也。」（魯齋遺書 卷一，語錄上）

持敬，要心在所做的事上，不要旁想他事，心有旁的想念，便是逐物而去了，即是不敬。大學說：「心不在焉，視而不見，聽而不聞，食而不知其味。」（第七章）許衡解釋說：「所以君子常要存着這心，以檢束其身。」（魯齋遺書 卷四，大學直解）

「聖人之心如明鏡止水，物來不亂，物去不留，用功夫主一也。主一是持敬。」（魯齋遺書 卷二，語錄下）

『主一』是宋朝理學家對於持敬的解釋，意思是心主於當前的事，當前祇能有一件事，故說『主一』。但還另有一個意義，主一是主於天理，是不動時，必要合於天理，心才能正。

「曾子說：經文所言修身在正其心者何？蓋惱怒畏怕歡喜愁慮，這四件是人心裏發出來的情，人人都有；但當察箇，道理上不當惱怒，却去惱怒，則惱怒便偏了。不當畏怕，却去畏怕，則畏怕便偏了。不當歡喜，却去歡喜，則歡喜便偏了。不當愁慮，却去愁慮，則愁慮便偏了。這四件偏了，心便不正，如何能修得自家的身手？」（魯齋遺書　卷四，大學直解）

主一，應使心專看天理，正做一事時，在感情動時，心不亂，察看這事這情是否合理。合理便是中節，心有中和乃正。

(D) 仁義

正心誠意所以修身，修身乃能進德。德爲得，行善有得於心。心有善端，盡心以培養善端，心便有所得。宋朝理學家常講五常，五常爲仁義禮智信。然『信』祇是一切德行的條件，好比誠，人要誠於心，才能有德。因此，仁義禮智乃孟子所倡的四德，也就是人的四種善端。宋朝理學家常以四德配易經的元亨利貞。

「五常，性也。天命之性，性分中之所固有。君臣父子夫婦長幼朋友，所行之道也。率性之道，職分之所爲。」

「仁爲四德之長，元為善之長。前人訓元爲廣大，直是有理。心胸不廣大，安能敬愛，安能教思，容保民無疆。仁與元俱包四德，而俱列併稱，所謂合之不渾，離之不散。仁者，性之至而愛之理也。愛者情之發而仁之用也。公者，人之所以爲仁之道也。元者，天之所以爲仁之至也。仁者，人心之所固有，而私或蔽之以陷於不仁。收仁者必克己，克己則公，公則仁，仁則愛。未致於仁，則愛不可以充體。若夫知覺則仁之用，而仁者之所兼也。元者，四德之長，故兼亨利貞。仁者，五常之長，故兼義禮智信。此仁者所以必有知覺，不可便以知覺名仁也。」（魯齋遺書 卷一，語錄上）

仁爲元，爲生。仁者爲愛，則和義禮智同列，故孟子以惻隱之心爲仁之端。仁義禮智雖同爲四德，然而仁義則最重要，孟子所以常講仁義，以仁義代表堯舜孔子之道。

「聖人之道，惟仁與義。義則物我兼該，義則職業有分，體用參錯，莫可相離。故語仁不及義，非仁也，其流必入於兼愛。語義而不及仁，非義也，

其弊必至於爲我。考西銘理一分殊之說，尤爲著明。」（魯齋遺書　卷八，家語亡弓）

仁義代表聖人之道，仁以愛人，義以正我。然而兩者不能分離，愛人而不守義，則必流於無父無君的兼愛，成爲墨子的徒弟。守義而沒有仁，則必流於一毛不拔的爲我，變作楊朱的黨徒。孟子曾以這兩種學說，爲禍甚於洪水猛獸。這兩種善德乃是日常的德，中庸稱爲庸德，「庸德之行，庸言之謹，……言顧行，行顧言，君子胡不慥慥耳！」（中庸第十三章）許衡註解說：「庸是平常，庸德是常行的德行，庸言是常說的言語。行是踐其實，謹是擇其可。慥慥是篤實的模樣，贊美之辭也。孔子說：人於那平常之德，必要踐其實而後行——於那平常之言，必要擇其可而後說。……」（魯齋遺書　卷五，中庸直解）

許衡處在蒙古的朝廷裏，一心以保全堯舜禹湯文武周公孔子的傳統，盡心力實踐儒家修身之道，也努力教育青年讀四書，以修身養性，不僅是爲每個人的立身處世，而且是爲重建社會的生活規範，繼續中華民族的文明。

(E) 變化氣質

每個人所得於天的稟賦，各不相同。朱熹把這不同的差別歸之於氣。氣有淸濁，得氣淸的人則性善，得氣濁的人則性惡；故氣質之性有善有惡。

上面論性時，曾引許衡的話說，人在初生時，所稟的氣，有淸有濁，有美有惡。得氣淸的人爲聰明人，得氣濁的人爲愚蠢人，得氣美的人爲賢人，得氣惡的人爲惡人。（魯齋遺書卷三，論明明德）普通一般人，所稟的氣，不是全淸全美也不是全濁全惡；稟氣全淸全美的人是上智和聖人；稟氣全濁全惡的人是下愚和大惡。孔子曾說：「唯上智與下愚不移」，（論語·陽貨）也說有生而知，學而知，困而學知的三等人。普通一般人是可善可惡的人；因此儒家的修身，乃講改變氣質。氣質雖是天生的，卻不是一成不變。孟子曾由積極方面說收心養性以培養人心的善端，以善制惡；荀子曾由消極方面說善是人爲以改性惡；宋朝理學家則講改變氣質，去除氣的惡質，加強氣的善質，也就是澄淸氣的成份，減輕濁質。

「論生來所稟氣陰陽也，蓋能變之物，其淸者可變而爲濁，濁者可變而爲淸，美者可變而爲惡，惡者可變而爲美。縱情欲則淸美變爲濁惡，明明德則濁惡變爲淸美。……聖人哀憐，故設爲學校，以變其氣，養見在之明，開未開之明，使人人明德皆如自己一般；此聖人立教之本意。然為學之初，先要持敬，則身心收斂，氣不粗暴。淸者愈淸，而濁者不得長，美者愈美，而惡者不得行。……禮記一書近千萬言，最初一句曰：毋不敬。天下古今之善皆從敬字上起，天下古今之惡，皆從不敬上生。在小學便索要敬，在大學也索要敬，爲臣爲子爲君爲父皆索要敬，以至當小事當大事都索要敬。這一件先能著力，然後可以論學。」（魯齋遺書　卷三，論明明德）

許衡較比朱熹在論氣質時，除氣之淸濁外，加上了氣的美惡。這種新加的觀念，在理學的理氣說中，是講不通的。氣祇有淸濁，沒有美惡。雖然禮記以人得天地的秀氣，故爲萬物之靈。秀氣卽是淸氣。按照朱熹的主張，人性有善惡，氣則祇有淸濁，人性的善惡由氣的淸濁而生。許衡以氣淸使人聰明，氣濁使人愚蠢。朱熹則以氣淸則人的心淸明，情慾不濃；人的理智淸明意志淸明，理智淸明便能明理，意志淸明便能守理；因此聖人是大智大賢，一般的人，多有情慾，情慾不但能掩蔽理智，更能掩蔽意志，愚蠢的人固然不明白道理而作惡，聰明的人也能明白道理而作惡。朱熹的這種主張，在理氣方面是上下一貫，理論相連。許衡分氣爲淸濁美惡則理論不能貫通。但，他可能不講形上的性理，祇講修身，把氣作成了四分。

變化氣質的主張，在形上本體論也講不通，因爲氣若是人本體的構成素，怎麼可以變更呢？可以變更的，祇是氣的附加特徵。氣成情慾，情慾有強弱，情慾的強弱則可以改變。強者加以抑制，弱者予以操練，使情慾不使心偏，動能中節。這種講法，是理學家的共同講法，許衡也講克制情慾。克慾在於敬。學校所教的，是教學生持敬以改變氣節，行動合乎禮，乃能習於仁義。許衡自己以身作則，有君子之風。

元勅辭稱揚許衡「以天民之先覺，膺巖石之具瞻，聖學方湮，惟洙泗之源是訴，嘉謨入告，非堯舜之道不陳。」（魯齋遺書　卷十三）歐陽玄所撰神道碑說：「河內許先生，以天挺之才，得聖賢不傳之學，上接周公孔子曾思孟軻以來數君子之道統，而爲不出世之臣。……先生眞知力行，實見允蹈，齋居終日，肅如神明。嘗遇迅霆起前，泰宇凝定，不喪執守。其爲學也，以明體達用爲主，其脩己也，以存心養性爲要，其事君也，以責難陳善爲務，其教人也，以洒掃應對進退爲始，精義入神爲終。雖時尚枘鑿，不少變其規矩也。」（同上）

許衡在蒙古之朝，能輔佐元世祖繼承中華儒學，對於中華文化，實有貢獻。「神道碑」稱述他的弟子們出爲卿相，宣揚儒學。皇帝加贈太傅，追封魏國公。追封的制誥說：「天非繼聖學之墜緒，則不生命世之才。國欲與王道以比隆，肆用爲丞民之先覺。」（同上）許衡在元朝，當儒學衰墜時，繼承了道統，使儒學不至斷絕。元史本傳說：「衡善教煦煦，雖與童子語，如恐傷之。故所至，無貴賤賢不肖，皆樂從之。隨其才昏明大小，皆有所得，可以爲世用。所去，人皆哭泣不忍舍。服念其敎，如金科玉條，終身不肯忘。或未嘗及門，傳其緒餘，而折節力行爲名士者，往往有之。」（同上）

許衡不是大思想家，在哲學者沒有自己的創見。然而他的偉大，在於敎育人才。他有很好的敎育哲學，又以儒學爲敎育之本。因此，他能使儒家傳統，尙能流傳，以正人心。

明末遺民王船山則憤恨許衡等漢人學者，投效蒙古人。「竊詩書禮樂於夷類之廷者，其國之妖也。其理逆，其文詭，其說淫。相帥以嬉，不亡也奚待！虞集危素，祇益蒙古之亡，而爲儒者之耻。姚樞許衡，實先之矣。」（讀通鑑論）王船山以自己守節的原則，責備許衡等人；然而許衡的心，實不願作官，「別後南歸，得守邱壠，殊適所願。老來情思，苦厭喧雜。課督兒童，種田讀書，雖拙謀，心自喜幸。農夫野叟，日夕相遇，與之話言，固不盡曉，要其中無甚險阻，是可尙矣。」（魯齋遺書　卷九，與人四方）他更說：

「夫尊貴安顯，固人之所愛，然鶴之乘軒隼之乘墉，反足以賈禍而召怨，曾不若安守貧苦之爲愈也。亂後，雖處小庠，實出僭妄，比年竭力，經營田廬，庶覆前日之非。」（魯齋遺書　卷九，與子聲義之書）

(2) 劉因

(甲) 史傳

宋元學案「靜修學案」有百家的按語：「百家謹案，有元之學者，魯齋靜修草廬三人耳，草廬後至魯齋靜修，蓋元之所以立國學者也。二子之中，魯齋立功甚大，數十年彬彬號稱名卿材大夫者，皆其門人，於是國人始知有聖賢之學。靜修享年不永，所及不遠。……若靜修者，天分儘高，居然曾點氣象，固未可以功效較優劣也。」（宋元學案　卷九十一）

靜修先生劉因，字夢吉，雄州容城人。從趙復得宋理學家的書籍，遂專心研究理學。元世祖至元十九年（公元一二八二年），詔徵爲承德郎右贊善大夫，教授近侍的子弟。後以母疾辭歸，終不復出。至元三十年（公元一二九三年）卒，年四十五歲。謚文靖，學者稱爲靜修先生。著有靜修文集。

劉因在上宰相書說：「向者先儲皇以贊善之命來召，卽與使者偕行。再奉旨令教學，亦卽時應命。後以老母中風，請還家省視，不幸彌留，竟遭憂制，遂不復出。初豈有意於不仕邪？今聖天子選用賢良，一時新政，雖前日隱晦之人，亦將出而仕矣，況因平昔非隱晦者邪，況加以不次之寵，處以優崇之地邪？是以形留意往，命與心違，臥病空齋，惶恐待罪。竊謂供職，雖未能扶病而行，而恩命不敢不扶病而拜。若稍涉遲疑，則不惟臣子之心有不安，而蹤跡高峻，已不近人情矣。是以卽日拜受，暫留使者，候病勢稍退，與之俱行。遷延至今，服療百至，略無一效；乃請使者先還。望閣下俯加矜憫，曲爲保全，始終成就之。」因爲他說：「因自幼讀書，接聞大人君子之餘論，雖他無所得，至如君臣之義，自謂見之甚明。姑以日用近事言之，凡吾人之所以得安居暇食，以遂其生聚之樂者，皆君上所賜也。是以凡吾有生之民，或給力役，或出智能，亦必各有以自效焉。此理勢之所必然，自萬古而不可易。」（宋元學案　卷九十一，靜修學案，上宰相書。）

居於亂世，生於金朝，淪爲元朝的人民，他不得不承認君臣的道理。「因生四十三年，未嘗效尺寸之力，以報國家養育生成之德，而恩命連至，尙敢偃蹇不出，貪高尙之名以自媚，而得罪於聖門中庸之教哉。」（同上）他對於君臣之義，是固守儒家的傳統，遵守孔子中庸的教訓，表白自己是個儒家學者。

劉因家父仕於金朝，他心向金朝君主，對於南宋末年的君王，則譏刺其不理國事。題「理宗南樓風月圖詩」云：「試聽陰山敕勒歌，朔風悲壯動山河。南樓煙月無多景，緩步微吟柰爾何。」又題「度宗熙明殿古墨詩」曰：「松風含哀生硯滴，似訴優游解亡國。只今惟有哀江南，寶氣不受鵝溪縑。」金被元朝所滅，他屬元朝統治，然他對亂世殃禍，非常警覺。他在「和歸園居詩」說：「人生喪亂世，無君欲誰仕。滄海一橫流，飄蕩豈由己。」他又心哀金朝的命運，登中山城弔其從伯父死貞祐詩：「陵遷谷變橫流地，卵覆巢傾死節臣。耄老諸孫生氣在，九原精爽凜猶新。」在「題金太子墨竹」說：「手澤明昌祕閣收，當年緹襲爲誰留。露盤流盡金人淚，應笑翔鸞不解愁。」

（乙）易學

劉因的靜修先生文集，少有講學術的文章，也很少講性理和修養，只有第一卷「雜著」有幾篇關於易經考據和解釋卦文的文字，還有一篇「敍學」，敍說儒家的道統，又有一篇「希聖解」，表現求學和修身的目標。

求學和修身，目標在於求上進，『士希賢，賢希聖，聖希天。』人所以能够希聖希天，因爲天地萬物同一理。

「聖可希乎？曰：『可』。有要乎？曰：『有』。請聞焉。曰：『一爲要』。一者何？曰：『無欲』。孰無欲？曰：『天下之人皆可無欲』。

然則天下之人皆可爲聖人？曰：『然』。若是，則弟子之惑滋甚而不可解矣！先生曰：『子坐，吾與爾言。子其聞之！天地之間理一而已，爰其厥中，散爲萬事，終而復合爲一理。天地，人也；人也，天地也。聖賢，我也；我，聖賢也。人之所鍾，乃全而通，物之所得，乃偏而塞。偏而塞者固不可移，全而通者，苟能通之，何所不至矣。……子受天地之中，稟健順五常之氣。子之性，聖之質；子之學，聖之功；子猶聖也，聖猶子也。……』予於是叩首而謝曰：駰也昧道，懵學倥侗顓蒙，坐井觀天，戴盆仰日，捫舌之罪豈敢避之。然而辱全教命，剔開茅塞，洞見天君，駰雖不敏，鑽仰之勞，豈敢負先生之知乎！……」（靜修先生文集卷一，希聖解）

理一而殊，乃朱熹接受程頤的思想而予以發揮。朱熹的門生都接受這種主張。劉因則把這種形上思想應用到倫理生活。人人都可以成聖，是可以和天相通，因爲天地間只有一理，人得天地之理而爲性，人的理爲中，而又爲全。以『中』爲性，爲楊時呂大臨等人的意見，劉因採納了，乃說：「子受天地之中」而爲人。人得理之全，因爲人所稟的氣，爲「健順五常之氣」，理便能完全表現。這樣凡人所得的理和氣，和聖人所得的沒有差別，祇是要用功夫修養。

「性無不統，心無不宰，氣無不充，人以是而生，故材無不全矣。其或不全，非材之罪也，學術之差，品節之紊，異端之害，惑之也。……」(靜修先生文集　卷一，敍學)

性具有眾善，統有一切之理；心爲人之主宰。材字在劉因的思想裏，有些和性字相混。孟子曾說君子不以材爲性。孟子的性是仁義禮智之理，材則是眼能見耳能聽的良能。劉因把材看作性理，因此說材有全或不全。人的修養，在於求學，培養自己的材，反抗不好的環境，使材不虧缺。

『學』是學聖賢之道。先秦三代的書，以六經、論語、孟子爲大。「世人往往以語孟爲問學之始，而不始語孟聖賢之成終者。」(同上) 讀了四書，再讀禮記、周禮和春秋，禮爲用，春秋以斷事，然後學史。

「本諸詩以求其情，本諸書以求其辭，本諸禮以求其節，本諸春秋以求其斷。然後以詩書禮爲學之體，春秋爲學之用，一貫本末，舉天下之理窮，理窮而性盡矣。窮理盡性以至於命而後學夫易。易也者，聖人所以成終而成始也，學者於是用心焉。是故詩書禮樂不明，則不可以學春秋，春秋五經不明則不可以學易。夫不知其粗者，則其精者豈能知也。」

（靜修先生文集　卷一，敍學，）

劉因求學的次序，以論語孟子爲基礎書籍，然後讀詩、書、禮、樂、春秋，最後讀易經。他以易經爲古代聖賢書中最精者，又是聖賢成始成終之學。他在同一篇裡也說論孟爲聖賢的成始成終的書，在他的思想裏，論語孟子爲起點，易經爲終點。三書都是學者必讀的書。

劉因讀書，常有自己的見解，文集中收有中孚象，節象，櫝著記。易爻的象辭，多有以自然界的事物爲象，以作解釋。漢朝易學非常看重象，常用象去斷吉凶。劉因則說象祇是象徵，不必要眞有其事。中孚象辭有能致豚魚之應，小過象辭有致飛鳥遺音之應，劉因說：

「或曰頤、中孚皆有離之象也，離則有水出之象焉，故在頤則爲靈龜，在中孚則爲豚魚，是特取其象焉，爾非必謂眞有所致也。」（靜修先生文集 卷一，中孚象。）

在「節象」一文裏，劉因提出易經的幾項原則：

「在物皆有自然之節也。若因其節而節焉，猶支之有節，分之有段。」（靜修先生文集 卷一，節象）

「然易無無貞而亨者，猶物之無無陰之陽也。」（同上）

「動久而以靜節之，靜久而以動節之，皆所以爲節也。」（同上）

凡物皆有節，卽是每事有一事的理，按理而行，故理學家常言爲父止於慈，爲子止於孝。陰陽常相結合，沒有單獨的陰或單獨的陽，陰陽相合而又相節。人世的事，也是如此。

「櫝著記」解釋易繫辭的數云：

「著之在櫝也，寂然不動，道之體立，所謂易有太極者也。及受命而出也，感而遂通，神之用行，所謂是生兩儀，兩儀生四象，四象生八卦，八卦定吉凶，吉凶生大業者也，猶之圖也。五與十不用云者，無極也，而五與十則太極也，猶之易也。絜靜精微，絜靜云者，無極也，而精微則太極也。知此，則知夫櫝中之蓍，以一而具五十，無用而無所不用，謂之無則有，謂之實則虛也。」（靜修先生文集　卷一，櫝蓍記。）

劉因學易，受宋朝圖象易學的影響，又受漢朝天人合一說的左右。文集卷一有「讀藥書漫記」二條，卷二有「陰符經集註序」，以人身配天地。

「天人合發，萬化定基，則又立天道以定人者也。夫苟不以道定焉，則天人判而爲二，以道定焉，則天人合而爲一。」（陰符經集序）

中國醫藥從漢以來，常和五行的思想相連，董仲舒又以人爲小宇宙，以人身肢體的數目，配天地日月星辰的數目，以人五臟配金木水火土。宋朝理學家周張程朱不採納董仲舒和漢儒的思想，劉因則滲合這種思想於易經的思想。

劉因不仕元朝，學者都尊重他的風格。許衡仕於元，學者有些鄙棄。

然許衡在元朝使儒學可以繼續，蒙古人能漢化，對於中國文化貢獻不輕。陶宗儀輟耕錄曰：「初，許衡之應召也，道過眞定，因謂曰：公一聘卽起，無乃速乎，衡曰：不如此，則道不行。及先生（劉因）不受集賢之命，或問之，乃曰：不如此，則道不尊。」（宋元學案　卷九十一，靜修學案）

第四章　南方理學家

(1) 吳　澄

吳澄，字幼清，撫州崇仁人，生於元定宗四年，（宋理宗淳祐九年，公元一二四八年）卒於元順帝元統元年（公元一三三三年）壽八十五歲。年二十，中鄉試。後五年，宋恭帝德祐元年（公元一二七五年），元世祖以伯顏大擧伐宋，陷常州平江。元世祖派程鉅夫到江南尋求賢士，薦擧吳澄，澄以母老辭官。元武宗至大元年（公元一三〇八年），召爲國子監丞，陞爲司業。因被議爲從陸象山而非朱熹，乃謝官歸鄉。元英宗卽位，遷翰林學士，進階太中大夫。泰定帝立，泰定元年（公元一三二四年）爲經筵講官。後三年，泰定帝卒，吳澄請老而歸。元順帝元統元年卒，然也有說卒於元文宗至順二年（公元一三三一年）。追封臨川郡公，謚文正。學者稱澄爲草廬先生。

全祖望在宋元學案的「師山學案」有按語說：「祖望謹按：繼草廬而和會朱陸者，鄭師山也。草廬多右陸，而師山則右朱，斯其所以不同。」（卷九十四）當時人因此說澄爲繼陸象山之學。然而實際上，澄是宗朱子，但不拘守朱子的學說，有時予以更改。

吳澄曾從程若庸受教，若庸受教於饒魯，饒魯受教於黃榦，黃榦乃是朱熹的門生。吳澄所以是朱熹的四傳弟子。有草廬文集（吳文正集）百二十卷傳世。

（甲）性理之學

（A）太　極

太極在朱熹的思想裏，解爲「理之極至」，太極便是理。理不是虛無，朱熹所以不讚成把周敦頤的太極無極分而爲二，是因爲他認爲無極祇是太極的解釋。陸象山則解釋周敦頤的無極，爲老子的無。吳澄讚成朱熹的解釋。

吳澄在答海南海北道廉訪副使田君澤的第二信，引述陸象山和朱熹對於太極圖辯論的來往書函，自己加按語說：

「澄按來教所言，是以有無爲二，自無而爲太極也。今錄程子張子所言，有無不分先後之旨於後。蓋宋儒之言道，周子微發其端而已。其說之詳而明，直待張子二程子出而後人知。二子所言之道，與老莊所言，自無而有者不同。故論程張二子有功於吾道者，以其能辨異端似是之非也。」

(吳文正集　卷二)

無極即是太極，不可分爲二，不可有先後。太極是什麼呢？太極是理。

「大概古今言太極者有二，當分別而言，混同爲一，則不可也。莊子云：在太極之先。漢志云：太極函三爲一。唐詩云：太極生天地。凡此數言，皆是指鴻濛渾沌，天地未分之時而言也。夫子言易有太極，則是指道而言也，與莊子漢唐諸儒所言太極，字絕不相同。今儒往往合二者爲一，所以不明。如邵子言道爲太極，則與夫子所言同，又言太極既分，兩儀立矣，則與諸家所言同。蓋夫子所言之太極，指道而言，則不可言分。言分者，是指陰陽未判之時。故朱子易贊曰：太一肇判陰降陽升，不言太極，而言太一，是朱子之有特見也。朱子本義解易有太極，云易者，太極之變，太極者，其理也。朱子只以陰陽之變解易字，太極者，是易之本原。節齋蔡氏以易乃太極之所自出，朱門學者皆疵其說。來諭與蔡說相符，而非朱子意也。……世儒讀太極圖分無極太極爲二，則周子之言有病，故朱子合無極太極爲一，而曰：非太極之外，別有無極也。又曰無極卽是太極。澄之說，是發明朱子此義。」（吳文正集 卷三）

吳澄發揮朱熹的思想，反對陸象山的解釋。他以太極卽是無極，因爲太極無形，故曰無極。太極是道，不是天地未分之前的混元之氣，也不是陰陽未分時的太一。

「澄按莊子及漢唐諸儒，皆是以天地未分之前混元之氣爲太極，故孔穎達疏易，亦用此說。夫子所謂太極，是指形而上之道而言，孔疏之說非也。自宋伊洛以後，諸儒方說得太極字是，邵子云道爲太極，朱子易本義云：太極者理也。蔡氏易解云：太極者至極之理也。蔡氏雖於易字說得未是，解太極字則不差。澄之無極太極說曰：太極者，道也，與夫子邵子朱子蔡氏所說一同。而高兄不以爲然。蓋是依孔穎達及莊子諸人之說，以太極爲混元之氣故也。然混元未判之氣，名爲太一，而不名爲太極。故禮記曰：夫禮本於太一，分爲陰陽。朱子易贊曰太一肇判，陰降陽升。若知混之未判之氣，不名爲太極，而所謂太極者，是指道理而言，則不待辨而明矣。」（吳文正集　卷三）

易經沒有解釋太極，漢儒講氣，以不分陰陽的混元之氣爲太極，故稱太極爲太一。張載講太虛之氣，以太虛之氣爲太極，氣中有理。二程始分理氣爲二，朱熹完成了理氣二元的學說，更堅決地肯定太極爲理，而且爲理之極至。吳澄承繼朱熹的學說，以太極不是氣而是理；然而他不說太極是理，而說太極是道，這是因爲他喜歡邵雍的易數，邵雍說太極是道，他便也說太極是道。不過，他又承認和朱熹所說相同。

「太極者，何？曰：道也。道而稱之爲太極，何也？曰：假借之辭也。道不可名也，故假借可名之器以名之也。……道者，天地萬物之統會，至尊至貴無以加者，故亦假借屋棟之名，而稱之曰極也。然則何以謂之太？

曰：太之爲言，大之至甚也。……此天地萬物之極，極之至大者也，故曰太極。邵子曰：道爲太極。」（吳文正集 卷四，無極太極說）

所謂『道』，即是陰陽動靜之道。易經說：「一陰一陽之謂道。」（繫辭上 第五章）

「程子曰：道者，一陰一陽也，動靜無端，陰陽無始。非知道者，孰能知之。

澄按，此程子解繫辭傳一陰一陽之謂道一句也。蓋陰陽氣也，所以一陰一陽者道也。道祇在陰陽之中，雖未分天地以前，而陽動陰靜固已然矣。非陽動即陰靜，非陰靜即陽動也，無更有在陰靜陽動之前，而爲之發端肇始者。……惟朱子曉此，故其太極圖解曰：此無極，太極也，所以動而陽靜而陰之本體也，然非有以離乎陰陽也。指陰陽而指其本體，不雜乎陰陽而爲言爾。言一初，便是陰陽而太極在其中，非是先有太極而後有陰陽動靜也。」（吳文正集 卷三）

太極是道，道是陰陽變易之道，在陰陽之中，爲陰陽之本體。吳澄的這種思想有些混亂不清。既以道爲陰陽變易之道，卽是變易之理，朱熹不說理是氣之本體。氣之本體爲不分陰陽之氣，卽是渾沌元氣，卽是太虛之氣；吳澄很堅決地反對以太極爲渾元之氣，卻又說太極是氣之本體，便是沒有把『本體』的意氣弄清楚。朱熹說太極是理之極至，並沒有說太極是陰陽之道；因爲「理之極至」和「陰陽之道」所有的意義，不完全相同。講「太極爲陰陽之道」的人爲邵康節。吳澄很崇拜邵子，把他的思想和朱子的思想混而爲一。

『道』在陰陽之內，和陰陽沒有先後之分；這一點和易經的「太極生兩儀」又不相合了。易經明明以太極先於兩儀，兩儀爲陰陽，太極便先於陰陽；雖不是時間上的先後，至少應該是理論上的先後。因此，朱熹講理氣沒有先後時，也認爲勉強說來理在氣先。否則，易經的『生』字，就講不通了。

吳澄主張太極沒有動靜，動靜是陰陽之機，機爲機運，爲時勢，爲自然的趨勢。

「周子太極動而生陽，靜而生陰之說，讀者不可以辭害意。蓋太極無動靜，動靜者，氣機也。氣機一動，則太極亦動；氣機一靜，則太極亦靜。故朱子釋太極圖曰：太極之有動靜是天命之有流行也。……又曰：太極者，本然之妙也，動靜者，所乘之機也。機，猶弩牙弩弦；乘此機，如乘馬之乘。機動則弦發，機靜則弦不發。氣動太極亦動，氣靜則太極亦靜，太極之乘此氣，猶弩弦之乘機也。……然弩弦與弩機，却是兩物，太極與此氣非有兩物，只是主宰此氣者便是，非別有一物在氣中而主宰之也。機字是借物爲喻，不可以辭害意。

以沖漠無朕聲臭泯然爲太極之體，以流行變化各正性命爲太極之用，此言有病。蓋太極本無體用之分，其流行變化者，皆氣之闔闢。」（吳文正集卷二，答王參政儀伯問）

吳澄以太極爲道，沒有動靜之可言，氣則有動靜，道在氣中，氣動時有太極，靜時有太極。然而易經以道爲動靜之理，氣之所以有動靜，是因着動靜之理，吳澄乃說太極爲氣的動靜之主宰。不過主宰並不是另一物，而祇是理，在氣之內，同氣合爲一物。這是把朱熹所說的理氣二元，加以發揮。朱熹主張理氣相合以成物，兩者沒有先後，不能分離；因此也就主張每一物自有一太極，天地又有一太極。這樣解釋太極，太極已經不是易經的太極了，太極祇是理。

「太極本無動靜體用也。然言太極，則該動用靜體在其中，因陽之動而指其動中之理，爲太極之用。因陰之靜而指其靜中之理，爲太極之體爾；太極實無體用之分也。」（同上）

既以太極爲道，道爲抽象之理，太極當然沒有體用；這則是朱熹的思想。邵康節主張「道生一，一爲太極。一生二，二爲兩儀，二生四，四爲四象。……天地萬物，莫不以一爲本。……」（觀物內篇之一）邵康節的道看來並不是太極，而是太極的根源。然而他又以道爲理，不是實體，則又可以說道是太極。在這一點上，邵康節的思想不清楚。吳澄採邵康節的道，也就說理有些混亂了。

他批評蔡沈分兩易兩太極，實則蔡沈是繼承朱熹的思想，他自己則把邵雍的思想和朱熹的思想混在一起。

「蔡氏謂周子於太極之上加無極，正是解夫子易有太極之易字，而其解易字，亦曰易，變易也。

澄謂變易屬乎陰陽，豈可以言無極。蔡氏自知其說之病，乃引易無體之說以救之，而曰：變易無體之中有至極之理也。朱子以易爲陰陽之變，易有太極者，言陰陽變易之中有至理以爲主宰也。蔡氏旣以變易無理爲理矣，又曰中有至極之理，然則理中復有一理乎？變易無體已是言理，又曰有至極之理，可乎？粗曉文義者，亦知其說之不通矣。又曰：流行乎乾坤中之易，非易有太極之易也，果有二等易乎？又曰：陰陽動靜之間，是流行中之太極，與夫子所言太極降一等，果有降一等之太極乎？蔡氏所解卦爻彖象多有發明朱子未到處，澄纂言中亦取其說。但易解後別有大傳易說一卷，主於破其師太極在陰陽中之說，於道之大本大原差了，故有此兩般易兩般太極之謬談。朱門惟勉齋黃直卿識道本原，其次北溪陳安卿於細碎字義亦不差。」（吳文正集 卷三）

朱熹主張太極爲理之極至，則太極不是普通之理，理便有二。蔡沈繼承朱熹的思想，乃說易有二，太極有二，實則並不如吳澄所說的這樣笨。當然，朱熹以太極爲理之極至，也不和易經的思想相符，吳澄的思想則和朱熹相同。

（B）造化

易經說：「易有太極，是生兩儀，兩儀生四象，四象生八卦。」（繫辭上，第十一章）『生』字怎麼解釋呢？吳澄引用朱熹的話作解：

「繫辭傳易有太極，是生兩儀，兩儀生四象，四象生八卦，此是說卦畫。周子因夫子之言而推廣之，以說造化。言卦畫則生者，生在外。有兩儀時未有四象，有四象時未有八卦。朱子謂生如母之生子，子在母外是也。言造化，則生者只是具於其中。五行卽是陰陽，故曰五行一陰陽，言陰陽五行之非二。朱子所謂五殊二實，無餘欠也。陰陽卽是太極，故曰陰陽一太極，言陰陽太極之非二。朱子所謂精粗本末無彼此也。朱子又言生陰生陽之生，猶曰爲陰爲陽云爾，非是生出在外，惟朱子能曉得太極圖說之生字，與易繫辭之生字不同。解經析理，精密如此，如何不使人觀之而心服。……

兩儀四象八卦，漸次生出者也，非同時有。太極陰陽五行，同時而有者也，非漸次生出。一是言畫卦，一是言造化，所以不同。天地却是後來方有。故邵子之書，以爲天開於子，地闢於丑。」(吳文正集 卷三，答田副使第三書)

吳澄解釋繫辭的『生』字，爲母生子的生，有先後，有因果。太極在兩儀以先，兩儀在四象以先，四象在八卦以先，在後的由在先的而出。吳澄說這是指的畫卦，先有陰陽兩爻，然後有四象，然後有八卦。可是卦象裏也沒有太極，太極是什麼呢？吳澄沒有解釋，也不能解釋。因爲易繫辭所講的『生』，不僅是指畫卦，也是指宇宙萬物。吳澄卻認爲宇宙萬物的生，乃是造化，造化沒有先後，「生者只是具於其中」。不僅「具於其中」，而且被生者卽是生者，五行卽是陰陽，陰陽卽是太極。吳澄沒有說出所以然的理由，祇引朱熹的話作證。實際上陰陽由太極所生，太極仍在陰陽中，五行由陰陽所生，陰陽仍在五行中；然而不可以說太極陰陽五行都是同一非二，否則宇宙就沒有變易了。生是生化，是造化，不是像母親生兒子，而是由變化而生成。

宇宙變易由陰陽而成，一切都是陰陽的變化。變化須有兩元素，沒有兩元素不能變。

「不審捨了陰陽而有天地絪緼變化之機否乎？捨了陰陽而有人物性情之理否乎？以至開物成務治國平天下之道，無非陰陽之用。……欲外陰陽而語天地絪緼變化之機，語人物性情之理，語開物成務治國平天下之道，澄識見卑下，不知其爲何說！」（吳文正集 卷三，答田副使第二書）

易經講宇宙變易，以乾坤兩卦作象徵，乾爲純陽，坤爲純陰，一切變易都由陰陽之變化而成。因此繫辭說：「一陰一陽之謂道。」漢朝易學將陰陽變化爲五行，五行變化而成一切事物。五行實乃陰陽的五種結合，故五行中有陰陽。

吳澄在討論老子的有生於無的主張時，他不讚成老子的有無，卻自己另有解釋。

「老子云天下萬物生於有，有生於無。萬物者指動植之類而言，有字指陰陽之氣而言，無字指無形之道體而言，此老子本旨也。理在氣中，元不相離，老子以爲先有理而後有氣。……若澄之以精氣爲物，爲自無而有，遊魂爲變，爲自有而無。以先天圖左邊爲自無而有，右邊爲自有而無，乃是言萬物形體之無有有無。如春夏所生之物，皆去冬之所無而今忽有，秋冬所殺之物，皆今夏之所有而今忽無。人之生也漸至於長大，是自無而有；人之死也遂至於朽腐，是自有而無。……老子謂有，氣之陰陽，自無形之理而生，以有無爲二，而不知理氣之不可分先後，與予言萬物形體自無而有，自有而無者，旨意迥別。」（吳文正集　卷三，答田副使第三書）

老子的有生於無，是由道而生物，物由氣而成。吳澄講有生於無，無生於有，乃是自然界一切日常的現象，而不是指形而上的本體。然而他不讚成老子的學說，並不以老子之道爲虛無，而是以老子之道爲理，理在事物之中，沒有先後，所以不可說『生』。然而這種思想，不是出於易經，而是和佛教的眞如說相近，佛教說事理不分，兩相爲一。

「生生之謂易，正與生四象生八卦之生同。周子所謂生陰生陽生水火木金土者，其義亦同；但有在外在中之異。大德曰生之生，意却微別。……直以道字解易字則不可，而易之所以易者，道也。故程子言陰陽非道，所以一陰一陽者，道也。」（同上）

吳澄仍舊把畫卦的變化和宇宙的變化，分而爲二，所以說「生生之謂易」的『生』字是指着畫卦的變化，「天地之大德曰生」的『生』字是指宇宙的變化。兩個生字意義不同，一個會有先後，一個沒有先後。實際上，畫卦的變化象徵宇宙的變化，兩個生字的意義，都指着『化生』。

吳澄很崇拜邵雍，尤其崇拜邵雍的數。皇極經世一書用數字去解說宇宙的變異，這種變異不是形上本體的變異，而是世界現象界的變異。他接受邵雍的主張。

「今爲詳陳。一元凡十二萬九千八百歲，分爲十二會，一會計一萬八百歲。天地之運，至戌會之中爲閉物，人物兩間俱無矣。如是又五千四百年而戌會終。自亥會始，五千四百年，當亥會之中，而地之重濁凝結者，悉皆融散，與精清之天混合爲一，故曰渾沌，清混之混逐漸轉甚，又五千四百年而亥會終，昏暗極矣，是天地之一終也。貞下起元又肇一初，爲子會之始，仍是混沌，是謂太始，言一元之始也。是謂太一，言清濁之氣混合爲一而未分也。又謂之混元。混卽太一之謂，元卽太始之謂，合二名而總稱之也。自此逐漸開明，又五千四百年，當子會之中，輕清之氣騰上，有日有月有星有辰，日月星辰四者成象而共爲天，故曰天開於子。濁氣雖摶在中間，然未凝結堅實，故未有地。又五千四百年而子會終。又自丑會之始，五千四百年，當丑會之中，重濁之氣凝結者如堅實而成土石，濕潤之氣爲水，流而不凝，燥烈之氣爲火，隱而不顯，水火土石四者成形而共爲地。故曰地闢於丑。又五千四百年而丑會終。又自寅會之始，五千四百年，當寅會之中，兩間之人物始生，故曰人生於寅。開物之前，渾沌太始混元之如此者，太極爲之也。開物之後，有天地有人物如此者，太極爲之也。閉物之後，人銷物盡，天地又合爲混沌者，亦太極爲之也。太極却常如此，始終一般，無增無減，無分無合，故以未判已判言太極者，不知道之言也。」(同上)

這種數字，出自皇極經世。邵雍認爲由八卦演出了宇宙變化數字，實則祇是一種幻想。既不是哲學，又不是物理學，更不是天文學，有些和佛教的刼數相像，我以爲是受了佛教的影響。

（C）性　理

理氣二元，爲朱熹的主要思想；理爲物之性，氣成物之形。理氣不能分離，也無先後。朱熹的弟子們尊奉他的學說，常常堅守理氣二元論。吳澄說：

「自未有天地之前，至旣有天地之後，只是陰陽二氣而已。本只是一氣，分而言之，則曰陰陽，又就陰陽中細分之，則爲五行。五氣卽二氣，二氣卽一氣。氣之所以能如此者，何也？以理爲之主宰也。理者，非別有一物在氣者，只是爲氣之主宰者，卽是無理外之氣，亦無氣外之理。」（吳文正集　卷三，答人問性理）

理爲氣的主宰，朱熹不說這種話，因爲主宰表示有意志。朱熹常說理是此物所以成爲此物的理由，理限制氣。理在氣以內，和氣不能分離；因此，沒有單獨的理，也沒有單獨的氣，理必載氣，氣必具理。氣所以分爲陰陽五行，是因爲理。但是爲什麼理能夠使氣分爲陰陽五行呢？應該說是因爲理爲變易之理，理使氣變易，氣因變易乃分陰陽五行。陰陽五行當然是氣，然而已經不是單純的氣，所以祇能說陰陽五行是氣，卻不應當說氣是陰陽五行。同樣，五行是陰陽，陰陽不是五行。這一點，吳澄則沒有注意。

理氣在人，理成人性，氣成人形。朱熹對於人性善惡問題，主張天地之性爲善，氣質之性有善有惡。吳澄說：

「人得天地之氣而成形，有此氣卽有此理。所有之理謂之性，此理在天地則元亨利貞是也，其在人而爲性，則仁義禮智是也。性卽天理，豈有不善。但人之生也，受氣於父之時，旣有或清或濁之不同，成質於母之時，又有或美或惡之不同。氣之極清質之極美者爲上聖。蓋此理在清氣美質之中，本然之眞無所汚壞，此堯舜之性所以爲至善，而孟子之道性善所以必稱堯舜以實之也。其氣之至濁質之至惡者爲下愚。上聖以下，下愚以上，或清或濁或美或惡，分數多寡，有萬不同。惟其氣濁而質惡，則理在其中者被其拘礙淪染，而非復其本然矣。此性之所以不能皆善，而有萬不同也。」(同上)

吳澄的性理論，在基本上是繼承朱熹的性理論。理爲性，氣爲形。性本來自善，惟氣有清濁，和清氣相合之性爲善，和濁氣相合之性爲惡。但是吳澄加上一些細節，朱熹沒有講。吳澄以人從父親受氣，從母親成質，這一點是漢朝人的思想，而且漢朝人也沒有分開氣和質。實際上質由氣而成，不能分由父親和母親而得。吳澄又說人得天地之氣以成形，這也是漢朝人的主張。朱熹不分天地之氣和父母之氣，祇說人得氣以成形。吳澄將人分成上中下三等，上等爲至聖，下等爲下愚，中等則形形色色，有萬不同。這又是漢朝人論性而分三等，再加上朱熹的氣有清濁。朱熹的氣質之性，可善可惡，沒有明白分出上智與下愚。當然可以這樣分，然而朱熹似乎不願這樣分。理在濁氣中，朱熹以爲理便不能顯出，但他不說性有染汚，性的染汚來自佛教。

朱熹曾說論性不論氣則有些不備，論氣不論性則不明。(朱子語類卷四，性理一)吳澄解釋論性不論氣是指的孟子，孟子言性善，祇是看到理，沒有看到氣，因而說性善。論氣不論性則是指着荀卿和揚雄，荀卿言性惡，揚雄言性是善惡相混。實際上，孟子論性善由心而顯，人心具有四種善端，『心』在朱熹的學說裏是『統性情』，性爲理，情爲氣，心統有理氣，故不能說孟子論性祇見到理而沒有見到氣。

天地之性和氣質之性，不是兩個性，實則是一個性。天地之性爲本來的性，氣質之性爲本來之性和氣相合了，性常是一個，祇是帶有氣質。吳澄以這種氣質能使本來之性受染汚，朱熹則不說染汚而說被蒙蔽。

「程子性卽理也一語，正是鍼砭世俗錯認性字之非，所以爲大有功。張子言形而後有氣質之性，善反之，則天地之性存焉。……蓋天地之性氣質之性，兩性字只是一般，非有兩等性也，故曰二之則不是。」(同上)

君子不以氣質之性爲性，「故氣質之性，君子有弗性者焉。」(同上) 吳澄引用孟子的話，因爲眞眞的性祇是天地之性，卽是本來的性，氣加在理上，成爲氣質，氣質可以改變。「故學者當反之之功。反之，如湯武反之也。反謂反之於身而學焉，以至變化其不清不美之氣質，則天地之性渾然全備，具存於氣質之中。故曰：善反之，則天地之性存焉。」(同上)

變化氣質爲理學家修身的目標，爲性理論的目的。

(乙) 尊德性而道問學

(A) 尊德性

宋元學案的「草廬學案」說：「（澄）爲學者言朱子於道問學之功居多，而陸子以尊德性爲主。問學不本於德性，則其蔽必偏於語言訓釋之末，故學必以德性爲本，庶幾得之。議者遂以先生爲陸氏之學，」（宋元學案　卷九十二）

吳澄生於國家變動的時候，在蒙古元朝作臣，他常謹愼，小心翼翼，力行儒學，以挽俗習。他自己說：

「澄，迂避人也，於仕素非所欲，亦非所諳。……近年貪濁成風，在在而然，行之不以爲非，言之不以爲恥，陷溺至此，蓋有爲也！何爲？爲飲食之費，妻妾之奉，子孫之遺而已。澄酒肉俱絕，而無所於費也。中饋久虛，而無所於奉也。二三兒軀幹壯健，寫字讀書之餘，各務耕桑，自營衣食，於家可以不餓不寒，而無俟於其父之遺也。蕭然一身，二豎給使令。低帳布衾，如道寮禪榻，所寓者安。案上古易一卷，香一炷，冬一褐，夏一絺，朝夕飯一盂，蔬一盤。所至，有學徒給之，無求也，而無不足。身外無長物，又用焉喪所守以取贏爲哉！此區區自樂之實，而無所資於人。若夫不能不資於諸資者，有矣，教養重事也。」（吳文正集　卷十一，答姜教授書）

澄自奉甚薄，沒有意思作官，然而他很想辦教育，訓誨青年弟子，使他們修德。

「所謂性理之學，既知得吾之性，皆是天地之理，卽當用功，以知其性，以養其性。能認得四端之發見，謂之知。既認得，日用之間隨其所發見，保護持守，不可戕賊之，謂之養。仁之發見莫切於愛其父母，愛其兄弟。於此擴充，則爲能孝能弟之人，是謂不戕賊其仁。義禮智皆然。……於今不就身上實學，却就文字上鑽刺，言某人言性如何，某人言性如何，非善學者也。孔孟教人之法不如此。……」（吳文正集　卷二，答人問性理）

孔子所謂學，是力行，在博學，審問之後，加有篤行之。朱熹何嘗不教人言行一致，祇因爲他教人去格物致知，研究外物以明天理，陸象山則以理在心內，致知在於反問自心的德性，便有人說陸氏尊德性，朱子道學問。吳澄勉勵弟子，力行所學，以培養人心的善端。

「仁義禮智之得於天者，謂之德。是德也，雖同得於有生之初，而或失於有生之后。能得其所德而不失也，君子也。蓋德具於心者也，欲不失其心，豈有他哉，敬以待之而已矣。」（吳文正集 卷十，陳幼德思敬字）

仁義禮智爲心之善端，有生俱來，稱爲德，是得之於心。然而善端祇是端，靠人自己去發揚，第一要信養，莫使喪失，不可戕賊。第二，要培養而發育，使善端成爲善德。宋元學案的「草廬學案」有按語說：「百家謹按，草廬嘗謂學必以德性爲本，故其序陸子靜語錄曰：道在天地間，今古如一。當反之身，不待外求也。先生之教以是，豈不至簡至易而切實哉？不求諸己之身，而求諸人之言，此先生之所大憫也。議者遂以草廬爲陸氏之學云。」（宋元學案 卷九十二）

吳澄主張反身以誠，以敬持身，這本是宋代理學家的一致主張。

「欲不失其心，豈有他哉？敬以待之而已矣。昔子路問君子，夫子以修己以敬爲答。敬也者，所以成君子之德也。堯舜禹之欽，即敬也。傳之於湯，爲日躋之敬。傳之於文王，爲緝熙之敬。夫子修己以敬之言，傳自堯舜禹湯文王，而傳之於顏曾子思孟子者。至于程子，遂以敬字該聖功之始終。敬之法，主一無適也。」（吳文正集 卷十，陳幼德思敬字）

『敬』傳自堯舜，由孔子再傳於弟子。『敬』便是儒家傳統的修身法。大學、中庸都講愼獨，愼獨卽是敬。程子主張『主一』。什麼是主一，吳澄解釋說：

「學者遽聞主一無適之說，倘未之能，且當由敬畏入。事事知所謹，而於有所不當爲者有不肯爲，念念知所畏，而於所不當爲者有不肯爲。充不肯爲不敢爲之心而進進焉。凡事主於一而不二乎，彼凡念無所適而專在此乎。此程子敬宗之法，不過如是。如是敬則心存，心存而一靜一動，皆出於正。仁義禮智之得於天者，庶幾得於心而不失乎！」（吳文正集 卷十，陳幼德思敬字）

『敬』在於事事小心，合於禮法，凡不合者必不爲。所謂主於一，是每一事都主於禮法，心事得其存。宋朝承唐朝之後，佛教禪宗之學還盛行，佛教禪宗主靜坐，靜坐爲敬。禪的敬爲收心，爲存心，爲除去一切思念。當時宋朝理學學者，也有主張敬以存心，以達虛靜，使心居中而不動。

「易書詩禮四經中言敬者非一，訓釋家不過以敬爲恭肅嚴莊祇慄戒愼之義，至伊洛大儒，始有主一無適之說。其高第子又謂，敬者，此心收歛而常惺惺也。夫彼異端者，流于敬之一字，蓋不數數，而其治心之法，亦惟收歛惺惺是務。……雖然，敬之用甚大。異端之成仙成佛，而吾儒之爲賢爲聖，以至於參天地，莫不由此。」（吳文正集　卷四，敬齋說）

主敬爲宋朝理學所提倡，後雖有道教和佛教的靜坐而使意義混淆，但是元明的儒家仍舊沿用。主敬的目的本來是正心，正心和道佛的絕慾不相同，來自中庸的『致中和』，中庸以喜怒哀樂之發而中節爲和。這種中和就是大學的正心。

「夫人之一身，心爲之主。人之一心，敬爲之主。主於敬，則必常虛，虛則物不入也。主於敬，則心常實，實則我不出也。敬也者，當若何而用力

耶，必有事焉，非但守此一言而可得也。」（吳文正集 卷五，主敬堂說）

吳澄以當時讀書人，徒愛標榜虛言，不務實踐；因此他說主敬不是標榜這一句話，而是要知道用力。主敬的工夫可以使心虛，可以使心實，心虛是虛於雜念，心實是實於天理。「敬爲一心之主宰，萬事之本根。」（同上）吳澄自己說：「愚騃自少，妄有志於程子之學，心必主於一，事必合於宜，學之踰五十年而卒未有得也，蓋其資質之庸，下功力之淺劣故爾。」（吳文正集 卷五，敬義齋說）澄常說這種修身之道，漢唐儒者不知，到了宋朝纔有伊洛諸賢人，把中庸大學之道重提出來，作爲成聖的階梯。「秦漢以下之儒所不知，逮宋，數大賢始及乎此。」（吳文正集 卷四，中和堂說）

儒者修身，要謹愼於心之動，使動常恰得其當。「如天氣之順，略無太溫太涼太寒太熱之感。」（同上）天氣中和，則萬物纔能生長，生長爲仁。人心共有中和，則仁道能發揚。

「天之爲本也元而已，人之爲人也仁而已。四序，一元也；五常，一仁也。人之有仁，如木之有本。木有本幹，枝所由也。人有仁，萬善所由也。人而賊其仁，猶木之戕其本也。木無本，則其枝瘁而幹枯；人不仁，則其心死，而身雖也，奚取！……體仁之體，敬爲要，用仁之用，孝爲首。……仁，人心也。敬則存，不敬則亡。夫子之言仁，以居處恭執事敬語樊遲，以出門如見大賓使民如承大祭語仲弓，此實用其力焉」。(吳文正集　卷四，仁本堂說)

仁爲人之本，仁爲人，因爲人性爲仁。人性之仁，如同天地之元，元爲生，稱爲生元，仁就是生。吳澄曾解釋仁說：

「眞實無妄曰誠，全體自然曰天，主宰造化曰帝，妙用不測曰神，付與萬物曰命，物受以生曰性，得此性曰德，具於心曰仁，天地萬物之統會曰太極。道也、理也、誠也、天也、帝也、神也、命也、性也、德也、仁也、太極也，名雖不同，其實一也。」(吳文正集　卷四，無極太極說)

仁爲性理所表現於人心的，得之於天。朱熹曾說人得天地之心爲心，天地以生物爲心，人心故仁。吳澄以仁爲人的本心，這種思想來自孟子。宋朝人因陸象山往往說本心，就認爲這種思想爲陸象山所創，實際上是孟子傳堯舜之學，宋朝周張程邵諸子都有這種思想；但他卻不提朱熹，因此人們便認爲是傳陸學。

「孟子傳孔子之道，而患學者之失其本心也，於是始明指本心以教人。其言曰：仁，人心也。放其心而不知求，哀哉！……此陸子之學所從出也。夫孟子言心而謂之本心者，以爲萬理之所根，猶草木之有本，而苗莖枝葉皆由是以生也。……然此心也，人人所同有，反求諸身，卽此而是。以心而學，非特陸子爲然，堯舜禹湯文武周孔顏曾思孟，以逮周程張邵諸子，莫不皆然。故獨指陸子之學爲本心，學者非知聖人之道者也。……」

（宋元學案　卷九十二，草廬學案）

仁爲人心，爲一切德行的根本，有如元爲亨利貞的根本。元爲一物的生發，生後發揚爲亨，發揚後結果實爲利，結了果實而予以收藏爲貞。同樣，由仁而有義，由義而有禮，由禮而有智。

「仁，人心也。然體事而無不在，專求于心，而不務周于事，則無所執著，而或流於空虛。聖賢教人，使其隨事用力。及其至也，無一事之非仁，而本心之全德在是矣。」(同上)

「隨事用力」即事誠。陸象山以誠在於反身，即反觀自身，流於空疏，走入佛教的空虛。吳澄以誠爲在事上實際用力修行，這是朱熹的修身法。

「夫一語之不妄者，誠也，一事之以實者，亦誠也。而誠身之學，則不止於一語一事之誠而已。知性盡心之餘，養性存心之際，仰無所愧，俯無所怍，內省不疚，而無惡於志，愼獨不欺，而自慊於己。夫於是之謂誠身。必嘗用力於聖賢之學，乃造乎此。」(吳文正集　卷六十，題誠悅堂記後)

「程子曰：思無邪者，誠也。此邪字，指私欲惡念而言。有理無欲，有善無惡，是爲無邪。無邪斯不妄，不妄之謂誠。以大學之目，則誠意之事也。易文言傳曰：『閑邪存其誠』此邪字，非私欲惡言之謂。誠者，聖人眞實無妄之心也。物接乎外，閑之而不干乎內，內心不二不雜，而誠以自

存。以大學之目，則正心之事也。」（吳文正集　卷三十一，題思無邪齋說後）

大學和中庸爲儒家修身的指南，宋明理學家以這兩書的修爲法爲心學，孟子繼承了這種思想。儒家的心學在於正心誠意。朱熹教弟子們存誠，「誠，實理也，亦誠愨也。由漢以來，專以誠愨言誠，至程子乃以實理言。後學皆棄誠愨之說。不觀中庸亦有言實理爲誠處，亦有言誠愨爲誠處。不可只以實理爲誠，而以誠愨非誠也。」（朱子語類　卷六）朱熹解釋「誠」字有兩種意義，一爲實理，爲形上本體之誠；一爲誠愨，爲修身之誠。吳澄卻以大學正心誠意兩目去解釋，不合於理。又總不提朱熹對誠的解釋，一心祇注意邵雍，難怪人家說他不是傳朱子之學。但他卻也不是傳陸氏之學，他似乎很想繼承程學。

（B）道問學

陸象山以反觀自心爲致知，求學不在研究外物，而祇反觀自心，因理在心內，心外則沒有理。朱熹力求研究外物的事理。今日格一事，明日格一事，自然會貫通。中庸也曾主張博學，審問，愼思，明辨，篤行。吳澄最重教學，學要思，不思則不能得知聖賢之道。

「夫子生知安行之聖未嘗不思，思而弗得弗措者，子思所以繼聖統也。子思傳之孟子，以心官之能思而先立乎其大，實發前聖不備之秘。至汝南聖氏，直指思爲聖功之本，有以上接孟氏之傳，而關西之張，河南之程，其學不約而同，可見其眞得孔聖傳心之印。……且常人非無思而不見其有得，何也？不思其則，是謂妄思，惡有妄思，而可以有得者哉！思必於其則，而後爲思之正，則必於其得，而後爲思之成。則也者，帝之衷，民之彝，性分所固有，事理之當然也。稽諸夫子之言，無邪，其綱；九思，其目也。……」（吳文正集　卷八，孔得之字說）

吳澄說學在於思，思不僅是對於事實的思維，而是遵照聖人的道理去思，否則是邪思。孔子曾說君子有九思，在視聽色貌言事的時候，都要思索能有正當的表現。孔子的九思就是關於視聽色貌言事的正當規律。

「讀四書有法，必究其理而有實悟，非徒誦習文句而已。必敦謹其行而有實踐，非徒出入口耳而已。朱子嘗謂大學有二關：格物者夢覺之關；誠意者人獸之關。實悟爲格，實踐爲誠。物旣格者，醒夢而爲覺。否則雖當覺時，猶夢也。意旣誠者轉獸而爲人。否則雖列人羣亦獸也。……格物之格在研精，意之誠在愼獨，苟能是，始可爲眞儒。」(宋元學案 卷九十二，草廬學案)

吳澄講格物致知，承繼朱熹的思想，格物在於用心去研究，而不是像陸象山所說祇反觀自心。學是知，知應誠，誠爲實行。知行合一，乃儒家一貫的主張。不實行則不足以稱爲學，所以孔子祇稱讚顏回爲好學。

「所貴乎讀書者，欲其因古聖賢之言，以明此理存心而已。此心之不存，此理之不明，而口聖賢之言，其與街談巷議，塗歌里謠等之爲無益。」(宋元學案 卷九十二，草廬學案)

「讀書當知書之爲書，知之必好，好之必樂。旣樂，則書在我。苟至此，雖不讀可也。」(同上)

讀書，是讀聖賢的書，讀聖賢的書必好書中的道理，好書中的道理，便接納這些道理，心中且以為樂，這些道理便留在心中，然後見諸實行。這樣讀書纔有快樂。孔子在論語的第一章說：『學而時習之，不亦樂乎。』當時元朝已開科舉，許多讀書人，競讀四書以取科名，吳澄故常以力行聖賢書中的教訓來勉勵學者。

吳澄的思想，直承宋朝理學，本為朱熹的嫡傳，然頗喜邵雍和陸象山。邵雍的易學，朱熹頗多採用。陸象山的思想，在論『理』和論『心』上，與朱熹不同，在格物致知上，兩人的主張也互異。然而基本點，則都在主靜主敬，以正心誠意。吳澄所以說朱陸的學說，本來是一，沒有分別。他說：「朱陸二師之為教，一也。而二家庸劣的門人，各立標榜，互相詆訾。至於今，學者猶惑，嗚呼甚矣。」（宋元學案，草廬學案）實際上，兩人的思想本來不同，又何必強同。

吳澄雖官至翰林學士，進階太中大夫；然終生以學者自居，授徒講學，門人亦多，對元朝人的思想頗有影響。

(2) 許謙

許謙，字益之，號稱白雲先生，金華人，生於宋度宗咸淳六年（公元一二七〇年），卒於元順帝至元三年（公元一三三七年），年六十八歲。適遭宋朝滅亡的時候，他力學不輟，年過三十，從學於金履祥，履祥爲王栢的同門，與王栢同爲何基的門生，何基從學於黃榦，黃榦就學於朱熹。許謙的思想，爲朱學的一系，隱居東陽，居華山中，不接受元朝皇帝的徵召，曾對人說「吾非必於隱以爲名高，仕止惟其時耳！」(宋元學案 卷八十二，北山四先生學案) 這是孔孟的精神。他在華山時，四方來求學的弟子，前後一千多人。著作有白雲文集，和讀四書叢說傳世。

吳師道作讀四書叢記序，說明許謙研究四書，素有師傳。何基研究朱子語錄和四書集註，王伯爲標註點抹，金履祥作大學指義，語孟考據，中庸標抹。許謙則「上承淵源之懿，雖見仁山(金履祥)甚晚，而契誼最深，多賢純明，而又加以堅苦篤實之功，妙理融於言表，成說具於胸中，間難開陳，無少疑滯，抑揚反履，使人諫聽深思，隨其淺深而有得焉。」

(甲) 陰陽五行

讀四書叢說不是講宇宙變易的書，因爲四書不講宇宙變易；然而許謙在解釋朱熹大學章句序，講到了陰陽五行，而且還作了一個圖表。

「陰陽五行合下齊有，非是先有陰陽，後生五行。古人察氣之來往，便立陽陰之名，又見流行者有微有甚，又立五行之名。」(讀四書叢說，讀大學叢

說，序）

「然而陰陽生五行，而五行又各具陰陽，並不可指其先後也。」（同上）

這種思想在程朱的思想不大明顯，許謙明明說出陽陰五行沒有先後，乃是一氣流行的稱呼。然而易經雖不講陰陽五行，在講宇宙變易的歷程時，明白說太極生兩儀，兩儀生四象。漢朝易學家以五行代替四象，不說兩儀四象，而說陰陽五行。兩儀和四象，有化生的先後，周敦頤作太陰圖和太極圖說則明明說太極以後有陰陽，陰陽以後有五行，五行以後有男女。當然他也說過：「五行一陰陽也，陰陽一太極也」這個『一』是指，五行由陰陽而生，陰陽由太極而生，並不表示沒有先後，先後不是時間的先後，而是本體方面的先後。

許謙作了「陰陽五行相涵之圖」（見次頁），沒有加以註解。然而此圖是根源於漢朝易學家的卦氣圖。外圍有十二地支，第二圍有十天干，戊已列在中央，再內有金木水火土五行，外面雖只有陰陽，實則爲東南西北和春夏秋冬。他說：

「今於一歲之氣上易見。冬至之日，陽氣生於九泉之下，至春則上至地面漸舒布，夏而盛，秋則收歛，冬而伏藏。又復起於九泉矣，循環無端。」（同上）

陰陽五行相涵之圖

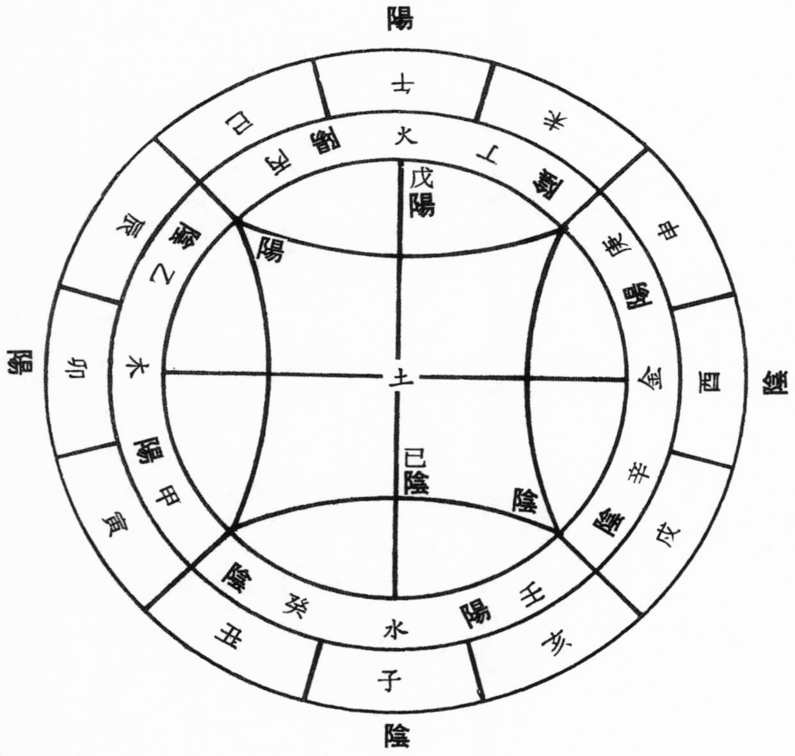

漢易的卦氣說，陽起於東北向東南行，陰起於西南向西北行，一年四季，周而復始。宋朝理學家雖不採漢易的卦氣說，但採陽陰氣交互盛衰而成四季說。因這種學說在易傳的「說卦」裡已經存在。朱熹的周易本義列有說卦。

陰陽五行配仁義禮智信，爲宋朝理學的通論。許謙說：

「性中只有五常，而此加健順，是本上文陰陽而言也。五常固已具健順之理，分而言之，仁禮則爲陽爲健，義智則爲陰爲順，信則冲合而兼健順也。錯而言之，則五常各有順健，義斷智明，非健乎？仁不忍而用主於愛，禮分節而不可踰，非順乎？人物之生，各得所賦之理爲健順五常之德，蓋健是陽之德，順是陰之德。五常是五行之德。」（讀四書叢說　中庸說　上　首章）

「太玄，木爲性仁，金爲性義，火爲性禮，水爲性智，土爲性信，五性本於五行者如此。細玩其禮，無不脗合。鄭康成乃謂水神爲信，土神爲智。非也。」（讀四書叢說　讀大學叢說，序）

中庸在第一章講『性』，講『情』，性和情與本體論的理和氣相關，許謙乃說到陰陽五行，朱熹在中庸章句裡說：「天以陰陽五行，化生萬物。……於是人物之生，因各得其所賦之理，以爲健順五常之德。」許謙根據朱熹的章句，再加以解釋，因朱熹在五常之德外，加有健順。實則健爲乾之德，順爲坤之德，卽是陽和陰之德。許謙乃說仁和禮爲陽，有健之理，禮和智爲陰，有順之理。陰陽五行自漢以來，進入中國各種學術，也成爲道德倫理的根基。仁爲木爲元，義爲火爲亨，禮爲金爲利，智爲水爲貞。本體論，宇宙論，倫理論結合在一起，許謙當然也接受這種思想。

(乙) 性 情

論語不講性和情，中庸則開端第一章以論性論情爲主題，孟子書中因性善的問題，當然討論性和情。

「天生人物是氣也，而理卽在其中。理主乎氣，氣載乎理，二者未嘗可離。故本文天命之性，雖專言理，而章句必須兼氣說。……蓋言氣則有善有惡，言理則全善無惡。故子思專擧理以曉人，謂此理具於心者，謂之性，卽心道也。」

（讀四書叢說　中庸說　上　首章）

「性卽理也，在天地事物間爲理，天賦於人物爲命，人物得之以生爲性。只是一命所爲地頭不同，故其名不同。」（同上）

理氣說，起自程朱，氣質之性有善惡，由朱熹而成一明顯的主張。許謙隨從朱熹以理氣解釋中庸的性情。中庸本書不言理氣，朱熹的註釋以理氣觀念作經文的說明。中庸的「天命之謂性」，直承書經和詩經的思想，以書經、詩經的天命，以孔子時代的性爲性。學術的歷程常向前，雖不常是進步，然加增說明，孟子對於『性』的解說，就較孔子爲明顯，朱熹又較孟子更詳細多了。許謙對於朱熹的四書註解，則祇能在形式上加以說明。

「告子以活動知覺爲性，孟子意謂以此爲性，則人與物同而何足謂之人哉！」（讀四書叢說　告子上）

孟子則以仁義禮智爲人之性，告子所謂「生之謂性」則祇是一種「天然之能」，所以告子說：「食色性也。」（孟子・告子上）

「人受天之理以生，本是仁義禮智之性，人之有惡，是失其本性之善，非其眞也。告子不知，乃謂人性本不善，猶𥎞揉杞柳以爲桮棬。孟子謂人之於仁義，乃其本有而所當然，豈𥎞揉而成！」(同上)

實則告子以人性無善惡，而可善可惡，並不以人性爲惡，以水作譬喻，決之東則東流，決之西則西流，善惡同是人所爲。謂人性爲惡，乃是荀子的主張。許謙自己也說：

「告子謂性本無善惡，但可以爲善，可以爲惡，在所引者如何爾。故以水無分東西爲喻。」(同上)

這樣在兩段裏，一段說告子以人性本不善，一段說告子以人性無善惡，不是有些自相矛盾嗎？

「天之生人，理氣俱到；然有此氣，故理有所泊。……氣稟不齊，大約且分四等，曰：清濁純駁，清者智而濁者愚，純粹者賢而駁雜者不肖。此以四者不雜，兩端極處言之。若清多濁少，濁清少，純多駁少，駁多純少，或清而駁，或純而濁，萬有不齊。故人之資質，各各不同。」（讀四書叢說讀大學叢說，序）

人性善惡，資質智愚，來自每人所稟的氣。這是朱熹的主張。許謙妄加解釋，說明氣稟的差別，原則都是照朱熹的思想，差別的細節，祇是一些引伸的說明。氣的清濁，程度可以有無數的等級，因此人的資質各個不同。但是許謙把清濁和純駁相分，意義便不明白，清不是純嗎？濁不是駁嗎？兩者的意義相同，清就是純，濁就是駁。祇是氣以清濁言，資質以純駁言，許謙或者說純是最純，清不一定純。但是若清不是純，則不是清。清若不純，則是含有濁，便是駁。因此氣祇分清濁，而人所稟受的資質則是或者純，或者駁。而不可說「氣則有清濁純駁之不同」。

情由氣而生，中庸以情發時爲心之動。動而中節謂之和。對於情，中庸有兩個字，一個是『中』，一個是『愼獨』。

「不偏不倚是竪說中字，指未發之體而言；無過不及是橫說中字，指已發之用而言。……
程子謂不偏之謂中，固兼舉動靜，朱子不偏不倚，則專指未發者。……以心體而言，不偏者渾然中正而無頗，不倚者於喜怒哀樂之一事。雖皆指未發而言，然自有兩意，不偏，指其體之本然，不倚指其用之未發。」
（讀四書叢說 讀中庸叢說，首章）

宋朝理學對於中庸的『中』，曾經有過一個問題。程頤主張『中』爲人心的一種情態，代表感情未發時人心所有的情況；呂大臨即以『中』爲心的本體，感情發時爲心之用，朱熹則讚程頤，而不接受呂大臨和李侗的主張。許謙的思想不很清楚，他說『中』是「未發之體而言」，卻又說「指已發之用而言」。他把程頤所說「不偏不倚之謂中」和「無過不及」，分成兩方面看，「不偏不倚」是竪說，「無過不及」是橫說，一從立體看，一從橫面看，以立體指本體，以平面指發用。因爲「無過不及」指着動，「不偏不倚」指着靜。這種解釋有些牽強，程頤不以『中』爲人的本體。許又說「朱子不偏不倚，則專指未發者」朱熹的未發是指未發時的情態，許謙卻說「不偏，指其體之本然，不倚，指其用之未發。」既不合朱熹的主張，而且把不偏和不倚分成兩事，更顯得非常勉強。

中庸的另一個觀念爲愼獨。愼獨是關於收心。

(丙) 心

心爲人的主宰，包括理與氣，卽是朱熹所說『心統性情』。心能知覺，爲靈明。心之動，則是情。

「理與氣合而生人，心爲一身之主宰，又理氣之會，而能知覺者也。人心發於氣，如耳目口鼻四肢之欲是也。」(讀四書叢說　讀中庸叢說，序)

『心』在人以內主宰人的活動，「朱子書傳曰：心者，人之知覺主於中而應於外者也。」(同上)大學爲修身主張正心誠意，中庸主張愼獨而誠。

「中庸愼獨兼大學兩愼獨意：大學愼獨是誠意地頭，故先專主於內，而後乃兼於身。中庸前旣言戒懼工夫，故愼獨兼外說。」(同上)

大學在第六章，兩次說到愼獨，「所謂誠其意者……故君子必愼其獨也。……此謂誠於中，形於外，故君子必愼其獨也。」第一次愼獨是說內心的誠，第二次愼獨則是說外表的誠，「人之視己，如見其肺肝然。」中庸說愼獨，是說了戒愼恐懼，爲外面的愼獨，然後說「莫見乎隱」，則爲內面的愼獨。宋朝理學遂以『主敬』來代替愼獨。

「戒懼不睹不聞，謂但於不接物不當思慮時，常敬以存其心。……蓋心意不動之時，自有睹聞。至於無所睹聞，皆當敬畏。然至於不睹不聞之地，則敬畏之工夫尤難；但用意，則屬已發矣。愚嘗妄爲之說曰：當此之時，此心當無物而有主，然又要看得眞，會得活，若着箇物字主字，而欲無之，則又不可矣。以此體之，而實存之久，當自見言愈多，則愈爲病矣。」(讀四書叢說 讀中庸叢說，解題)

似有禪學的意味！心中不宜著於『物』，也不着於『主』；一有所著，則心不定不安。然而許謙自己解釋他不讚成禪學，他主張和禪靜有所不同。

「或問：戒愼恐懼工夫，如此與不思善惡及致虛靜篤之說，何以異？曰：冰炭不相入也。彼學專務於靜，吾道動靜不違。彼以靜定爲功，惟恐物來動心，故一切截斷然後有覺。聖人之學，事來卽應，事去則靜，應事時，旣無不敬，至無所睹聞時，亦敬以存之，自然虛靜。……若有當思，固思之無害。但所思者正爾。非以靜爲功，而置心如牆壁也。」(同上)

敬以收心，敬乃是愼獨。這種愼獨不是專求虛靜，斷絕思慮，而是不亂想，想時要得其正。得正卽合於天理，心便歸於一，卽是持敬主一。心旣一，便是正心。心旣正，發於外，便是誠，「亦只是毋自欺之意。」(同上)

心常得其正，乃能致中和，「致中，是逼向裏極底，致和是推向外盡頭。」(同上)卽是澈底澈外，天理表現，「天地位焉，萬物育焉。」(中庸·第一章)從一個人自身說，「若心正氣順，則自然睟面盎背，動容周旋天理。」(讀中庸說叢解題)從一家說，「以孝感而父母安之，以慈化而子孫順，以弟友接而兄弟和，以敬處接而夫婦正，以寬御而奴僕盡其責。」(同上)若是聖人，至誠能贊天地的化育。

許謙的老師金履祥著有論孟考證，對於朱熹的註釋，頗有發所未發的地方。如孟子性命章講義中，天地之性和質之性一點上，和朱熹的見解相同；在命的解釋上則有他的主張。

「惟二命字難分，有命焉之命一節，是氣之理，命也之命一節，是理之氣。……然理則一，而氣有清濁之不同，所以在人便有智愚賢否貴賤貧富之異，而理固無一不在焉，此皆所謂命也。但命也之命，自其清濁厚薄者言之，則全屬氣。有命焉之命，自其貧富貴賤之分限言之，則便屬理。命也之命在前，有命焉之命在後。」（宋元學案 卷八十二，北山四先生學案 金履祥）

金氏把孟子的兩個命字，分屬理和氣，朱熹沒有這樣分，命不屬於理，因爲不是性；也不屬於氣，因爲是天命。漢朝學者以人的壽夭貧富由氣而成，在人身上表現出來，所以有命相之術。金氏似有點接近漢儒。許謙跟隨金履祥接受「氣有清濁厚薄」，而說「氣有清濁純駁」。實則厚薄和清濁不可分。

許謙的思想純爲朱學，但所注重的，則在四書的修身，不在於論理氣的理學。「專心致志在日用當行之道，念念在此，爲之不厭。」（讀四書叢說 讀論語叢說中，述而）

(3) 鄭　玉

鄭玉是一位和劉因心情相反的學者，劉因心在金朝而不願仕於元，鄭玉心在元朝而不願仕於明，劉因宗奉程朱的思想，鄭玉宗陸而又崇朱。

「祖望謹按：繼草廬而和會朱陸之學者，鄭師山是也。草廬多右陸，而師山則右朱，斯其所以不同」（宋元學案　卷九十四，師山學案）。然而實際上草廬吳澄，並不右陸，而是右邵雍。鄭玉師山卻常袒陸。

鄭玉，字子美，徽州歙縣人。學於夏大之、吳朝陽、洪復翁。宋元學案「慈湖學案」隱君洪復翁先生傳的篇末說：「鄭師山之學於淳安也，嘗曰：朝陽先生吾師之，復翁大之二先生，吾所資而事之，本一，吾友之。」（宋元學案　卷九十四）朝陽為吳暾，大之為夏溥，復翁為洪震老。吳暾、洪震老為夏希賢的門生，夏溥則為希賢的兒子。希賢從學於史彌堅，彌堅學於慈湖楊簡，慈湖則陸象山門人。鄭玉所師事的三人，都屬陸學一派。玉研究六經，尤長於春秋，設學授徒，門生眾多，構師山書院。至正十四年（公元一三五四年），元順帝要封他為翰林待制奉議大夫，玉辭不受。復三年，明兵入徽州，將官想要他入臣明朝，玉抗拒不接納，聲言不能奉事二姓，遂被囚，具衣冠，北面再拜，同妻子一起自縊而死（公元一三五七年）。著有春秋經傳闕疑四十五卷，師山文集八卷，周易纂註。

鄭玉講述中國學術思想的道統，以周子上接孟子，以朱熹綜滙歷代的思想而集大成。

「自孟子歿，詩書出秦火中，殘壞斷缺，無一完備。重以漢人章句之習，破碎支離，唐人文章之弊，浮夸委靡，雖有董仲舒韓愈之徒，或知理之所當然，而終莫知道之所以然。故二氏之學，得以乘隙出入其間，以似是而實非之言，飾空虛無爲之說誘吾民。上焉者落明心見性之場，下焉者落禍福報應之末，而吾儒無復古人爲己之學，徒以口舌辯給，卒不能勝。使天下如飲而醉病而狂者，千四百年。貞元會合之氣，散而復聚。於是汝南周夫子出焉，河南兩程夫子接跡而起，相與昌明之而益大。至吾新安朱子，盡取羣賢之書，析其異同，歸之至當，集其大成。……然自是以來，三尺之童，卽談忠恕，目未識丁，亦聞性與天道，一變而爲口耳之弊。……此豈朱子教世之意，其得罪於聖門，而負朱子也深矣。」（宋元學案　卷九十四，師山學案。）

鄭玉用簡單幾句話，述說儒學演變的歷史。他批評漢儒的章句，支離破碎，然復指出道教與佛教乘儒學空虛的時候，傳入了中國，使中國學者明心見性，一般人則信禍福的來生。及周敦頤開始復聖學，儒學乃得復興。他稱讚朱熹爲這種新儒學的代表，而沒有提到陸象山。然而他不讚成學者的「朱陸之爭」。

「近時學者，未知本領所在，先立異同，宗朱則毀陸，黨陸則非朱，此等皆是學術風俗之壞，殊非好氣象也。陸子靜高明不及明道，縝密不及晦庵。然其簡易光明之說，亦未始爲無見之言也。故其徒傳之久遠，施於政事，卓然可觀，而無頹墮不振之習。但其教盡是略下工夫，而無先後之序，而其所見，又不免有知者過之之失。故以之自修雖有餘，而學之者有弊。學者自當學朱子之學，然亦不必謗象山也。」（同上）

他對於朱熹和陸象山的評語，相當公允。陸氏對於盡心研究的下層工夫，不加修習，故對於教人求學則不能有當；但對於實行，則可以振起頹風，然其末流，卻落於空疏。因着這種評語，學者說鄭玉右袒朱子。

「陸子之質高明，故好簡易，朱子之質篤實，故好邃密。各因其質之所近，故所入之途不同，及其至也，仁義道德豈有不同者？同尊周孔，同排佛老，大本達道，豈有不同者？後之學者，不求其所以同，惟求其所以異。……朱子之說，敎人爲學之常也；陸子之說，才高獨得之妙也。二家之說，又各不能無弊。陸氏之學，其流弊也，如釋子之談空說妙，工於鹵莽滅裂，而不能盡夫致知之功。朱子之學，其流弊也，如俗儒之尋行數墨，至於頹惰委靡，而無以其力行之效。然豈二先生垂敎之罪哉，蓋學者之流弊耳。」（宋元學案 卷九十四，師山學案，師山文集 送葛子熙序）

這一段話更表示鄭玉對於朱陸並沒有左右偏袒，祇就兩家後學的流弊，以朱氏的致知，更容易爲學者所學習。鄭玉自己所崇奉，似是程子。

鄭玉主張修身以敬；敬乃理學家修身的要訣，由二程提出，楊時，羅從彥，李侗三代師弟，卻偏入了靜坐，學習禪家的敎訓。朱熹一反老師李侗的作風，再回到二程、又上溯到大學中庸的愼獨。鄭玉說：

「程子曰：敬者，聖學之所以成始成終。秦漢以來，非無學者，而曰孟軻死，千載無眞儒，何也？不知用力於此，而溺於訓詁詞章之習。……近世學者，忠恕之旨，不待呼而後唯，性與天道，豈必老而始聞，然出口入耳，其弊益滋。……」（宋元學案 卷九十四，師山學案，王居敬字序）

敬字不是空言，而是實行工夫。秦漢隋唐學者沒有人講習，宋朝理學家纔教人實踐。宋末元代的學者大多又祇知口說而不力行，鄭玉責斥其「則又秦漢以來諸儒之罪人。」（同上）但是在實踐的工夫上，應該知道儒學的大本。儒學大本在於易經，易經由宋朝理學家予以發揮，纔見明瞭。

「爲學之道，用心於支流餘裔，而不知大本大原之所在，吾見其能造道者鮮矣。太極圖說、西銘，其斯道之本原與！太極之說，是卽理以明氣，西銘之作，是卽氣以明理。太極之生陰陽，陰陽之生五行，豈有理外之氣？天地之塞吾其體，天地之帥吾其性，豈有氣外之理。天地之大，人物之繁，孰能出於理氣之外哉。二書之言雖約，而天地萬物，無不備矣。（宋元學案 卷九十四，師山學案，跋太極圖，西銘）

簡而言之，則鄭玉說明宋朝理學的形上宇宙論大綱，雖然他讚賞太極圖說和西銘，而實則貫通朱熹的理氣論。陸象山的『心外無理』也可以歸之於『氣外無理』，然而他以性爲理，心爲性，不以心包氣。若朱熹則以心包理和氣。鄭玉採取朱氏的主張，因爲朱熹的主張更爲縝密。

把宇宙論的思想應用於人，鄭玉說：

「天地一易也，古今一易也，吾身亦一易也。以天身而論之，心者，易之太極也，血氣者，易之陰陽也，四體者，易之四象也。進退出處之正與不正，吉凶存亡之所由應者，易之用也。近取諸身，易無不盡，雖無書可也。」(宋元學案 卷九十四，師山學案，周易大傳附注序。)

這種比配的方法，爲漢儒董仲舒的方法，內容則較董仲舒天人合一的內容略更高明。然仍不免過於物質化，血脈和四體，不僅不能列爲形上學的對象，就連宇宙論的對象也不可能，祇是生物學的課題。

在思想上，鄭玉保持宋朝理學家的主要思想，在實行上，確實能顯出理學家的骨格和正義感。他說：「斯道之懿，不在言語文字之間，而具於性分之內，不在高虛廣遠之際，而行乎日用常行之中。以此窮理，以此淑身，以此治民，以此覺後，庶乎無媿於古之人矣。」（同上，行狀）他生於亂世，謹愼地隱居不出，常以出處爲重，以保名節。「士君子在天地間，惟出處爲一大事，故觀其出處之節，而人之賢否可知。然出處之際，禍患之來，常有不可避者，聽其在天而已！」（宋元學案　師山學案，送徐推官序）他自己乃殉國而死。

第五章　禪　學

元朝皇帝信佛，蒙古人因此成爲佛教徒。元世祖征服西藏，接受了西藏的喇嘛教，喇嘛教係爲佛教的密宗。但是漢人不信喇嘛，寺廟裏的僧尼，遵守誡律，實踐坐禪，唸佛以求超生。在學術思想界，天臺和華嚴的宗派已衰，禪宗在唐武宗破佛後尚能流傳，然以臨濟宗爲主。元趙孟頫撰「臨濟正宗碑」，碑文說：「海雲大宗師簡公，性與道合，心與法宜，細無不入，大無不包；位臨濟院，能係祖傳，以正道統，佛法蓋至此而中興焉。」海雲大宗師爲海雲印簡，曾應元世祖召，宏佛法。

(1)　元叟行端禪師

元叟行端禪師，臨海人，俗姓何。生於宋理宗寶祐三年乙卯（公元一二五五年），卒於元順帝至正一年辛巳（公元一三四一年）壽八十七歲。續燈正統本傳說十二歲跟隨族叔在餘杭化城院得度，十八歲受具戒。從禪師藏叟學禪。藏叟名善珍禪師，泉州南安人，爲靈隱善禪師法嗣，史稱臨濟宗大鑑下第十九世。

行端初謁藏叟，叟問：「甚處人？」

答曰：「臺州。」

叟便喝，行端展坐具，叟又喝，行端收坐具。

叟曰：「放汝三十棒。」

行端參拜，言下頓悟。乃居徑山爲首座。元成宗大德四年庚子（公元一三〇〇年）主世湖資福寺，次主中竺。元仁宗皇慶元年壬子（公元一三一二年）遷靈隱寺。元英宗至治二年壬戌（公元一三二二年）藏叟退隱虛席，邀行端回主徑山興聖萬壽禪寺。他留有「語錄」八卷，前四卷，由弟子記錄在四座禪院所有敎誨。

在湖州路資福禪寺曾說：

「拈香云：大慧師祖道寧以此身代大地衆生受地獄苦，終不將佛法當人情。

徑山先師藏叟和尚不肯四天下人，縱饒釋迦老子、達摩大師到來，也須退身有分。僧昔年在侍寮兩年，弄盡機關，做盡伎倆，直是沒湊泊他處，所以知其爲大慧適孫。今有炷香供養他也。」(元叟端禪師語錄　卷一)

「不將佛法當人情」，不輕易傳授，元叟自己在老師處有這種經驗。祖師禪以傳授爲主，師門不易敞開，禪法纔致不亂。

一僧禮拜，元叟竪拂子說：

「菩提達摩從南天竺國來，至中華，傳此上乘一心之法。在天同天，在地同地，在僧同僧，在俗同俗。在當今聖天子，則以本自在願力，示現克紹金輪寶位，百億須彌盧百億香水海，日月所照，風雨所至，悉杲威靈，咸歸化育。在今朝諸勳貴，則以本自在大願力，各樹大功，各成大業，爲忠爲孝爲武爲文，爲王室股肱，爲生民父母。……」(同上)

這種奉承皇帝的思想，在唐朝的禪師裏，不見於語錄。元朝皇帝誠心信佛，元叟禪師乃有這類拈香文句。文句中有一種思想，卻是慧能和神會的思想，即禪不是逃避世界而入涅槃，而是在人世裏，各盡己職。所以說「在天同天，在地同地，在僧同僧，在俗同俗。」禪慧使人看清事情的本身意義，按照本身意義去應付。

「上堂，薙髮著袈裟，宜應行聖道，自餘閑雜事俱爲生死因，著衣喫飯是閑雜事，觀山翫水是閑雜事，菩提涅槃眞如解脫是閑雜事，畢竟喚什麼作聖道？

擊拂子：姹女已歸霄漢去，獃郎猶向火邊蹲。」(同上)

畢竟什麼是聖道？既然把菩提、涅槃、眞如，都視爲閑雜事、生死因，還有什麼是聖道呢？禪法聖道在於沒有聖道，一切皆空，心無所滯，以無聖道爲聖道。心中若以一聖道爲聖道，心中已有所滯了。

「元宵上堂，並謝監收浴主維那。

千粒萬粒從一粒生，只者一粒從甚處生？千燈萬燈從一燈起，只者一燈從什麼處起？識得一燈千燈萬燈，燈燈不疑。識得一粒千粒萬粒，粒粒無疑。

三脚驢子弄蹄行，踏破無邊香水海。

拈拄杖卓一卓，頂門也少者一槌不得。」（同上）

一燈沒有起處，一粒沒有起處。一粒千粒萬粒同是一粒，一燈千燈萬燈同是一燈，識得不疑，則雖是三腳驢子，也可以踏破無邊香水海，得到禪的無邊智慧。

住在中天竺萬壽禪寺，語錄中有云：

「小參，一切諸法本無自性，亦無生性菩提涅槃等名，從淨法中，得貪瞋愛取等名，從穢法中，得淨穢兩邊。俱莫依性，但有空名。亦無三藏五乘十二分，種種名言，種種句義，總不出此箇元由。所以古聖有言，若心相所思，出生諸法，虛假皆不實。心尚無有，云何出生諸法？如人取聲，安置篋中，又如吹網，欲令氣滿，此是諦實之說，若以爲實，大錯了

也。」（元叟端禪師語錄 卷二）

諸法皆空，乃是佛教通論。禪宗則以菩提涅槃也是空名，絕對不能抱着這些空名而以爲得道，那就是要把聲音，藏在篋中，要把網吹滿氣，那怎麼可能呢？

「僧云：只如台山下有一婆子，凡有僧問台山路向甚麼處去，婆云驀直去。僧纔行數步，婆云：好箇師僧便怎麼去。未審婆子具什麼眼？

師云：瞎。

僧云：只如趙州道婆子被我勘破了也，意旨如何？

師云：賊是小人。

僧禮拜。師便喝，乃云：

恁麼恁麼，西天；儘有不恁麼不恁麼，東土全無。纔恁麼便不恁麼，大盡三十日；不恁麼中却恁麼，小盡二十九；總不恁麼時，如何？

喝一喝，下座。」（同上）

趙州和尚勘破老婆子，元叟道是賊，偷點解釋。不要問怎麼，也不問不怎麼，總不怎麼，便是禪慧。

「上堂舉僧問趙州萬法歸一，一歸何處？州云：我在青州作一領布衫，重七斤。

師云：趙州好語，要且不赴來機，中峯則不然。萬法歸一，一歸何處？至大四年，西山洪水氾漲，一夜衝倒三座石橋。山門頭石師子作大哮吼，山河大地悉皆震動。你輩貪眼漢子，知甚麼東西南北。」(同上)

心機呆笨，好似昏睡的漢子，佛法雖像洪水衝來，雖像獅子哮吼，也不能聽到看到。

「上堂舉達摩大師偈云：我本求心不求佛，了知三界空無物，不如端坐靜觀心，只此心心心是佛。

師云：坐殺達摩大師了也。」(同上)

達摩面壁靜坐，以求觀心。六祖慧能和七祖神會則不主張靜坐，元叟所以說：「坐殺達摩大師了也」，不以達摩靜坐爲然。求心，心不空，怎麼可求?!

「上堂舉僧問趙州，狗子還有佛性也無?州云：無。又僧問趙州，狗子還有佛性也無?州云：有。師云：若以無爲究竟，後來因甚道有?若以有爲諦當，前面因甚道無?者裏捉賊，趙州，許你天上地下。」（元叟端禪師語錄 卷第三）

趙州兩答互相矛盾，元叟因而在矛盾裏捉他，任憑他上天下地，都逃不了。趙州卻化爲空，有爲空，無也空，沒法可捉他。

「上堂僧問：如何是正法眼藏?
師云：十字街頭不敢當。
僧云：莫只者便是?
師云：月似彎弓，少雨多風。

乃云：「月似彎弓，少雨多風，獰龍戲海，孤鶴翹松。正法眼藏，瞎驢邊滅却黃梅，衣盋付與盧公。拈起簸箕別處舂，熨斗煎茶銚不同。」（同上）

正法眼藏乃是佛法禪法，元叟說十字街頭石頭便是，意思是說佛法平常，隨處皆是；然而不能爲瞎驢所識。

「上堂舉鏡清問僧，櫚外是什麼聲？僧云：雨滴聲。清云：衆生險倒，迷己逐物。師云：鏡清有年無德，愛討便宜者，僧逐色隨聲，合受屈辱。當時見他問櫚外是什麼聲，便好與一喝，更或如何若何拂袖而去，直鏡鏡清有生擒活捉之機也無用處。」（同上）

問是什麼聲，應該不答；若答是雨聲，便是逐色隨聲，心中沒有空掉一切。元叟所以說不該答，只須一喝作答，或竟拂袖而去。

卷四記錄在杭州興聖萬壽禪寺語錄，語錄中有云：元叟拈香，斂衣就座。

「僧出問云：堂前皷響，大衆雲臻，學人上來，請師說法。

師云：破糞箕，生掃箒。

僧云：臨濟和尚示衆云，夫說法者，一句中須具三玄，一玄中須具三要，還端的也無？

師云：人天本豎。

僧云：如何是一玄中須具三要？

師云：畜生本橫。

僧云：如何是第一玄？

師云：東村王老屋頭穿。

僧云：如何是第二玄？

師云：大海波心駕鐵船。

僧云：如何是第三玄？

師云：阿誰家裏竈無煙。

僧云：如何是第一要？

師云：眼裏瞳人吹木叫。

僧云：如何是第二要？
師云：寒山拍手拾得笑。
僧云：如何是第三要？
師云：皎月當空無不照。
僧云：三玄三要蒙指示，西來的意事如何？
師云：汝亦不難。
僧云：大善知識，豈吝方便。
師云：老僧入院事繁。
僧禮拜歸衆。」（元叟端禪師語錄　卷第四）

禪師說法，每句須有三玄，每玄須有三要，這是表示禪師的話玄而又玄，玄中卻又有道理。人直立爲人，橫臥爲畜生。禪師說法是爲人，不是爲畜生。禪話的要道乃是日常生活之道，卻能照遍人間。

「上堂，僧出衆，提起坐具，云：過去諸佛亦如是，現在諸佛亦如是，未來諸佛亦如是。
師云：三脚蝦蟆著錦襠。
僧禮拜云：謝師答話。
師云：有人笑你。
師乃云：病在一師一友處，病在多知多解處，病在求禪求道求菩提處，病在泯點無聞，冰水侵石頭處。只如著衣喫飯，屙屎送尿，還得不病也無！無爲無事，人猶是金鎖難。」(同上)

元叟指示僧人的病處，在於求知，求修禪，求靜坐，這都是自尋煩惱。人眞難得無爲無事，心向萬事萬慮都鎖着門，不讓進去。

「上堂，卽心卽佛喚起窗全曙，非心非佛催歸西未西，不是心，不是佛，無心華裏鳥更與盡情啼。拈拄杖卓一卓。」(同上)

卽心卽佛，使人興起奮發；非心非佛催人歸涅槃；不是心；不是佛，不是物，算是得了道。

語錄裏收有偈、頌、贊、詩、跋。其中有一首他八十三歲作的詩：

「年今八十有三歲，來日難侔去日長。
爲報諸方無別說，木裁直裰是行裝。」（元叟端禪師語錄　卷第六，贈日者）

詩中感慨有一般人的感慨，來日不可測，過去的日子則已經很多，因爲已經八十三歲。心中的情境，是一個旅客的心情，隨時可以遠走不復回。

「卽心便是佛，離心別無佛，外求有相佛，非汝本眞佛。」（同上，示心上人）

禪宗的宗義，就在這首詩上，卽心便是佛。元叟端禪師的禪宗精神，已經沒有唐朝禪師的活潑，然尚不失祖師意。

(2) 楚石梵琦禪師

楚石梵琦禪師，俗姓朱，明州象山人，生於元成宗元貞二年丙申（公元一二九六年），卒於明太祖洪武四年辛亥（公元一三七一年），壽七十有五歲。早年喪父母，九歲，入永祚寺，十六歲受戒，依族叔晉洵。時元叟端禪師唱道雙徑，梵琦往參，元叟問：「言發非聲，色前不物」快點說明意義，卻不等他答覆，威喝一聲，梵琦錯愕而退。一夜，聞彩樓鼓聲，豁然大悟，又歸徑山。元叟說：「西來密意，喜子已得之乎。」便派他爲寺內第二座。元泰定帝時，往海鹽福臻寺。元文宗天曆元年戊辰（公元一三二八年）遷天寧永祚寺。元順帝至元元年乙亥（公元一三三五年）遷杭州報國寺。至正四年甲申（公元一三四四年）遷嘉興本覺寺。至正七年丁亥，（公元一三四七年）帝錫號「佛日普照慧辯禪師」。後退歸天寧永祚寺。明太祖洪武元年戊申（公元一三六八年）秋九月，詔江南僧師十餘人，在蔣山建大法會，命梵琦登座說法。次年己酉，再召說法。洪武三年，明太祖關於鬼神問題，詢問佛教大僧，梵琦等奉詔至京師，館於大天界寺。他援經據論，寫出答案，將呈奏，忽感身體不適。病了四天，死於寺中。去世前，沐浴更衣，索草書一偈：

「眞性圓明，本無生滅，
木馬夜鳴，西方日出。」

梵琦留有佛日普照慧辯楚石禪師語錄二十卷。卷一，住福臻寺語錄；卷二卷三，住海州天寧寺語錄；卷四，住杭州大報寺語錄；卷五，住嘉興本覺寺語錄；卷六，住嘉興光孝寺語錄；卷七，再住海州天寧永祚寺語錄；其他各卷有講經舉古，偈、贊、頌，雜著等。

在福臻寺，上堂，僧問：

「不愁念起，惟恐覺遲，如何是覺？

師云：牛角馬馬。

進云：如何是念？

師云：四五二十也不識！

僧禮拜。

乃云：心不是佛，智不是道，開口卽錯，動念卽乖。諸聖競出頭來，未免指鹿爲馬。到者裏頭說個什麼卽得；指東指西得麼，點胸點肋得麼，好晴好雨得麼，行棒行喝得麼。總是弄粥飯氣，佛法未夢見在。」（楚石禪師語錄　卷一）

如何是覺？如何是念？學禪的人都急於想得到答案。但是禪師指示沒有什麼覺，沒有什念，不覺不念就是禪。若是誰要答覆這兩個問題，也不免是指鹿爲馬，指東指西，點胸點肋。實際上，心不是佛，智不是道，沒有話可講。

「經會上堂，僧問：一大藏教是個切脚，未審切個什麼字？
師云：切個不字。
進云：不字又切個什麼字？
師云：莫錯舉似人。
進云：謝師指示。
師云：石羊頭子向東看。」(同上)

佛教是切個不字，不要一切，不想一切，不着任何事，不依任何法，連佛也不依。心空一切，頓悟成佛。

楚石到天寧永祚寺，眾僧迎接。

「師云：把定乾坤，不通水泄，放開線道，許你商量，有麼有麼？

僧問：山青水緣，李白桃紅，南北東西，總是國王水土，四維上下，無非佛祖門庭，正與麼時，請師祝贊。

師云：五日風，十日雨。

進云：與麼則築着磕着去也。

師云：開。

進云：春色無高下，花枝有短長。

師云：只恐不是玉。

進云：院堂宰相公選住持，合郡尊官，同臨法席，未審發明什麼事？

師云：驗在目前。

進云：五祖演和尚道：『山前一片閑田地，叉手丁寧問祖翁，幾度賣來還自買，爲憐松竹引清風。』且如何是祖翁田地？

師云：看脚下。

進云：賣與阿誰？

師云：聽事不眞。

進云：不作貴，不作賤，作麼生買？

師云：三生六十劫。
進云：怎奈被和尚坐斷了也。
師云：墻壁有耳。
進云：只如上手契書是何人寫？
師云：今日東風起！
進云：謝師指示。
師云：三十棒且待別時。」（楚石禪師語錄 卷二）

這一段問答語，看來答非所問，實際是不答所問。參五祖演和尙的話頭，祖翁田地豈不是佛法？佛法賣去買來，乃是聽事不眞。講佛法，不分貴賤，三生六十刼都講。和尙乃說法師今天不講，豈不是斷了佛法？楚石說那裏斷了呢？牆壁都有耳在聽。那麼是誰在講？乃是今天的東風。

說了這些話，楚石第一次說法，只講自己原是小沙彌，被人推爲長老，祇能向大家澆潑一杓惡水。

「乃云：山僧昔在此山得度，是個脫白沙彌，無端被人推入大衆前，稱爲長老，泥猪疥狗還避得麼！今日掇向曲彔木牀，指東畫西，是最初入門第一杓惡水。到這裏，事不獲己，只得擘破面皮，將些葛藤，東葛西葛。是以釋迦老子於正覺山前，明星出時，忽然大悟。且道悟個什麼？山僧今日開堂說法，又說個什麼？不免將第二杓惡水，澆溺諸人去也。拈拄杖，卓一下，喝一喝。」(同上)

楚石饒有風趣，有似趙州和尚。自己稱爲泥猪疥狗，不知道釋迦悟了什麼法！這是禪家的祖風。禪法沒有語言可傳，祇能卓一下拄杖，喝一大聲，便下了堂。

「結夏小參，僧問：大道智勝佛十劫坐道場，佛法不現前，不得成佛，此意如何？

師云：也無此意，也無如何！

進云：未審何時得成佛道？

師云：也無佛，也無道！

進云：莫落空否？

師云：空亦空。

進云：卽今道空的是什麼人？

師云：這漆桶。

進云：本來無罣礙，隨處任方圓。

師云：玄沙道底。

乃云：以大圓覺爲我伽藍，身心安居平等性智。

召衆云：性智旣平等，說什麼聖，說什麼凡，說什麼迷，說什麼悟？古也如是，今也如是，僧也如是，俗也如是，出出入入，何礙安居！往往來來，是眞禁足。譬如蟭螟蟲在蚊子眼睫上作窠，向十字街頭叫云，土曠人稀，相逢者少。」（同上）

這個譬喻，說得很妙。在蚊子眼睫上作窠，怎麼可能！還在十字街頭去叫土曠人稀？眞是太不合理。佛法不能講，不能求，沒有佛，沒有道。然而並不是眞沒有佛法，乃是心理上不能有求佛法的心。

「施立設齋上堂，供養百千諸佛，不如供養一個無心道人。百千諸佛有何過？無心道人有何德？若會箇中意，牛頭尾上安。」(楚石禪師語錄 卷三)

百千諸佛，也不過是一個無心和尚，不多不少。眞如是一，百千諸佛見眞如，無心和尚也見眞如。

「施主捨米入山，上堂舉雪峯示衆云：『盡大地撮來，如粟米粒大，拋向面前漆桶。』不會，打鼓普請看。

師云：你諸人看不出時，僧堂裏連牀上，疊足坐了，只細咬嚼去。」(同上)

參祖師話頭，雪峯的話頭並不難。盡大地撮來像一麥粒大，就像一毛孔中有三千世界。一切都是假相，大地世界也盡是假，只有眞如實相。

「鑄大悲像。上堂，有一居士出問云：大悲菩薩通身是手眼，是否？

師云：是。

進云：弟子還具否？

師云：具。

進云：只是半夜裏不見一物時，手眼在什麼處？

師云：直是通身手眼。

進云：謝師指示。

師云：噓噓。……

舉麻谷問臨濟：『大悲千手眼，阿那箇是正眼？』濟云：『大悲千手眼，阿那箇是正眼！速道速道？』谷拽濟下禪牀，谷却坐。濟云：『不審』。谷便喝，濟拽谷下禪牀，濟便坐，谷便出去，濟歸方丈。

師云：二大老主賓互換，縱奪可觀，如猛焰燒空，忽雷震地相似。雖然與他大悲千手眼有何交涉？只見波濤湧，不見龍王宮。」(同上)

大悲佛通身是手眼，正眼究竟何在？千手眼是有是無，沒有正眼可言。楚石舉出臨濟和麻谷的公案，評說兩老獅子鬨，雷震地，卻和問題無關。兩老都沒有答何者是正眼。

「上堂，舉鏡清問玄沙：『學人乍入叢林，乞師指箇入路。』沙云：『還聞偃溪流水聲否？』清云：『聞。』沙云：『從這裏入！』鏡清於此得箇入處。五祖鄧祖翁云：『果然得入，一任四方八面，若也未然，輒不得離却這裏。』大慧云：『若要眞箇得入，直須離却這裏。』

師云：這裏是什麼所在？離與不離，叟問阿誰？憶昔東溪日，花開葉落時，幾擬以黃金鑄作鍾子期。」（同上）

學禪的人，請問禪法入門，禪師反問聽見溪水聲否。禪法入門卽在於忘卻溪水，不聽見水聲。

楚石在杭州大報國禪寺，一次，中秋上堂，有一公案。

「中秋上堂，鳳山說何似萬象，說八月十五夜月最親切，八月十五日潮更直截。聞不聞，瞥不瞥，嘉州大象喫蒺蔾，①陝府鐵牛流出血。」（楚石禪師語錄　卷四）

八月十五日的月，八月十五日的潮，無論親不親切，直截不直截，都要沒有聞見，沒有瞥見。好似有人說大象吃鐵釘，鐵牛流出血，是眞是假，都不足道。

「冬至，小參。僧問世事悠悠不如山丘臥藤蘿下，塊石枕頭，未審與垂手入鄽的，相去多少？

師云：也不較多。

進云：豈無緇素？

師云：一對無孔鐵鎚，就中一個最重。

進云：與麼則天下老和尚總在裏許也！

師云：因誰置得？

進云：數聲清磬，是非外一箇閒人天地間。

師云。方纔搓彈子，便要捻金剛。

進云：明日書雲令節，畢竟書什麼？

師云：那麼是什麼雲？

進云：但願來年蠶麥熟，羅睺羅兒與一文。

師云：一日便白頭。」(同上)

緇素的禪靜世界，不比塵鄽世界清靜，出世的人不比入世的人好多少。

「上堂，拈拄杖，卓一下，召衆云：我這裏卓拄杖，你那裏聞聲，爲將耳聞？爲將心聞？若將耳聞，耳朶兩片皮，作麼生聞？若將心聞，心如工伎兒，意如和伎者，又作麼生聞，終不虛空裏聞也。若是虛空裏聞，卽常聞，何待這裏卓拄杖然後聞。鳳山不卓拄杖，爲什麼不聞去？豈不見文殊道：『聲無旣非滅，聲有亦非生，生滅二圓離，是則常眞實。』」(同上)

這不是公案，乃是說理。聲是無常，沒有生滅，則不能聽見。總見聲音，乃是俗人的假想。

「中夏，上堂，和尚子莫妄想起心！動念是妄想，澄心息念是妄想，成佛作祖是妄想。往往將妄想滅妄想，無有了期。直饒古今言教，一時明得如

珠，通盤敢保此人未出陰界。」（同上）

這一段話，道出禪宗的秘密。一切言教都不出陰界，以妄想滅妄想。心中不能動念，不管是惡念是善念，一動念就是妄想，就不能明心見性，就不能成佛。楚石的思想，承繼祖師禪的家門。

元朝禪師留有語錄者，尚有數人，如環巖方山寶禪師語錄一卷，福源石屋珙禪師語錄二卷，笑隱訢禪師語錄四卷，千巖和尚語錄一卷，思想無大出入，僅爲宋代禪宗的殘餘。然一燈未燼，尚能傳薪。千巖和尚語錄有明初宋濂的序。濂曾與千巖禪師有交往，在序文裏說：「由是知禪師之道，不實不虛，不有不無，不中不邊，在普應之門，蓋亦鏗然有聲者也。以能以用窺禪師者，抑亦末矣。」由此可見，元代禪師的禪法，還能保持唐宋禪宗的餘緒。

註：

(1) 蒺藜：帶刺的草，又狀如  的兵器。

明代篇

第一章　導　論

(1) 明初諸學者

元朝在中國哲學思想史上，爲一段非常的時期。元朝皇帝是蒙古人，不分享中國的文化傳統，卻自有游牧民族的習慣。入主中原以後，接受了中國的文化，沿用儒家政治思想。元世祖看重儒學，設立國學教育子弟，許衡和吳澄等人一致努力去保全儒家思想，繼承宋朝的理學。元朝在中國哲學史上，是一個保守的時期，而使古代傳統的思想在蒙古人的統治下，能够繼續存在。

明朝恢復了漢人的統治，在學術思想史上，不應再繼續元朝的保守工作，而是要發揚新的方向和內容，使宋朝的理學得到了新的研究和成果，造成了王陽明的心學。

明初首先倡導儒學者，應推宋濂。宋濂爲開國文臣，提倡學術。他崇奉孔孟，修習理學，然也和佛教禪師有來往，爲禪師語錄作序，且能通禪理。

方孝孺爲宋濂的弟子，侍教凡六年。建文帝召爲翰林博士，進侍讀學士。明太宗篡位，孝孺不降，被執禁獄。太宗命草詔，孝孺怒罵不已，乃被磔死，年四十六。

孝孺長於文，修身素嚴，他說：「君子有四貴：學貴要，慮貴遠，信貴篤，行貴果。」(方正學雜戒)人必須求學，學以守身，他說：「學者，聖人所以助乎天也。天設其備，非學莫能敎，人有恆紀，非學莫能序。故賢者由學以明，不賢者廢學以昏。」(同上)「不怍於心，合乎天，足乎！及乎人，而無容心焉，惟君子哉。」(同上)他「好義如飲食，畏利如蛇虺。」(同上)竟守義而死，這種精神，影響於清代初期儒者很深。

明朝哲學思想在大綱上可分爲三個時期：第一個時期自弘治到萬曆，一百年間，卽王陽明以前的時期，這個時期爲繼續發揚宋朝程朱理學的時期，有河東薛瑄，崇仁吳與弼，三原王恕，各立學派，崇尚修身，主敬守靜。在元朝兵荒馬亂以後，人心思安定，風俗求純樸，學者提倡主敬，力行嚴肅修身。吳與弼曾說：「夜病臥思家務，不免有所計慮，心緒便亂，氣卽不清，徐思可以力致者德而已，此外非所知也。吾何求哉！求原吾德耳。心於是定，氣於是淸。明日書以自勉。」（吳康齋先生語錄）薛瑄更嚴立人格，不向奪權的閹宦王振屈首，他在讀書錄裏說：「絕謀利計功之念，其心超然無係。」這種心境，不是由瀟灑的心情而習慣，而是用自強不息的努力而養成。王恕雖官至尙書太子少保，然重禮守義，對於每樁事，都求能心安。

明初的儒學，沿襲宋朝程朱的修身養性工夫，秉重師道。河東，崇仁，三原三系的學人，嚴守師道，不敢有違，有淳淳儒者之風。

在這一時期的晚期，廣東白沙陳獻章獨創一格。他偏向陸象山的心學，不埋首專讀經書，由靜坐以進於虛，旣虛則心空靈，能應付萬事。他致張廷實的書上說：「宇宙內更有何事？天自信天，地自信地，吾自信吾，自動自靜，自闔自闢，自舒自卷。……牛自爲牛，馬自爲馬。感於此，應於彼，發乎邇，見乎遠。故得之者天地與順，日月與明，鬼神與福，萬民與誠，百世與名，而無一物奸於其間。嗚呼！大哉！」陳獻章主張順乎自然，瀟灑不拘，和薛瑄、吳與弼的講學修身的態度，完全不同，開啓了王學的風氣。他的弟子湛若水和王陽明爲好友，但不讚成陽明的致良知說，主張隨處體認天理。

黃宗羲作明儒學案，評論明初期儒家：

「薛敬軒瑄：以復性爲宗，濂洛爲鵠。」（明儒學案 卷七）

「吳康齋與弼：上無所傳，而聞道最早，身體力驗，只在走趨語默之間，所謂天根卽是主宰，貫動靜而一者也。」（同上 卷一）

「王介庵恕：推之事爲之際，以得其心安者。」（同上 卷九）

「陳白沙獻章：以虛爲基本，以靜爲門戶，以四方上下，往古來今，穿紐湊合爲匡郭，以日用爲常行，分殊爲功用，以勿忘勿助之間爲體認之則，以未嘗致力而應用不遺爲實得。靜中養出端倪。」（同上 卷五）

「湛甘泉若水：隨處體認天理，大旨謂陽明訓格爲正，訓物爲念頭，格物是正念頭也。苟不加學問思辨之功，則念頭之正否未可據。」（同上 卷卅七）

明朝初期的思想，繼承元朝儒學，上追程朱修身之道。薛、吳、王三派沒有大的改變。陳白沙則別開生面，以心學爲主，主張順性而自然。開啟王陽明的心學。

(2) 明朝思想的典型

王陽明爲明朝哲學的代表，也代表中國哲學的一種特別思想。王陽明的特別點在於使理學和禪學相結合，而成儒家思想中的新面目。從宋朝末葉到明朝初葉，儒家的思想以朱熹的思想爲主流。這時期中的儒者都注意在致知格物和主敬修身上，對於理學的形而上部份，少有討論。雖然對於理氣問題，有人和朱熹的意見不同，以氣包括一切。但對於宇宙的變化，大家都接受周敦頤的太極圖說。

王陽明思想的變遷，由儒入道和佛，由道和佛再轉入儒學，經過貴州龍場的流離困苦經歷，乃悟到致良知。禪學的祖師禪講直接體驗，反觀自心，直接體驗實相眞如，由眞如看到萬法平等。爲能有直接體驗，先要使心空虛一切，無念無心。王陽明體驗到自心的本體爲良知，良知卽是天理。外面事物和心相感觸時，天理良知自然顯露，人乃有良知的直接體驗，外面的事物和良知相合爲一。在內外相合爲一之中，良知天理達到事物，便稱爲致良知。然而在良知和事物之間，能夠有私慾的障礙。心動爲意，私慾而動，意若誠於天理，私慾的障礙便可消除。王陽明的修身論便在於誠意。天理在人心，心外沒有天理，而且心外也沒有物；因爲宇宙萬物的意義都來自人心。王陽明聲明沒有人心，則沒有宇宙天地萬物；沒有宇宙天地萬物，也沒有人心。陽明把陸象山的心學和禪家的心學相融會，成了他的致良知說。

王陽明的門生滿天下，黃宗羲的明儒學案分姚江學案爲浙中、江右、南中、楚中、北方、泰州、止修七學派。普通以浙中徐愛、錢德洪爲最得陽明的正傳，然徐愛青年去世，學未成而沒有影響，德洪雖在野三十年，無日不講學，但學說的影響遠不及王畿、聶豹和王艮。這三人的思想，則已離開致良知而流入順性自然。

陽明思想的中心點，在於心卽理，理卽良知，良知自然顯露，知行乃合一。然而知行合一通常須經過一個階段，卽要除去私慾的障礙，障礙的消除，在於誠意。因此，知行合一並不是自然而成，而要經過誠意的工夫。

陽明的門生，就忘記了，或是不願意這種誠意的工夫，而認爲知行合一是自然的，人必須勿忘勿助，任性自然，末流乃流爲疏狂。

王畿主張先天爲正心，後天爲誠意。所重者在先天，而不在後天。又以陽明四句教爲不可守，乃倡四無說。心，良知，意，都無善惡之分，也沒有爲善去惡的格物，祇從心上立根。

聶豹以歸寂爲宗，當他在獄中時，靜坐反觀自心，「忽見此心眞體，光明瑩徹，萬物皆備，乃喜曰：『此未發之中也。守是不失，天下之理皆從此出矣。』」（明儒學案本傳）這種歸寂和禪宗的明心見性很相近，和陽明的誠意工夫，相處已遠。

泰州王艮以止於至善乃是安身，「身與道原是一件，至尊者此道也，至尊者此身。」「道一而已矣，中也、良知也、性也、一也。識得此理，則現現成成，自自在在，即此不失，便是莊敬。即此常存，便是持養。眞不須防檢。」（王心齋語錄）「不須防檢」一語，造成放任的偏激思想和行爲。顏鈞平時只是率性自然。李卓吾鼓倡狂禪。王學遂引起一般儒者的攻擊。

(3) 理學的轉變

王學在明朝中葉，風靡一時，然當時已有儒學不表附合。湛甘泉與陽明爲友，但反對陽明的格物致知。明儒學案所列「諸儒學案」的儒者，有和陽明同時，有在陽明以後，他們都不是陽明的門弟子，大都繼承宋朝理學的修身思想，以守敬爲首要工夫。

羅欽順，號整庵，弘治年間的進士，官至尙書，壽八十三。平日嚴守古禮，危坐觀書，獨居無惰容。

來知德，嘉靖時人，潛心三十年，專究易經圖象，成就了來氏易學。

明朝末葉，東林學派興起，顧憲成、高攀龍等，有似宋末葉適，陳亮，呂東萊等提倡實踐之學，他們也反對王學末流的空疏狂妄，在東林書院，大會四方士人，依白鹿書院規矩講學。「相與講求性命，切磨德義」（明儒學案 顧憲成傳）尤注重修養人格，評論政事，「天下君子以清議歸於東林，廟堂亦有畏忌。」（同上）

這時候，天下大亂，流寇由四川，擾亂沿江各省，滿兵又常入關。當時有一位學者，名叫劉宗周，學者稱蕺山先生。黃宗羲曾隨他受教，後在所著明儒學案以他作爲明朝學術思想的結束人，又認他爲王陽明的正傳，恢復了王學的眞面目。實際上，劉宗周的思想在修身養氣上，近於東林，且又上追宋朝程朱，和王陽明的思想並不相近。他少談良知，專重愼獨。以意爲心主，祇要意能誠，便一切都好。他反對陽明的四句教。他說：「有善有惡意之動，知善知惡知之良，二語決不能相反，則知與意分明是兩事矣。」（劉念臺 獨證篇）假使是兩事，便有先後；若意在知先，知便不是良；若知在意先，則意不當誠了。因此，祇可以說劉宗周結束明朝的思想，而不是恢復王學的正傳。

明朝的儒學，雖繼承宋朝理學的思想，然祇是元朝理學的一流，祇講修身養性，不講形上的宇宙變遷。雖有學者放棄程朱的理氣二元論，而祇談氣，然並沒有發揮氣的思想，所以易經的哲學不受學者的注意。明初的儒者主張守敬。王陽明雖在修身的工夫上，加上天理良知的形上思想，但也祇在心卽理，由心的直接體驗而使內外合一。直接體驗來至禪宗，王學末流便入於禪。東林學派反對王學末流的疏狂，復歸修身，劉蕺山乃以愼獨爲宗。故在儒家的修身和精神生活上，明朝學者較比宋朝學者更爲深入，且能建立了儒家的精神生活論。

第二章　明朝初葉哲學思想

(一) 薛瑄

薛瑄，字德溫，號敬軒，山西河津人，生於明太祖洪武二二年（公元一三八九年），卒於明英宗天順八年（公元一四六四年），享壽七十有六歲。

他的家，世代習儒，曾祖父薛常和祖父薛仲義都在鄉間教書。父親薛貞在洪武朝代中鄉試，除官玉田教諭，瑄生在父親任所，幼從祖父仲義讀小學四書。稍長，父親薛貞在玉田遇到儒者徐懷玉、魏希文、范汝舟、王素京、李太亨，他們都因故被謫戍玉田教諭。魏范兩人深於理學，薛貞便命瑄從兩先生就學，讀周程張朱的書。明成祖永樂初，薛貞改調滎陽，瑄隨父起任，繼續向魏范兩師受教，時年十五歲。過兩年，父薛貞又調鄢陵教諭，瑄應河南鄉試，舉第一，時永樂十八年庚子。次年登進士，時年三十二歲。明宣宗宣德三年（公元一四二一年）擢廣東道御史，差監湖廣銀場，手錄性理大全，通宵不寐。宣德七年丁母憂。明英宗正統初年（公元一四三六年）設各省提學，瑄授山東提學僉事。太監王振爲瑄的同鄉，薦爲大理少卿。瑄入京不往振所致謝，振乃恨他。當時有一寃獄，振的從子與一姓安的百戶官的妾通奸，百戶官死，振的從子要取妾，百戶官的正妻以尚在喪服乃不同意。振的從子敎妾誣告正妻害死丈夫，下獄論死。瑄不服，三次反判，振乃嗾使諫官劾瑄受賄，下錦衣獄。振的家僕泣訴，振乃免瑄死，因得放歸。家居七年，四方來學者眾。瑄敎居敬以立本，由經以入道，身體力行。明景宗景泰初，起用爲南京大理寺卿。景泰三年壬申（公元一四五二年）以原官召至京師。天順元年（公元一四五七年）英宗復位，遷禮部右侍郞兼翰林學士入內閣，然因太監弄權，瑄乃乞歸。居家八年。去世前，作一詩云：「七十六年無一事，此心始覺性天通。」著有讀書錄，敬軒文集。（明儒學案　卷七）

(1) 性　理

(甲) 太　極

薛瑄的思想，忠於朱熹，也追隨關中張載，以『復性』爲重點。所著讀書錄，對於太極圖、西銘、正蒙等書多所講解。周敦頤的太極圖第一句話爲「無極而太極」。朱熹和陸象山對這句話的解釋各不相同。朱熹以太極爲理，無形無象，故無極兩字祇是太極的解釋。陸象山則以爲周敦頤的太極圖出於道教，無極是老子的道，處於太極以上。宋末和元代儒家多宗朱子，薛瑄也採取朱熹的解釋。他說：

> 「無形而有理，所謂無極而太極；有理而無形，所謂太極本無極。形雖無而理則有，理雖有而形則無。此純以理言，故曰有無爲一。老氏謂無能生有，則無以理言，有以氣言。以無形之理生有形之氣，截有無爲兩段，故曰有無爲二。」（讀書錄）

> 「太極一圈，中虛無物，蓋有此理而實無形也。」（讀書錄）

薛瑄採取朱熹的解釋，以解釋太極。然這種解釋，有兩點難處。第一，周敦頤本人不以太極僅是理，由理不能生氣，更不能生陰陽；而且天下無單獨之理，有理必有氣。太極應該是張載所說的太虛之氣，「太虛無形，氣之本體。」朱熹以氣爲形而下，不能無形，因此強調無形者祇是理。第二，老子的『無』，不能解說爲理，因爲無卽是道，道不是單獨之理。

這兩點難處，朱熹祇遇到第一點，第二點難處他沒有遇到，他根本不以爲太極圖和老子的『道』有什麼關係。爲解答第一點難處，朱熹不承認太極爲宇宙萬物之元，而祇是理之極至。既是理之極至，每一物便都有自己的太極。這一點便和易經的太極和太極圖的太極不相同了。

「統體一太極，卽萬殊之一本；各具一太極，卽一本之萬殊。統體者，卽大德之敦化，各具者，卽小德之川流。」（讀書錄）

「小德川流，大德敦化，」語出中庸第三十章，中庸講「萬物並育而不相害，道並行而不相悖。」（中庸第三十）宇宙萬物的生生之理，互相貫通，並育不相妨害。薛瑄用爲解釋天地一太極，萬物各有一太極。若是這樣，天地有一統理，萬物的理則爲統理的份子，好比大江和支流。朱熹還沒有這樣的說法，他只說物得理之偏，人得理之全。

「太極不可以動靜言，然舍動靜，亦無太極。」（讀書錄）

動靜爲氣的動靜，有動靜然後分陰陽。周敦頤的太極圖說云：「五行一陰陽也，陰陽一太極也，太極本無極也。」陰陽由太極而來，太極在陰陽以內，如同陰陽之氣在五行以內。若以太極爲理，太極便有動靜之理，動靜之理在陰陽之內，太極也就在陰陽以內了。不過，卻不能以太極相等於陰陽之理，如同易經繫辭第五章說：「一陰一陽之謂道」，也不能認爲道只是陰陽之道，除陰陽之道外沒有其他的道；同樣，不能以動靜之理以外便沒有太極，所以說：「太極不可以動靜言，然舍動靜，亦無太極。」這種肯定就不合符邏輯。若以太極爲太虛之氣，動靜乃是陽氣陰氣，也不能說「舍動靜外，亦無太極」。

（乙）理　氣

理氣爲物體的二元，程顥有這種主張，朱熹從而發揮，成爲他的學說的中心。薛瑄追隨朱熹的主張，以物由理氣而成。理爲物性，氣成物形。

「朱子曰：聚散者氣也，若理，則只泊在氣上，初不是凝結自爲一物，但人分上合當然者便是理，不可以聚散言也。」（讀書錄）

「理旣無形，安得有盡？……有形者可以聚散言，無形者不可以聚散言。」（讀書錄）

理爲無形的抽象之理，不能凝結，不能聚散。可以凝結者，可以聚散者乃是氣。薛瑄在上一段的話裏，提到形上本體論的一個重要點：「理既無形，安能有盡？」理從自體上說，應是沒有限制的。例如人之理，祇有一個，應是全的，不能有多有少。爲什麼在具體上有這麼多的人，而每個人又不相同？理自己不會限制自己，理的限制來自氣，理因氣而取得限制；所以每一個人的個性來自氣。

「氣無涯而形有限，故天大地小。」（讀書錄）

這又是另一方面的問題，氣從自體說，是渺茫無涯，沒有限制，氣爲什麼而成爲有限的形呢？形是有限的，無涯的氣爲什麼變成了有限的形？也就是說氣由什麼而取得限制？那是因爲氣由理而取得限制。因爲理氣不能分離，互相限制。

「理只在氣中，決不可分先後。如太極動而生陽，動前便是靜，靜便是氣。豈可說理先而氣後也。」（讀書錄）

「理如日光，氣如飛鳥，理乘氣機而動，如日光載鳥背而飛，鳥飛而日光雖不離其背，實未嘗與之俱往，而有間斷之處。亦猶氣動而理雖未嘗與之暫離，實未嘗與之俱盡，而有滅息之時。氣有聚散，理無聚散，於此可見。」（讀書錄）

「理如日月之光，小大之物，各得其光之一分。物在則光在物，物盡則光在光。」（讀書錄）

薛瑄把朱熹的思想，向前演進。朱熹以天地一理，或天地一太極，萬物又各自有太極。元朝儒者已進而說天地的太極，爲萬理的總滙，萬物各分有總理的一分。薛瑄繼續向前，以理爲一，「小大之物，各得其光之一分。」這個總滙之理，是不是一個超越萬物之理？照薛瑄所說，似乎是一個超越萬物之理，他說「物在則光在物，物盡則光在光。」以日月之光比喻理，物不在時，則理在理。理不聚散，不生滅；氣有聚散，有生滅。但若沒有氣，也便沒有理，應該同時存在，同時不存在。不能說「物盡則光在光。」這種『理一而殊』的理，乃是『生生之理』。宇宙萬物同一『生生之理』，而凡一物的生命又不相同。

「石壁上草木，最可見生物自虛中來，虛中則實氣是也。」（讀書錄）

空虛中爲實氣，則氣可以是虛，可以無形；這種思想便不是朱熹的思想，而是張載的思想了。

生命由虛氣而來，易經說是由陰陽的變化而來，薛瑄沒有多講易經，不注重『生生』。讀書錄中有一段話：

「細看植物，亦似有心，但主宰乎是，使之展葉開花結實者，即其心也。」

朱熹曾說天地以生物爲心，這種使生物發展生命的心，在每一物裏都有，即是一種保全並發展自己存在的自然傾向和動力。朱熹又說人得天地之心，以爲心。

(丙) 心

前代儒者論心最透徹者，應推荀子，但是儒家的傳統，卻以孟子爲儒家心學的大師，將荀子放在一邊，並且說孟子以後沒有傳人，一直要到周敦頤或陸象山。這其中的理由，是儒家的心學乃是修身養性之學，荀子主張性惡，不承認人心可以作人修德的規範，須以聖人的教訓作爲規範；孟子則以人心本性，具有天理，若能存心，便能養性。因此修身的工夫，都集中在『心』上。

> 「道，無處不在。」（讀書錄）
>
> 「天道流行，命也，命賦於人，性也。性與心俱生者也。性體無爲，人心有覺，故心統性情。」（讀書錄）

「心統性情」爲朱熹的主張，宋末和元代理學者都接受。心具有天理，心自體是虛靈的；若沒有私慾的掩蔽，天理自然顯露。

> 「心一收而萬理咸至，至非自外來也，蓋常在是而心存，有以識其妙耳。心一放而萬理皆失，失非向外馳也。蓋雖在是而心亡，無以察其妙耳。」（讀書錄）

理在不在，不是本體的問題；理既是人性，人性常在，理無時不在。薛瑄所說理在或理失，乃是認識問題；人心是否有理在心內的意識，即人是否在心內看到理。「心一收而萬理感至」，心在就見到理。然而這個理有兩個問題：第一，心一收，馬上就見到理，心一放，馬上就見不到理，這個認識是什麼認識呢？是良知嗎？按理說應該是良知，薛瑄沒有講。他的意思，必定以理自然光明，只要心不想雜事，就能見理。這一點和佛教禪宗的禪法很相似。雖然孟子也曾說收心，然而孟子的收心，不是講認識天理，而是講培育人心的善端。陸象山和王陽明卻專門講反觀自心天理。薛瑄說：

「心細密則言道，心粗則行不着，習不察。」(讀書錄)

心細密的人不見得就好，心粗的人不見得就壞；只能說心細是收心，心粗是放心，那便能說見道不見道了。

宋末學者在心論上頗受佛教影響，注意在見到天理，以人心具有萬善，祇要人心沒有私慾，善德便自然地發揚。殊不知孟子的性善論祇以人心具有善端，經由人去發育，而不祇是克慾就夠了。佛教禪宗則以實相眞如具有一切，實相顯露，人就成佛。宋末儒家便偏於求天理的顯露，而忽略了日新又日新的努力。

「理明後，見天地萬物，截然各安其分。」(讀書錄)

「理如物，心如鏡，鏡明則物無遁形。心明則理無蔽迹，昏則反是。」(讀書錄)

這都是借用佛教的說法，當然佛教禪宗也是採取儒家大學、中庸的思想，但佛教把中庸的『誠』和大學的『明明德』，加上了自己的講法，宋元明的理學家又借用佛教的說法來講大學和中庸的心性論。

「心一收，而萬理咸至。」的第二個問題，是陸象山的問題，即是萬理都在心否？是不是心外無理？

「人只於身內求道，殊不知身外皆道，渾合無間，初無內外也。」(讀書錄)

「不可將身外地面作虛空看，蓋身外無非眞實之理，與身內之理渾合無間也。」(讀書錄)

理不僅在身內，便不是「身外無理」。朱熹主張天理在人心，亦在萬物。薛瑄說：「物無內外」，更好說是『理無內外』，因爲物是在外，並不在我身內；祇有物之理，在物，又在我身內。至於說身外宇宙不可作虛空看，而應說是充滿眞實之理，這是對於佛學的反響，佛學以一切爲空爲假，然同時又說萬物都具有一實相。身外有實理，身內有實理，「渾然無間」，這種說法，有些類似神秘主義。

「心虛能涵萬理」（讀書錄）

「在一心之理，與在萬事之理，本無二致。惟聖人一心之理，能通萬事之理者，以其純乎天理之公也。」（讀書錄）

心虛靈，可以涵萬理；這種理能夠解釋爲求學致知所得之理。學者所得知識無論多麼多，心常能涵存。薛瑄的意思則是說心中生來涵有萬理，聖人心中沒有私慾，故「一心之理，能通萬事之理。」；常人之心不通於萬事之理，便應格物致知。

「物格，是知逐事逐物各爲一理；知至，是知萬物萬事通爲一理。」（同上）

朱熹主張多研究外面的事物，逐事分析，久而後能自然貫通。

「心統性情」，心中有性有情，性是理，情則是氣。性和理，兩者同爲一，互相等；情是氣，是情由氣而成，然氣不等於情，氣比情更廣更大，因爲人的身體、個性、才能都來自氣。

「論性不論氣，不備，有二說。專論性不論氣，則性亦無安泊處，此不備也。專論性不論氣，則雖知性之本善，而不知氣質有清濁之殊，此不備也。論氣不論性，不明，亦有二說：如告子以知覺運動之氣爲性，而不知性之爲理，此不明也。如論氣質有清濁之殊，而不知性之本善，此不明也。二之則不是。蓋理氣雖不相雜，亦不相離。天下無無氣之理，亦無無理之氣，氣外無性，性外無氣，是不可二之也。若分而二，是有無氣之性，無性之氣矣。故曰二之則不是。」（讀書錄）

這一段論氣質之性，全是朱熹的思想。但是薛瑄說：「氣外無性，性外無氣。」若追究到根底，則有語病。太極是理，有不有適合於太極之氣？天理只有一理，是不是有適合天地的天理之氣？若太極有理有氣，太極便是一實體。若是天地有理有氣，天理也是一實體。這卻不是朱熹的主張了！

「須知己與物皆從陰陽造化中來，則知天地萬物爲一體矣。」（讀書錄）

此所謂「一體」，卽天地萬物的生命相連結，結成一整體生命。張載和王陽明都有這種思想。

⑵ 修養

薛瑄爲一純然儒者，操守謹嚴，有骨節，不畏宦者的權勢，寧死不屈。宦者王振以同鄉之誼，薦他做官，他卻不謝不拜。王振雖遣人示意，他仍不改變態度。替一寡婦伸寃，和都御史王文對抗，王文假王振的淫威，下他於獄，論死，他心安不動，日讀易經不輟。因此當時人都稱他薛夫子。

（甲）愼獨

薛瑄自少以『愼獨』作修身的原則；愼獨來自中庸，乃儒家修身的重要方法。薛瑄說：

「余少讀聖賢書，竊有志於愼獨之學，尚懼久而或怠也，遂自稱曰愼獨子，庶幾顧名思義，永久不忘，逮今三十七年矣。……

蓋一心之理，靜而無動。而有在動靜有無之閒曰幾，凡天下之善惡皆原於此，故曾子子思懇懇示人，必曰愼獨。獨者，人所不知而己所知之地，蓋卽所謂幾。而愼者，則所以謹乎是也。故君子於幾之際，必精必察，果天理耶，卽扶導而擴充之，果人欲耶，則摧抑而遏絕之。至於暗室屋漏，獨居獨爲之閒，而不敢有自欺之心焉，則內外隱隱，無非一致，而天德之盛，渾渾乎無息矣。……」（薛敬軒文集 卷五，愼獨齋記）

愼獨，不祇是獨自私處，時刻謹愼，而是當七情動時，卽是當心動時，對於所發之機，特別謹愼考察，思其是否合於天理。中庸講愼獨，卽特別注重在情動時能合於節，以致中和。朱熹註中庸說：「獨者，人所不知而己所獨知之地也。言幽暗之中，細微之事，迹雖未形，而幾則已動，人雖不知，而己獨知之，則是天下之事，無有著見明顯而過於此者。是以君子既常戒懼，而於此尤加謹焉。」薛瑄的話就是朱熹的意思，他更進而有天德渾渾無息的心境，有如中庸述說聖人的盛德，「溥博如天，淵泉如淵。」(第三十一章) 薛瑄也說：「心中無一物，其大浩然無涯。」(讀書錄)

(乙) 主敬

宋朝理學家力主修身，而修身的要法，在於主敬。主敬和愼獨，有時用爲同一意義，有時雖分爲二，然緊相聯連。主敬使心定，心定纔能察心將動之幾。

「余謂自七情肆而天理微，九竅邪而人欲橫，雖老生宿儒專專於講頌者，尚溺於語言文字，不知主敬以救其弊，況他乎哉。……

蓋人之爲人，其理有木火土金水之神，其體有耳目口鼻四肢百骸之形，其事有五倫百行之備，故內焉而敬不篤，則心官昧而天理亡；外焉而敬不篤，則衆欲攻而百體肆；內外胥失乎敬，則身心尚莫知所措，況於應萬事哉。此聖門爲敬必先乎此也。至其所以用力之方，內則惺然其心，不使有一塵之蔽，外則肅乎其容不使有一體之惰，以至接乎物則必主於一，而無他適之擾。如是而持之以堅固，持之以悠久，則近而屋漏無所愧，遠而天地無所怍。所謂七情肆而天理微者，可以節而著，九竅邪而人欲橫者，可以返而消，內外遠近大小精麤(粗)，融朗周洽，何往而非天地之流行哉！」

(薛敬軒文集 卷五，篤敬齋記)

『主一』，心專於一而不亂，心專於天理而不外馳。宋朝理學家宗於程朱，常守爲修身要法。人內有七情，外有九竅，常爲外物所誘，故要緊內外都持之以敬。

「心常主敬，物來應之。

人不持敬，則心無頓放處。

人不主敬，則此心一息之間，馳騖出入，莫知所止也。」(讀書錄)

主敬，使心能定能安。心定則對於事物之理，就能觀看淸楚，「物來應之」。

「主一，則氣象清明，二三則昏昧矣。」(讀書錄)

主一是心專於當前的事；主一，又是心專於天理。心因此能安定而清明。若使心一時想許多事，心就亂，就昏昧。

「一刻之謹，心在理存；一刻之怠，心放理昏，是知敬之一字，乃直內之樞機，養性之本根。昔在伊洛，道繼孔孟，開示羣迷，敬爲要約，」(薛敬軒文集 卷九，持敬箴)

「余於坐立方向器用安頓之類，稍有不正卽不樂，必正而已。非作意爲之，亦其性然。」(讀書錄)

外面坐立方向之正，就是外面的敬。行而久之，養成第二天性之習慣，不故意去作，也自然會正。

「居敬有力，則窮理愈精；窮理有得，則居敬愈固。」(讀書錄)

居敬和窮理有關，因居敬則心安，心安則窮理愈精。窮理，在於研究事物之理。

「主靜以立其本，愼動以審其幾。」（讀書錄）

靜和敬相連，主敬則心必靜，心靜爲修身的根本，靜而後能慮，慮則能審察將動的幾。

（丙）誠

『誠』可以解釋爲愼獨；但是，誠的特有意義，則是天理的流行。

「凡大小有形之物，皆自理氣至微至妙中生出來，以至成形而著。張子曰其來也幾微易簡，其宗也廣大堅固。」（讀書錄）

「幾微易簡」爲變化之理；這種變化之理若能自然流行，沒有阻礙，就能廣大堅固。理的自然流行，便是誠。

「誠不能動人，當責諸己，不能感人，皆誠之未至。」（讀書錄）

「動而未形，此心之幾，幾有善惡，人莫吾知。吾既知矣，其將何爲？賢有明訓，而曰勿欺」（薛敬軒文集　卷九，勿欺齋銘）

至誠之人，贊天地的化育。因人性之理，自然流行，而能通達到別的人和物，所以聖人則存神過化。

「蓋先聖之心，虛靈洞徹，萬理咸備。而天下之道，千變萬化，皆由此出。但其寂然不動之時，初無聲臭可聞，無涯涘可測。此其所存者神，與先聖之耳目口鼻四肢百骸之形，雖與人同，而踐形盡性，則非人所及。故其身示至教，如天之垂象，凡所經歷，威儀辭氣所接，羣動無不孚格變易，此其所過者化。」（薛敬軒文集　卷六，存化書堂記）

聖人之心，虛靈而具眾理。天然地流行於事物，至誠無虛，故能化人。常人之心，情感昏昧，天理被掩蔽，則須自加勉力，克制情感，以彰明天德，這是中庸所說的「誠之者，人

之道也。」（第二十章）

「親之恩如是，故其歿世雖遠，人子之喘息呼吸，卽親之遺氣，人子身體髮膚，卽親之遺體，則所以追念其親之撫摩保愛教誨期願之恩，而惻愴悲思之情，出於中心之誠，自不能忘於一息之間，與子之身相爲始終者，是乃天理民彝之至，非由外鑠也。」（薛敬軒文集　卷六，永思堂記）

孝爲人的天性，孝子卽出於中心之誠，自然不能忘懷雙親的恩愛。有諸中，則形諸外。子誠則孝，臣誠則忠。

「夷考子美平日所作諸詩，雖當兵戈騷擾流離之際，道路顚頓凍餓之餘，其忠君一念烱然不忘，故其發爲詩也，多傷時悼亂痛切危苦之詞，憂國愛民，至誠惻愴之意，千載之下，讀之者尚能使之太息而流涕，感慕而興起，則子美之忠，終始不愉又如此。……夫忠在人心，乃天理民彝，萬世之所同。……」（薛敬軒文集　卷六，游草堂記）

忠孝都是「天理民彝」，人以至誠之心，爲孝爲忠，千載之後，尚可引起後人的敬佩，至誠之人不僅可化當代的人，且可以點化後代的人。中庸說至誠的人盡性則盡人性，又能盡物性，乃贊天地的化育。

(丁)仁

薛瑄說：

「夫道之至大者，莫大於仁。孔門弟子自顏子以下，皆未嘗以仁許之，誠以仁爲萬善之長，偏言則一事，專言則包義禮智三者。故孔子敎人，惟以求仁爲言。蓋盡仁，則四者之性無不盡矣。至其爲仁之要，則其告顏子以非禮勿視聽言動者是也。是則仁道雖大，有非後學所敢易言；然人得天地之理以爲性，初不以聖愚而有異，聖人之所以爲敎，學者之所以爲學，莫不本於是焉。雖初學之士，凡志於道者，必當從事於斯也。」(薛敬軒文集卷九，蕭敍仁字說)

「仁爲萬善之長」，「包義禮智三者」，理學家都有這種思想，孔子更以仁爲最高的善德，不以『仁』去稱讚人。但是仁又是人性的天德，人爲行善，第一就該當仁。薛瑄以「人得天地之理以爲性」，天地之理就是仁。朱熹曾說天地以生物爲心，人得天地之心以爲心，生物爲仁，人心乃是仁。孟子曾說仁是人心，而且就是人。人若不仁，就不是人。

「仁是嫩物，譬如草木嫩則生，老則枯。」（讀書錄）

仁爲生，天地使萬物化生稱爲仁。人心能贊天地的化育，人乃誠於自己的性，發揚了仁道。

薛瑄爲人謹愼嚴肅，重氣節，好義，從不苟合。曾說：「二十年治一怒字，尚未消磨得盡。以是知克己最難。」（讀書錄）因有怒氣，性便剛強。對於太監，從不畏懼，雖死，從不屈服。明朝太監爲一大患，東廠刑罰，慘不可言。薛瑄力抗太監，下獄仍不改初衷。他以自心中沒有貪望，「心中無一物，其大浩然無涯。」（讀書錄）養有孟子的浩然之氣。

(二) 河東學派——呂柟

薛瑄在明儒學案，被稱爲河東學派的首領。他是山西人，他的弟子也都是山西河南的人，可以稱爲北方的學風，謹愼朴厚，保守張載二程和朱熹的思想。

薛瑄的弟子閻禹錫，字子與，洛陽人。明英宗正統九年甲子（公元一四四四年）舉鄉試，時年十九歲。後官至御史，提督畿內學政，常講周敦頤的太極圖和通書。

閻禹錫的弟子段堅，字可久，號容思，蘭州人。明代宗景泰五年甲戌（公元一四五四年）中進士。明憲宗成化二十年甲辰（公元一四八四年）卒，年六十六歲。平生講習濂洛的書。

周蕙，字廷芳，號小泉，丹徧人。學於段堅，又學於薛瑄的弟子李昶，篤學力行。他有弟子薛敬之。

薛敬之，字顯思，號思庵，陜西渭南人。明憲宗成化二年丙戌（公元一四六六年）入太學，與陳白沙同列。成化二二年丙午（公元一四八六年）選山西應州知府。明武宗正德三年戊辰（公元一五〇八年）卒，年七十四。常講太極圖和西銘，弟子中最著者爲呂柟。

呂柟，字仲木，號涇野，陜西高陵人。正德戊辰年，即薛敬之去世之年，舉進士。明世宗嘉靖二十一年壬寅（公元一五四二年）卒，年六十四。曾官至南京禮部右侍郎。

河東學派保有朴實之風，既不合於陳白沙，也不讚成王陽明。呂柟教弟子就日常生活上下修身工夫。

「先生謂諸生曰：我欲仁，斯仁至矣。今講學甚高遠，某與諸生相約，從下學做起，要隨處見道理。事父母這道理，待兄弟妻子這道理，待奴僕這道理，可以質鬼神，可於對日月，可以開來學，皆是切實處做來。大器曰：夫仁亦在乎熟之而已矣。曰：然。」(明儒學案 卷八，河東學案二 呂涇野先生語錄)

「今講學甚高遠，」指的是陳白沙和王陽明，白沙講虛靜，陽明講致良知，在河東學者看來，不免好高鶩遠，不切實際，易使學者流於空疏。切實的學問在於『學』，孔子特別看重『學』。

「問致良知，先生曰：陽明本孟子良知之說，提掇教人，非不警切；但孟子便兼良能言之，且人之知行，自有先后，必先知而後行，不可一偏。傳說曰：非知之艱，聖賢亦未嘗卽以知爲行也，縱使周子教人曰靜曰誠，程子教人曰敬，張子以禮教人，諸賢之言，非不善也；但亦各執一端。且如言靜，則人性偏於靜者，須必求一道理。曰誠曰敬，固學之要，但未至於誠敬，尤當有入手處。如夫子魯論之首，便只曰：『學而時習之，』言學

則皆在其中矣。」(同上)

「東郭子曰：大抵聖人言一學字，則皆是行，不是知。知及之，仁不能守之。及之亦是行。如日月至焉，至字便是一般。守之是守其及之者，常不失也。……先生曰：知及之分明只是知仁，守之纔是行，如何將知及亦爲行乎？予之所未曉也。」(同上)

求學是修身的第一步工夫，是「從下學做起」。呂柟以人是先知而後行，知和行不同一。既然先須知道天理，他乃以學爲基本的工作。

「學者到怠惰放肆，總是不仁；仁則自是不息。」(同上)

學者，爲求學，須自強不息，因自心是仁，有生氣。學者所行的，在於求知，求知則在於格物致知。

「邦儒問：近日朋友講及大學，每欲貫誠意於格物之前，蓋謂以誠意去格物，自無有不得其理者。如何？先生曰：格致誠正，雖是一時一串的工夫，其間自有這須節次。且如佛子寂滅，老子清淨，切切然，惟恐做那仙佛不誠，其意可謂誠矣，然不差至於如此，正爲無格致之功故也。但格致之時，因不可不著實去做，格致之後，誠意一段工夫，亦是不可缺也。」(同上)

「章詔問格物。先生曰：這個物，正如孟子所云萬物皆備於我物字一般，非是泛然不切於身的。故凡身之所到，事之所接，念慮之所起，皆是物，皆是要格的。蓋無一處非物，其功無一時可止息得的。」(同上)

『格物』爲對事物的研究，『致知』爲知事物之理。這種思想爲朱熹的思想。所謂研究事物之理，即就每人日常所接觸的事物去研究。

「論格物致知，世之儒者，辨論莫太高遠乎！先生謂若事事物物皆要窮盡，何時可了。故謂只一坐立之間，便可格物。何也？蓋坐時須要格坐之理，如尸是也。立時須要格立之理，如齋是也。凡類此者皆是。如是，則知可

致而意可誠矣。又曰：先就身心所到事物所至者，格久便自熟，或以格爲度量亦是。」（同上）

格物，也要從下處去做，不要貪高騖遠，就日常所接觸的事物，細心研究，不要只講玄理。這是薛瑄修養的原則，事事謹愼。不能只就自己良心能安。

「先生曰：今世學者，開口便說一貫。不知所謂一貫者，是行上說，是言上說。學到一貫地位多少工夫！今又只明心，謂可以照得天下之事。宇宙內事，固與吾心相通。使不一一理會於心，何由致知？所謂不理會而知者，卽所謂明心見性也，非禪而何？」（同上）

呂柟責斥王陽明的明心，爲禪法的明性見性。心一明，則可照明天下的事，修身豈能這般容易。要達到萬事貫通的地位，須修多少工夫！

呂柟和魏校爲同時人，兩人都屬朱熹的學派。但兩人對於朱子的思想也有不相同的點看法。魏校不讚成氣質之性，以性只是理，氣質在性以外。呂柟則不讚成這種主張。

「本泰問夜氣。曰……孟子此言氣字，卽有性字在。蓋性字何處尋，只在氣上求，但有本體與役於氣之別耳。非謂性自性，氣自氣也。……」(同上)

呂枏對於朱熹的理氣論，不大讚成。他以理在氣中，不能分爲二，說性就有氣，雖然性不是氣。

「先生曰：聖賢每每說性命來，諸生看還是一個，是兩個？章詔曰：自天賦與爲命，自人稟受爲性。先生曰：此正是易一陰一陽之謂道一般。子思說自天命便謂之性，還是一個。朱子謂氣以成形，而理亦賦，還未盡善。天與人以陰陽五行之氣，理便在裏面了，說個亦字不得。陳德文因問夫子說性相近處，是兼氣質說否？先生曰：說兼亦不是，却是兩個了，夫子此語，與子思元是一般。」(同上)

這種思想，可以說是張載的思想，理氣不是兩個，連「兼」字也用得不恰當。呂枏對於朱熹另有一種不滿，認他過於嚴肅，只講天理，而不能顧及人情。

「惟時問先生，嘗論尹彥明朱元晦不同者何？先生曰：得聖門之正傳者，尹子而已，其行慤（ㄑㄩㄝ）而直，其言簡而易。若朱子大抵嚴毅處多，至於諫君，則不離格致誠正。人若問之，則曰平生所學，惟此四字。如此等說話，人皆望而畏之，何以見信於上耶！……顧問朱子與二程者何如？先生曰：明道爲人，盎然陽春之可掬，故雖安石輩，亦聞其言而嘆服。至於正叔則啓人僞學之議，未必無嚴厲之過耳。……」（同上）

呂柟推崇尹彥明，彥明即尹焞，世稱和靖先生，爲人溫和。所謂得聖門正傳，是指修身爲人而言。他又景仰程明道，也因明道爲人溫和。然而河東學派的先師薛瑄，爲人卻非常嚴肅，絲毫不苟，爲世所重。

呂柟的抱負，勉力學聖人，「窮則獨善其身，達則兼善天下。」（孟子 盡心） 然而就在窮時，也仍舊可能兼善鄉里鄰居。

「諸生有言及氣運如何，外邊人事如何者。曰：此都是怨天尤人的心術。但自家修爲，成得個片段。若見用，則百姓受些福。假使不用，與鄉黨朋

友論些學術，化得幾人，都是事業。正所謂暢於四肢，發於事業也，何必有官做，然後有事業。」（同上）

這種心情，崇仁學派的學者更加明顯，他們學聖人『憂道不憂貧』（論語・衛靈公）。明朝開國以後的儒者，河東，崇仁，三原各派，都能提倡這種節義的風氣。

㈢ 吳與弼

吳與弼，字子傳，號康齋，撫州崇仁人。生於明太祖洪武二十四年辛未（公元一三九一年）。明成祖永樂七年己丑（公元一四〇九年），年十九，到京師省親，在金陵向洗馬楊文定受教。一日讀伊洛淵源錄，遂有志於道。過兩年，父命還鄉。居鄉耕田，粗衣糲食，門生來學者日多。他和門生共同耕作，遇雨，被簑笠，負耒耜，耕作不輟。郡官交薦於朝，他辭不受官。嘗說宦官和佛子不除，國不能治，何必要出去做官！後來忠國公石亨想有薦賢之名，託楊文達向皇上保薦，皇帝遣使徵聘，命他在東宮講學。與弼到京師，覲見皇帝，堅辭不受命，乃歸家，他怕受石亨的牽累，明英宗天順三年己卯，（公元一四五九年）遣門生上表謝恩。次年石亨果因圖謀不軌被誅。天順六年辛巳，往楚，拜老師楊文定墓。天順六年赴閩，訪朱熹遺跡。明憲宗成化五年己丑（公元一四六九年）卒，壽七十有九歲。平生，不多著述，有康齋集十二卷。卷中有「日錄」一卷，爲日記體，記修身養性事。平素講學，不喜作玄妙高談，祇教切身修德的事。自己尤身體力行，出入作息，刻刻不忘。陳白沙曾來學，初到，不能早起，與弼天未亮，已自簸穀，高呼白沙說：「秀才若爲懶惰，卽他日何從到伊川門下，又何從到孟子門下。」（明儒學案 卷一）

吳與弼講學，少講高超的學理，在文集和日錄裏不見關於太極和性理的言論，而他的思想則默守濂洛關閩的傳統，期爲聖賢。他少年讀伊洛淵源錄，老年仍舊喜讀此書，可見他的思想和心願所在。

(1) 立　志

「永樂己丑冬，姑蘇別駕李侯能白寄此集於先君，與弼燈下閱之，伏覩道統一脈之傳，不覺心醉。而於明道先生獵心之說，尤爲悚動。蓋平昔謂聖賢任道之統者，皆天實篤生，非人力可勉，遂置聖賢於度外，而甘於自棄。及覩此事，乃知所謂程夫子者亦嘗有過，亦資於學也。於是思自奮勵，竊慕向焉。旣而盡焚舊時舉子文字，誓必至乎聖賢而後已。辛卯冬，與弼歸鄉里，而京師官舍被火，意此書必煨燼矣。居常思一再讀而不可得。今年春，齎先君遺籍於蓮塘故址，忽喜無恙。遂奉至小陂茅屋，日敬玩味，以酬素願。嗚呼！與弼迷途少改，實始此文，於以見朱夫子纂集，垂惠後學之功盛矣。而李侯遠贈之勤，其敢忘哉。」（康齋集　卷十二，跋伊洛淵源錄）

永樂己丑，吳與弼年十九，往京師，在金陵從楊文定受教。在父親官邸讀伊洛淵源錄。後來已到老年，重讀這書，作了一跋，表示他學術思想的來源。但是他對於理學，所注意的在於修身，「誓必至乎聖賢而後已。」他有一封上父親的信，在信裏他略述自己平生的志趣。

「十二歲，方隨伯父至京，父子初見，皆不相識。居京時，大人常夜臥語男云：吾昔在外時，思爾不見，淚下多少矣！今爾在傍宜努力進學，斯於成人。當時男未知此言之切也。及年十八九，雖略知詩書，志氣太銳，自謂古人不難到，每輕前人，忽略行事。大人雖時時切責之，而其狂妄之心，終不能改。年二十一，回鄉，粗涉人事，然後漸知力行之果不易爲。又天之所以拂亂其所爲者，恒極其至。兼以疾病纏綿，茫然不知道路所由，安得而順乎親哉！……今年正月來，多看四書，頃刻不離，頗覺身心粗有所得，於聖賢分上用功，亦似有下手處。方知天之所以窮苦於身，吾親所以責備於行者，恩何至哉！」（康齋集 卷八，上嚴親書）

年青志大，然志在爲聖賢，但以聖賢爲易而「忽略行事」，終不能有成。後來下工夫，專心讀四書，從實事上下手，則「於聖賢分上用功，亦似有下手處。」

「僕聞天下之至美者，莫如聖人之道，昭明易見，簡易易行。然世鮮能之者，不學故耳。原其故有二焉：懵然無知而不事夫學者，庸人也；學焉而弗克者，未誠也。……僕坐此患十年餘矣，把滊朝夕亦云至矣！今年從春來，一以大學語孟中庸熟玩，一日恍然，似粗有所見，乃喟然嘆曰：聖人之道，果易曉也，果易行也。而今而後，吾知免夫！朝夕之滊，而有以超然樂乎羣物之表矣，因益加力焉，所見益似親切。……」（康齋集 卷八，與徐

希仁訓導書）

吳與弼致爲聖賢，性剛毅，立身處世遇事不苟。然而心不能不動，另外是饑寒交迫時，心煩不安。與弼在這種時候，他能自己反省，以求心定。

「貧困中，事務紛至，兼以病瘡，不免時有憤躁。徐整衣冠讀書，便覺意思通暢。古人云：不遇盤根錯節，無以別利器。又云：若要熟也，須從這裏過。然誠難能難能。」（康齋集 卷十一，日錄）

「夜病，臥思家務，不免有所計慮，心緒便亂，氣即不清。徐思，可以力致者，德而已，此外非所知也。吾何求哉，求厚吾德耳。於是乎定氣，於是乎清明，日書以自勉。」（同上）

「數日家務相因，憂親不置，書程間斷，胸次鄙吝，甚可愧恥。竊思聖賢，吉凶禍福，一聽於天，必不少動於中。吾之所以不能如聖賢，而未免動搖於區區利害之間者，察理不精，躬行不熟故也。吾之所爲者，惠迪而已，吉凶禍福吾安得與於其間哉。大凡處順不可喜，喜心之生，驕侈之所由起也。處逆不可厭，厭心之生，怨尤之所由起也。一喜一厭，皆為動其中也。其中不可動也，聖賢之心如止水，或順或逆，處以理耳。豈以自外至者為憂樂哉。嗟呼！吾安得而臻玆也！勉旃勉旃，毋忽！七月初二日書於南軒。」（同上）

以家中事務，以貧而病，致心中不安，這乃人生常事。聖賢則是在這些常事中表現出不尋常的氣象，心不為外物所動。聖賢能把人生的吉凶禍福，不以為吉凶禍福，眞眞的吉凶禍福則是在於進德不進德。易經本是占卜的書，但是孔子在「十翼」中的思想，卻說聖賢不占卜吉凶，聖賢祇求進德。與弼所以說：「吾何求哉！求厚吾德耳！」

「與弼氣質偏於剛忿。永樂庚寅年二十，從洗馬楊先生學，方始覺之。春季，歸自先生官舍，紆道訪故人李原道於秦淮館，相與携手淮畔，共談日新。與弼深以剛忿為言，始欲下克己之功。原道尋以告吾父母，二親為之大喜。……厥後克己之功，雖時有之，其如鹵莽滅裂何！十五六年間，猖狂自恣，良心一發，憤恨無所容身。去冬今春，用功甚力，而日用之間，愈加辛苦，疑下愚終不可以希聖賢之萬一，而小人之歸無由可免矣！五六月來，覺氣象漸好，於是益加苦功，逐日有進，心氣稍稍和平，雖時當逆境，不免少動於中，尋卽排遣，而終無大害也。二十日，又一逆事，排遣不下，心愈不悅。蓋平日但制而不行，未有拔去病根之意，反復觀之，而後知吾近日之病，在於欲得心氣和平，而惡夫外物之逆以害吾中，此非也！心本太虛，七情不可有所干。物之相接，甘辛鹹苦，萬有不齊，而吾惡其逆我者，可乎？但當於萬有不齊之中，詳審其理以應之，則善矣，於是中心洒矣。此殆克己復禮之一端乎！蓋制而不行者硬苦，以理處之則順暢。因思心氣和平，非絕無於往日，但未如此八九日之無間斷。又往日，家和平，多無事，今乃能於逆境擺脫，懼學之不繼也。故特書於册，冀日新又新。讀書窮理，從事於敬恕之間，漸進於克己復禮之地，此吾志也，效之遲速，非所敢知。洪熙元年乙巳七月二十一日，與弼識於南軒。」

（同上，日錄）

與弼下功夫克己，祇在克制情慾勿動，這是抑制，然而一不提防，又當外來感動過大時，情慾不能抑住，便暴發更甚。與弼後來發覺克情在於導情，引導情慾使有合理之動，合理之動，即是「動而皆中節」，心便有和，因和而安。中庸說「致中和，天地位焉，萬物育焉。」（第一章）與弼志在爲聖賢，爲聖賢之道，在於「從事於敬恕之間」。

(2) 理性之學

吳與弼雖不多講陰陽性理；然而陰陽性理乃修身進德的根據，宋朝理學家沒有不研究易經的人，與弼也不能例外。在他的文集裏有提到易經的地方，就表示他讀易心得。

「番禺謝生胖，隨其舅氏何生潛，鄉執陳獻章來游吾館，資二生以輔仁，予嘉其氣相得而志相合也，爲講大易重兌之象，而紬繹夫子體象之辭，以掖其進焉。兌之爲卦，陽實在下，陰虛不上，爲澤之象。重兌有二澤，附麗之象。二澤互麗，互相滋益。聖人謂天下互相滋益之大者，惟朋友講習云。……乃若美在其中，而暢於四支，知周萬物而道濟天下，斯所謂益者。……」（康齋集 卷十，麗澤堂記）

兌的象爲澤，重卦爲附麗，這種解釋，以象爲根基，再以陰虛陽實，實下虛上，以解釋虛心求益，朋友輔仁。宋代理學家解釋易經，注重義理，摒棄漢易的象數；又宋代易學注重「象」，吳與弼似受宋代易學的影響。

「昔伏羲肇畫於龍馬之圖，而文籍生，列聖繼作，記載漸繁，皆所以出治道，立民極焉。」（康齋集　卷十，唐山書閣記）

伏羲依河圖洛書，作八卦，爲中國文籍的開始。易卦的圖象，雖爲占卜，然亦爲「出治道，立民極。」

「無極之妙，充盈宇宙，而該貫吾心，何可須臾離哉！然事幾萬態，大和難保，不有精鑒，以爲權度，難免於流俗架空之患矣。」（康齋集　卷十，省庵記）

「無極之妙」究竟是什麼呢？「充盈宇宙，而該貫吾心」，應該是無極之理，或太虛之氣。中庸和論語都說『道』不可須臾離開，「無極之妙」則應是太極之理。以無極和太極爲理，乃朱熹的主張，以太極爲太虛之氣，乃是張載的主張。吳與弼似是追隨朱子。

「讀易倦，觀晦庵先生年譜，慨先哲之精勤，愧駑輩之滅裂，惘然自失，奈之何哉！據今地位，努力向前。」（康齋集 卷十一，日錄）

「玩易，默而繹之，不勝痛快，但恨歲月來無多！」（同上）

吳與弼雖以四書爲日讀之書，六經也常誦讀。上段「日錄」就明白說讀易以至於倦，則不是偶然閱讀，而是用心研究。

「天下之至賾而不可惡，天下之至動而不可亂，廓然而大公，物來而順應。倦臥養病，思已往踐履及聖賢名教，臥起，天向暝矣。」（康齋集卷十一，日錄）

「雖萬變之紛紜，而應之各有定理。」（同上）

易經講宇宙變化之理，視爲天下的至賾，爲深奧之理；然而宇宙萬物都由這種天理的貫通，每事也都有自己的理，所以事物雖變化紛紜，每事則各有定理。因此，爲修身，應該格物窮理。

「枕上思晦庵文集及中庸皆反諸身心性情，頗有意味。昨日欲書戒語云：溫厚和平之氣，有以勝夫暴戾逼窄之心，則吾學庶幾少有進耳。今日讀之云：欲進乎此，舍持敬窮理之功，則吾不知其方矣。蓋日來甚覺此二節工夫之切，而於文集中玩此話頭，益覺忘味也。」（同上）

玩話頭，爲禪宗的禪法。與弼用來爲描寫他注意體驗持敬窮理的重要。窮理，在於格物以求每物的定理，使能知應付之道。與弼常讀朱熹的文集，心服朱子的思想。

(3)　求心安

吳與弼生性剛愎，而且暴戾，少時任性，父母以爲憂。十九歲讀宋理學家的書，開始下工夫改變氣質，他的一生，痛自鞭策。

「文公先生謂延平先生終日無疾言遽色，與弼常歎何脩而至此！又自分雖終身不能學也。文公先生又云：李先生初間也是豪邁底人，後來也是琢磨之功。觀此則李先生豈是生來便如此，蓋學力所致也。然下愚末學，若不能先去血氣之剛，平日則慕心平氣和，與物皆春。少不如春，躁急之態形焉，因思延平先生所與處者，豈皆聖賢，而能無疾言遽色者？豈非成湯與人不求備檢，身若不及之功歟！而今而後，吾知聖賢之必可學，而學之必可至，人性之本善，而氣質之可化也，的然矣！下學之功，此去何如哉！」(康齋集 卷十一，日錄)

人性本善，氣質之性有善惡。修身的工夫，在於改變不善的氣質。與弼自知氣質不清，剛愎暴燥，心常不安，乃力求改正。

「小童失鴨，略暴怒，較之去年失鴨減多矣，未能不動心，學未力耳。」(同上)

「小女，瘡疾相纏，不得專心讀書，一時燥急不勝。雖知素患難行乎患難，然歲月不待人，學問之功不進，不得不憂也。其實亦因早年蹉跎過了時節，以致今日理會不徹。三十年前好用工，何可得耶！」（同上）

「因暴怒，徐思之，以責人無恕故也。……」（同上）

「早枕，痛悔剛惡，偶得二句：豈伊人之難化，信吾德之不競。」（同上）

性情暴燥，遇着逆心事就暴發，吳與弼終生努力改變氣質，雖不能完全變成心平氣和的人，然暴怒的情形，日見減少；而且也能有光風霽月的心境。

「寄身於從容無競之境，遊心於恬澹不撓之鄉，日以聖賢嘉言善行沃潤之，則庶幾其有進乎！」（同上）

「村外閒行，遺書在手，徐步自後坊坑過大同源，觀山玩水而歸，於峽裏憇久，枕石藉草而臥，暖日烘衣，鳴泉清耳，有浴沂佳致。」（同上）

這種在自然美景中，心身和舒，默思聖賢的嘉言，乃有忘懷世事，且有忘記自己的心境。

另一事使吳與弼心不安，就是貧而病，他不願接受官職，甘願貧居鄉里，自耕自食；然而家中所需，不時缺少，妻兒不免恬恬不息，他乃心中憂急。在「日錄」裏，他記述追求安貧的努力。

「因事，知貧難處，思之不得，付之無奈。孔子曰：志士不忘在溝壑，未易能也。又曰：貧而樂，未易及也。然古人恐未必如吾輩之貧。夜讀子思子素位不願乎外，及游呂之言，微有得。游氏居易未必不得窮通皆好，行險未必常得窮通皆醜，非實經歷，不知此味，誠吾百世之師也。又曰：要當篤信之而已。從今安敢不篤信之也。」(康齋集 卷十一，日錄)

「讀罷，思債負難還，生理蹇澀，未免起計較之心。徐覺計較之心起，則爲學之志不能專一矣。平生經營，今日不過如此；況血氣日衰一日，若再苟且因循，則學何可向上？此生將何堪！於是大書『隨分讀書』於壁，以自警。窮通得喪，生死憂樂，一聽於天。此心須澹然，一毫無動於中可也。」(同上)

「近晚，往鄰倉借穀，因思舊債未還，新債又重，此生將何如也。徐又思之，須素位而行，不必計較。富貴不淫貧賤樂，男兒到此是豪雄。然此心極難，不敢不勉。貧賤能樂，則富貴不淫矣！貧賤富貴樂與不淫，宜常加警策，古今幾人臻斯境也！」（同上）

「今日覺得貧困上稍有益，看來人不於貧困上着力，終不濟事，終是脆愞。」（同上）

「晚穀不收，夜秋，思家用窘甚，不得專愛於書，展轉反側，良久。因念困窮拂鬱，能堅人之志，而熟人之仁，敢不自勉。」（同上）

「昨晚，以貧病交攻，不得專一於書，未免心中不寧。熟思之，須於此處做工夫，教心中泰然，一味隨分進學，方是。不然，則有打不過處矣。君子無入而不自得，然是難事。於此，可見聖愚之分，可不勉哉！凡怨天尤人，皆是此關不透耳！」（同上）

人當貧病交迫時，心常焦慮不安。吳與弼認定「須於此處做工夫，使心中泰然。」常想中庸所說君子素位，即是隨遇而安，有富貴，行乎富貴，有貧賤，行乎貧賤，隨分讀書。在「日錄」最後的紀載裏，沒有說因貧而心亂的事了。

「閱近數年日錄，萬事不必計較，徒勞心耳！廓然而大公，物來而順應。大公，仁也，順應，義也。」(同上)

「夜坐思一身一家，苟得平安，深以爲幸，雖貧窶太甚，亦得隨分耳。夫子曰：不知命，無以爲君子也。」(同上)

吳與弼老年的心境，已能得安定，克制感情的努力，能有成效。在鄉間田野裏，常有欣賞自然美景之樂。

「晴窗親筆硯，心下清涼之甚，忘却一身如是之窘也。康節云：雖貧無害日高眠。」(同上)

「山中獨行，甚樂。萬物生意盎然，時陟岡頂四望，不勝之喜，欲賦山椒一覽詩。」(同上)

「早憇自得亭，親筆硯，水氣連村，游魚滿沼，畦蔬生意，皆足樂也。」(同上)

與弼的學術思想，在於篤行，從貧困艱難中，修煉自己的品格。曾說：「老來厭煩非理也。朱子云：一日未死，一日要是當。」（日錄）又說：「於是厭倦，皆是無誠。」（同上）這些話都表示他努力不懈的精神。

重編明儒學案（國立編譯館版）在導言裏說：「康齋之學，無所師承，而聞道最早。要其一生成就，皆由百般艱苦中而來。安貧樂義，自怨自艾，於宋儒所云敬義夾持，誠明兩進，致力無所不至。……顧涇陽稱其一團元氣，可追太古之樸，蓋其實也。」

吳與弼生於撫州崇仁，所教的學生多爲江西人，因此稱爲崇仁學派。在明儒學案裏列有崇仁學案和河東學案，以及三原學案，都是以地域而區分。

崇仁學派有胡居仁、婁諒、謝復、鄭伉、胡九韶、楊傑、周文等人。胡居仁有門生魏校、余祐。婁諒有門生夏尚朴、潘潤。上述等人除楊傑和周文兩人外，在明儒學案裏都編有小傳。胡居仁、魏校、夏尚朴三人的著作，也收有重要的部份。崇仁學派中的代表人物，當推胡居仁和他的門生魏校。

(四) 胡居仁與魏校

(1) 胡居仁

胡居仁，字叔心，被稱爲敬齋先生，江西餘干人。生於明宣宗宣德九年甲寅(公元一四三四年)卒於明憲宗成化二十年甲辰（公元一四八四年），年五十一歲。居仁從吳與弼就學，終生不仕，僅主白鹿書院，兼在貴溪桐源書院講學。家貧，有老師吳與弼甘貧的德風，修身嚴刻，每日必立課程，詳書得失以自考。平日守禮，親喪，三年不進寢室。對於修身和學術，他反對陳白沙，又極力斥佛，以兩者的思想，都近於疏狂。他自己守程朱所講的『敬』，操守端正，一毫不苟，繼承吳與弼的學風。所留著作，有胡敬齋先生文集三卷，和居業錄。

(甲) 理氣

胡居仁的著作居業錄，不像吳與弼的「日錄」祇記修德的感觸，而是像宋朝理學家的語錄，錄有他的學術思想。

「太極之虛中者，無昏塞之患，而萬理咸具也。惟其虛所以能涵具萬理。人心亦然。老佛不知，以爲眞虛空無物，而萬理皆滅也。太極之虛，是無形氣之昏塞也；人心之虛，是無物慾之蔽塞也，若以爲眞空無物，此理具在何處。」（明儒學案卷，崇仁學案二，居業錄）

朱熹以太極爲理之極至，張載以太極爲太虛之氣，胡居仁以太極爲虛，具有衆理，似乎是溶合朱熹和張載的主張。他既以太極爲虛，沒有形氣，則和周敦頤的太極相同，不是純淨的理而是太虛之氣，包涵着理。老子和佛禪，所講的虛無，並不是「眞虛空無物，萬理皆滅」，然也不是「無昏塞之患，」老子的無，是一絕對無限的有；佛禪的空無，是不有不空的實相。胡居仁的批評老佛，則常從修身靜坐方面去看老佛，因此責斥他們違反聖賢之道。

「太極者，理也；陰陽者，氣也；動靜者，理氣之妙運也。」（居業錄）

「張子以太和爲道體。太和是氣，萬物所由生，故曰保合太和乃利貞，所以爲是太和者道也，就以太和爲道體，誤矣。」（居業錄）

從上面兩段看來，胡居仁不接受張載的主張，而接受朱熹的主張，以太極爲理，以太和爲氣。實際上，張載是以太和爲氣，祇是太和之氣爲太虛之氣，乃是形而上，所以稱爲道之體。朱熹卻以氣的形而下，形而上祇是道，胡居仁也接受朱熹的這種主張，乃說張子「誤矣」。

「有理而後有氣，有氣則有象有數。故理氣象數，皆可以知吉凶，四者本一也。」（居業錄）

「天地間無處不是氣。硯水瓶須要兩孔，一孔出氣，一孔入水。若止有一孔，則氣不能出而塞乎內，水不能入矣。以此知虛器內皆有氣。故張子以虛無中卽氣也。」（居業錄）

「橫渠言氣之聚散於太虛，猶氷之凝釋於水，某未敢以爲然。蓋氣聚則成形，散則盡矣。豈若氷未凝之時，是此水。旣釋，又只是此元初水也。」（居業錄）

胡居仁批評張載對於氣聚散於太極的思想，以冰凝散的比喻爲不當。他沒有了解張載的太虛爲無形之氣，冰爲有形之氣，氣未成形時是太虛之氣，有形之氣散時又回到無形，便又回到太虛之氣。駁斥張載的思想，須從氣可不可以無形來說。但他卻讚成「張子以虛無中卽氣也」，虛無中卽氣，就是無形之氣。

「老氏既說無，又說杳杳冥冥，其中有精，混混沌沌，其中有物；則是所謂無者，不能無矣。釋氏既曰空，又說有個眞性，在天地間不生不滅，超脫輪迴；則是所謂空者，不能空矣。此老釋之學，所以顚倒錯誤，說空說虛，說無說有，皆不可信。若吾儒說有則眞有，說無則眞無，說實則眞實，說虛則眞虛，蓋其見道明白精切，無許多邪遁之辭。老氏指氣之虛者爲道，釋氏指氣之靈者爲性。故言多邪遁。以理論之，此理流行不息，此性稟賦有定，豈可說空說無？以氣論之，則有聚散虛實之不同，聚則爲有，散則爲無。若理則聚有聚之理，散有散之理，亦不可言無也。氣之有形體者爲實，無形體者爲虛，若理則無不實也。……」（居業錄）

關於老子的無和佛敎的空，乃是形上的本體問題，不能僅從名學方面去批評。老子以道，佛禪以眞性，沒有文字語言可以表達，勉強稱道爲無，稱眞性爲空。

根據宋朝朱熹的思想，理氣分而不離，有理必有氣，有氣必有理，所謂理流行不息，乃是氣流行不息；理在氣中，氣有聚散是因着聚散之理。理無所謂虛實，只有眞假。所謂實理，卽是眞而又能實行之理。

「有此理則有此氣，氣乃理之所爲；是反說了有此氣，則有此理，理乃氣事所爲。」（居業錄）

這一點和朱熹的思想不同，朱熹以理氣沒有先後，互相限制，一物的氣是這樣的氣，是因爲有這樣的理；爲什麼一物之理是這樣，是因爲有這樣的氣。例如人之氣淸，物之氣濁，氣之淸濁來自理；然而人之理是全，物之理是偏，則是因爲氣有淸濁。這種互相限制的現象，朱熹也說沒有辦法可以講說淸楚。胡居仁卻說先有理而後有氣，這祇能在抽象的理論方面，勉強可能，在實際上，理和氣沒有先後。

（乙）心 性

在事物中，有理有氣。氣化流行，晝夜不停，一年四季，周遊不息，理則不變，萬古如一。在人，有喜怒哀樂，已發未發，有動有靜，這是心。仁義禮智，在人都有天生的傾向，這是性。朱熹以性爲理，以心兼理氣。胡居仁說：

「所以爲是心者，理也；所以具是理者，心也。故理是處心卽安，心存處理卽在。非但在己如此，在人亦然。所行合理，人亦感化歸服。非但在人如此，在物亦然。苟所行合理，庶物亦各得其所。」（居業錄）

「滿腔子是惻隱之心，則滿身都是心也。如刺着便痛，非心而何？然須知痛是人心，惻隱是道心。」（居業錄）

「滿腔子是惻隱之心，腔子外是何心？腔子外雖不可言心，其理具於心；因其理具於心，故感着便應。若心馳於外，亦物耳，何能具衆理應萬事乎？」（居業錄）

心不是理，然心具有衆理，外物之理，也在心中。心又有情感，痛是情感之一。心有惻隱、是非、辭讓、羞惡之端。胡居仁以情感爲人心，善德爲道心。

「意者，心有專主之謂，大學解以爲心之所發，恐未然。蓋心之發，情也。惟朱子訓家時，言意乃情專所主時爲近。」（居業錄）

心是人的主宰，心以意而主宰，這一點說得對。朱熹也以意爲心之動，心動便是主。情不是已發，因情也能不發，中庸以喜怒哀樂之未發爲中，中是心的平靜境況。情由氣而成，乃心所具有，朱熹因此說心統性和情。

心爲虛，虛乃靈，靈乃知，格物致知由心而行。心若不在，就沒有知。

「今人言心，便要求見本體，察見寂然不動處，此皆過也。古人只言涵養，言操存，曷嘗言求見察見。若欲求察而見其心之體，則內理自相攪亂，反無主矣。」（居業錄）

察見心的本體，乃是禪宗的禪法。陸象山的一系人，也講反觀自心。胡居仁反對佛教，也就反對這種思想。儒家自孟子以來，講存心，言涵養，言操存，使心不爲情慾所掩蔽，自心天理能顯明。

「天理有善而無惡，惡是過與不及上生來。人性有善而無惡，惡是氣稟物欲上生來。」（居業錄）

善惡問題常是哲學上的難題，儒家討論性善性惡。朱熹以人性爲善，善惡來自所稟的氣之清濁，因而主張氣質之性有善有惡。氣質之性乃是每一個人的個性。

「伏聞天命之性，純粹至善，維之則治，失之則亂，此致治者之所不敢忽也。」（胡敬齋集　卷一，謝陳僉憲）

「一陰一陽之謂道，故聖人作易以明之。以事而言，則善爲陽，惡爲陰。以人而言，則君子爲陽，小人爲陰。故聖人所以扶陽抑陰者，惟恐君子之道不長，小人之道或盛也。其於陽長之卦，曰復曰臨曰泰曰大壯曰夬，所以深致其扶持喜幸之意。其於陰長之卦，曰姤曰遯曰否曰觀曰剝，所以深致其憂懼戒抑之心。」（胡敬齋集　卷一，謝夏憲前）

天命之性卽朱熹所謂天地之性，也就是性的本體，乃純粹至善。這種性只是抽象的理想。實際上，性常和氣相結合，成爲氣質之性，氣質之性因氣的清濁，乃有善惡。易經講陰陽，並沒有以陽爲善陰爲惡，祇是說陽爲剛陰爲柔，漢儒漸以陽爲善陰爲惡，然也只是代表性。

(丙) 存心

胡居仁律身嚴肅，力行主敬。主敬的目的爲存心，同時若人能存心，也就是主敬。

「覺得心放，亦是好事，便提撕收斂，更不令走，便是主敬存心工夫。若心不知下落，茫茫蕩蕩，是何工夫！」(居業錄)

孟子主張求放心；但若人不覺得自己的心不收，他不會收斂自己的心。胡居仁說「覺得心放，亦是好事。」自己「便提撕收斂，更不令走。」

「人心一放，道理便失；一收，道理便在。」(居業錄)

孟子所主張的收心，是爲培養心中所有仁義理智的善端；如不收，善端將被雜念所踐踏，不能成長。胡居仁的收心，則是宋朝理學家的思想，認爲天理在人心，人若平靜，理便顯明。

「心精明，是敬之效；才主一則精明，二三則昏亂矣。」（居業錄）

主一爲守敬的重要方式，守敬主一使心能靜，心便能精明，可以見到天理。

「今人說靜時不可操，才操便是動。學之不講，乃至於此，甚可懼也。靜時不操，待何時去操？其意以爲不要惹動此心，待出自存。若操便要着意，着意便不得靜，是欲以空寂杳冥爲靜。不知所謂靜者，只是以思慮未萌，來物未至而言。其中操持之意常在。若不操持，待其自存，決無此理。程子曰：人心自由便放去。又以思慮紛擾爲不靜，遂遏絕思慮以爲靜，殊不知君子九思，亦是存養法，但要專一。若專一時，自無雜慮。有事時專一，無事時亦專一，此敬之所以貫乎動靜，爲操存之要法也。」（居業錄）

自二程的弟子楊時呂大臨以後，羅從彥和李侗都以『中』爲心的本體，守靜以絕思慮。胡居仁說今人的主靜，就是這派人的靜坐不動，朱熹曾極力反對；然而陸象山的學派末流，卻也主張靜時不操，不致知格物。胡居仁攻擊這派人的主張，詆斥爲禪宗的支派。他認爲心不能不操存，否則必定流於雜慮。守敬主一，才能存心。主一便是守靜，靜中須有涵養。

「敬爲存養之道，貫徹始終。所謂涵養須用敬，進學在致知，是未知之前，先須存養此心，方能致知。又謂識得此理，以誠敬存之而已。則致知之後，又要存養，方能不失。蓋致知之功有時，存養之功不息。」（居業錄）

守敬主一，爲存心養性的工夫。存養的工夫，不分動靜，不分致知先後，都常不息。這種存養則須勉力，勉力克除雜慮，勉力節制情慾。

胡居仁的文集裏，存有「續白鹿洞學規」。學規有六項：

正趨向以立其志。

主誠敬以存其心。

博窮事理以盡致知之方。

審察幾微以爲應事之要。
克治力行以盡成己之規。
推己及物以廣成物之功。

每項學規都附有說明。在「主誠敬以存其心」一項下，所加說明較長，他說：

「……呂與叔患思慮之多，不能驅除。程子曰：此正如破屋禦寇，東面一人來未逐得，西面一人又至矣，左右前後，驅逐不暇。蓋其四面空虛，盜故易入，無緣作得主。蓋中有主，則外患不能入，自然無事。……學者當守此心，不可急迫，當栽培深厚，涵泳於其間。然後可以自得。但急迫求之，只是私己，終不足以達道。……今人心主不定，視心如寇讎而不可制。不是事累心，乃是心累事。……敬則自虛靜，但不可把虛靜喚作敬。……」（胡敬齋集　卷之二）

守敬以求心靜，敬在於主一，主一不是無念，而是專一，專一則心收，然而專一不是自然可得，須用努力的工夫以操存。

「愚聞人之心，萬理咸備。蓋其虛靈之體，得之於天。所以主乎吾之一身，宰制天下之事者，孰有大於此者乎！孰有貴於此者乎！然放而不存，日以昏昧，至大至貴之物，反流於卑汚茍賤之域，而不自知矣。然所以放者，由於物欲牽引，舊習纏繞，故雜慮紛紜不能休息，而無時在腔子內也。惟能主乎誠敬，則本心全體卽此而存，外邪客慮無自入矣。蓋眞實無妄之謂誠，主一無適之謂敬，二者旣立，則天理安有不明，人欲何由而生哉。但其工夫效驗，周徧精切，非一言所能形容，是以類集聖賢所言誠敬之道，其爲一篇，庶乎可以體驗而有得焉。」（胡敬齋集 卷二，續白鹿洞學規）

理學家的人生哲學，主要點在於存心；因天理在人心，人心乃一身的主宰。存心之道，在於誠敬，誠敬爲涵養工夫。所以收心乃是一種工夫，然而這種工夫，不是致虛靜，而是心專於一，以天理應萬事。

「禪家存心有兩三樣：一是要無心空其心，一是羈制其心，一是照觀其心。儒家則內存誠敬，外盡義理而心存。故儒者心存萬理，森然具備；禪家心存而寂滅無理。儒者心存而有主，禪家心存而無主。儒家心存而有活，異教心存而死。然則禪家非是能存其心，乃是空其心，死其心，制其心，作弄其心也。」（居業錄）

禪家不講存心，而是講明心，明心以見性。禪家以此心爲假，宇宙萬法也是假，眞心實相乃在心的隱處，爲人的眞性。人須空絕一切思慮，空絕自己的假心，眞心乃現。胡居仁由存心的觀察去批評禪法，責斥禪法爲「空其心，死其心，制其心，作弄其心。」實則禪家所謂空心死心，乃是人的假心。理學家都闢佛，以佛教的修爲爲空寂死靜，過於消極，儒家主張積極，主張變化氣質，因此多數理學家也反對陸象山一派和楊時一派的主靜，責爲空疏。

「周子有主靜之說，學者遂專意靜坐，多流於禪。蓋靜者體，動者用；靜者主，動者客；故曰主靜體立，而用行也亦是整理。其心不使紛亂躁妄，然後能制天下之動。但靜之意重於動，非偏於靜也。愚謂靜中有個戒愼恐懼，則本體已立，自不流於空寂，雖靜何害。」（居業錄）

「人之學易差，羅仲素、李延平教學者靜坐中看喜怒哀樂未發以前氣象，此便差却。既是未發，如何看得？只存養便是。呂與叔蘇季明求中於喜怒哀樂未發之前，程子非之。朱子以爲卽巳發之際，默識其未發之前者則可。愚謂若求未發之中看未發氣象，則動靜乖違，反致理勢危急，無從容涵泳意味。故古人於靜時，只下個操存涵養字，便是靜中工夫。……今世又有一等學問，言靜中不可著個擁存，若擁時又不是靜，以何思何慮爲主，悉屛思慮。以爲靜中工夫，只是如此，所以流於老佛？……」(居業錄)

他主張靜中的操持，卽是敬，敬是主一，不分動靜。若是沒有操持，便沒有敬，心中便沒有主，悠悠茫茫，無所歸著，不向外馳，便入空無。心若有主，則心體昭明，遇事便能按理應付。他也批評陳白沙，入於佛老。

「夫公甫（陳白沙）天資太高，清虛脫灑，所見超然，不爲物累，而不屑爲下學，故不覺流於黃老，反以聖賢禮法爲太嚴，先儒傳義的煩贅，而欲一切虛無以求道眞，雖曰至無而動，如以手捉風，無所持獲；不若日用閒，且從事下學，外則整衣冠，正容體，蹈規矩，謹進退，內則主一無適，使無雜擾。庶內外交養，靜則可以操存，使大本自此而立，動則可以省察，使達道自此而行。夫道本人所同有，公甫曰：至無而動，莫實於理；公甫曰：致虛所以立本；此皆不可曉也。」（胡敬齋集卷二，復張廷祥）

靜而有操存，爲胡居仁修養論的重要點。靜不能是虛，靜也不能是無動。陳白沙近於疏狂，居仁則失之過拘。然而他繼承吳與弼的思想和精神，也繼承朱熹的精神。

(2) 魏　校

魏校字子才，別號莊渠，謚恭簡，江蘇崑山人，生卒年不可考。沒有受教於吳與弼，然私淑胡居仁，故視爲敬齋的私淑弟子。雖說私淑，學說則有變更。而且他起先疑陸象山爲禪，後則以爲坦然大道。（明儒學案　卷三）

魏校於明孝宗弘治十八年乙丑（公元一五〇五年）舉進士第，授南京刑部主事，轉任員外郎中。明世宗嘉靖初，起爲廣東提學副使，丁憂，補江西兵備，改河南提學。嘉靖七年（公元一五二八年），陞太常寺少卿，明年致仕。胡居仁卒於公元一四八四年，魏校當時必尚在童年；居仁又在鄉里，魏校必不能向他受教，因此，稱爲私淑弟子。

（甲）理氣

宋儒講理氣，張載以理涵於氣內，理和氣不相分；朱熹以理氣爲二，相分而不相離。張載講太虛之氣，爲未分陰陽以前，氣之本體，稱爲太和。魏校說：

「天地太和，元氣氤氤氳氳，盈滿宇內，四時流行。春意融融藹藹，尤易體驗，盎然吾人仁底氣象也。」（明儒學案卷三，崇仁學案三，魏校先生體仁說）

此文思想不明瞭，張載在正蒙的第一篇「太和篇」，以太和狀太虛的體，稱爲道，雖也說：「不如野馬絪縕，不足謂之太和，」然而是無形無象，不分陰陽。魏校以太和形容天地的原始狀態，元氣充塞宇宙。元氣從漢以來，稱爲天地之氣，這種氣不是太虛之氣。天地之氣具有化生萬物之創造力，故在春天盎盎地表現出來，有仁底氣象。

「天地氣化，初極渾厚，開盛則文明，久之漸以澆薄，盛極則有衰也。……」（體仁說）

天地萬物都由氣化而成，在最初時極渾厚，有太和的氣象，漸變漸繁文縟節；這又是邵康節皇極經世的思想，宇宙人事，都是愈變愈壞，最後終結而又重新開始。人類歷史在唐堯時最極，以後便漸次向下。

「理者，氣之主宰，理非別有一物。在氣爲主，只就氣上該得如此處，便是理之發用，其所以該得如此，則理之本體然也。通宇宙全體渾然一理，充塞流行隨氣發用，在這裏便該得如此，在那裏又該得如彼，千變萬化不同。人見用有許多，遂疑體亦有許多，不知只是一理所爲，隨在而異名耳，本體更無餘二也。」（體仁說）

在這一段話裏，有幾點值得注意。第一，氣內有理，然而理氣是否相分，則沒有明說，「理非別有一物」，朱熹也這樣講，張載更是這樣說，魏校偏於張載的主張。第二點，理爲體，氣爲用。宇宙只有一理，本體也只有一；氣則隨處而變，爲理所發之用。這種思想不是張載和朱熹的思想。宇宙的本體該當有理有氣。雖說中國哲學對於體用，並沒有明晰的觀念；但是以氣爲用，不入宇宙本體，則不合符宋朝理學，乃是魏校的主張。

第三點，魏校還有一種不合符宋朝理學的主張，即是以理爲氣的主宰。主宰屬於心，心有靈明；魏校卻以理爲氣的主宰。或者可以說他是用象徵的文句，理限定氣的各種變化，所以可稱爲氣的主宰。

「若如愚見，則理氣元不相離。理渾淪只是一個；氣亦渾淪本只一個。氣分出許多，則理亦分出許多。混沌之時，理氣同是一個，及至開闢一氣，大分之則爲陰陽，小分之則爲五行。理隨氣具，各各不同。是故在陽則爲健，在陰則為順，以至爲四德爲五常，亦復如是。二五錯綜，又分而爲萬物，則此理有萬其殊矣。理雖分別有許多，究竟言之，只是分上該得如此，故曰理一而分殊。」（明儒學案 卷三 崇仁學案三，復余子積論性書）

在最初，理氣渾淪，同是一個，互不相離。後來分爲陰陽，再分爲五行。陰陽五行都是氣，然而氣中有理，陰陽有陰陽之理，即是陽健陰順；五行有五行之理，即是五常。最後，氣分爲萬物，每物各有其理，但理雖分，卻又同是一理；故曰：理一而殊。對於朱熹的理一而殊的理，我曾解釋爲生命之理。

魏校有「復余子積論性書」，對於『性』，頗有見解：

（乙）心性

「竊嘗考諸古聖賢，論性有二。其一以性與情對言，此是性之本義，直指此理而言。或以性與命對言，性與天道對言，性與道對言，其義一也。古性情字，皆從心從生，言人生而具此理於心，名之曰性，其動則爲情也。此於六書屬會意，正是性之所以得名。

其一，以性與習對言者，但取生字爲義，蓋曰天所生爲性，人所爲曰習耳。性從生，故借生字爲義。程子所謂生之謂性，止訓所稟受者也。此於六書自屬假借。……六經言性，始於成湯，伊尹湯誥：『惟皇上帝降衷於下民，若有恆性。』此正直指此理而言。夫子易大傳曰：『乾道變化，各正性命。』又曰：『繼之者善也，成之者性也。』子貢謂：『夫子之言性與天道，不可得而聞。』子思述之於中庸曰：『天命之謂性。』孟子道性善，實出於此。其曰『乃若其情，則可以為善矣。乃所謂善也。』又發明出四端，又謂：『君子所性，仁義禮智根於心。』可謂擴前聖所未發，忽然分明矣。伊尹習與性成，論語曰：『性相近也，習相遠也。』家語謂『少成若天性，習慣如自然。』可見這性字，但取天生之義。中庸論天命之謂性，又曰：『自誠明謂之性，自明誠謂之教。』孟子道性善，又曰：『堯舜性之，湯武反之。』皆與前性字不同，雖不與習對說，然皆以天道人道對言。可見二性字，元自不同也。」（明儒學案 卷三）

性字有兩種意義：一種意義，指人生所得而具於心之理，也就是人之所以為人之理，理等於性。另一種意義，指人天生所有的能力和傾向，和習慣相對。在六經裏所說的性，有這兩種意義，然以第一種意義，為哲學上的意義。

性是理，不兼氣，「伊川一言以斷之曰：性卽理也。則諸說皆不攻自破矣。」（同上）所謂諸說，指「荀子論性惡，揚子論性善惡混，韓子論性有三品。」（同上）魏校不讚成朱熹的氣質之性，以為「性上添不得一物。」（同上）

「故伊川曰：『性卽理也。』告子而下，荀揚韓諸人，皆錯認氣質爲性，翻騰出出許多議論來轉加鶻突。今謂性合理與氣而成，則恐昧於形而上下之別。」（同上）

善惡的問題怎樣解釋呢？

「噫，人性本善，何得有惡？當其惡時，善在何處？此須著些精彩，看上天之載，無聲無臭，其在吾人性之本體，亦復如是，性上添不得一物。……惡乃氣稟物慾所爲，自與吾性無與。……人性惟善是眞實，一切諸惡，盡成虛妄，非吾性之固有。……」（同上）

人性本善，而且常是善。惡來自情慾，情慾來自氣。人性只是理，不兼含氣。因此，惡不是人性所有。他不讚成程明道以「要亦不可不謂之性」的主張。

性和情相分離，如同理氣相分離；然而實際上則又不能分離，因爲一個人有性有情，一個人則是一個，不能分爲二。性和情便須相合而爲一，性情相合而爲的一，卽是心。朱熹說「心統性情。」

「虛靈主宰，是之謂心。其理氣之妙合，與氣形而下，莫能自主宰。理自然無爲，豈有靈也；氣之渣滓，滯而爲形，其精英爲神，虛通靈爽能妙，本是理主，氣得其統攝。理亦因是光明不蔽，變化無方矣。」（體仁說）

心爲理氣的妙合，理是抽象的理，自然無爲；氣則有精粗，粗氣結爲形體，精英之氣爲神，虛靈能妙。心，卽是精英之氣。心便能主宰，主宰有理有用，主宰的理爲性，主宰的用爲情意。

「天之主宰曰帝，人之主宰曰心。敬只是吾心自作主宰處。」（體仁說）

「天生吾人，合下付這道理，散見於日用事物，而總具於吾心。必先常常提省此心，就逐事上一一窮究其理而力行之。根本旣立，則中間節目雖多，皆可次第而舉。若不於心地上用功，而徒欲泛然以觀萬物之理，正恐茫無下手處。此心不存，一身已無個主宰，更探討甚道理？縱使探討得來，亦自無處可安頓。」（論性書）

心爲主宰，乃自荀子以來，儒家都有同樣的主張。因此在修身方面，應在心地上下功夫，須常存心，一身纔有主宰。心具有萬理，然又須心將這理應用到日用的事物上。魏校不同意王陽明的修身法。

「人心元神，昭昭靈靈，收斂停畜，因其眞機，外而伸之，觸類而長之，自有無窮之妙。若專內遺外，日用間分本末作兩段，如此仍是支離也。」（明儒學案　卷三、崇仁學案三，論學書。）

「近體大學，頗窺聖學之樞機，至易至簡，說者自生煩難。陽明蓋有激者也，故翻禪公案，推佛而附於儒，被他說得太快，易聳動人。今爲其學者，大抵高抬此心，不在本位，而於義利大界限，反多依違。」（論學書）

胡居仁反對陳白沙，魏校反對王陽明，都以陳王失於空疏，近於佛禪。儒家的修身法，在於存心，存心以能按理應付日常事物。不能單看自心之理而疏忽事物之理。事物之理，在天然的理外，常常加有人爲的禮法。若以天然之理在人心，而不顧人爲的禮法，則「於義利大界限，反多依違」了。

(丙) 修身

修身在於敬，乃是宋朝理學家的常法，也是崇仁學派的家法。魏校認爲敬就是存心。

「人之一心，貫串千事百事。若不立個主宰，則終日營營，凡事都無統攝，不知從何處用功。又有几坐以收放心，事至不管，是自隔絕道理，如何貫串得來？如愚見日用間，不問有事無事，常存此心，有個主宰在此，事來就此事上用功，直截依著道理行，莫要被私慾遮障纏繞，如此才能貫串得過。」（論學書）

收心以存心，存心以應日常事物。也就是格物致知。對於每一事，留心研究，使能「直截依着道理行」，同時須要克制私慾，使不遮障纏繞。這樣便不流於空疏。

「天之主宰曰帝，人之主宰曰心，敬只是吾心自作主宰處。今之持敬者，不免添一個心來，治此心，却是別尋主宰。春意融融，萬物發生，急迫何

緣生物？把捉太緊，血氣自不得舒暢，天理其能流行乎！」（體仁說）

魏校企圖撤正崇仁學派吳與弼和胡居仁的嚴肅修身法，他主張自然，心若能正，則心作主宰；心作主宰，則天理流行。他以心爲虛靈活潑，具有生意。若太嚴肅，時刻把握着心，不使外馳，心便將被錮塞。所以他看重陸象山。

「象山天資甚高，論學甚正，凡所指示，坦然如由大道而行。但氣質尚粗，鍛鍊未粹，不免好剛使氣，過爲抑揚之詞，反使人疑。昔議及近於禪學，此某之陋也。」（論學書）

明儒學案「魏校學案」說：「先生疑象山爲禪，其後始知爲坦然大道，則於師門之教，又一轉矣。」（明儒學案　卷三）

魏校並沒有向胡居仁受教，只是私淑，所以沒有親身受過師門的修身法。他想像吳胡兩師，生活過於拘緊，見解過於窄狹，他願意擴張胸襟，體驗生活的自由。

「道體浩浩無窮，吾輩旣爲氣質拘住，若欲止據己見持守，固亦自好，終恐規模窄狹，枯燥孤單，豈能展拓得去！古人所以親師取友，汲汲於講學者，非故汎濫於外也，正欲廣求天下義理而反之於身。合天下之長爲一己之長，集天下之善以爲一己之善。庶幾規模闊大，氣質不得而限之。」(論學書)

他不願固守一門派系之學，想採納天下各派系的長處。崇仁學派在他以後，少有傳人。魏校胸襟開放，頗有明道的心理，明道和伊川心理不相同，明道開敞胸懷，心中常有生活樂趣，有如春天的生氣；伊川則嚴肅，有如秋霜。魏校所以有體仁說，而以仁爲春天。『仁』是洋然一團和氣，有如春意融融，使萬物化生，生氣代表仁。

「理氣合則一，違則二，春氣氤氳，盎乎其和，此天地之仁也。秋氣晶明，肅乎其清，此天地之義也。何處分別，是理是氣？……」(體仁說)

「或問孝之根原，莫是一體而分該得孝否？曰：此只是當然不容已處。曰：豈天命自然乎？曰：怎得便會自然如此。天地生生，只是一團好氣，聚處便生，人具此生理，各有一團好意思在心。父母吾身所由以生也，故

惻怛慈愛，於此發得尤懇切，其本在是也。」（體仁說）

天地生生，春氣氤氳，稱爲仁。人生時得有此生理，故心爲仁。仁的最懇切表現，爲對父母的孝愛。因父母和子女，生命相連。

「孔子曰：『回也，其心三月不違仁。』心而違仁，判爲兩物，弗復合一，所謂違則二也。」（體仁說）

人心爲仁，因得天地之心爲心，天地之心爲生生之心。人心而不仁，心和仁分爲二，則是不合理。孟子曾以仁爲人心，也說仁爲人。人若不仁，則淪爲禽獸。仁的表現，在於急公忘私。

「人各私其私、天地間結成一大塊私意。人君完養厥德，盎然天地生物之心，又求天下愷悌相與，舉先王仁政行之，悉破羣私，合爲天下大公。」（體仁說）

天地化生萬物，無一毫私意，太陽雨露照臨各方。人發揚仁心，則能破除私意。爲人君的，更該發揚仁心，以天下爲公。

「天子當常以上帝之心爲心，與一善念，上帝用休而吉祥集焉。興一惡念，上帝震怒而災診生焉，感應昭昭者也。若謂人君至尊，故稱天以畏之，却是舉一大者來壓人君，蓋未廸知帝命也。……」(體仁說)

「持敬易間斷，常如有上帝臨之，可乎？曰：上帝何時而不鑒臨，奚待想像也。日月照臨，如目斯覩，風霆流行，如息相响，今吾一呼一吸，未嘗不與大化通也。是故一念善，上帝必知之，一念不善，上帝必知之。天命有善無惡，故善則順天，惡則逆天。畏天之至者，當防未萌之惡，小人無忌憚，是弗以上帝爲有靈也。」(體仁說)

天地之心，乃是代表上帝之心。上帝至公無私，造生萬物，照臨無間，爲仁的根源。孔子曾說君子畏天命，小人不畏天命，無忌憚作惡。魏校在體仁篇說到上帝，表明天命的意義，爲理學家的正統思想。

崇仁學派的另一位學者夏尚朴，爲婁一齋（諒）的門生，他論仁說：

「仁是心之德，如桃仁杏仁一般，若有分毫私，裏面便壞了，何得生意發達於外？……」（明儒學案 卷三，崇仁學案四，夏先生尚朴，夏東巖文集。）

「吾儒之學，靜中須有物，譬如果核，雖未萌芽，然其中自有一點生意。釋老所謂靜，特虛無寂滅而已，如枯木死灰，安有物乎！」（同上）

崇仁學派，常攻擊佛老偏於虛無死靜，他們主張靜中有物，魏校說動靜一貫，胡居仁說靜中有涵養，吳與弼說心常惺惺地，都是以敬而修身，時加勉勵，不容疏忽，自成一家之風。

(3) 王恕

明初葉有三原學派，此學派的宗師爲王恕。王恕字忠貫，號介庵，晚又號石渠，陝西三原人，生於明成祖永樂十四年（公元一四一六年）。明英宗正統十二年戊辰（公元一四四七年），卅二歲，登進士第，選庶吉士，至明孝宗時，在官五十餘年，官至吏部尚書，加太子太保，卒於明武宗正德三年戊辰（公元一五〇八年），年九十三歲，贈左柱國太師，諡端毅。王恕爲官剛正淸廉，勤政愛民，且曾平亂安暴，爲一位有才識有計劃的官。他爲學宗程朱，年八十四歲時，著石渠意見，石渠老人履歷略，年九十一時，著玩易意見。卒後，留有王端毅文集。（明儒學案 卷九，三原學案）

（甲）論　易

王恕自作玩易意見序云：在明孝宗十五年壬戌（公元一五〇二年），他自己八十七歲的時候，退居在家，因病，小愈，在屋內看書，日光不足，乃在屋前構一小軒，到軒中讀易，名之爲玩易軒。

「夫易本四聖之書，深奧未易通曉，自漢魏以來，諸儒訓釋不一。至宋，伊川程先生旣爲之傳，晦庵朱先生又爲之本義，自是以來至於今，以二先生傳義爲準的，師儒之講學，科目之取求，皆不外此而他求。」（玩易意見，玩易意見序）

王恕很簡單述說研究易經的途徑，宋朝理學家讀易，只求義理，不隨漢朝易學講氣數。宋朝理學家研究易經的人，應以邵雍爲最著，蔡沈（九峯）爲殿後。然而理學家常以他們的易學雖不是漢易的派流，仍不出於象數之易，而不是講易理。易經的義理以張載、程頤、朱熹的易說爲師承。王恕在玩易意見中提出自己的意見，更正朱熹「本義」的意見，說得很有道理。

「乾卦彖曰：大哉乾元，萬物資始乃統天。本義謂彖卽文王所繫之辭，卦下元亨利貞是也。意見以爲此彖曰者，是彖傳，乃孔子釋彖之辭，非彖之本文也。餘卦倣此。」（玩易意見 卷上）

朱熹本義以彖曰爲文王所繫的辭，王恕以彖曰爲孔子所作彖傳。普通以彖曰爲彖傳。

「文言曰：『直其正也，方其義也，君子正以直內，義以方外，敬義立而心不孤，直方大，不有，無不利，則不疑其行也。』本義謂：『正謂本體，敬則本體之守也。』意見以爲直其正也，疑是直其敬也之誤。『正謂本體，敬則本體之守也』之說，不無牽強。『直方大』上，疑脫『易曰』

二字。」（玩易意見）

「六四，『乘馬班如，求婚媾，往，吉，無不利』。意見以爲六四與初九爲正應，初九陽也，六四陰也，乘馬班如求婚媾，是初九求六四爲婚媾也。往，吉，無不利也。如此，與象曰：『求而往明也』之意合。本義謂『陰柔居屯，不能上進，故爲乘馬班如之象，』却與求婚媾之意不貫通。又謂『初九守正居下，以應於己，故其占爲下求婚媾則吉也』，似言六四求初九爲婚媾，與象『求而往明也』主意又不合。況女求男，又非婚媾之正也，其說未敢以爲然。」（同上）

所陳的意見，大都爲改正朱熹本義的意見。他是以八十七歲的高齡，對於經書和對於人事，都有了很久的研究和經驗。他對於易經的意見，都近於情理。朱熹的本義有時免不了牽強。王恕解易，常從人之常情去說，如上面所解釋六四與初九，以初九，男，求婚；六四，女，求，即被求爲婚，往，明也。而不以六四求初九，因婚媾不是女往求男，而是被男所求，乃往。

「蒙，『初六，發蒙，利用刑人，用說桎梏，以往吝。』意見以爲『利用刑人』而人字疑衍。刑卽書所謂『朴作教刑』，學記所謂『夏楚二物，收其威也。』只是用荆條之類，責之以警其怠惰，使之從教。程傳謂威之以刑者，所以說去其昏蒙之桎梏，爲是。本義謂發蒙之道，當痛懲而暫舍之，蓋以痛懲釋利用刑人，以暫舍之釋用桎梏，如此說有甚於繫蒙，似拷訊罪囚，非發蒙之道也。」(同上)

「豫，『六二，介於石，不終日，貞吉。』意見以爲豫之諸爻，皆不得其正，而溺於豫。惟六二，一爻居中得正，而不溺於豫。其節介如石之緊，其處豫也不終日，言不久也，久則反憂，所以不終日，貞吉也。上六『冥，豫成，有渝，無咎。』意見以爲本義謂以陰柔居豫，極爲昏冥。於豫之象，以其動體，故又爲其事雖成，而能有渝之象，則是矣。其言戒古者，如是則能補過而無咎，所以廣遷善之門也。竊疑事雖成，而有渝變，則不成矣，如何能『補過而無咎，所以廣遷善之門也』，此乃遷就之說，與『象日何可長也』，不相照應矣。以爻言，冥豫成有渝，及象言何可長也，而並觀之，則無咎二字，疑是凶字之誤。」(同上)

易卦的解釋，千花百門，漢朝的易學家以象、數、氣三方面的途徑去解釋，大都牽強，也少不了附會。例如豫卦，下卦爲坤，上卦爲震，卦辭說：「利建侯行師」。漢易的解釋，以坤爲地，爲眾，爲順；以震爲雷，爲動，爲諸侯。豫卦曰：「利建侯行師」，解釋便是：雷出地上，動行師眾，以建諸侯。王弼對於易卦的解釋，常按普通人事的情理去解釋。

但是他對於易經的原理，卻很注意。例如陰陽兩爻在卦中有自己的地位，單數爻爲陽位，雙數爻爲陰位，即一三五爲陽位，二四六爲陰位，然而六則因居最上，又若爲陽位。陰陽爻若在自在的位則稱爲正，若二爲陰和五爲陽，又稱爲中正。

「豫，六三：『盱豫，悔，遲有悔。』本義謂『盱上視也，陰不中正而近於四，四爲卦主，故六三上視於四，而下溺於豫，宜有悔者也。』意見以爲『上視於四，下溺於豫』不貫穿。蓋盱謂喜好貌，六三以陰居陽，不中不正，而好逸豫，則爲逸豫所溺，而有悔矣，似乎順。」（同上）

豫卦的第三爻爲陰爻，第四爻爲陽爻。所以六三的陰爻居於陽位，不中不正，不吉。又有原則，剛可以攻柔，柔不能攻剛；然若說相克相勝，柔也可以克剛勝剛。例如

「同人，九四，『乘其墉，弗克攻，吉。』本義謂『剛不中正，亦欲同於六二，而爲三所隔，故爲乘墉以攻之象。』意見以爲，墉牆也，乘牆豈能相攻，而乘墉以攻之說，未安。蓋四在三之上，爲乘墉之象，然以剛居柔，故不能攻而獲吉，似乎明白。」

「同人，九五『先號咷而後笑，大師克，相遇。』本義謂『六二柔弱，而三四剛強，故必用大師以勝之；然後相遇也。』似乎說六二欲同於九五，而柔弱不能克，必用大師以勝之，而後相遇，未安。意見以爲九五欲同於二，而爲三四所隔，三四雖剛強而不中，九五陽剛中正，乃大師之象，故能勝三四，而能與六二相遇，故曰：『大師克，相遇。』」（玩易意見　卷上）

同人卦爲五陽一陰，陰在二，居於中正，九五爲陽，也居於中正。上卦爲乾（☰），下卦爲離（☲），乾爲天，離爲火。六二爲陰，九五爲陽，互相呼應。然三和四，也都是陽爻，本義說以大師，乃能克，似乎是說六二往迎九五，以大師克三四，能和九五相遇。王恕的意見，認爲不當，因爲沒有陰往遇陽的道理，而是陽往遇陰，故應說九五往迎六二，以居中正的陽位，克三四的不居中的陽位，乃能遇六二。這種講法，更合易經的道理。

易經說宇宙變化的另一原則爲『隨時』，『時』爲變動的環境條件，變動應隨順時的環境，『時』在易經常是「時之義大矣」。

「大明終始，六位時成，時乘六龍以御天。意見以爲聖人大明乾卦終始之二爻，則其中之四爻，亦無不明矣。既明之，則見其六爻之位，各以時而成也。六龍卽潛見躍飛之六龍也。聖人時乘六龍，當潛則潛，當見則見或躍或飛，俱不違乎時，是以能當天運也。」（石渠意見 卷四二，易經）

「隨，彖曰：『大亨，貞無咎。而天下隨時』。傳謂天下所隨者，時也，故云：天下隨時。本義謂王肅本，時作之，今當從之。意見以爲當從本傳爲是。或曰：何以言之？曰：大象言：『君子以嚮晦入宴息。』非隨時而何！天地盈虛，與時消息，皆隨時之義也。隨時之說，良是。隨時之義大矣哉，亦當從本文。」（玩易意見 卷上）

「臨，九二，象曰：『咸臨，吉，無不利，未順命也。』傳引孟子史記之言解『未』字，牽強不通，本義謂未詳。意見以爲『未』字，疑是『大』字之誤；蓋言吉，無不利，大順命也。易中言大字者多，如大得民也，大

有慶也，大有功也之類，皆是。」（同上）

王恕注重『隨時』的原則，「天地盈虛，與時消息」，春夏秋冬四季，陰陽消息，各有規律。一切農事，須要按照季節而行。五穀百菓，都是按時生長。每一個人的事業，也有相應的時候，普通稱爲『命』。王恕因時主張「未」字應是「大」字，「未順命也」應該是「大順命也」。王恕在玩易意見卷二，論損卦時，也標明與時偕行之義，「損益盈虛，與時偕行。傳謂或損或益，或盈或虛，唯隨時而已。」對於艮卦也說當止當行，都合其時。

易經所說宇宙變化，以陰陽爲原素。陽陰在易經稱爲剛柔，稱爲天地，陰陽相交，纔有變化，有了變化，纔化生新物。泰卦所以說天地交而萬物通。王恕在解釋賁卦的彖文說：

「賁，彖曰：『柔來而文剛，故亨。分剛上而文柔，故小利有攸往，天文也。』傳謂『陰陽剛柔相交者，天文也。』本義謂『剛柔之交，自然之象，故曰天文，先儒說天文上，當有剛柔交錯四字，理或然也。』意見以爲以觀乎天文，以察時變言之，日月星辰乃天文也。或曰：何以言之？曰：堯典曰：日中，以殷仲春；日永星火，以殷仲夏；宵中星虛，以殷仲秋；日短星昴，以殷仲冬。此觀乎天文，以察時變之可徵也。若剛柔交

錯，無形迹可見，何以觀之以察時變也？」（玩易意見 卷上）

賁卦的上下卦是上爲艮，下爲離，本義說是由兩卦卦變而來，這樣可以解釋彖曰：「柔來而文剛」和「剛上而文柔」。

賁卦 ䷕

損卦 ䷨

賁卦和損卦的關係，在於下卦不同，損的下卦的第三陰爻，成爲賁卦的第二爻，損的下卦的第二陽爻，成爲賁的第三爻，所以本傳說「卦自損來者，柔自三來而文二，剛自二上而文三。」實際上是陽爻變陰爻時，由第二爻上到第三爻。便是「柔來而文剛。」

賁卦 ䷕

既濟卦 ䷾

賁卦和既濟卦的關係，在於上卦不同，既濟卦上卦的第六陰爻，成了賁卦的第五爻；既濟上卦的第五陽爻，成了賁卦的第六爻。本傳說：「自既濟而來者，柔自上來而文五，剛自五上而文上。」實際上是陽爻的變，由第二爻到第三爻，所以說：「剛上而文柔。」

這種解釋，本傳說：「以卦變釋卦辭」。在漢朝易學裡，這種解釋法用得很廣，朱熹周易本傳也是援用漢易的卦變說。

玩易意見只就朱熹的周易本義不妥的處所，表示意見，沒有詳細討論易經的哲學問題，因此不能知道他關於易經的思想。

(乙) 論　人

王恕有另一著作，名爲石渠意見。石渠爲王恕晚年的別號，「意見」爲王恕讀五經四書所有的意見。

「夫五經四書皆載道之器，聖賢微言，義理深遠，不有先儒傳註，初學之士，未易通曉，然而諸儒傳註，議論紛紜，有同有異，學者莫知適得。至南宋後，議論始定。四書則以朱子章句集註爲主，易以程傳朱子本義爲主，書以蔡傳爲主，詩以朱傳爲主，春秋以胡傳爲主，禮記以陳澔集說爲主。我太宗文皇帝，崇儒重道，以人文化天下，命時儒臣纂修五經四書大全，仍以前五子傳註爲主，而以其餘諸儒註釋，分書之，以備參考，其盛典也。恕自蚤歲諸書，竊取傳註之糟粕爲文辭的科第，及入仕，立嘗執此措諸行事。今老矣，致仕回家，復理舊學。其於傳註發揮明白，人所易知易行者，不敢重復演繹，徒爲無益之虛文，至於頗有疑滯，再三體認行不去者，乃敢以己意推之……」（石渠意見 請問可否書。）

就他所發表的意見，有關於性理心情等方面的思想，綜合採錄。

(A) 性·志·氣

「孟子曰：天下之言性也，則故而已矣，故者，以利爲本。註謂故者，已然之跡，利猶順也。天下之言性者，但言其故，而理自明。如此，則天下之人皆知性之理。意見以爲恐不然。蓋言天下人之言性，只說已然之跡，便是性而已矣，更無餘辭；然人之已然之跡，有善有惡，而不知順理而善者，爲性之本，不順理而惡者，非性之本。故孟子言故者以利爲本。」（石渠意見 石渠 意見補缺）

孟子言性善，王恕說「順理而善者，爲性之本。」性本善，人而爲惡，「非性之本」，那是私慾掩蔽人性。孟子說普通一般人講性，就人的天生傾向而言，卽是「故」，「已然之形跡，」天生的習性。這種天生的習性有善有惡，王恕便不承認天生的傾向爲性，只有天生向善的傾向，纔是「性之本」。孟子舉出了「利」字，朱熹的註，以利爲順；王恕則說已然之跡以利爲本，和於利則善，不合於利則惡。利字的解釋則不是順，而是成全，而是好。

「夫志，氣之帥也，氣，體之充也。夫志至焉，氣次焉。註謂若論其極，則志因爲心之所之，而爲氣之將帥。然氣亦人之所以充滿於身，而爲志之卒徒者也。故志因爲至極，而氣卽次之，意見以爲至極之說，恐未然。蓋言志之所至之處，氣卽隨之而至，如帥之所至之處，而卒徒亦隨之而至也。故云志至焉，氣次焉。」（同上，孟子石渠意見補缺）

對於至字和次字，朱熹由價值方面說，以志爲至極最高，氣則次一等。王恕從志的意義方面說，志爲心之所之，至是到的意思，次是隨到的意思，心一有所之，志到一處，氣卽隨到。至和次，不是價值的高低，而是動的程序，氣，充體人身，因人由氣而成。志爲人心傾向一個理想，人心傾向一種理想時，心就動，情也動，身體也動，就是氣在動。因此志和氣，不能在價值上定高低。

(B) 仁

「一陰一陽之謂道，繼之者善也，成之者性也。意見以爲道者，化育之道也。獨陰不生，獨陽不成，故一陰一陽乃爲化育之道。繼續者，猶言交媾也，言陰陽交媾，而爲胚胎，無有不善，故曰繼之者善。成謂成形也，言已成形而五性具焉，故曰成之者性也。然繼之者善，不離乎陰陽，成之者性，亦不離乎陰陽。本義以繼之者善爲陽之事，以成之者性爲陰之事，未敢以爲然。」(同上，易經，石渠意見拾遺卷下)

王恕講生生之理，以一陰一陽之道，「乃爲化育之道」。萬物的化育，都由陰陽相結合，王恕以「繼」爲交媾，實卽是結合，因此，不能把善和性分爲陽或分爲陰的事。朱熹的本義，許多處所不免牽強。

「顯諸仁，藏諸用，鼓萬物而不與聖人同憂，盛德大業至矣哉。意見以爲萬物之生也，是彰顯造化之仁；萬物之成也，是收藏造化之用，用卽仁也。生之曰仁，成之曰用，一理而已，初非有二也。鼓萬物而不與聖人同憂，言造化以一氣鼓動萬物，使之各遂其生成者，一自然而已，初曷嘗有心哉！非若聖人之憂國憂民之有心也。盛德大業至矣哉，言天地之德極其盛業，極其大而無以加矣。至矣哉，贊美之辭也。」(同上，易經意見拾遺卷下)

易經的中心思想爲生生，生生由一陰一陽的結合而成，生生的意義就是仁。易經說天地之大德曰生，王恕加以說明：天地生萬物，是造化以一氣鼓動萬物使其生化。天地本是無心，造化則是有心；造化乃是造物主。造化化生萬物一任自然；然而這種自然，和老子所說天地不仁的自然又不同，天地的變化雖屬自然而化，但是在天地之上有造化者所定的規律，造化者則是有心，故稱爲仁。

(C) 誠

「誠者，自誠也，而道自道也。誠，實也，言人之心無不實，乃能自成其身，而道之在我者，自無不行矣。註以誠與道對言，以人與物爲二事，意見以爲『而』之一字，以連上接下言，分而爲之，恐非也。」

「誠者，物之終始，不誠無物，是故君子誠之爲貴。意見以爲物猶事也，蓋言人之誠實者，作事自然有始有終，不誠實者則雖有所爲，始勤終怠，所以成不得事，故曰：不誠無物。故君子以誠之爲可貴也。若依集註，則上下不貫穿，未敢以爲是。」

「誠者，非自成己貫己也，所以成物也。成己，仁也，成物，知也，性之德也，合內外之道也，故時措之宜也。章首，誠者自成也，註謂誠者，物之所以自成，觀此成者非自成己而已也，則知章首誠者，乃人之所以自成，非物之所以自成也。成己仁也，成物知也，仁知皆吾性固有之德而無內外之殊。然己內也，物外也，成己成物，則合內外之道而一之者，誠也。誠之成己成物，隨時措之，無不得其宜也。」(同上，意見拾遺卷上 中庸)

對於中庸的誠，學者的解釋常不相同；有的學者把『誠』解釋爲『易』，爲『太極』，爲『絕對自立的道體』，朱熹的章句註釋就有點偏向這方面，以誠爲實理，後人把實理作爲絕對之道體。

王恕以實踐的精神，解釋誠爲實，但不說是實理，是而「言人之心無不實。」人心之實，是人心有天理，不是像佛教和老莊所說人心空虛無物。再者，人心之實，是人心不虛假，是就是，非就非。人心之實，還表示堅持自己的志向，決定做就做到底。王恕說：「蓋言人之誠實者，作事自然有始有終；不誠實者，則雖有所爲，始勤終怠，所以成不得事。故曰：不誠無物。」

王恕對成己成物的解釋也非常好，他說「誠者，自成也。」不是朱熹註釋所說爲物的自成，而是人的自成，因爲成己是仁，仁爲人性固有之德。但是我們知道凡是物都天然傾於保全並發展自己的存在，因此『自成』也是物的事。同時，成物爲知，知也是人性固有之德。人性本來就傾於成己成物，物性則只傾於成全自己的生活，人則因有虛靈之心，自己能有知識，能作主章，人性便傾於成己成物。孔子說：「夫仁也者，己欲立而立人，己欲達而達人。」（論語，雍也）

「君子進德修業，忠信所以進德，修辭立其誠，所以居業也。本義謂『雖有忠信之心，然非修辭立誠，則無以居之。』亦不見發明『居』字之義，不知所居者何事。近來學者，多以居之，謂居忠信。意見以爲不然。居業，蓋謂處事也。修辭立其誠，所以能處事也。若言語不誠實，豈能處事乎！」（石渠意見 卷四，易經）

王恕的意見，常是一貫。在解釋中庸時，以誠爲誠實，在解釋易經時，也以誠爲誠實。

(D) 盡　心

「盡其心者知其性也，知其性則知天矣。

意見，蓋言人能竭盡其心思而窮究之，則能知其性之理。蓋性乃天之所命，人之所受，其理甚微，非盡心而窮究之，豈易知哉！旣知其性，則知天理之流行而付於物者，亦不外是矣。與下文存其心養其性，所以事天也，文勢相同。集註言人有是心，莫非全體，然不窮理則有所蔽而無以盡乎此心之量，故能極其心之全體而無不盡者，必能窮夫理而無不知者也。是言知性乃能盡心，不無顚倒，又與下文文勢不同，恐未安。」（石渠意見 卷三，孟子）

孟子講盡心則能知性，朱熹的解釋以盡心是心不爲私慾所蔽，整個地表達出來，則能認識自己的性。因爲孟子以人性由心而顯，人性之善卽是人心之善。人心有仁義禮智四端，就證明人性是善。因此，人若能把仁義禮智四端完全表現出來，卽是顯示了人性。人只要看仁義禮智的善德，便能盡自己的心。王恕認爲這是顚倒次序，應當是盡心去窮人性之理，然後乃能知道天命。王恕是從求知方面去說，以盡心爲盡心去窮究人性之理，朱熹則以盡心爲完全發揭人心的善端，以善端去表現人性之理，人性乃爲人所知。朱熹的解釋較比王恕的解釋，更是有理學的思想。

「其爲氣也，配義與道，無是餒也。
意見，蓋言氣配合義道，使其行之勇決而無所疑憚。若無義道，雖欲行之，而氣自餒短。然氣非道義則不充，道義非義則不行。下文言是集義所生者，非義襲而取之也。行有不慊於心，則餒矣，是復申前一節之義。集註言若無此氣則其體有所不充，不免於疑懼，而不足以有爲矣。是言無氣，則氣餒，非是。」（同上）

氣在人成人形，人的身體和心都是氣，但心中涵有性理，心是人的主宰。人爲行事，由心按天理而發顯，既合乎理，心無所疑懼，便能決然發動行動；行動由氣而動，因此說氣配道義，不餒，而能養成浩然之氣。浩然之氣，由於心常合乎道義，既不懼，又不受事物所牽累，因此說浩然之氣由集義而生。

「吾道一以貫之。

意見，以爲一卽心之理也。心爲神明之舍，虛靈不昧，所以具衆理而應萬事。夫子蓋謂吾之道不在乎他，在乎以一己之心貫通萬事。曾子曾謂夫子之所謂一以貫之者，不過忠恕而已矣。忠恕，乃盡己推己之謂，而爲吾之權度，所以稱輕重度長短，而爲應事接物之本。人能盡己推己，則可以酬酢萬變而無不通矣。」（石渠意見 卷二，論語）

孔子所說『一以貫之』，現代學者多以『仁』字去解釋，因爲論語中所說的仁，幾乎包括一切善的特徵。王恕卻以『理』字去解釋，這一點不合符孔子的思想，孔子當時沒有講這個理字。王恕又說一心具衆理而貫通萬事，這都是宋朝人的思想；雖說這種思想是對的，但仍不能說是孔子的思想。

王恕在石渠意見和玩易意見常就人情之常去解釋經書，改正朱熹章句集註多用理學思想解釋經書之流弊。他所陳說的意見，大都能合符情理，較比集註爲優；然而有時過於以常情去解釋，忽略了經書固有的哲學思想。例如：中庸說天下至誠的人，「能經綸天下之大經，立天下之大本。」王恕解釋大經爲治天下的大經大法，還可以說；至於他說立天下之大本，大本爲自己的身體，聖人立身於大中大正之地，這樣解釋大本，就不合符中庸的思想了。

王恕爲一位謹言愼行的儒者。

(六) 三原學派——楊爵

王恕的弟子，出自陝西，有韓邦奇、王之士，和恕的兒子王承裕。承裕有弟子馬理，邦奇有弟子楊爵。三原派學者不多，著述不廣，思想流傳不長；然而他們都能堅守禮義，重道不重死。明儒學案評王承裕說：「講學於宏道書院，弟子至不能容。冠婚喪祭，必率禮而行。三原士風民俗，爲之一變。馮少墟以爲先生之學，皆本之家庭者也。」評馬理說：「綽綽然於進退之間，後渠稱其愛道甚於愛官，眞不虛也。」論韓邦奇說：「先生天稟高明，學問精到，明於數學，胸次灑落，大類堯夫，而論道體乃獨取橫渠。……涵養宏深，持守堅定，則又一薛敬軒也。」論王之士說：「以爲藍田風俗之美，由於呂氏，今其鄉約具在，乃爲十二會，赴會者百餘人，灑掃應對，冠婚喪祭，一一潤澤其條件，行之惟謹，美俗復與。」這是一種樸實的學風，兼以陵西民俗，樸素誠實，故在鄉人的心理上，具有很好的影響。（見明儒學案　卷九）

在這幾位三原學派的學者中，明儒學案保留文據最多者，爲楊爵的著述，故根據這些文據，略述他的哲學思想，

楊爵，字伯修，號斛山，陝西富平人。受教於韓邦奇，邦奇稱讚爲宿學老儒。生於明孝宗弘治六年癸丑（公元一四九三年），卒於明世宗嘉靖二十八年己酉，（公元一五九四年），年五十七歲。楊爵爲人有剛毅的氣概，守正不阿，百折不回，一生多因直言下獄。明世宗嘉靖二十年辛丑上封事，陳說當日朝政致亂的原因有五：「一則輔臣夏言習爲欺罔，翊國公郭勛爲國巨蠹，所當急去；二則凍餒之民不憂恤，而爲方士修雷壇；三則大小臣工弗覲朝儀，宜慰其望；四則名器濫及緇黃，出入大內，非制；五則言事諸臣若楊最羅洪先等，非死即斥，所損國體不小。」（明儒學案卷九，三原學案，楊先生爵）疏入，世宗大怒，下繫鎮撫使，受盡各種拷刑，在獄五年，讀書賦詩，著周易辨錄、中庸解，釋出，剛到家十日，突又被逮入獄，又被牢禁

三年。出獄後，歸家兩年，卒。

人心之本體爲中和，七情沒有發動時，萬理都備在心中。七情若發動，能够中節，是爲已發之和，爲人生的大經大法。

「中和，心之本體也。未發之中，萬物皆備，故爲天下之大本。已發之和，大經大法所在而不可違，故爲天下之達道。怒與哀中節，皆謂之和。」

（明儒學案 卷九，三原學案 楊先生爵）

中和爲心的本體，是楊時羅從彥呂大中等人的主張，程伊川和朱熹則反對，若是不動爲本體，情感發動時就不是順乎本體，雖然勉強中節，而有已發的中和，總不如不發動更好。這種主張，明明是從禪宗取來的。

但是楊爵似乎不完全接受呂大中的主張，他又以中和爲人性本來所有的原則，原則便不是本體。

「中和，性命本然之則也。能致之則動以天矣，故其效至於天地位，萬物

育。」（同上）

楊爵分未發的中和，和已發的中和。未發之中和爲本體，已發的中和爲原則，本體爲體，原則爲用，體用爲二。這種主張反而更複雜，不若伊川的主張簡單明瞭。程伊川的『中』爲心的本來狀態，不偏不倚，正中合理；中和則爲七情動的原則。

人心具有萬物之理，理卽天理，天理來自天命，人性也來自天命，天人乃同一理。

「天命謂性，天人一理也。舉性謂道，動以天也。修道謂教，求合乎天也。」（同上）

「動以天」，卽天然而動，按照人性的本然而動。人性的本然爲理，天卽理。但是，「天命之謂性」，性卽理，理乃天命，天命便不能說是天。宋朝理學家卻常以天、性、理爲同一意義，理來自天，受之於人；從人方面稱爲性，從來源方面稱爲天，本體則是理。楊爵也是這種思想。

「道心人心，只以是與不是求之。一念發動的不是，則爲人心。道心極難體認，擴充戒謹恐懼之功，少有間斷，則蔽錮泯滅，而存焉者寡矣，故曰惟微。人心一動，即在凶險路上行矣，喪德滅身亡國敗家由於此，故曰惟危。……」（同上）

這種境遇是一種憂患的境遇，人只有道心和人心，道心既很難體認，人心一動就招禍，人的心便常在憂慮之中。楊爵的心境就是這種憂患的心境，因爲他一生常在牢獄中，一出言就常遭禍。實際上，人的生命決不能常在惟微惟危而沒有片刻安寧之中。宋朝理學家常教弟子們尋求顏子快樂的緣因，也都主張人生應有樂處。孟子也以人生的一種大樂，在於仰不愧於天，俯不怍於人。

楊爵在他的漫錄裏，記述獄中生活的斷片。居危而安，臨難不屈，志氣和人格非常高。

「見獄中或有警擾，呼左右問何事，久而思之，此動心也。身居此地，要置生死於度外，刀鋸臨之，從容以受，致命遂志可也，此正爲學用功處。因思劉元城鼾睡，是何等胸懷，可謂毅然大丈夫矣。」（同上）

今日早起，朗誦君子之所以異於人者一章，卽覺襟懷開洒，心廣體胖，有西銘與物同體之氣象。此心易至昏惰，須常以聖賢格言輔養之，便日有進益。」（同上）

「士之處世，須振拔特立，把持得定，方能有爲，見得義理，必直前爲之，不爲利害所怵，不爲流俗所惑可也。……」（同上）

他以直言，觸怒上皇上，下獄，受重刑。他則以爲直言爲儒者當行的事，在獄中志氣不少衰。史傳說：「剛大之氣，百折不回。人與椒山並稱，稱之韓門二楊。」（明儒學案卷九，三原學案，楊先生爵）

(七) 陳獻章

陳獻章，字公甫，別號石齋，廣東新會白沙里人，生於明宣宗宣德三年（公元一四二八年），卒於明孝宗弘治十三年（公元一五〇〇年），年七十三歲。學者稱爲白沙先生。明英宗正統十二年（公元一四四七年）舉廣東鄉試，明年，會試中乙榜，入國子監讀書。後來受學於吳與弼門下，乃絕意科舉。但和康齋的性格不同，他的思想便和康齋的思想有異。獻章的思想近於禪，以虛爲主，以靜爲用，不拘拘地守敬節欲，而求心與道合以爲聖人。學者認爲他有些像曾點有瀟灑的風度，又有些像邵雍特立獨行的氣慨。三原學派和崇仁學派的人，都批評他是禪，不是儒學正宗。

(1) 學說

陳獻章在生時，學術界有許多人攻擊他爲異端，他自己極力說明自己的學說。

「來教摘諸聖賢垂世之言，與僕之事參而辨之，大抵愛我深而告我盡也。

……

僕才不逮人，年二十七，始發憤從吳聘君學，其於古聖賢垂訓之書，蓋無所不講，然未知入處。比歸白沙，杜門不出，專求所以用力之方，既無師友指引，惟日靠書冊尋之，忘寐忘食，如是者亦累年，而卒未得焉。所謂未得，謂吾此心與此理，未有湊泊脗合處也。於是舍彼之繁，求吾之約，惟在靜坐。久之，然後見吾此心之體，隱然呈露，常若有物。日用間種種應酬，隨吾心所欲，如馬之御銜勒也。體認物理，稽諸聖訓，各有頭緒，來歷如水之有源委也。於是渙然自信曰：作聖之功，其在玆乎。有學於僕者，輒教之靜坐，蓋以吾所經歷，粗有實效者告之，非務爲高虛以誤人也。執事知我過胡先生，而獨不察此，僅是以盡言之，希少留意，餘不居居。」（白沙子 卷二，復趙提學僉憲）

「承諭有爲毀僕者，有曰自立門戶者，是流於禪學者，甚者則曰妄人，率人於僞者。……僕又安敢與之強辯，姑以迹之近者，爲執事陳之。孔子教人文行忠信，後之學孔氏者，則曰一爲要，一者無欲也。無欲則虛靜而動直，然後聖可學而至矣。所謂自立門戶者，非此類歟。佛氏教人靜坐，吾亦曰靜坐，曰惺惺，吾亦曰惺惺，調息近於數息，定力有似禪定，所謂流於禪學者，非此類歟！……」（同上，又復趙提學書）

從上面兩封信裏，陳獻章說明了自己的學說。他的學說在於求爲聖的工夫，爲聖的工夫不是繁雜，而是簡單，只要靜坐以見自己的本性，然後便可按性而行。他爲得到這種結論，經過了好幾年的苦練。他先學吳與弼的守敬，事事謹愼，覺得非常繁雜，心是心，理是理，常常要用心去求理。然後，他學習靜坐，放棄了事事求理的方法，他纔發現自己的心，心內且有萬理，隨心所願，便能應付日常的一切事件。

這種學說，不是白沙自己所創，祇是他自己本人親身有所體驗。吳與弼的學說和修身工夫，是程朱的思想；白沙的學說和靜坐，乃是陸象山的思想，不過，象山沒有實習靜坐，靜坐卻是二程門生所提倡，象山也不講虛，虛字是佛教所習用。白沙的學說在基本上，是陸象山的思想，經過佛教禪宗的虛和靜而結成。

他說：「惟在靜坐久之，然後見吾此心之體，隱然呈露，常若有物。」這是從禪宗的禪法而來。禪法敎人空虛自心，不著一毫的念慮，眞如乃能呈現於心中，以眞如的眞相破除一切假相，日常生活另有一番意義。白沙當然不是抄襲禪法，他是以禪法去體驗陸象山心卽理的主張。

(2) 心　學

白沙不講太極理之學，也不講主敬致知之道，他講求的聖賢的途徑在於『存心』。存心養性爲孟子的學說，宋朝理學家稱孟子的學說爲心學，把修養的工夫都集中在『心』上。但是程朱的修養法，以主敬爲要，敬有內外，內敬爲主一，外敬爲端重，學者努力求外面言行的端肅，以求內心的安定。陸象山則以心是萬理，心卽理，理卽心，修養的方法祇在於心靜以見天理，不在於日常言行的隨處檢查。王陽明在陸象山文集的序裏，說孟子的心學，在陸象山得有傳人。唐宋期間佛教禪宗盛行大江南北，尤其南禪出了許多有名禪師。禪法以『心』爲主，明心見性爲禪的門徑。禪師不一定都主張坐禪，然都主張虛靜，使心沒有一思一念。儒家的心學乃分爲朱陸兩派，朱派主張內外都盡力修養，陸派主張祇要靜心以見天理。陸派更套上禪宗的說法，就成爲陳白沙的心學。

（甲）心爲修養的中心點

儒家自孟荀以後，莫不知道心虛靈不昧，爲人身的主宰。孟子又以仁義禮智的善端在心中，存心以養育這四種德性，就是修養的總綱。

「天道至無心，比其著於兩間者，千怪萬狀，不復有可及，至巧矣，然皆一元之所爲。聖道至無意，比其形於功業者，神妙莫測，不復有可加，亦至巧矣，然皆一心之所致。心乎其此一元之所舍乎。」（白沙子 卷一，仁術論）

「君子一心，足以開萬世；小人百惑，足以喪家邦。何者，心存與不存

也。」（白沙子 卷一，無後論）

「人具七尺之軀，除了此心此理，便無可貴，渾是一包濃血，裹一大塊骨頭。」（白沙子 卷四，禽獸說）

儒家的全部思想，歸結到一個字，就是『心』字，心爲天道一元之舍。天道一元在漢儒爲一元之氣，一元之氣流行宇宙，化生萬物。一元之氣以心爲舍，寓於心中，統貫人的一切言行。人心所以可貴，可以開創萬世的基業。

「夫子沒，微言絕，更千五百年，濂洛諸儒繼起，得不傳之學於遺經，更相講習而傳之，載於此編者備矣，雖與天壤共弊可也。抑吾聞六經夫子之書也，學者徒誦其言，而忘味六經一糟粕耳，猶未免乎玩世喪志。今是編也，採諸儒行事之迹，與其諸著之言。學者苟不但求之書，而求諸吾心，察於動靜有無之機，致養其在我者，而勿以聞見亂之，去耳目支離之用，全虛圓不測之神，一開卷盡得之矣。非得之書也，得自我者也。蓋以我觀書，隨處得益，以書博我，則釋卷而茫然。此野人所欲獻於與四方同志者

之芹曝也。」（白沙子 卷一，道學傳序）

普通都說讀書有用心，一字一句不苟；然又有如陶淵明所說讀書不求甚解，只要會得書中的意旨，便欣然忘食。陳獻章所說的「不但求之書，而求諸吾心。」，則是說讀聖賢書，懂得書中的道理，須要在我心中求印證。聖賢書中的道理，當然是天理，天理則在我心中。聖賢的書祇是一個機會，使我看到心中的天理，乃加以養育。不要用耳目看書中的事，使心繁亂，祇須「全虛圓不測之神」，即是集中自己的心神，觀心中的天理，則「一開卷盡得之矣，非得之書也，得自我者也。」這種格物致知的方法，雖不完全同於陸象山所講的，也不同於禪法，然和兩者都有些相同。

「或曰：道可狀乎？曰：不可！此理之妙不容言，道至於可言，則已涉乎粗迹矣。何以知之？曰：以吾知之。吾或有得焉，心得而存之，口不可得而言之。比試言之，則已非吾所存矣。……」（白沙子 卷一，論前輩言銖視軒冕塵視金玉 下）

儒家雖說道爲形而上，並不說道不可言；何況六經四書都講『道』。老莊則以道不可言，禪宗也以眞如不可言狀。白沙以心所得不可言，祇能體驗。中庸曾以道可言又不可言，可知又不可知，「君子之道，費而隱。夫婦之愚，可以與知焉，及其至也，雖聖人亦有所不知焉。」（中庸第十二章）然中庸並不以道完全不可言，講不可言而須直接體驗的則是禪宗。

「治心之學，不可把捉太緊，失了元初體段，愈認道理不出。又不可太漫，漫則流於汎濫而無所歸。」（明儒學案 卷五，白沙學案一，語錄）

這是孟子勿助長的教訓，又不要像王陽明的弟子所犯的空疏無所歸的過失。

（乙）心

白沙的心學，對於王陽明的心學有影響，雖然陽明並沒有向白沙請教。白沙自述求學的經過，只說研究了濂洛的書，後來家居求爲聖賢之道，祇靠書册，沒有師友的指引。在所讀的書册中，想來必有陸象山的書。陸象山講心學，對於心，沒有講明，祇說了心卽理，又說宇宙卽吾心，又引用孟子所說：「仁，人心也。」（告子）。白沙的學說以心爲主，他究竟講明了『心』的意義沒有?

「君子一心，萬理完具。」(白沙子 卷一，論前輩言銖視軒冕塵視金玉 中)

「心乎其此一元之所舍乎。」(白沙子 卷一，仁術)

「此心之仁，自巧也。」(同上)

「心而不用者，心也，心不可用。」(白沙子 卷一，尋樂齋記)

白沙論心祇有上面幾句，仔細加以研究，第一，心是天地一元之會。一元爲天地的元氣。白沙曾說到天地的元氣。

「旁引善類，以扶天地之元氣；大明公道，以壽國家之命脈。」(白沙子 卷四，祭太子少保朱公誠菴先生文，代陶廉憲作)

天地有元氣，爲漢朝儒家的通論，元氣爲陰陽相合之氣，而不是未分陰陽的太虛之氣。元氣週遊萬物，人生時也得有天地的元氣，人君治國，伸張元氣。董仲舒說：

「天地之氣，合而爲一，分爲陰陽。」（春秋繁露 卷十三，五行相生）

「一國之君……布恩施惠，若元氣之流皮毛腠（ㄘㄡˋ）理也。」（春秋繁露 卷十七，天地之行）

王充說：

「上世之天，下世之天也，天不變易，氣不更改。上世之民，下世之民也，俱稟元氣。元氣純和，古今不異。」（論衡 卷十八，齊世篇）

天地一元，乃一元之氣，人稟元氣，以心爲舍。通常理學家以心的氣爲清氣，心乃虛靈能知。元氣既是純和之氣，心也必是純和。

心卽理，理卽心，爲陸象山的主張；然心具衆理，則也是朱熹的主張。白沙說：「君子一心，萬理完具。」他是採取陸說呢，或是採取朱說呢？按他學說的整體來說，應該是採取陸象山的主張。凡是人心，都具萬理；然而君子勉力使心不爲私慾所擾，心之理乃能顯明，小人之心因私慾的擾亂，雖有理而理不顯。

孟子曾說仁爲人心，人心本來是仁。仁爲生爲愛之理，人心本來愛人愛物。白沙說：「此心之仁，自巧也。」人心之仁非常靈妙，所有動作不可測；聖人使心之仁自然流露，乃仁民愛物，所有舉動，自然靈巧，不必拘守死呆的規律。

至於說「心不可用」，並不是說不用心，而是說心不用於思索焦慮，否則困累，困累則不安。心的動作，自然流露，普通說天性流露，任乎自然。

元氣週遊宇宙，貫通萬物。心的動作，週流人的全身，通於四肢百體，人身的行動，由心主宰。

白沙所論的心，是元氣，是虛靈，是理，是仁，是人身的主宰。

(丙) 虛

白沙的修身法，以『虛』爲根本，以靜爲方法。中國古代莊子主虛靜。莊子的虛靜，爲無欲無爲，乃養生之道，使人和道相合。老子講虛靜以求自然。佛教講虛講靜，講虛以萬物爲空，講靜以空人心。白沙講虛靜：

「是故善求道者，求之易；不善求道者，求之難。義理之融液未易言也，操存之灑落未易言也。夫動已形者，形斯實矣，其未形虛者而已。虛其本也，致虛所以立本也。戒愼恐懼所以閑之，而非以爲害也。然而世之學者，不得其說，而以用心，失之者多矣。」（白沙子　卷二，復張東白內翰）

「虛其本也」不是講形上的本體，而是講修身之本，否則就與老莊的哲學一樣以『無』爲有之本了。虛爲修身之本，爲修身不能看已經發動而有形迹的言行，因爲這些言行已成爲事實，「夫動已形者，形斯實矣。」是善就是善，是惡就是惡，已經不能改變。要緊是在心未動時，或將動而未動時，戒愼恐懼。這種修身法是預防法，又是教導法。但這種預防的教導，又不該過於繁贅，過於用心。否則，自心必亂，動必不能中節。因此說「然而世之學者，不得其說，而以用心，失之者多矣。」程朱教人主敬，教人格物致知。薛瑄、吳與弼、胡居仁等教弟子們端重嚴肅。陳白沙認爲他們都太嚴，都太注重考慮。「斯理也，宋儒言之備矣。吾嘗惡其太嚴也，使著於見聞者不睹其眞，而徒與我嘵嘵也。是故道也者，自我得之，自我言之，可也。……僅於義理之原，窺見彷彿及操存處，大略如此。」（同上）

『虛』，在於心未動時，自己體驗自心的義理。『虛』是沒有行動，有行動便是『實』，已經不是修養的對象。『虛』是求自然，不用心去考慮，考慮乃是助長，不收效而反失效。

「承示教近作，頗見意思，然不欲多作，恐其滯也。人與天地同體，四時以行，百物以生；若滯在一處，安能爲造化之主耶？古之善學者，常令此心在無物處，便運用得轉耳。學者以自然爲宗，不可不着意理會。」(白沙子 卷二，遺言湛民澤)

「以自然爲宗」不能滯於一點。宇宙間的四時之序，自然流行，萬物化生，這也是孔子的思想。但是孔子所說的修養最高點，是「從心所欲，不逾矩，」爲達到這種境界，先要經過許多鍛鍊。老莊所講自然，則不經過鍛鍊，而由一種虛靜以達到自然境界。虛靜在於坐忘，墮形骸，就是人不要有思慮，不要有計劃，忘記自己一身。陳白沙不取孔子的鍛鍊修養，「吾嘗惡其過嚴也」，他取老莊的虛無自然，而又經過禪宗的虛靜。

(丁) 靜

靜的理論來自老莊，尤其來自莊子。莊子主張以靜而識天機。儒家古代的經典中，沒有主靜的思想；但是有些和主靜相近的思想。大學說：「知止而後有定，定而後能靜，靜而后能安，安而后能慮，慮而後能得，物有本末，事有終始。」(大學第一章) 大學的靜，朱子章句註說：「心不妄動。」所謂不妄動並不是不動，動而中節不是妄動，便不妨害靜。中庸以「發而皆中節之謂和。」（中庸第一章）『和』「天下之達道也，」（同上）也就是靜。還有大學中庸所講的『愼獨』，有些和靜相近。愼獨的意思，章句云：「獨者，人所不知而己獨知之地也」。別人不知道的事，自己知道；情感將發還尚未發時，別人不知道而自己知道，對於這些事，自己要常常戒愼恐懼。大學和中庸的靜，乃是爲能好好思慮的預備。

宋朝理學家在修養方法上，也常主靜，這種主張是受佛敎的影響。佛敎敎人靜坐，道敎也以靜坐敎人；他們的靜坐，在於摒棄一切思慮。宋朝理學家以靜爲靜坐，靜坐以摒除雜念。在這一點上意見不同：有的人主張靜坐以得見心的本來面目，心的本來面目爲『中』，中是情感不動，靜則心不動，靜和動相對；有的人主張靜坐以息雜念，使心專於所做的事而能合於天理。元朝和明初的儒家講靜坐，都主張靜不和動相對，靜和動同時存在，靜亦動，動亦靜，靜中有天理，動中也有天理。這種主張和佛敎的靜坐相反。陳白沙在生時，當時學者已經罵他是禪，理由也定在於他的虛和靜之思想，和一般儒學不同。

「蓋廷實之學，以自然爲宗，以忘己爲大，以無欲爲至；卽心觀妙以揆聖人之用，其觀於天地日月晦明山川流峙，四時所以運行，萬物所以化生，無非在我之極，而思握其樞機，端其銜綏，行乎日用事物之中，以與之無窮，然則廷實固有甚異於人也。」（白沙子 卷一，送張進士廷實還京序）

白沙稱讚張廷實的思想，廷實的思想乃是老莊的思想，「以自然爲宗，以忘己爲大，以無欲爲至。」但卻又加上儒家的思想，在虛靜中觀察聖人的修養，和天地運行之道，以爲日常生活的規矩。他不是主張避世，而是以老莊的虛靜方法，求人生之大道。陳白沙的思想即是這種思想。

「受朴於天，弗鑿以人，稟和於生，弗淫以習。故七情之發，發而爲詩，雖匹夫匹婦，胸中自有全經，此風雅之淵源也。」（白沙子 卷一，夕惕齋詩集後序。）

受朴和弗鑿，明明是莊子的思想，在寫信時力避彫鑿，在做人方面，也避免磨鍊，一切求自然。陳白沙曾被請出長白鹿書院，重振朱熹的學術思想，白沙堅辭。

「諸公欲與白鹿之教，復考亭之舊，必求能爲考亭之學者，夫然後可以稱諸公之任使，乃下謀於予，是何異借聽於聾，求視於盲也。」（白沙子　卷一，贈李劉二生使還江右詩序。）

白沙對於朱熹素有研究，且爲私淑弟子。然而他對朱熹的修養方法則不讚同，故自己聲明對於考亭之學乃是盲聾。

「爲學須從靜中坐養出個端倪來，方有商量處。」（白沙子　卷二，與賀克恭黃門第二書）

靜坐養息，要能對於修養之道，看出端倪，靜坐對理學家已是日常事，程朱雖不喜歡講求，他們的門生則都靜坐以求修養，後來王陽明也教門生在求學初期要日習靜坐。佛教坐禪有禪觀方法，理學者沒有靜坐方法，王陽明則給學生們一種簡單方法。陳白沙在致賀克恭的第二書裏說找了林緝熙的方法給克恭：「林緝熙此紙，是他向來經過一箇功案，如此，是最不可不知。錄上克恭黃門。歲首，已託鐘鋏轉寄，未知達否，今再錄去。若未有入處，但只依此下工，不至相誤，未可便靠書策也。」（同上）他很看重林緝熙的方法，兩次找寄朋友，囑咐照着下工夫。修養不能死讀書。

「伊川先生，每見人靜坐，便嘆其善學。此一靜字，自濂溪先生主靜發源，後來程門諸公遞相傳授，至於豫章延平，尤專提此教人，學者亦以此得力。晦翁恐人差入禪去，故少說靜，只說敬，如伊川晚年之訓。此是防微慮遠之道，然在學者須自量度如何。若不至爲禪所誘，仍多着靜，方有入處，若平生忙着，此尤爲對症之藥。」（明儒學案，卷五，白沙學案一，與羅一峯書）

靜坐不是坐禪，在方法和內容上，當然兩者不同。陳白沙自己也說過：

「禪家語，初看亦甚可喜，然實是儱侗，與吾儒似同而異，毫釐間便分霄壤，此古人所以貴擇之精也。」（白沙子 卷三，與時矩）

靜坐，在白沙的修養裏，沒有留下靜坐的方法。但是他以靜坐爲門戶，求得心中空虛而見天理。

「此理干涉至大，無內外，無一處不到，無一息不運。會此，則天地我立，萬化我出，而宇宙在我矣。得此覇柄入手，更有何事。往古來今，四方上下，都一齊穿紐，一齊收拾，隨時隨處，無不是這個充塞。」（白沙子卷二，與林郡博第五書）

天理充塞天地，乃是理學家的通論；但是說天地由我而立，萬化由我而生，則不是理學家的通論了，陳白沙常強調這一點。他的主靜，不僅是摒棄一切念慮，而是在心的空虛中，呈現天理，天理與我合而爲一，我卽理，理卽我；既然一切由理而出，便是一切由我而出。陸象山曾以心卽理，理卽心；陳白沙再進一步，說：理卽我，我卽心。這種思想又源自禪宗。禪家得道後，心中呈現眞如，眞如爲一切萬法的實體，萬法都是眞如的假相，眞如也是眞我，人心呈現眞如，人的假我和眞我合而爲一，萬法便由我而出。陳白沙採取這種思想，把內容改了，以理代替眞如，因此，他的思想離儒家的傳統思想，愈來想遠。

陳白沙一生沒有出去做大官，在生活上雖不主張嚴肅，但從不放蕩。他常喜歡曾點的精神，在虛靜中求得本來面目。

「人心上容留一物不得，才著一物，則有礙，且如功業要做，固是美事，若心心念念只在功業上，此心便不廣大，便是有累之心。是以聖賢之心，廓然若無，感而後應，不感則不應。又不獨聖賢如此，人心本體皆一般，只要養之以靜，便自開大。」（明儒學案 卷五，白沙學案一，與謝元吉）

禪宗南禪空虛心中一切念慮，惡念當除，善念也不要，心中完全空虛。陳白沙也主靜以空虛一切念慮，使心不滯留在任何事上，完全自由；他認爲這是恢復人心的本體。

(3) 白沙弟子

在白沙子所收的書簡裏，有些是給他當日的門生。在卷二有與「張廷實主事書」三十八封，「與賀克恭書」兩封，卷三有與林郡博（緝熙）書五封，與湛民澤書三封，還有給其他門人的短簡。張廷實、賀克恭、林緝熙，三人在明儒學案「白沙學案」中立有傳，並收有著作。

張詡，字廷實號東所，南海人。曾登進士，後學於白沙。白沙讚許他的思想，「以自然爲宗，以忘己爲大，以無欲爲至。……萬物所以化生，無非在我之極。」他曾將白沙文集中的話，分類編纂，名曰白沙先生遺言纂要，凡十卷。白沙給他的信很多，唱和的詩也不少。

「樹倒藤枯始一扶，諸賢爲計得無粗。閱窮載籍終無補，坐老蒲團亦是枯。定性未能忘外物，求心依舊落迷途，弄凡我愛張東所，只學堯夫也不孤。」（白沙子　卷八，次韻廷實示學者。）

多看書，不能得道；若靜坐，只是枯乾。這是修養的方法，沒有得到靜。心中有外物，求行善使心煩亂，這是沒有得到虛。陳白沙獨獨讚許張廷實學邵雍的自然生活。

「廷實守道，無求於人，携十數口在路口，飲米一斗，何以給之！使內不遺於親，外不欺於君，進退取舍，概以義，此古人難之，非直今人也。」（白沙子，與張廷實主事第三十六書）

賀欽字克恭，別號醫閭，世爲定海人。白沙在太學時，從白沙遊，後來終生服膺，他的思想以求學不在求於高遠，只要主敬收心，勿忘勿助，循心的本然。白沙給他的信說：

「離隔多年，彼此交夢，神亦勞止。老夫寧復有相見之時耶！……三十年妄意古人之學，衆說交騰，如水底撈月，恨不及與克恭論之。今自謂少有見處，得其門而入，一日千里，其在諾耶！南北萬里，意所欲言，非尺簡所能盡。」（白沙子 卷二，與賀克恭黃門第一書）

克恭常供白沙的像在書齋，雖一別三十年，一生不變師生的感情。

「一封初展制中書，萬里遙遠見起居，何處江山還著我，斯文今古正關渠，傷心入夜思賢母，老眼當年識鳳雛，濂洛諸公傳不遠，風流衣鉢共圖誧。」（白沙子 卷八，賀黃門克恭書。）

林光，字緝熙，東莞人，在京和白沙相遇，從歸江門，往來問學二十年，曾記白沙語。緝熙很受白沙的看重，以他的人品和思想，很超俗。

「承諭進學所見，甚是超脫，甚是完全。病臥在牀，忽得此書，讀之慰甚無量，自不覺呻吟之去體也。」（白沙子　卷三，與林郡博第五書）

白沙在這封信裏，講到天理無不包，無不通貫，一切由我而立而化。又談到曾點的樂趣，以緝熙爲知己。

「偶從道路得行藏，南北音書又一鄉，溟海心情眞自遠，平湖風月可誰將？山中舊坐香根老，耳畔新聲木鐸長。衰病不知何日起，扶留窗下正抄方。」（白沙子　卷八，聞緝熙授平湖掌教）

陳白沙的思想雖出自吳與弼，然和與弼的思想不合。他參佛禪老莊的學，使明朝理學的思想一變，其後便是王陽明。白沙的學說祇傳了一代的弟子，後來遂失傳了。湛若水曾就學於白沙，但若水後來自成一派。

(八) 明代佛學思想

在元朝哲學思想一章裏，曾簡明地述說元朝禪宗的思想，現在講明朝的哲學思想，也簡略地講述明朝的佛學思想。佛學在唐朝最盛，到了宋朝已逞衰頹氣象，但當時禪宗仍舊保有相當的聲氣。宋朝以理學在中國思想史上佔有重要位置，宋朝在文學上的散文和詞，也佔有特出的位置。當時的文學家和理學家和佛教的禪師，常有很好的友誼。在禪學大成的六冊書裏，我們可以看到程伊川，蘇軾、蘇轍和禪師的交往。伊川受禪學的影響不多，但是他的弟子和再傳弟子們則多受禪學的影響。楊時、羅從彥、李侗一脈相傳的靜坐，就是禪學影響的結果。元朝皇帝信佛，然信的是西藏佛教；但是中國禪師也受皇帝的敬重。明太祖朱元璋曾經受法爲僧，後來卻離開了寺院，他對佛教仍很信服。佛學到了明朝，則已是強弩之末，在思想界少有影響力。不過佛教中有淨土宗和禪宗在學術思想上沒有高深的哲學，在精神生活上具有強大的吸引力，引人向超拔世俗的生活；因此，這兩宗的法師和儒家學者常有往來，儒家學者對他們的生活方式有所嚮往。

(1) 淨土宗

淨土宗的思想，由道安在襄陽時發端，慧遠在廬山加以發揚。當時文人詩客一百二十三人和慧遠在廬山東林精舍結白蓮社，守慧誦經，期生西方。大詩人陶潛也算是白蓮社支持者。南北朝時，阿彌陀經、無量壽經、新無量經等經都已先後譯成漢文，於是成立了淨土宗。

唐朝禪宗雖盛，淨土宗在儒家學者中的吸引力都被禪宗奪去，然在民間念佛的風氣還沒有消失。元明時代禪宗勢力已衰，淨土宗又能稍爲重新振起。

明朝莊廣還居士輯淨土資糧全集，由僧人株宏校正。全集有居士隆光祖的序，序作於萬曆二十三年乙末（公元一五九五年），序中說：

「歸元直指云：須辨資糧。夫淨土一途，誠出世捷徑。釋迦慈尊，最大方便，特爲拈出，反覆囑示，不啻三令五申。而古來萬聖千賢，讚嘆垂訓，如出一口。末敎衆生，欲超生死，舍淨土之外，更竟何處往生哉！」

這本全集雖輯於萬曆年間，然所輯集的思想則是以往淨土宗的思想。淨土宗的思想，主要包括三點：

「歸元直指曰：欲生淨土，須辦資糧。何謂資糧？信願行三字也。三字具足，淨土必生。今此書有往生章，起信章，信也；誓願章，願也；齋戒章，日課章，兼禪靈，行也。三者已備，故曰淨土資糧。……或問：淨土經論甚多，子所引證，不過數部數集而已，恐所遺者尚多也。予曰：子獨不聞黃檗之言乎？言今人只欲多知多解，廣求文義，喚作修行，不知知解不消，翻成壅塞。盡向生滅中取，眞如之中，都無此事。三乘學道人，俱是此樣。卽恐淨業之士，亦罹此病，故不敢泛及耳。」

（淨土資糧全集　卷之六，論淨土禪宗）

淨土宗的信和願，都歸於宗教信仰，在行中，兼有禪的工夫，則有關於佛學的思想。資糧全集的「兼禪章」說：

死。

「還謹按永明禪師云：有禪有淨土，猶如戴角虎，現世爲人師，來生作佛祖；言二者之貴於相兼也。奈何中峯大師又云：禪與淨土理雖一而功不可並施，修之者貴於一門深入；則二者又不可得兼矣，將如之何？噫，不觀蓮池禪師之言乎。師云：兼之義二：足躡兩舡之兼，誠爲不可，圓通不礙之兼，何不可之有。……」

淨土和禪宗在修行方面，有共同之點，卽是禪靜；在理論方面也有相同點，卽是參透生死。

「蓮社釋疑論曰：或云參禪第一，或云念佛第一，畢竟如何用心，兩無一失？答：參禪欲了生死，念佛亦欲了生死，卽我今要參禪念佛之心耳。若能了知，何法不備。禪宗覺心無處，卽登祖位；蓮宗心佛兩忘，亦躋上品，以此證之，二宗何別？……」（同上）

「了知生死」，生死輪廻爲人生痛苦的原因，了知生死的意義和因緣，纔能修行以達到解除生死，不再輪廻。禪宗以無心破除我執，沒有了自我意識，生死的因緣就斷了，再不輪廻。「覺心無處，卽登祖位。」破除假心而得眞心，和眞如相融。淨土宗雖然念佛以見阿彌陀佛，超生淨土，然而念佛本爲求心靜，心靜則忘懷一切，「心佛兩忘，亦躋上品。」

淨土宗爲能『心佛兩忘』所有修行方法爲修禪，修禪卽是坐禪；但所謂坐禪，不是僅僅靜坐，而是調心。調養心境，使不思慮。

「修禪之法，行住坐臥，總當調心。但臥多則昏沈，立多則麻極，行多則紛動，其心難調。坐無此過，所以多用耳。然人日用，不得常坐，或職業相羈，或衆緣相絆，必欲靜坐，遂致蹉跎。學者須隨時調習此心，勿令放逸，亦有三法：一繫緣收心，二借事煉心，三，隨處養心。」（淨土資糧全集 卷之六，豫行篇）

修禪以坐禪爲要法，然人不能常坐，在行動之時，也應收心。淨土宗說有三種方法，「繫緣收心，」以念佛持呪，和參話頭，以繫住一心，使不妄想，又用佛法以應接事物。這樣，日用間，一心不亂。「借事煉心，」在日常事件上，總要遇到不順心的事，應該借著不順心的事鍛鍊自己。「難忍處須忍，難捨處須捨，難行處須行，難受處須受。如舊不能忍，今日忍一分，明日又進一分，久久煉習，胸中廓然。」(同上)「隨處養心」，在行動言語時，力求端重安定，沒有妄動，沒有躁言，「立則如齋，手足端嚴，切勿搖動。行則徐徐舉足，步與心應。言則安和簡默，勿使躁妄。一切運用，皆務端詳閒泰。」(同上)

這種修行法，是一位居士所寫，不是僧尼所寫，看來和理學家的修行法很相像，是理學家仿效佛教僧尼，或是佛家僧尼仿效理學家？儒家古代沒有這種詳細的修行法，然中庸、大學已經講靜，講愼獨。在理論上，理學家不是抄襲佛教修行理論，在方法上，則不免仿效了佛教的禪法。

「坐禪三昧經云：菩薩坐禪，不念一切，惟念一佛，卽得三昧。人天寶鑑云：凡脩禪定，卽入靜室，正身端坐，數出入息，從一數至十，從十數至百，從百數至千萬，此身兀然，此心寂然，與虛空等，不煩禁止。如是久之，一心自住。……今攝此心念佛，欲得速成三昧，對治昏散之法，數息最要。凡欲坐時，先想己身在圓光中，點觀鼻端，想出入息，每一息，默念南無阿彌陀佛一聲，方便調息。不緩不急，心息相依，隨其出入。行住坐臥，皆可行之，勿念間斷，常自密密行持。乃至深入禪定，息念兩忘，即此身心與虛空等。久久純熟，心眼開通，三昧忽爾現前，即是唯心淨土。」（淨土資糧全集 卷六，論數息念佛）

數息坐禪，爲坐禪的初法，使心繫在一個念頭上，即是數息。普通說數息爲一種催眠法，使人心平氣和，忘記一切焦慮。但是禪宗的南派不主張坐禪，六祖慧能明明反對這種禪法，主張頓悟。至於說行位坐臥，皆數氣息，默念阿彌陀佛，則和南禪相似。南禪主張一入禪定，日用間都保持身心虛空，常見自性眞如。淨土宗的修行，在這種禪法上，加上默念阿彌陀佛。

再進一步的參禪法，爲參究禪法。

「念佛之人，欲要參禪見性，須要於淨室正身端坐，掃除緣累，戒斷情塵。瞠開眼睛，外不着境，内不住定，廻光返照，内外俱寂然，密舉念南無阿彌陀佛三五聲。廻光自看云：佛卽是心，心是何物？不得作有，不得作無。只今舉的這一念從何處起？……參究良久，又舉南無阿彌陀佛。

……如是擧，如是看，如是參，忽於聞聲見色時，行住坐臥處，豁然大悟，親見本性彌陀。內外身心，一時透脫，盡乾坤大地是個西方，萬象森羅，無非自己。……」（淨土資糧全集　卷六，論參究念佛）

參究禪法，在禪宗裏，爲參究公案和話頭，從參究裏一時驟然悟道，得入禪定，淨土宗的參究念佛，仿效禪宗的參究法，參究心佛，一時得光明，親見自性彌陀。所參究的對象，乃是阿彌陀佛。「澄心靜慮……不須別擧話頭，但持一個阿彌陀佛，自參自念，久久自有所得。」（同上）

另一種禪法，稱爲實相禪。實相卽是眞如，萬法都是假相，從假相中直見實相眞如。

「宗鏡錄曰：何等名爲諸法實相？所謂諸法畢竟空無所有。以是畢竟空無所有法念佛，諸想不生，空寂無性，滅諸覺觀，是名實相觀佛。」

（淨土資糧全集　卷六，論實相念佛）

實相禪不是一般習禪的人所能實習的，因爲爲能達到「諸想不生，空寂無性，滅諸覺觀」，則已經是得道進入禪定的人。這等已得無上智慧的人纔能直見實相，一切念慮都不發生。念佛宗加入一句「南無阿彌陀佛」，並不是阿彌陀佛使人入定。淨土資糧全集編輯者作按語說：

「還謹按：攝心念佛，念佛之始事也，實相念佛，念佛之終事也，二者固不可偏廢。至於參究數息二法，唯人量用。何以故？參究所以明吾眞心，數息所以對治昏散。若已悟眞心，旣不昏散，則二法可不用故耳。」(同上)

攝心念佛爲坐禪的初步方法，脩淨業的人，端坐淨室，閉目定息，微微動口，念又數念數「南無阿彌陀佛」。但是心不能一下就定了，雜念又起，念佛也斷了。於是從一又再數，務必要念佛聲和數目歷歷分明，從一數到百。不能用外物如念珠，幫助計數，務必要用心計。由一百分明數到一萬，則心可定。這是念佛的初法。由攝心念佛若能達到實相念佛，全心都是淨土，全心也是彌陀佛。

淨土資糧全集解釋三昧爲正定，眞如爲遣妄顯理，引用肇論和禪師們的語錄。如卷六引肇論的話：「心亦不有，亦不無。」黃檗心要：「諸佛與眾生，唯是一心，更無別法。此心無始已來，不曾生，不曾滅。」又引蓮池禪師云：「靈明洞徹，湛寂常恒，非濁非淸，無背無向。大哉眞體，不可得而思議者，其唯自性歟。」（同上）蓮池禪師袾宏在萬曆年間居南京，頗有名望，曾和當時天主敎來華定居的傳敎士利瑪竇辯論敎義。他本出於禪，但提倡念佛，著述也多屬於淨土宗。

(2) 禪　宗

元朝的禪宗，以臨濟宗爲盛。楊岐派在宋末有武丘紹隆，紹隆後繼者以破庵祖先爲著，祖先的弟子徑山師範歷住雪竇、育王、徑山等有名寺院，死後，謚號佛鑑禪師，在元朝時，破庵一派有高峯原妙，中峯明本和正宗了義相繼傳法。元天台無見覩和尚語錄有黃溍的序，序作於元至正十七年（公元一三五七年）序上說：

「天臺之華頂峯，有大比丘居焉，曰無見覩禪師，禪師之道，上承臨濟之正傳者也。……其得人之衆，莫臨濟一宗爲盛焉。七傳至於楊岐，白雲，五祖圓悟，誠所謂不立一法，根源直截，使人明心見性，以成佛者矣。悟之傳有虎丘隆公、大慧杲公，…………而隆之傳爲應庵華公、密庵傑公及無準範公，凡四世。範公之傳，則有斷橋倫公、雪巖欽公。當宋之季年，宗相耆宿，相繼遷謝，而二公獨唱道東南，以振揚宗風爲己任，可謂禪門之柱石矣。倫公之傳，爲方山寶公，而禪師則得法於寶山。故其門庭嚴峻，機關警捷，無忝於乃祖。」(天臺無見覩和尚語錄序，黃溍撰)

明朝的禪宗，仍以靈濟宗爲主，會元續略說：「臨濟宗自宋季稍盛於江南，閱元而明，人宗大匠，所在皆有；而韜光歛瑞，民莫得傳。惟是天童磬山車溪三派鼎峙。」天童圓悟，磬山圓修爲龍池正傳的弟子，龍池上溯到中峯明本，爲破庵祖先的正傳。

(甲) 松隱唯菴然和尚

明初學者宋濂曾作松隱唯菴和尚語錄序，說唯菴爲千巖禪師的弟子。

「余所居隣縣有五雲山，山勢回環，若青蓮華然。中聖壽寺，其廢已久，大善知識曰千巖長公居焉。四方學者雲臻川赴，遂化椔翳之場，以爲金碧之區。當時參扣道要者，座下恒數百人。其入室弟子，唯菴禪師蓋傑然者也。……余素與千巖游，旣序其語，鋟梓行世。今觀唯菴斯錄，又獲側名編端，豈般若之緣實，有在於父子間乎。……禪師諱德然，字唯菴，生雲間張氏，其行業備著於松隱菴記，茲不復贅，洪武丙辰翰林學士金華宋濂序。」

語錄後有一篇短的後序，寫於洪武四年（公元一三七一年），作者爲南屏住山懷渭。後序說：

「唯菴和尚語錄，蓋直指單提一心上乘之法，超出古人蹊徑，驗其若銀河瀉天，莫知其極，眞所謂能繼千巖之緒而大甚家世者也。」

唯菴在任金華聖壽寺主管的當天晚晌，曾作一偈：

「空手把鋤頭，步行騎水牛。
人從橋上過，橋流水不流。」（松隱唯菴然和尚語錄 卷之一）

唐朝禪師也常有這種句句矛盾的偈詞，一心禪定，只見自己，把着鋤頭在手裏，自己不覺得，騎在水牛背上，也不覺着，也覺自己空着手在走路，走到橋上，覺到橋在走而不是水在流。這種自然天眞，忘懷一切的境界，是一種超越世物的境界。

唯菴指示修禪的人：

「古者道不得動着，動着三十棒。又道切忌生心動念，才生心動念，便不是了也。先德發一言半語，如利劒長矛，動着便傷鋒犯手，擬議則斷却命根，直是無你廻避處，無你湊泊處。……」（同上）

修禪在於不動心，一動心著念，便失去禪的直覺。唯菴當時有些修禪的人，祇是會玩弄公案話頭。「有一般底將古人公案，向情識上卜度，文字上引證，蘊在胸中，便爲了事。結半間茅屋，以爲死關，滯寂沉空，昧於安逸。開大口，說大話，弄虛頭，惑其後學，誠可憐愍！」（同上）

眞眞修禪的人，則應痛快地除卻一切念慮和學識，參話頭，懷疑一切而得到自心。

「若欲決了此事，便從脚跟下手，將平日所參得的，和個四大五蘊放下，然後併起勇猛志，豎起精進幢瞠……舉起本參話頭，直向疑不到處起疑，方是眞疑。眞疑既發，恰是急水灘頭坐在一葉舟中，順轉逆行，深逼逼地如月華透水，蕩之不散，如毗嵐風卷海水，直教澈底無涓滴，到此之際，自然塵消業謝，靜極光通。……」(同上)

唯菴的意境，在他的詩和偈頌裏，表現很清白，他的心境，閑靜對明月，不著世上塵埃。

他有一首詩，題目是「萬法歸一，一歸何處。」

「萬法歸一一何歸，正是氷枯雪老時。
葭管灰飛消息好，隴梅開徧向南枝。」(松隱唯菴然和尚語錄　卷一)

在冰天雪地裏，冷枯無生氣，卻開了梅花，梅花便是禪法，禪法在那裏？在南枝。

又有「船居十首」，第一首說：

「拋卻家私徹骨貧，乾坤等是一閒身。
水深不必篙竿探，柁轉何妨手眼親。
千尺絲綸潭底意，一輪明月眼中塵。
掀翻櫓棹從頭看，誰於舩兮誰是人。」

第四首說：

「不問前程淺與深，只憑一隻定南針。
翻篷掉搶皆由我，轉拖推板總在心。
千頃浪翻千尺雪，一枝櫓動一江音。

滿懷風月難分付，斜倚蓬窗獨自吟。」

第五首說：

「任從世諦自紛紛，獨處舟中絕見聞。
順水行來舩性穩，逆風撐出浪花分。
漏蓬斜透波心月，懷衲橫披浦上雲。
千尺絲綸忘未得，只緣潭底有金鱗。」

第十首說：

「生涯隨分復何爲，只個舩兒自住持。
衝風衝雨青箬笠，禦寒禦暑綠簑衣。
煙汀破曉數聲笛，月渚橫秋一釣絲。
萬頃滄波眞活計，天荒地老不知歸。」（松隱唯菴然和尚語錄 卷二）

這些偈頌乃是詩，而且和儒家詩人的詩沒有差別。詩中含着深深禪意，卻只在山水間流露。徹身貧窮，仍嫌明月爲眼中塵。這是禪家的眞空。不問前程，不看風波，祇憑自心作定南針，這就是禪宗的心。他還有一篇「船居吟」。

「我泛扁舟活鱍鱍，四海五湖閒快活。
一篙撑出愛河來，笑看漚生與漚滅。
漚生全體現其中，漚滅是形如電掣。
漚生漚滅本來空，自是道人心路絕。
三界茫茫底用休，塵勞逈脫何干涉，
利名畢竟是虛花，白玉黃金眼中屑。
…………
這回不怕八風吹，了然戒斷輪迴轍。
一聲欸乃歸去來，空船滿載千江月。」（松隱和尚語錄　卷二）

這首歌若除去漚生漚滅和截斷輪廻轍的幾句，全篇可以放在魏晉淸談詩人的篇什中，思想都是道家避世的傾向。不過，就是漚生漚滅和截斷輪廻的詞句，寫出了禪家的觀點。宇宙萬法本是如同海中波浪，本體則是海水，海水代表眞如。海是心，心中現萬法，萬法的底處則是眞如。人眞能直見眞如，現出眞心，便斬斷輪廻的車轍，直入涅槃。

「空處閒人閒趣多，索我空處閒人歌。

……

信知空處閒人好，空處從來少人到。
個中別是一乾坤，六月氷霜寒悄悄。
空處空空空四壁，空處長年自空寂。
閒人偏愛空處居，動轉施爲無朕跡。
個事明明觸處眞，雙忘人法始方親。

……

好把雲山舊衲衣，拂乾滄溟直教徹底蓬塵飛。」(同上)

空，空空爲佛教思想的中心點；禪宗把這空字要直覺地體驗出來，「空處空空空四壁，空處長年自空寂」。自己體驗自身和週圍宇宙都是空，空無一物，空間和時間的觀念都已消失。「雙忘人法始方親」，空了自身和週圍一切，乃都體驗到自我的本體，本體卽是心底處的眞如，自己找到了自己，自己和自己方能親切。

「上堂擧僧問投子同禪師云：不斷煩惱而入湼槃時如何？同云：者發殺業底僧。師云：眞不掩僞。後問國淸機和尙，機劈脊便打。師云：曲不藏直。投子只解裁長，不能補短。國淸只解補短、不能裁長。今日忽有人問龍峰不斷煩惱而入湼槃時如何？只對其道，有水皆含月，無山不帶雲。靠拄杖下座。」（松隱唯菴然和尙語錄　卷一）

不斷煩惱，怎能入湼槃。但是『有水皆含月』，有水卽可反映月亮而有水中月，人心都有佛性，在煩惱中反映出佛性，便可入湼槃，入湼槃便斷煩惱。

(乙) 恕中和尙

宋濂在洪武七年（公元一三七四年），又爲恕中和尙語錄作了一篇序。序中略說禪法的要旨，簡提恕中和尚的法統。

「人生而靜，性本圓明，如大月輪，光明徧照。凡蘇迷盧境界具濕性者，大而河海，細而沼沚，無不有月。是故有百億水，則有百億之月形焉。仰而瞻之，而中天之月未嘗分也。月譬則性也，水譬則境也。一為千萬，千萬為一，初無應者，亦無不應者。體用一源，顯微無間也。……故聖人之心主乎靜，靜而非靜，而動亦靜也。凡夫之情役於動，動而不靜，而靜亦動也。吾達磨大師特來東土，以迦葉所傳心學，化度有情，欲澄濁為清，止浪為平，直入於覺地而後止。故其體常寂而寂無寂也，其智常照而照無照也，其應常用而用無用也。至此，則其妙難名矣。……逮我育王珙公起於東海之濱，秉執法輪，弘開度門。……竺元道公號為世適，今吾恕中慍禪師則又竺元之入室弟子也。初受度於元叟端公，多聞法要，辦香酬恩，歸之道公，厥後俯徇眾請，出世象山之靈巖，黃巖之瑞巖，皈依者日眾，名聞東夷。使者入貢中國，兼奏請住持。師因奉詔來南京，力辭其行。皇上憫其耄也，特從所請。一旦，將歸隱鄞江，其徒居頂以二會語語，徵余

序。……」（恕中和尚語錄序）

恕中和尚爲宋濂同時人，乃明初的禪師。濂乃宋初學者的導師，通於禪宗，以儒學講解禪法，以禪法依附儒學。月亮的譬喻，朱熹曾經用過，以解釋「理一而殊」。因此，可見明初禪學的影響。

「上堂舉黃龍心禪師與夏公立劇談肇論論萬物爲自己，情與無情共一體。時有狗子臥香桌下，龍拈壓足擊狗子，又擊香桌，云：狗子有情卽去，香桌無情自住，情與無情，如何得成一體？公立不能加對。龍云：纔涉思維，便成剩法，何嘗會萬物爲自己哉！龍老漢傷慈不少，夏公立如入寶山，空人而回。諸人要會萬物與自己，情與無情共一體麼？槌殺有情狗子，碎却無情香桌，盡情收拾，將來與他一團束縛，拋向東大洋海，自然洒洒落落。雖然，更須知有頂門一竅，始得。拈拄杖擊香臺云：

阿剌剌，阿剌剌，登山脚膝酸，啜茶舌頭滑。

十字街頭石敢當，對月臨風吹尺八。」（恕中和尚語錄 卷一）

有情無情共一體，宇宙萬物爲自己，這是禪宗的話頭，按普通情形說，乃是矛盾不合情理；按佛法說，萬法相融，當然如是。然而修禪的人要自己體驗這樁道理，將自己和所有念慮拋到大洋海裏，自心完全空寂，就可以體驗萬物是自己，有情無情全空寂，自心「自然洒洒落落」。

「秀才道士相訪，上堂，豎起拂子云：三教聖人總在拂子頭上牽枝引蔓，說妙說玄。

儒者曰：吾道一以貫之。

老者曰：聖人抱一爲天下式。

佛者曰：惟此一事實，餘二則非眞。

既各說有來由，未免稱強稱弱，且作麼生判斷，使其聲和響順，形直影端，剖破人我籓籬，塞却無明窟穴？擊拂子：二由一有，一亦莫守，日午打三更，面南看北斗。」（恕中和尙語錄　卷一）

三教代表各說先聖人的名言，各有自見，各持爲是。禪師怎麼批評呢？一而二，二而三，各莫相守。在白天正午時打半夜三更，在南方看見北斗，矛盾都已消失，都已融會。

「上堂。心無自性，全物而彰，物無自體，全心而現。有時拈一莖草，作丈六金身，有時將丈六金身，作一莖草。七出八沒，築着磕着。明月堂前垂玉露，水精殿裏徹眞珠。」(同上)

「心無自性」，心怎麼彰現出來？從整個宇宙的萬物裏，可以看到心是沒有自性。萬物無常，卽沒有自性。萬物由心所生，心便不能有自性。「物無自體」，因爲物由心而現。一莖草和六丈金身，一而二，二而一，沒有分別。在禪的境界裏，心淸瑩明淨，有如玉靈珍珠。

「上堂，不用參禪學道，不用寂默無爲，不用因邪打正，不用分別是非。

任運騰騰，無繩自縛，現成受用，緣木求魚，饒伊別有神仙術，難避靈巖腦後錐。」（同上）

南禪的祖傳，不僅不立文字，而且也不坐禪習靜，一切任憑自然，心中空無一物，虛沒一思一念。否則，若坐禪求禪道，乃是緣木求魚。

「諸德，若要紹續此箇門風，不用廣求文義，不用息念歸空。但向世尊未拈華處，迦葉未微笑處，一領領出。如白衣拜相，如平地登仙，不涉階梯。……」（恕中和尚語錄　卷二）

臨濟門風，不求文義，不息念歸空，世尊未拈花處，迦葉未微笑時，一切空虛，心中沒有思索。理學家常講『機』，『機』爲事件將發還未發的刹那，心將動還未動的心境，既不是靜又不是動，但是動能否合符理，常在這一刻而決定。要使自性天理自然流於動中。恕中和尚說：看世尊還沒有拈華，但卽將拈花；迦葉還沒有微笑，但卽將微笑；他們的心境是沒有思考，沒有計劃，他們的動作，乃心的自然流露，立刻成就事實，「如白衣拜相，如平地登仙，不涉階梯。」即是頓然開悟，立地成佛。

恕中和尚語錄卷六有「天臺空室慍師行業記」，略述他的生平：

「師諱無慍，字恕中，別號空室。台之臨海人也。族姓陳氏，父壽，母林氏。……年未冠，白父母自願歸沙門，往徑山，依寂照端公，薙髮受具足戒於昭慶寺。明年謁淨慈靈石芝公，又明年造鳳山楊墳，見一元靈公，靈公得方山靈公之傳，造詣深遠。……後來流四明，見太白砥公，典藏鑰居十載，偕木庵聰公，大宗興公往台州紫籜山謁竺元道公。……先主明之靈巖……後主台之瑞巖。……天朝之洪武七年夏，日本國主遣使入貢，就奏請師化其國。……上召師至闕下，師以老病辭。上閔而不遣，留處天界。……十七年，其弟子居頂住鄞之翠山，迎師就養。……一日忽遘疾，僧問疾者至，師惟力談禪病，勉以祖道自重，無一語及世間相，索筆書偈，……端坐而逝，實洪武十九年丙寅七月十日也，壽七十有八。……」

他生於元武宗至大二年己酉（公元一三〇九年），逝於明洪武十九年（公元一三八六年），著有山庵雜錄。

（丙）南石和尚

中華大藏經除上述兩禪師語錄外，還收有明朝愚庵及禪師語錄，有宋濂的序，又有南石和尚語錄，有姚廣孝的序。姚序作於永樂十一年，廣孝和南石稱爲「法門昆季」，乃同時人。姚序說：

「余三十時，值元季……遯迹巖壑間，迺得參徑山愚庵及公，咨叩禪要，公以余性頗慧，不倦開發，命掌記。侍公左右三載，得嘗鼎臠，而知其味矣。是時浙河東西禪林尊宿，如了庵欲楚，石琦行中，仁恕中慍，了堂一木菴聰輩，提倡宗乘，……余私喜之，曰：像季之世，何幸得見佛日之朗耀，法雨之廣澤如此耶！不意數十年，諸大老相繼入滅，禪林寥寥然，一無所聞。縱有一人半人，號稱善知識者，惟務杜撰僻說，胡喝亂棒，狂嚇里夫巷婦，眞野狐種類也。故識者之所哂而不道，祖翁命脈一髮而已，其可哀乎！間有俊傑之士，深伏草野而不肯出。……如我南石和尚，儒釋兼備，宗說俱通，負超卓之才，懷奇偉之器。行中仁公住雲巖，得和尚，猶慈明之得黃龍也。……和尚初住蘇州普門，次雲巖，三遷主萬壽。未幾退隱吳淞之上，日與山翁野老，說無義語爲樂，而大忘人世也。逮我聖天子卽位以來，詔天下儒釋道流之深通文義者，纂修永樂大典，和尚應詔而起，留京三年。……居無何，杭之徑山住持缺席，僧錄司公舉非南石和尚不可補處，於是和尚忻然遂行，登凌霄峯頂。……和尚老且病，倦於人事，卽引退，卜地於寂照塔左，結廬以居。……上首弟子寶華文琳長老錄和尚四會法語，裒爲一帙，持來京師，乞余序其首。余以和尚得法於行中公，余參學於愚庵二公，同嗣元叟端禪師，余與和尚，爲法門昆季，敍不可得而辭也。和尚諱文琇，字南石，凡四坐道場，皆有成績可觀。……」

（徑山南石和尚語錄序，姚廣孝撰）

元叟禪師的思想，曾在元朝哲學思想中講過，恕中仁和尚的思想在上一段研究過。南石爲恕中和尚的弟子，由恕中往上追溯，都有法統可尋，南石和尚爲江南的臨濟宗，承繼杭州徑山禪院的禪風。洪武五年，住蘇州普門禪寺，洪武十二年住靈巖報國寺，洪武二十九年住蘇州萬壽報恩光孝禪寺，永樂七年住徑山興聖萬壽禪寺。

「上堂，可貴天然物，無一無伴侶，覺他不可見，出入無門戶，促之在方寸，延之一切處。你若不相信，相逢不相遇。寒山子來也，不審不審。」

（南石和尚語錄　卷一）

這一段語錄，是在蘇州普禪寺所說。一切物本是虛無，然有眞如實相。無一物無實相，實相便是伴侶，但不可見，「促之在方寸，延之一切處。」在普禪寺的另一段語錄，指示禪法：

「上堂，心動念是妄，忘知泯見是妄，總不恁麼亦是妄，拈拄杖云：

華陰山前百尺井，中有寒泉徹寒冷，

誰家女子來照影，不照其餘照斜領。」（同上）

南禪的禪法，在於無心無念，但一切任其自然，不能心中有意去修無念，心動固然是妄，用意去摒除一切思念也是妄，無論怎麼有心思便都是妄。人的心要像百丈寒泉，只有徹骨寒冷的清泉，寒泉中呈現眞如實相。

「當晚，小參。

三間茅屋瓦溪頭，自意同盟有白鷗。

今日又來峰頂坐，因緣時節豈人謀。

所以衲僧行履，如孤雲出岫，忽彼忽此，動靜自繇，去來無相。二絲一有，一亦莫守。一心不生，萬法無咎。擊拂子，莫謂從前多意氣，他家曾踏上頭關。」（南石和尙語錄 卷一）

「一心不生，萬法無咎。」爲禪門要法。行履自如，去來無相。南石當時尙是壯年，有儒家和道家的思想，結茅屋，伴白鷗，並不是禪家風氣。

他首次在蘇州萬壽報恩光孝禪寺說法時，說明自己的思想。

「當晚，小參。……

善知識，分宗別派，各立門庭，具驅耕奪食之機，有摧邪顯正之用。正眼觀來，總不消得。

須知我此門中，別無奇特，只貴明自本心，見自本性。聞聲見色，總是尋常，喫飯著衣，色色仍舊。初不用希求勝妙，以爲有得。豈不見大茅和尚示衆云：欲識諸佛心，向衆生心行中識取，欲識常住不凋性，向萬物遷遏處會取。古人恁麼說話，多少現成，多少明白。今人不能洞曉，蓋是自生不解障，却本有一段光明。

山僧今夜入門之始，聚首之初，終不肯說玄說妙，愈增知解。只將現成句子，覿面拈出，且作麼生是現成句子，以拄杖卓一下。」（南石和尚語錄　卷一）

『明自本心，見自本性。』爲禪宗的標語。一切都由自心，就日常事物中體驗。

在徑山萬壽寺第一晚說法，也有一篇很深入的語錄，不是話頭，也不是偈，在話裏顯露玄機。

「當晚，小參。十字街頭，紅塵浩浩。孤峯頂上，白雲依依。不是目前法，非耳目之所到，不是靈山拈花之旨，不是少室面壁之機，不可以智知，不可以識識，不可以語言造，不可以寂默通。直到十分無影像，三界絕行蹤，正是黑山下活計。設使掀翻宇宙，打破虛空，坐斷古今，高超物表也。……」（南石和尚語錄卷二）

禪法，不是釋迦佛拈花的法，不是達磨面壁的法，而是每個人的心法。不能用智去取，不能用識去認識，也不能用語言去講，也不可用靜坐去通，祇是每人自心的直覺，直覺應證。

「布衫多丼，七花八裂，好趁斜陽，補此一缺。

索上是經，松梢是月，欲覓了時，虛空釘橛。」（南石和尚語錄卷二，朝陽對月。）

（丁）博山和尚

禪在明初，已經萎靡不振，到了明中葉後，弊端頗多。雖有圓悟密雲，圓修天隱，憨山德清，在明末稍振禪風，已不能恢復昔日的盛風。明朝末葉有博山和尚，著參禪警語，指示修禪的人一些參禪的弊病。

博山和尚諱大艤，又諱文來，學者稱無異和尚。俗姓沙，龍舒人，生於明神宗萬曆三年（公元一五七五年）逝於明思宗崇禎三年九月十八日（公元一六三〇年）。年十六歲，依五台靜庵通和尚出家，從有空觀。後五年，往參寶方無明老人。萬曆三十年，到江西豐邑博山，住能仁寺。萬曆三十六年，因無明老人招，往閩中薰巖寺。崇禎三年卒，壽五十六。

參禪警語分上下兩卷，上卷有示初心做工夫警語，評古德垂示警語，下卷繼續引述古德警語，卷末有示疑情發得起警語，示禪人參公案警語。

初心做參禪工夫，「最初要發個破生死心堅硬，看破世界身心悉是假緣。」（卷上）做工夫要使自己死於一切，「把個死字，貼在頭上。」要什麼都看不見，「通身內外只是一個疑團，可謂攪渾世界。疑團不破，誓不收心。」「果與疑團廝結在一處，動境不待遣而自遣，妄心不待淨而自淨，六根門自然虛豁豁地。」做工夫不得沾世法，不可尋文逐句，記言記語，不得比量，最要是切，不切則懈怠，生放逸不得有絲毫別念，不得用心去計量等待。不可逃避喧嘩，求靜坐，瞑目合眼，這是坐在鬼窟裏作估計。做工夫要中正挺勁，不談人情，一日要見一日工夫，不可因因循循。

做工夫舉起話頭，「要歷歷明明如猫捕鼠相似，直所謂不斬黎奴誓不休。」「不可在古人公案上卜度，妄加解釋。」「行不知行，坐不知坐。謂話頭現前，疑情不破，和尚不知有身心，何況行坐耶。」「着不得一絲毫別念，行住坐臥，單單只提起來參話頭，發起疑情，憤然要討個下落。」

做工夫「不得求人說破。」「不祇是念公案，念來念去，有什麼交涉。」「不妨一一舉起話頭。如看無字，便就無上起疑情。」「疑情發得起，更要撲得破。」（以上引語，俱見參禪警語卷一）

在卷下，示疑情發得起警語指出幾種錯謬的心境，和禪相反。

「做工夫，疑情發得起，與法身理相應，見盡大地光皎皎地，無絲毫障礙，便欲承當個事，不肯撒手，…旣命根不斷，通身是病，非禪也。…」

「做工夫，疑情發得起，與法身理相應，攪渾世界，得波翻浪湧一致受用，行人躭着此受用，推不向前，約不退後，……通身是病，非禪也。……」

「做工夫，疑情發得起，與法身理相應。看山不是山，見水不是水，盡大地遍塞塞地，無纖毫空缺處，忽生一個度量心。……通身是病，非禪也。……」

「做工夫，疑情發得起，與法身理相應，便沈沈寂寂，休去歇去，一念萬年去，……通身是病，非禪也。……」

「做工夫，疑情發得起，與法身理相應，坐到湛不搖處，淨躶躶，赤灑灑，沒可把，便放身去不識得轉位就機，向這裏強立主宰，滯在法身邊，通身是病，非禪也。……」

「做工夫，疑情發得起，與法身理相應；面前隱隱地似有個物相似，將此隱隱的，疑來疑去，樁定個前境，便謂入得法身裏，見得法界性，不知此等揑目所成，通身是病，非禪也。……」

「做工夫，疑情發得起，與法身理相應，見古人道盡大地是沙門一隻眼，盡大地是自己一點靈光。……便向這裏領略，不肯求進益，生不得，死不得，將此解路，謂之悟門，通身是病，非禪也。……」

禪的境界，靈活自如，不拘於一理一念，不僵於死寂，通身是眼，不留絲毫痕跡。博山在參禪警語結束處，有示參禪十偈，再總結參禪的要法。「參禪須鐵漢，毋論期與限。……」「參禪莫論久，不與塵緣偶。……」「參禪莫莽鹵，行誼要稽古。……」「參禪沒主宰，祇要心不改。……」「參禪須審細，莫把工程計。……」「參禪發正信，信正魔宮震。……」「參禪休把玩，倏忽時光換。……」「參禪無巧拙，一念貴超越。……」「參禪須趁早，莫待年紀老。……」「參禪莫治妄，治妄仍成障。……」禪宗本來不立文字；但是爲指引後進，禪師們留有許多語錄，也留有修禪的方法。然而文字越多禪境越少。

在明朝第一期哲學思想的結尾，講佛學的禪法，爲開啟第二期姚江學派思想的研究。

第三章　明朝中葉哲學思想

(一) 王陽明

王陽明，名守仁，字伯安，學者稱陽明先生，浙江餘姚人。生於明憲宗成化八年壬辰九月（公元一四七二年）。他的家世爲官紳之家，出於晉朝光祿大夫王覽的後裔，原籍瑯琊。覽的曾孫王羲之徙居山陰。覽的二十三世孫王壽自達溪遷餘姚。守仁乃爲餘姚人。他的父親爲壽的十世孫，名華，字德輝，成化十七年（公元一四八一年）進士第一人，官到南京吏部尚書。華常念先人所居山陰，山水佳麗，乃自餘姚徙居越城的光相坊。後來守仁在越城東南二十里的陽明洞，築室讀書，因此，有陽明先生的稱呼。

成化十八年，父官京師，迎養祖父，守仁隨入京，就塾師讀書，時年十一歲。後兩年，喪母。十五歲時，由京師遊居庸關。回越，年十七歲娶妻諸氏於洪都，合婚之日，守仁外出閒步，到鐵柱宮，遇一道士，坐談一夜，聞養生術。家人追尋，次日早晨纔回家。次年十八歲，在江西遇婁一齋，談理學。二十一歲舉於鄉。他的祖父王天敍，號竹軒，深究程朱之學。守仁從竹軒公處，徧求朱熹的書，盡心研讀，且願實踐格物致知。乃取竹分割研究，沈思竹理，不能得，竟致病。乃棄程朱理學，習科舉詞章。但是會試兩次不中。明孝宗弘治十年，守仁年二十六歲寓居京師，習兵書。弘治十二年守仁二十八歲，舉進士，不得於所學，乃求道士養生術，又講習佛法。築室陽明洞，行導引術。然又不以為足，遂摒棄佛道，回錢塘，圖出為朝廷用。三十三歲時，任山東鄉試考官。次年，在京師，和湛甘泉訂交，開始授徒，傳儒家聖賢之學。明武宗卽位，國號正德，奄宦劉瑾專權，逮捕南京科道戴銑薄彥徽，守仁上疏力爭，疏入，被廷杖四十，謫配貴州龍場驛，時年三十五。赴龍場時，途經錢塘，劉瑾遣人追殺，守仁假裝投身自殺，幸得免。到南京拜謁父親吏部尙書，遂赴龍場。

龍場在貴州深山中，居民為蠻夷，語言不通，隨從門生皆病。守仁常日夜端坐，以求靜一。自為石槨，隨時待死，以破生死一念。一天，在半夜中，忽然悟到格物致知的大道理，以聖人之道，本在吾心，昔日向外面追求，都是錯誤。

居龍場一年，正德四年（公元一五〇九年），守仁年三十八歲，提學副使席元山請主貴陽書院，講知行合一。次年，陞廬陵縣知縣，旋又調南京刑部，四川淸吏司主事。四十一歲時陞南京太僕寺少卿，次年回越，偕門生出遊，從上虞入四明觀白水，尋龍谿水源，登杖錫至雪竇，上千丈巖，自寧波回餘姚。四明和雪竇都是佛教禪宗的勝地，常有著名禪師住持。這年多天到滁州，遊瑯琊，正德九年，守仁四十三歲，陞南京鴻臚寺卿。

四十五歲時，陞都察院左僉都御史巡撫南贛。次年，履任。南贛地連四省，多盜。進兵平漳寇。改授提督南贛等處軍務，給旗牌，得便宜行事，平定橫水桶岡，大帽浰頭諸寇，奏設縣治，刻古本大學和朱子晚年定論。正德十四年，守仁年四十八歲，奉疏勘處福建叛軍，至豐城，忽聞宸濠反，遂回吉安，起義兵，擒獲宸濠，兼江西巡撫。在兵亂中，益證良知眞足以忘患難出生死，遂立致良知之說。陞南京兵部尚書，參贊機務，封「新建伯」。

明世宗嘉靖元年（公元一五二二年），守仁丁父憂，在越家居，時年五十一歲。嘉靖三年，八月，宴門人於天泉橋，次年，年五十四歲，夫人諸氏卒，守仁在龍泉寺中天閣每月初八和廿三日，會見門生，門生設陽明書院。按制，服滿例應起復，御史石金，尚書席書交章論薦，皆不報。守仁留越，天天和門生講習致良知之學。嘉靖八年，詔命兼都察院左御史，征思田，總督兩廣及江西湖廣軍務。九月由越中出發，十一月抵梧州。次年平思田，興學校，撫新民，襲破八寨斷藤峽。忽發重病，上疏請告假就醫，疏入不報。坐輿至南寧，乘船入廣州，再乘輿到韶州，踰梅嶺，至南安，十一月廿五日，登舟。廿八日晚，問泊何地，侍者答說：

「青龍舖」。次日，召南安推官門人周積，說：「吾去矣！」積泣下，問遺言。守仁微哂說：「此心光明，亦復何言！」瞑目而逝。時嘉靖七年戊子十一月廿九日辰時（公元一五二八年），壽五十七歲。門人護柩由南昌入越。嘉靖八年十一月，葬於越城三十里洪溪，門人會葬者千餘人。朝廷對於爵廕贈謚，都不行典，且下詔業異學。明穆宗隆慶初，贈封新建侯，謚文成。

(1) 直接體驗

(甲) 從文到佛道

王陽明的思想歷程，先習科舉的詞章，豪邁不羈。十一歲隨祖父到京師時，路過金山寺。祖父竹軒公和客人飲酒賦詩，詩還沒有作成，十一歲的守仁，卻作了一首詩：

「金山一點大如拳，
打破維揚水底天。
醉倚妙高臺上月，
玉簫吹徹洞龍眠。」（王文成公全書 卷三十二，年譜一）

當時舉座客人都很驚奇，今天我們讀這首詩也很驚訝十一歲小童的天才。二十一歲中鄉試，二十八歲中進士。他科舉的生涯，到此結束。便想做官，治國治民。然不得志，便泛入道佛。他主赴山東時，有山東詩六首，其中第四首說：

「塵網苦羈縻，富貴真露草，不如騎白鹿，
東逝入蓬島。…………遙見碧霞君，
翩翩起員嶠，玉女紫鸞笙，雙吹入晴昊。
舉首望不及，下拜風浩浩，擲我玉虛篇，
讀之殊未了。傍有長眉翁，一一能指道。
從此煉金砂，人間跡如掃。」（王文成公全書　卷十九，登泰山詩）

第五首結語說：

「魯叟不可作，此意聊自快。」（同上）

這是傾向道教的心境，因不得志而發生。然而當時還不過三十多歲，三十而立之年就想做大官，志向未免太大，他在家鄉成婚的當天，曾經到道觀和一道人談養生，竟忘記了回家合婚。那時他還止十七歲。所以說，他傾向道教煉丹，不是因爲大志未酬，而是因爲思想傾向道家。他說「魯叟不可作」，是說不能追隨孔子成聖賢，在山東一年，到京師，任兵部主事，有「憶龍泉山詩」：

「我愛龍泉寺，寺僧頗疎野，
盡日坐井欄，有時臥松下。
一夕別山雲，三年走車馬，
媿殺巖下泉，期夕目清瀉。」（王文成公全集 卷十九，憶龍泉山）

這是羨慕僧人的詩，雖只說「我愛龍泉寺」，沒有說自己愛佛法，然而心中有媿。龍泉寺在餘姚，守仁曾在寺中結詩社，不過在這時候，他已經在京師遇到湛甘泉，開始教授門徒應立「必爲聖人之志」。

「陽伯卽伯陽，伯陽竟安在。大道卽人心，
萬古未嘗改。長生在求仁，金丹非外待。
繆矣三十年，于今吾始悔！」（王文成公全書 卷十九，贈陽伯）

三十年求學都錯了，現在他後悔。但是他雖然講論佛家之道，也研究程朱的理學，心中卻沒有斷了疑慮，更沒有信心。當他年青時，隨着父親住在京師，研究朱熹的著作，注意朱熹格物致知的學說。朱熹曾說對於事物要逐件研究，今天格一事，明天格一事，久了自然貫通，守仁便取竹子來研究，東看也不成，西看也不成，摘了葉也不成，格了枝也不成。癡癡呆呆對著竹子，什麼理也看不見，生性又急，急出了一場病。從此，他對朱熹的格物致知再不相信，對於修身之道也存有疑心。

朱熹的格物致知，所知的理是天理，而不是生物學和物理學上的理。所謂天理，卽是宇宙萬物變易之理。變易之理和人心的生命有關連。一個人對着竹子，馬上會看到竹子的生意，綠葉常茂，春冬常青不凋零，這種生氣在竹子枝幹上表現出來，而且又表現出一種不畏風雪的勇氣。青年的王守仁沒有理會到這一點，卻死死地尋求竹子的植物生理，不懂植物學的青年，對着竹子可以懂得什麼呢？而且他用的方法是科學實驗的方法，又不是朱熹的格物法，朱熹講格物爲研究事理，研究法爲就事推論。就目前具體的事情，斟酌各方面環境，和內外的理由，而求合理應付這事之道。如一個人目前應如何孝敬父母，應從自己和父母的境遇，推論出合理的孝敬之道。這種研究，先有人心孝道的原則，然後研究應用原則之道。每個人都知道孝敬父母，乃是心中的天理；把原則應用到外面的事物上，不是心中先天就有知識，是要下功夫去研究。在這種研究時，心和事物相對，理和事相對，心和理在內，事物在外。王陽明感到這種心物相離，總不能使人的修養工夫，是內心的工作，祇是一種推論的知識，不是人的整體生活。他認爲成聖賢是人的整體生活，不能用這種格物致知的方法；然而他又想不出更好的方法，因此他就以爲成聖不是人人所可做的事，要看天生的緣份。

(乙) 頓悟格物致知的意義

陽明到了龍場，在萬山叢棘中，和蠻夷之人同處，又有毒蛇猛獸和瘴氣的危險，便把生死置之度外，以求超脫生死。一天晚晌，忽然大悟格物致知的意義。

「因念聖人處此更有何道，忽中夜大悟格物致知之旨，寤寐中若有人語之者，不覺呼躍，從者皆驚。始知聖人之道，吾性自足，向之求理於事物者

誤也。乃以默記五經之言證之，莫不脗合。」（王文成公全書 卷三十二，年譜一，年三十七 在貴陽）

守仁當時「日夜端居澄默，以求靜一，久之胸中灑灑」（同上）。他遵守宋朝理學家的修養法，靜坐以求心安。他當然也知道佛教的禪法，澄清心中的萬慮，掃除一切思念。在這種靜坐中，他忽然看到了格物致知的意義。他是在靜默中忽然直接體驗了心中具有萬理，萬理在心中皎皎光明。他就領悟到對於萬物之理，不必也不能從外面事物中去研究，而是要自己的心去體驗。

「然世之講學者有二：有講之以身心者，有講之以口耳者。講之以口耳，揣摸測度求之影響者也。講之以身心，行著習察實為諸己者也。知此，則知孔門之學矣。……夫理無內外，性無內外，故學無內外。講習討論，未嘗非內也；反觀內省，未嘗遺外也。夫謂學必資於外求，是以己性爲有外也，是義外也，用智者也。謂反觀內省爲求之於內，是以己性爲有內也，是有我也，自私者也。是皆不知性之無內外也。故曰精義入神，以致用

也。利用安身，以崇德也。性之德也，合內外之道也。此可以知格物之學矣。……」（王文成公全集 卷二，答羅整庵少宰書）

講學的方法有兩種：一種是分析的研究，藉著口耳的知識去揣測；一種是直接的體驗，藉着身心去行著習察。守仁去發現的方法，是第二種，「精義入神」，以自己的心，深入性理之中，體驗性理的活潑生動，直接現之於事物，「利用安身」。

這種體驗的要點，在於性無內外和理無內外。佛教大乘的天台和華嚴，特別注意掃除事和理的隔閡，主張理事相融。禪宗更是破除心物的分別，心所知的事就是自心，就是心的本體眞如。守仁肯定了這一個重點：「夫理無內外，性無內外，故學無內外。」

理是一個，心中的理就是外物的理。掃除心中的私慾，使自己人性之理能夠見到。見到，不是用理智去推測，而是自心的體驗，即是大學所說的明明德。

「理一而已。以其理之凝聚而言則謂之性；以其凝聚之主宰而言則謂之心；以其主宰之發動而言則謂之意；以其發動之明覺而言則謂之知；以其明覺之感應而言則謂之物。故就物而言謂之格；就知而言謂之致；就意而言謂之誠；就心而言謂之正。正者正此也，誠者誠此也，致者致此也，格者格此也，皆所以窮理以盡性也。天下無性外之理，無性外之物。學之不明，皆由世之儒者，認理爲外，認物為外，而不知義外之說，孟子蓋嘗闢之。」（同上）

把理，性，心，意，物，歸之於一。朱熹也曾以理，性，天，心，歸之於一，因爲實際上理就是性，性就是天然之性，心是性的實現。但是朱熹不以意和物歸於理、性、心之一，情是心之動，意是心動之所之，物則是意之所之。因此，朱熹以情動而向於物，物在外；知動而對於外，物在外，主體和客體不是同一的唯一體，情和知的對象爲客觀的外體，而不是心所造；朱熹不主張佛教的唯心論，王守仁則以物在心內，物爲明覺之知的感應。他沒有說物是知的對象，而說是知的感應。感應爲知所生。知是心的明覺，心就是理，心的明覺也就是理的明覺，理的明覺就是明明德。明明德所有的感應是什麼呢？不是知所知的對象，對象不稱爲感應，感應是因着知所知的對象而引發的。孝之理在被認知時，引發什麼感應呢？是去行孝。明覺所引發的感應便是『行』。

（丙）行是物

王守仁的內外合一，後來稱爲『知行合一』，從這點上看，他並不是唯心論。他所講的『行』，在後面我要深入討論。在這裏只簡單地說，行是知的感應，知是明明德，感應是明德的自然感應，也就是明德的『明』，卽是明德的表明。明德是理，理的表現卽是心對於所遇的事物應付之理。當心遇到一事時，心就直接體驗到自心對於這事所有之理，心所體驗的理，不是抽象的理，而是這事在實行時之理，實行之理是整個之理，整個之理包括『行』。行便包含在理以內，是理的一部份，心直接體驗到這理時，就體驗到理之實行。所以行在心內。至於外面的行，也就是心內的行之實現。所以內外合一。心外無理，心外無物。

禪宗實行直接體驗，摒除一切分析，因爲本體眞如，超越一切，絕對無量，不能用分析去研究。禪師頓悟時，自性本體在心中顯露，心和本體合一，本體涵蓋一切萬法，萬法和本體融會爲一。王守仁頓悟格物致知之道，理在人心，人心卽理；理乃唯一，外物之理和人心之理相合爲一，王守仁沒有把『理』看作人物的本體，也沒有把『理』看作人物同一的性，就是沒有像禪宗把本體眞如作萬法的自性，作萬法的本體。守仁祇以人心就是理，理和外面事物之理爲一。

理卽是『明德』，是善的人性，善的人性本來光明。人心若沒有私慾，人就能見到這種光明，在『明德』以內看到世物的理。

看到世物之理，理便表現於事物，理便是行。這種行，乃是『明德』的表現，所以在人心內。然而表現要見之於事物，『行』乃見於外面的行動；外面的行動不是和『明德』的表現相脫離，而就是這種表現，沒有內外之分。例如孟子曾經說義不在人心以外，義是在人心以內。

人若直接體驗了『理』，人的知是明白清楚，在知內包括了行。行就是物。守仁以格物，誠意，正心所有的對象，都在於物，卽在於行。「正心者，正其物之心也；誠意者，誠其物之意也；致知者，致其物之知也。」（同上）

王守仁又以『事』去解釋『行』（物）。人爲求學，應常常想着自己要『行』，因爲看到『理』，便有感應之『行』，卽是有事做。理和行不能分，心和事也不能分。

> 「近歲來，山中講學者，往往多說勿忘勿助工夫甚難。問之則云：才著意便是助，才不著意便是忘，所以甚難。區區因問之云：忘是忘個什麼？助是助個什麼？其人默默無對。始請問區區，因與說我此間講學，卻只說個必有事焉，不說勿忘勿助。必有事焉者，只是時時去集義。若時時去用必有事的工夫，而或有時間斷，

此便是忘了，卽須勿忘，時時去用必有事的工夫，而或有時欲速求效，此便是助了，卽須勿助。其工夫全在必有事焉上。」（王文成公全書 卷二，答聶文蔚 二）

若不「必有其事」，只求勿忘勿助，王守仁說是懸空不着實地，好比燒鍋煮飯，鍋裡不放水，不下米，卻注意添柴放火。「不知畢竟煮出個甚麼物來！吾恐火候未及調停，而鍋已先破裂矣。近日一種專在勿忘勿助上用工者，其病正是如此。終其懸空去做箇勿忘，又懸空去做箇勿助，漭漭蕩蕩，全無實落下手處。究竟工夫只做得箇沈空守寂，學成一箇痴騃漢。」（同上）這種學派不是朱熹的一派，朱熹一派就事物分析研究，這一派懸空講勿忘勿助，乃是學禪法而靜坐的人，禪宗也講勿忘勿助，宋明理學的一些學者，專門講靜坐以求安心，注意勿忘勿助。禪師所講勿忘勿助，以能頓悟自性眞如；理學者祇知靜坐，勿忘勿助，卻不知求什麼？王守仁責斥這些人爲痴騃。他不用分析研究，也不用空寂靜坐，他用直接驗法，也就是直接應證法，直接體驗心中之理，在理中有行。

守仁給他的這種方法，取名叫『致良知』，他把理和行稱爲『良知』，致知就是致良知。

這種直接體驗的方法，守仁引大學作證。大學說：「如惡惡臭，如好好色。」（第六章）好好色，惡惡臭，乃是直接的體驗，不是分析，不是推論，而是直覺。

「後徐愛因未會先生知行合一之訓，決於先生，先生曰：試舉看。
愛曰：如今人已知父當事，兄當弟矣，廼不能孝弟，知與行分明是兩事。
先生曰：此被私欲隔斷耳，非本體也。聖賢教人知行，正是要人復本體。
故大學指示眞知行以示人，曰：如好好色，如惡惡臭。未見好色屬知，好好色屬行，只見色時已是好矣，非見後而始立心去好也。聞惡臭屬知，惡惡臭屬行，只聞臭時已是惡矣，非聞後而始立心去惡也。又如稱某人知孝某人知弟，必其人已曾行孝行弟，方可稱他知孝知弟，此便是知行之本體。
愛曰：古人分知行爲二，恐是要人用工有分曉否？
先生曰：此正失卻古人宗旨。某嘗說知是行之主意，行實知之工夫，知是行之始，行實知之成，已可理會矣。」（王文成公全集　卷三十二，年譜一，三十八歲在貴陽）

知行合一的主張，在後面要研究；但是王守仁說知行之本體乃是合一，這一點對於直接體驗的方法有很大的關係。直接的體驗或應證，不是體驗一種抽象的死靜的理論，而是體驗一椿活潑生動的理，人心是活的，所直接體驗的，應當是活的。王守仁以自心直接體驗到『理』，『理』是活的，是行的，因此體驗和行，在本體上合一。人見到好色就喜歡，聞到惡臭就厭惡，見色和喜歡，聞臭和討厭是同時的，是不可分的，雖然不是同一的，然而是合一的。所謂知行本體，指的是理的本體，知是理的本體之表明，是明德之明，行是理的本體之一部份，因此知行在理的本體上，相合於一。王守仁所講的知行合一，和普通人所說的知行，意義不相同。普通人說知，是知道一椿道理，知道一件事情。道理和事件爲知的對象，仁在心以內，更不是心，普通人所說的行，是外面的行動，由心去發動，這種行也是在心以外。這樣知是知，行是行；或是知在先，或是行在先，兩者不合爲一。王守仁所說的知行，知是人心對於『理』的直接體驗，卽是人見到『理』，見到『理』是看到『理』的本體，『理』的本體是動的，所以，直接體驗到『理』時，也就體驗到『理』的動；知和行在『理』的本體上相合。好比，看電影，一看電影就看電影在動，因爲電影本身就是動，電影若不動就不是電影，而是一張靜止的像片，失去了一切的意義。

（丁）理是光明

王守仁的知行合一，建立在『理』的本體上。『理』所以使知行合一，因『理』的本體有兩種特色；一是自身是光明，能表明自己；一是自身常動，以完成自己。理自身表明自己就是知，理自身帶動以完成自己就是行。知行乃是『理』的特性。

所謂直接體驗，不是感覺的知覺，眼睛看物，耳朶聽聲音，當然是直接的經驗，然而在感覺的直接經驗裡，感官和對象客體互相分別，眼睛看物而不是物，耳朶聽聲音而不是聲音。王守仁的直接體驗，是心對於自己的體驗，所以說反觀自心。心反觀自己，直接體驗心的本體，心的本體是理，是良知。禪宗教人反觀自心，直接體驗心的自性眞如。眞如是光明，直接體驗眞如稱爲悟，卽見到光明。王守仁以人心之理，也是光明，稱爲明德。人體驗人心之理，便見到『理』的光明，所以說良知是光明，照徹一切事物。

「澄問喜怒哀樂之中和……

先生曰：……無所不中，然後謂之大本；無所不知，然後謂之達道。惟天下之至誠，然後能立天下之大本。

曰：澄於中字之義，尚未明白。

曰：此須自心體認出來，非語言所能喩。中只是天理。

曰：何者爲天理？

曰：去得人欲，便識天理。

曰：天理何以謂之中？

曰：無所偏倚。

曰：無所偏倚，是何等氣象？

曰：如明鏡然，全體瑩徹，略無纖塵染着。」（王文成公全書 卷一，傳習錄上）

人心本體無所偏倚，所有氣象，爲「全體瑩徹」，卽是光明。心卽是理，心的瑩徹，就是理的瑩徹。沒有私慾掩蔽時，『理』自然瑩徹光明。既然本體是瑩徹光明，便能爲人所直接體驗。

「問聖人應變不窮，莫亦是預先講求否？先生曰：如何講求得許多，聖人之心如明鏡。只是一箇明，則隨感而應，無物不照。未有已往之形尚在，未照之形先具者。……」（同上）

聖人之心如明鏡，沒有污染，瑩徹光明，能够遍照一切事物。然而明鏡照物，要是物在面前，所以「未有已往之形尚在，未照之形先具者。」照物之形，祇是物在面前的一刻，這就同直接體驗一樣，不和理智分析事物相同。理智分析事物，可以分析以往的事物，也可以分析將來的事物；直接體驗則祇能體驗眼前的事物，就同鏡子照物一般。所以從守仁的這一段話裡，可以懂得他所頓悟的方法，即是直接體驗法。

這種直接體驗法，非常簡單，但沒有言語可以說明，也沒有工夫可以求學，是一種自然而成的事。求學的人，在於掃除直接體驗的障礙，卽是除去私慾，人心沒有私慾，自然可以直接體驗心中的理。

「問上達工夫。

先生曰：後儒教人，纔涉精微，便謂上達。未當學，且說下學。是分下學上達爲二也。夫目可得見，耳可得聞，口可得言，心可得思者，皆下學也。目不可得見，耳不可得聞，口不可得言，心不可得思者，上達也。如木之栽培灌溉，是下學也；至於日夜之所息，條達暢茂，乃是上達。人安能預其力哉。」（同上）

下學是分析之學，是莊子所稱的小知。上達則是直接的體驗。下學所能得到的，祇是事物的外形，上達則進入事物的本體。分析時，是心去思考；直接體驗時，是心的本體直接表白出來。朱熹的格物致知，是心去研究『理』，王守仁的致知，乃是『理』自己表白出來，心直接見到。

「問看書不能明，如何？先生曰：此只是在文義上穿求，故不明。……須於心體上用功。凡明不得，行不去，須反在自心上體，當卽可通。蓋四書五經不過說這心體，這心體卽所謂道心。體明卽是道明，更無二。此是爲學頭腦處。」(同上)

求學不要在文義上去穿求，要在心體上用功。反觀自心，直接看到『理』，理是光明。理卽道心，就是心的本體。

(2) 心

（甲）王陽明以前之學者論心

要明瞭王陽明的思想，必定先要明瞭心的意義；心學是陽明學說的根基。守仁替陸象山文集作序，說象山的學說爲心學。心學從孟子開始後失了傳，後來有了佛教的心學，儒家的心學則在孟子以後到了宋朝纔有陸象山繼承。理學家講儒家道統時，常以孟子之後沒有傳人，到了宋朝纔有周濂溪繼承道統，張載二程朱熹又是周子以後繼承道統的人。守仁卻以陸象山繼承孟子，他自己則繼承陸象山。象山既講心學，守仁便也是講心學。

孟子講心，以心爲善德之心，表現人性之善。孟子以人心爲仁，仁包括義禮智。仁義禮智在人心，即是惻隱之心，羞惡之心，辭讓之心，是非之心；惻隱之心包括其他之心。孟子以這四心爲四種善德之端，四心雖爲四，實際則是一，因爲心是唯一的。仁爲心的本體，四心爲心的表現。惻隱之心當然是這一個心，羞惡之心也是這個心，辭讓之心也是這個心，是非之心也是這個心，心是惻隱，心是羞惡，心是辭讓，心是是非；即是說心仁、心義、心禮、心智。這四種善端之心，爲心的良能，人都不學而能。同時心有良知，不用學就知道惻隱、羞惡、辭讓、是非。人爲求學，求爲聖賢，祇要收心，使心表現自己的本體，勿忘勿助，自然歸於善。普通一般人做不到，是因爲放了心，心散在許多事務上，加以私慾偏情，掩蔽了良知，心的良能就不能表現，人乃作惡。孟子的學說乃是存心養性。

漢朝儒家沒有人繼承孟子的思想，董仲舒講天人相配，王充講性分三品，都沒有明瞭孟子性善的意義。唐朝是佛學盛行的時代，佛學尤以禪宗爲最盛，禪宗講心學；然而禪宗的心學和孟子的心學更不相同。

佛教大乘主張唯心，一切由心所造。心是什麼？是識和情的根本。然而這個心是假心，由眞如實體蒙受染污而成。因染污而有十二因緣，十二因緣所在地是心，因着心的邪妄而有物執我執，因此乃有我和萬法。解脫的方法就在洗除眞如的染污，使眞如能夠現出，破除物執我執，以萬法爲空。染污所在是心，眞如所在也是心，佛教便講定和慧。定使心安靜，掃除一切妄念，定的方法是坐禪。慧是悟道，知道一切皆空，又知道虛空中有實體眞如，畢竟不空，實體眞如爲萬法自性，萬法都有實體眞如，因而說萬法都有佛性。佛性在人爲人心，人心便是佛心，佛心蒙染污則是假心。坐禪以息妄念而洗靜染污，人便可以成佛入涅槃。

禪宗更明瞭了當地說人心是眞如，眞如是光明。人靜息一切思念，無念無心，在完全虛靜中反觀自性，立刻見到眞如。這就是頓悟。頓悟眞如後，眞如的光，照徹世界一切事物，知道一切是虛空；然而在虛空中有外在的形式，形式也有價值。眞如的光，照出這些意義和價值，悟道的人就知道應付一切。

宋朝裡學家受了佛學的刺激，注意到心學。然而他們厭惡佛教禪宗的無念無心，使人淪於枯木槁灰。他們採取孟子的收心養性學說，又接納大學的正心誠意和格物致知，結合成理學的修養論，即是守敬主靜，以心爲主宰。

陸象山主張心卽理，理不分內外。人不必就外物去研究，只反觀自心卽知天理。朱熹固然也說心是理，然而外物各有自己的理。『理一而殊』，不能以心的天理概括一切萬物之理。人爲知理，應外向萬物去研究，久而自通，卽人研究事物之理而看到唯一的天理時，人心的理乃能貫通一切。陸象山主張一理，理卽是心，心卽是理，理和心相等，心外無理。於是『心』不僅是識和情的主體，而且是成聖成賢的中心點，普通人說朱熹是道學問，陸象山是尊德性。實際上朱陸都是尊德性，也都道學問，祇是道學問的方法不同，因而尊德性的方法也不同。

(乙) 心是光明

荀子曾說心虛靈能知，宋理學家稱心爲神。虛、靈、神都爲精神體的特性，儒家常承認心爲精神。人不虛靈，則不能知，更不能思。普通人常以心和物相對，就是說精神和物質相對。心能知，能思索，乃是哲學上普遍的主張。知和思考，是要看事物之理；爲使眼睛能看事物，須有光明，在黑暗裡什麼都看不見，爲使心，卽是理智，能看見事物之理，一定也需要光明，當然不是物質的光明，而是精神的光明。哲學上又有一種普遍的思想，以精神體自身具有光明，或說精神體自身就是光明。這種思想在中國哲學裡也有。

儒家從古就說聖人的心清明，沒有慾情。易經說：「夫大人者，與天地合其德，與日月合其明，……」（乾卦 文言）聖人同日月合其明，雖指聖人的人格因善德而有光明，然聖人的人格基礎，在於聖人的心，聖人的光明就以心爲根源。「天地之道，貞觀者也；日月之道，貞明者也；天下之動，貞夫一者也。」（繫辭下 第一章）日月之道在乎當有光明，聖人之道，也在於常有光明。「是以明於天之道，而察於民之故，是興神物以前民用；聖人以此齋戒以神明其德夫。」（繫辭上 第十章）周易本義註說：「而於此焉齋戒以考其占，使其心神明不測。」『心』神明不測，因心爲精神體，故神妙莫測，精神體又是光明，故神明不測。

大學主張聖人之道，「在明明德，在親民，在止於至善。」（第一章）朱熹章句說：「明，明之也。明德者，人之所得乎天，而虛靈不昧，以具眾理而應萬事者也。但爲氣稟所拘，人欲所蔽，則有時而昏，然其本體之明，則未有嘗息者，故學者當因其所發而遂明之，以復其初也。」大學所說明德，卽是心，因爲朱熹註爲「虛靈不昧，以具眾理而應萬事者」。這個心的本體是光明。

王守仁發揮這種思想，以心的本體虛靈明覺，稱爲良知：

「心者，身之心也。而心之虛靈明覺，卽所謂本然之良知也。其虛靈明覺之良知，應感而動謂之意。」（王文成公全書 卷二，傳習錄中）

心，虛靈明覺，卽是大學所說的明德。因爲本體虛靈，心乃是明覺。

古人說聖人的心明淨如日，王守仁以聖人的心和衆人的心在本體上是一樣。有人問守仁學者做工夫，先要認得聖人氣象。守仁答說：

「聖人氣象何由認得？自己良知原與聖人一般，若體認得自己良知明白，卽聖人氣象不在聖人而在我矣。」（王文成公全書 卷二，傳習錄中）

守仁以良知爲照心，有人反駁說良知爲心的本體，照心爲心之用，良知不能稱爲照心。守仁答說：

「照心，非動者。以其發於本體之自然，而未嘗有所動也。」(同上)

良知爲心的本體，自然明覺可照，所以心的本體爲光明。這一點對於直接體驗或直接印證非常重要。所謂直接體驗，乃是心直接看見自己本體；心直接看見自己，是心的本體直接表現出來，直接表現出應有光明，否則不能表現自己。同時心須是清淨沒有私慾，否則私慾掩蔽光明，心的本體不能表現，直接的體驗也就不能實現。

(丙) 心自然能知

心既是光明，心能直接表現自己，這種表現稱爲知；心便自然能知，不必學，不必思索分析。

「先生又曰：知是心之本體，心自然會知。見父，自然知孝；見兄，自然知弟；見孺子入井，自然知惻隱，此便是良知，不假外求。」(王文成公全書卷一，傳習錄上)

知，爲直接的體驗；心的本體爲光明，知便是心的本體。這種知又如一面鏡子，父子出現在心面前，立刻照出孝的理。孝之理爲人心所有之理，反映在父子的事上。

「先生曰：無知無不知，本體原是如此。譬如日未嘗有心照物，而自無物不照。無照無不照，原是日的本體。良知本無知，今却要有知，本無不知，今却疑有不知，只是信不及耳。」（王文成公全書　卷三，傳習錄下）

太陽本體是光明，至於照與不照，那是看在光明下有物否，有物則照，無物則不照。照是對物而言，不是對太陽本體而言。心的本體是光明，遇着物則有照，照是知。知是對物而言，不是對心本體而言。然而知旣是照，照是光明的自然效用，便應說心的本體是知。因着這種知，天地萬物之理纔能由心顯出，就如一物要有鏡子纔能照出它的形狀。

「問人心與物同體，如吾身原是血氣流通的，所以謂之同體；若於人，便異體了，禽獸草木益遠矣。而何謂之同體？

先生曰：爾只在感應之幾上看，豈但禽獸草木，雖天地也與我同體的，鬼神也與我同體的。

請問。

先生曰：你看這箇中間什麼是天地的心？

對曰：嘗聞人是天地的心。

曰：人又什麼教做心？

對曰：只是一箇靈明。

曰：可知充天塞地，中間只有這個靈明，人只爲形體自間隔了。我的靈明，便是天地鬼神的主宰。天沒有我的靈明，誰去仰他高？地沒有我的靈明，誰去俯他深？鬼神沒有我的靈明，誰去辨他吉凶災祥？天地鬼神萬物，離却我的靈明，便沒有天地鬼神萬物了。我的靈明離却天地鬼神萬物，亦沒有我的靈明。如此，便是一氣流通的，如何與他間隔得！

又問：天地鬼神萬物，千古見在，何沒了我的靈明，便俱無了？

曰：今看死的人，他這些精靈游散了，他的天地萬物尚在何處？」

(同上)

這一段語錄可以和另一段語錄連在一起讀。

> 「先生遊南鎮，一友指岩中花樹問曰：天下無心外之物，如此花樹，在深山中，自開自落，於我心亦何相關？
>
> 先生曰：你未看此花時，此花與汝心同歸於寂。你來看此花時，則此花顏色，一時明白起來。便知此花，不在你的心外。」（王文成公全書　卷三，傳習錄下）

馮友蘭在他的中國哲學史講王陽明時，說陽明爲唯心論者。好比友人辯駁說：「天地鬼神萬物千古見在，何沒有我的靈明，便俱無了？」這都是沒有懂得王守仁的思想。守仁以知爲心的本體，人知自己的良知，是心本體的表現；人知萬物時，是萬物在心中所照的形體，又是心本體所反映的理。天地鬼神萬物有理有形體，理是人心的理之反映，形體是人心中所照出的形狀。因此，天地鬼神萬物若沒有人心的靈明，就沒有理沒有形體，就是無。同時人心的靈明，也要當着天地鬼神萬物時，纔能够表現自心的本體，就是一面鏡子沒有物可照時，鏡子就不成爲鏡子。王守仁講知，不以主體和客體爲二，不分內外，主體和客體應合爲一，一是心。然而守仁並沒有說外面的客體由心所造，他只說外物之理是人心之理，外物的形體爲人心所照之形。他不否認外面有天地鬼神萬物，然而他主張若沒有人心的靈明去知，天地鬼神萬物便等於不存在。人心若沒有天地鬼神萬物，將是一片空虛，因爲人心之理爲天地鬼神萬物之理，沒有天地鬼神萬物便是一片空白，知不能實現。佛教禪宗以人頓悟時，直接體驗自性的實相眞如。眞如爲唯一的自性實相，一切萬法都是假相，因此，頓悟眞如，便空虛一切的萬法，惟獨看到眞如。王守仁的直接體驗卽是良知，良知本體是理，理則是萬物之理，若沒有天地萬物，良知便不成爲良知，理便不是理了。在這一點，王守仁和禪宗完全不同。

心的知，爲照萬物，以隨事應付，心乃是人的主宰。佛敎以心爲假，不說心爲主宰。荀子則已提出爲主宰的特點。宋朝理學家都接受這種思想。心爲主宰，是主宰心的動，人的言行便由心去管制。在這種思想裏，心和動爲二，言行更屬於外；心爲主宰，心節制動，也管制言行。王守仁主張心爲主宰，具有自己的意見。

「汝若爲着耳目口鼻四肢，要非禮勿視聽言動時，豈是汝之耳目口鼻四肢自能勿視聽言動，須由汝心。這視聽言動皆是汝心。汝心之視，發竅於目；汝心之聽，發竅於耳，……所謂汝心，亦不專是那一團血肉。……所謂汝心，却是那能視聽言動的，這個便是性，便是天理。有這個性才能生，這性之生理便謂之仁。這性之生理，發在目便會視，……都只是那天理發生，以其主宰一身，故謂之心。」（王文成公全書 卷一，傳習錄上）

「先生曰：耳目口鼻四肢身也，非心安能視聽言動。心欲視聽言動，無耳目口鼻四肢，亦不能。故無心則無身，無身則無心。但其充塞處言之，謂之身；指其主宰處言之，謂之心。」（王文成公全書 卷三，傳習錄下）

王守仁合內外爲一，身和心相合。他說沒有心就沒有身，沒有身就沒有心。就不是從本體方面去說，而是從知方面去說。在知上，心和身相合而有知，心和身相合是由心主宰。心是主宰自己，而不是主宰身，心願看時，心的生理發在眼睛上，便能够看。主宰，是主宰心的生理。守仁說：「指心之發動處，謂之意；指意之靈明處，謂之知；指意之涉着處，謂之物。」（同上）主宰，便是主宰意。在主宰時，當然有知，有知也有物。

（丁）心是理

心是理，爲王守仁思想的中心點。陸象山曾標出這種主張：心卽理，心外無理。理在人心，朱熹也曾極力主張，以心統性情，性爲理，理在人心。然而朱熹不以心等於理，理以外還有情，理是性，情是氣，心兼理和氣。陸象山則不主張理氣二元，便主張理等於心，心卽理，理卽心；而且主張理祇有一理，理既等於心，心以外便無理。王守仁接受了這種主張。

「愛問：至善只求諸心，恐於天下事理有不能盡。先生曰：心卽理也。天下又有心外之事心外之理乎？愛曰：如事父之孝，事君之忠，交友之信，治民之仁，其間有許多理在，恐亦不可不察。先生嘆曰：此說之蔽久矣！豈一語所能悟！今姑就所問者言之。且如事父，不成去父上求個孝的理？事君，不成去君上求個忠的理？……都只在此心，心卽理也。此心無私慾之蔽，卽是天理，不須外面添一分，以此純乎天理之心，發之事父便是孝。……

愛曰：聞先生如此說，愛已覺有省悟處，但舊說纏於胸中，尚有未脫然者，如事父一事，其間溫清定省之類有許多節目，不亦須講求否？先生曰：如何不講求？只是有箇頭腦，只是就此心去人欲存天理上講求，

就如講求冬溫，也只是盡此心之孝，恐怕有一毫人欲間雜。（王文成公全書　卷一，傳習錄上）

這一篇對話，很明白地表現王守仁的思想。徐愛開始不信這種主張，以常情之理予以駁難。守仁的中心思想，在於一切全發於心，心爲天理，一切外面事務之理，祇是心之理的應用，而應用也還是心自己去用。例如孝道，孝之理是人心的天理；我現在對於父母該孝，是我心之天理用之於父母，用在外面的方式雖有種種不同，然種種孝的方式之價值和意義，都在乎我心願意用這些方式去表現孝之理，若沒有這種孝心，孝道的方式都是空的假的，沒有價值。

『理』從抽象方面說，是性；從具體方面說，是心，所以王守仁以心是從主宰方面看，主宰卽是發動，卽是應用。把理應用到事物上，理和事物發生關係，卽是心。王守仁說沒有耳目口鼻四肢則沒有心，沒有心也沒有耳目口鼻四肢；因爲心是應用理於事物，這些應用須藉耳目口鼻四肢的感覺去完成。兩者缺一，則理就不能應用；兩者合一，則理就行於事物。

現在我們往深處來研究王守仁的心卽理和心外無理。『心』是理就主宰方面說，『卽』是就行的方面說，而不是就抽象的本體說。理的實行或表現是心，心卽是理的實行或表現。理的表現是知，也就是行；因此，心就是知，就是行。理沒有知時，卽理沒有表現時，王守仁認爲等於沒有。理有，是理表現了自己，這種表現是心，因此說心卽理，理卽心，而心外無理。例如我表現孝之理，就是我知道孝之理，是在我實行對父母的孝道，而這種實行就是孝心。因此，心卽理，是心卽理之實行；理卽心，理的實行是心；心外無理，卽在心外不能有理的實行。

王守仁的實行之理爲良知，心實行天理卽是致良知。良知不是抽象之理，而是天理對一事的實行。致良知不是求智識，而是使天理實行於事物上。

再從直接體驗上說，心卽理，理卽心，乃是當然的事。直接經驗須要體驗者和被體驗者合而爲一；直接經驗者爲心，因爲心是光明；被體驗者爲理，理和心合而爲一；而這種體驗在理對事物時，纔能體驗，有如鏡子對事物時纔能照，所照的事物映在鏡子裏，事物卽是鏡子，鏡子卽是事物。理對事物時，理就表現在事物上，這種表現是心的直接經驗，而且就是心。心，體驗，事物，都合而爲一，心就是體驗，就是事物，而一切都是理，心便是理。

理、性、心、良知，直接經驗，行、事，在王守仁的思想裏，同是一物，祇是由各方面去看，乃有不同的稱呼。由主宰方面去看，稱爲心。因着主宰，乃有行，乃有知（直接經驗）乃有事。

『理』乃是天理，是人和人物的關係，卽是倫理道德之理，不是天文物理之理，卽不是現代所謂自然科學之理。中庸曾經說：「天命之謂性，率性之謂道，修道之謂敎。」（第一章）性代表天命，由天而來，性是人所以爲人之理，人的生活應按人性而生活，所以率性乃是人生之道，也就是人生之理。這種理就是天理。

易經以天理爲天地之道，天地之道在宇宙萬物中；宇宙萬物的變易有一定的規律，運動的規律卽是天地之道。易經又以人有人道，因爲人是宇宙萬物中最高的一部份，含有宇宙萬物變化的規律，這種規律也就是人生活之道，稱爲人道。因此易經的卦，以三爻爲構成基數，代表天人地。宇宙萬物有天理，人也有天理。人的天理，卽中庸所說的『性』。

書經尚講道心和人心，道心爲天理之心，人心爲具有私慾的心。書經便以天理在人心。

「問道心人心。

先生曰：率性之謂道便是道心，但着些人的意思在，便是人心。道心本是無聲無臭，故曰微。依着人心行去，便有許多不安穩處，故曰惟危。」

（王文成公全書　卷三，傳習錄下）

宋明理學家都以天理在人心，王守仁以心卽理，理就是天理。

「愛問：道心常爲一身之主，而人心每聽命，以先生精一之訓推之，此語似有弊。

先生曰：然心一也，未雜於人謂之道心，雜以人僞謂之人心。人心之得其正者卽道心，道心之失其正者卽人心，初非有二心也。程子謂人心卽人欲，道心卽天理，語若分析，而意實得之。今曰：道心爲主，而人心聽命，是二心也。天理人欲不並立，安有天理爲主，人欲又從而聽命者？」（傳習錄上）

理爲天理，卽是人心，自然光明，人人可知，然因私慾可以掩蔽天理，常人則又多私慾，故天理不顯，人沒有對天理的直接體驗。人慾可以掩蔽天理，或掩蔽人心，爲儒家一貫的主張，孟子已經說得很明白。王守仁注重這種思想。

「曰：仁云心猶鏡也。聖人心如明鏡，常人心如昏鏡。近世格物之說，如以鏡照物，照上用功，不知鏡尚昏，在何能照？先生之格物，如磨鏡而使之明，磨上用功，明了後，亦未嘗廢照。」（王文成公全書 卷一，傳習錄上）

心昏，因着私慾的掩蔽而昏，不能照物。磨鏡，即拭去私慾塵垢，並不因心本體不明而加以磨光。心本體本來光明，因着私慾的掩蔽而昏。

王守仁有時也以理爲生理，生理即仁。沒有心的生理，眼不能看，耳不能聽。生理本來就是天理，天理也就是生理。宇宙萬物之理，爲宇宙萬物變化之理，宇宙萬物的變化，即是生生。人生之道，也就是人的生命之理。人有兩種生命，一種是生理的生命，不受心的支配；一種是心的生命，心的生命包括心思和感覺兩方面的生命。孟子稱這種生命爲大體的生命，爲道德的生命。因此人的生理就是天理，天理就是人生命之理。

「仁是造化生生不息之理，雖瀰漫周遍，無處不是；然其流行發生，亦只有箇漸，所以生生不息。……」（同上）

「知性則知仁矣。仁，人心也。心體本自弘毅，不弘者，蔽之也；不毅者，累之也。故燭理明，則私慾自不能蔽累；私欲不能蔽累，則自無不弘毅矣。弘非有所擴而大之也，毅非有所作而強之也，蓋本分之內不加毫末焉。」（王文成公全書　卷四，答王虎谷　辛未）

仁爲人心，乃孟子所說。弘毅，乃曾子所說。仁爲人心，卽人心爲生理，生理自然要發展，所以本來就弘毅。這也是以生理解釋天理。

綜合守仁對於心的思想：守仁所講的心，爲具體的天理，爲天理和物的交接。心，虛靈不昧，遇物卽燭照物之理，卽表現心之理。心理的表現爲直接的體驗，在體驗中，心物同一，知行合一。心的本體是明瑩，是未發之中，是至善。

守仁所講的心，有似於禪宗的心。禪宗以心的本體爲實體眞如，眞如本性光明，在無念無心時，卽自表現，眞如表現卽是頓悟，卽是直接體驗。直接體驗眞如，便體驗到萬法，因萬法以眞如爲自性，在頓悟的直接體驗，我和眞如同一，眞如和萬法同一，我和萬法也同一，乃有最高的圓融。

「夫心之本體，卽天理也。天理之昭明靈覺，所謂良知也。君子之戒愼恐懼，惟恐其昭明靈覺者，或有所昏昧放逸，流於非僻邪妄，而失其本體之正耳。戒愼恐懼之功無時或間，則天理尚存，而其昭明靈覺之本體無所虧蔽，無所牽擾，無所恐懼憂患，無所好樂忿懥，無所意必固我，無所歉餒愧怍，和融瑩徹，充塞流行，動容周旋而中禮，從心所欲而不踰，斯乃所謂眞灑落矣。是灑落生於天理之常存，天理常存生於戒愼恐懼之無間。孰謂敬畏之增，乃反爲灑落之累耶！……」（王文成公全書　卷五，答舒國用　癸未）

「和融瑩徹，充塞流行，」不是指莊子所講的氣，也不是指着抽象的人性，而是指着心。心爲具體之理，爲理的表現，爲理和物的交接。在這交接中，乃「和融瑩徹，充塞流行，」和事物相合，有孟子所謂萬物皆備於我的氣象，又有浩然之氣的心境，眞確地自由，灑落不覊，禪師們得意頓悟後，也就是這種心想。

(3) 致良知

(甲) 格物

朱熹和陸象山對於格物致知的解釋和方法，各有自己的主張，朱熹主張就外面事物去研究，陸象山主張反觀自心。王守仁採納陸象山的主張，而主張理卽心，心卽理，心外無理，格物致知在直接體驗吾心之理，稱之爲致良知。

「先生曰：先儒解格物爲格天下之物。天下之物如何格得！且謂一草一木亦皆有理，今如何去格？縱格得草木來，如何反來誠得自家意？我解格，作正字義，物作事字義，大學之所謂身，卽耳目口鼻四肢是也。欲修身，便是要目非禮勿視，耳非禮勿聽，口非禮勿言，四肢非禮勿動。要修這箇身，身上如何用得工夫？心者，身之主宰。目雖視而所以視者，心也……故欲修身，在於體當自家心體，常令廓然大公，無有些子不正處。主宰一正，則發竅於目，自無非禮之視，……此便是修身在正其心。然至善者心之本體也。心之本體那有不善。如今要正心，本體上何處用得工，必就心之發動處才可着力也。心之發動處，不能無不善，故須就此處着力，便是在誠意。……然誠意之本，又在於致知也。所謂人雖不知而己所獨知者，此正是吾心良知處，然知得善，却不依這箇良知便做去，知得不善，却不依這箇良知便不去做，則這箇良知便遮蔽了，是不能致知也。…」

(王文成公全書　卷三，傳習錄下)

「先生曰：衆人只說格物，要依晦翁，何曾把他的說去用。我着實曾用來。初年，與錢友同論做聖賢要格天下之物，如今安得這等大的力量，因指亭前竹子令去格看。錢子早夜去窮格竹子的道理，竭其心思，至於三日便致勞神成疾。當初說他這是精力不足，某因自去窮格，早夜不得其理，到七日，亦以勞思致疾。遂相與嘆聖賢是做不得的，無他大力量去格物了。及在夷中，三年，頗見得此意，乃知天下之物，本無可格者，其格物之功，只在身心上做。決然以聖人爲人人可到，便自有擔當了。這裏意思，却要說與諸公知道。」(同上)

這兩段語錄，把格物致知的意旨說得很明白。王守仁不讚成朱熹所主張的格天下之物，而且自己想照朱熹的主張去實行，七天格竹，弄出一場病。他便放棄了朱熹的主張；然並沒有說他採取了陸象山的主張，卻說自己在龍場三年親自體驗了另一個方法，給與大學的格物致知另一種意義。致知是直接體驗到心和事交接時，心本體的表現，即是心本體之理對於交接的事，表示出是或不是，而這種是或不是的表示，要實現於事上。若是不實現於事上，知就不是知，不能體驗心本體之理在事上表現出來，心是被私慾所蔽。守仁稱心本體之理爲良知，本體之理在事上實現爲致良知，或致知。

心被私慾所蔽，天理不能實現，心在發動時便不正了。格物就在於使這種不正而得正。守仁解釋格字爲正，物字爲事，格物便是正事。正事，在於行事時，例如眼睛看物，要得其正。所謂眼睛看物看得正，不是說眼睛看物看得淸楚，不斜視或偏視，而是說眼睛看物這件事是正，是件好事，不是件壞事。這件事怎麼能正呢？王守仁說在乎心動時的意要正。意怎麼正呢？在於意要誠，着着實實去按良知所說是或不是去實行。然而守仁卻沒有說出其中的道理，爲什麼意有時不誠呢？爲什麼心有時不正呢？理由在於心被私慾所蔽。因此，格物爲使事得其正，還是要下功夫去除私慾，格物便是格去物慾。王守仁說：

「故致知者，意誠之本也；然亦不是懸空的致知。致知在實事上格。如意在于爲善，便就這件事上去爲；意在於去惡，便就這件事上去不爲。去惡，因是格不正以歸於正；爲善則不善正了，亦是格不正以歸於正也。如此，則吾良知無私慾蔽了，得以致其極，而意之所發，好善去惡，無有不誠矣。誠意工夫實下手處在格物也。若如此格物，人人便做得。人皆可以爲堯舜，正在此也。」（同上）

守仁以爲去私慾在於意誠。私慾是什麼？是使意趨向不正的動力。撥正意的不正而使之正，就是克除私慾。朱熹曾以私慾爲氣的濁質所成，去私慾便要變更氣質。怎麼變更氣質呢？在於使心不亂動，動則應該合於理。王守仁講克除私慾也在於使心之動常正。

「故致知必在於格物。物者，事也。凡意之所發，必有其事，意所在之事謂之物。格者，正也，正其不正，以歸於正之謂也。正其不正者，去惡之謂也；歸於正者，爲善之謂也。夫是之謂格，書言：格於上下，格於文祖，格其非心。格物之格，實兼其義也。」（王文成公全書 卷二十六，大學問）

「格於上下神祇」爲書經的話，格是誠心通於神祇。王守仁以格物之『格』，和書經的『格』在意義上有些相近；因爲格物含有誠意。

王守仁有四句教：

「無善無惡心之體，有善有惡意之動，
知善知惡是良知，爲善去惡是格物。」（王文成公全書 卷三，傳習錄下）

四句敎以善惡兩字爲中心，善是心的本體，惡則來自心之動。心動爲意，意有善有惡，因爲有情慾，情慾可以使意向善向惡，即是動之正或不正。善惡的標準在於良知。格物則是心爲主宰，管制心動之意，使不爲情慾所指使而不正，就是格物。

「曰：無善無惡者，理之靜；有善有惡者，氣之動。……
曰：然則善惡全不在物？
曰：只在汝心循理便是善，動氣便是惡。」（王文成公全書 卷一，傳習錄上）

對於氣，王守仁很少講，在這段語錄裏以氣動便是中，這一點和中庸的思想不相合，因爲他以心的本體爲中，爲靜。

（乙）致知

朱熹講致知，爲知天理；王守仁講致知，爲致良知，朱熹所講的知，爲對天理的知識，是心思的一種動作；王守仁所講的知，則是對是非的良知，即是心。

「故欲誠其意者，必在於致知焉。致者，至也，如云：喪致乎哀之致；易言知至至之，知至者，知也。至之者，致也。致知云者，非若後儒所謂充廣其知識之謂也，致吾心之良知焉耳。良知者，孟子所謂是非之心人皆有之者也。是非之心不待慮而知，不待學而能，是故謂之良知，是乃天命之性，吾心之本體，自然靈昭明覺者也。」（王文成公全書　卷二十六，大學問）

致知爲至到良知。良知爲心的本體，即是非之理。心的本體自然光明，自然能知。知是直接體驗是非之心。當一事呈現在前，心本體的理立刻照明這事，照明這事是善是惡，這就是致知。因爲人有了這種直接體驗，不用推論，就看到事的善惡。事的善惡不在事內，而是在人心的理，人心之理表現事的善惡，同時人心之動就要完成這種表現。人心之理表現這事是善，人心之動就在行善，人心之理表現這事是惡，人心之動就去避惡；這樣人心之理的表現乃能完成，乃能眞眞表現了善惡之理，因此稱爲致良知。

致知之致爲直接體驗，知是心的本體之理，致知便是心本體之理的直接體驗。「如好好色，如惡惡臭。」體驗到好色，就體驗到愛好，體驗惡臭時，就體驗到厭惡。這種體驗是致知，王守仁稱爲誠意。這種誠意要包括在致知之中，就是要包括在直接體驗之中，否則，就不成爲直接體驗，便不是致知。

王守仁的致知所有根據，在於心卽理和心外無理。心既是理，則事的善惡之理不在於事物之內，而在於我心。既在我心，爲知事的善惡，則反觀我心。

「朱子所謂格物云者，在卽物而窮其理也。卽物窮理，是就事事物物上，求其所謂定理者也。是以吾心而求理於事事物物之中，析心與理而爲二矣，夫求理於事事物物者，如求孝之理於其親之謂也。求孝之理於其親，則孝之理其果在於吾之心邪，抑果在於親之身邪？假而果在於親之身，則親沒之後，吾心遂無孝之理歟？……若鄙人所謂致知格物者，致吾心之良知於事事物物也。吾心之良知，卽所謂天理也。致吾心良知之天理於事事物物，則事事物物皆得其理矣。致吾心之良知者，致知也，事事物物皆得其理者，格物也。是合心與理而爲一者也。」（王文成公全書 卷二，傳習錄中）

王守仁的致知，是致我心的良知於事物，良知爲天理，致良知於事物，是「致吾心良知之天理於事事物物，則事事物物皆得其理矣。」理不在事物，是在吾心，由吾心給事物以理，這豈不是唯心論嗎？事物若沒有自己的理，事物卽不成事物。朱熹曾說每物有一太極，太極爲理之極至，每物有自己的完全之理。王守仁卻說心外無理，心外事物之理，乃由吾心所給，由普通人看來，太不合理。此誤會則是在『理』字上。王守仁說孝之理，不在父母身上，而是在兒子心裏，兒子對父母行孝，有行孝之理，這『理』由兒子的心裡顯發到對父母的一切事上，一切行孝事件的理卽是孝之理，卽是由兒子心裏發出的。所以孝之理是由兒子的心所給與行孝事件的。同樣一件事，例如送杯酒，若送給客人則爲敬客，若送給父親則爲孝親，送杯酒的意義，由送酒人的心去給與。送酒的意義，卽是送酒之理，不在送酒的事件裏，而是在送酒人的心中，由送酒人的心給與送酒的事。從這個例子去看，大家就馬上明白理是在人心，心以外沒有理。不過，這個理字應該予以解釋。這個理不是生物上的物理，也不是哲學的形上本體的理，而是行事上和所行的事的關係，普通稱爲倫理。例如我是兒子，我對於父母行事的關係，應該是孝，孝就是兒子對父親的關係，也就是兒子對父親行事之理。這種理是從那理來的，是從我心裏來的，而且是不要經過學習，乃是生來就有的。這生來就有的理稱爲性；因此，稱爲天性，稱爲心的本體。

致知，便是把心的天理給事件；例如我對父親行事，我的心給這事件一個孝之理。但在實際上，心怎樣給事件心理呢？那就是建立兩者間的實際關係。就是我心的孝之理，實現在我對父親的行事上。這種理的實現，即是我對心的孝之理，有直接的體驗，我直接體驗到孝，也就是我直接體驗到理的實現。這種體驗即是致知。

致知，乃是致良知；因此便要明瞭良知的意義。良知的名詞，出自孟子。

(丙) 良知

「孟子曰：人之所不學而能者，其良能也，所不慮而知者，其良知也。孩提之童無不知愛其親者，及其長也，無不知敬其兄也。親親，仁也，敬長，義也。無他，達之天下也。」(孟子 盡心上)

人生來有行善的知和能，小孩天生知道愛父母，也能表現愛父母；也天生知道敬家中的長者，且能表現敬長。愛親爲仁，敬長爲義，仁義是善，善便是天生的。而且，人天生不僅有仁義，而且知道是非，孟子說是非之心，是生來就有的，羞惡之心也是生來就有的。人在將做一事時，就生來知道這樁事是善是惡，若是惡事而做了，天生就知道羞愧。這種生來的是非之知，就是良知。

「又曰：知是心之本體，心自然會知。見父自然知孝，見兄自然知弟，見孺子入井自然知惻隱，此便是良知，不假外求。」（王文成公全書 卷一，傳習錄上）

這種良知，是知該行之善，是將心之理給外面的事。孟子說羞惡之心也是良知，心對於做的一樁惡事，就給與羞愧之理；是非之心也是良知，心對於每一樁事，給與是非之理，是就是，非就非；是，則去做，非，則不去做。這種是非之知，更表示王守仁所說的良知。

「良知只是個是非之心，是非只是個好惡。只好惡就盡了是非，只是非就盡了萬事萬變。

又曰：是非兩字是個大規矩，巧處則存乎其人。」（王文成公全書 卷三 傳習錄下）

良知，是一個是非之心。是非之心是知道事件的是非之心。心知道一事是善，自然就好；心知道一事是不善，自然就惡。因爲良知不是推論的知識，也不是眼目的感覺，而是心對於事時，天理的實現，天理實現時心不僅表出是非，也表示好惡。所謂好惡不是感情的好惡，乃是心安或心愧的表示。對於善，心自然知道要去做，對於惡，心自然知道不去做。這種做或不做的體驗，就是好惡的體驗。守仁乃說「是非只是個好惡。」「是非兩字是個大規矩，巧處則存乎其人。」這兩句話很有分量，許多人卻多不注意。例如徐愛問陽明孝的理在人心，然而多溫夏清的情節也不能不注意，這些情節卻不在心內。徐愛就是沒有注意到陽明所說的兩句話，良知的是非，只是一個大原則，例如兒子對於父親，良知說該當孝順，兒子自己便知道孝順父母。然而怎樣孝順父母則有許多方式，選擇方式乃是一種巧妙，這就看每個人的性情和修養了，不包括在良知裏。例如孟子說曾子侍奉父親，和曾子的兒子侍奉曾子，兩個人的方式不同，兩種方式都有孝之理，然而表現孝理則有多有少。歐洲的士林哲學也主張良知爲是非的標準，然而良知的標準祇是大原則，詳細的細節，人就應當學習。

良知爲心的本體，心的本體爲未發之中，乃是王守仁的主張。可分爲二點來討論：

第一，良知是心的本體；因爲知是心的本體。所謂知，乃是本體的自然光明，自然顯明自己。

「聖人致知之功，至誠無息，其良知之體，皦如明鏡，略無纖翳，妍媸之

來，隨物見形。」（王文成公全書 卷二，傳習錄中）

「黃以方問：先生格致之說，隨時格物以致其知，則知是一節之知，非全體之知也，何以得到溥博如天，淵泉如淵地位？

先生曰：人心是天淵，心之本體無所不該。原是一箇天，只爲私慾障礙，則天之本體失了。心之理無窮盡，原是一箇淵，只爲私慾窒塞，則淵之本體失了。如今念念致良知，將此障礙窒塞一齊去盡，則本體已復，便是天淵了。」（王文成公全書 卷三，傳習錄下）

良知爲心的本體，包括全部天理，可以照見一切事件的是非。若有時不照，則是私慾所塞。在大學裏雖講「明德」，宋儒雖也說心是靈明，然總沒有講過心的本體是知，能照徹一切事情的是非。心的本體光明，照徹萬事，這種思想是王守仁經由佛教禪宗的心論而建立的。

第二，良知是未發之『中』。宋朝理學家曾經討論這種問題，呂大臨曾說：「中，即性也。」（宋元學案 卷三十一，呂范諸儒學案 語錄）程伊川則指責說：「中卽性也，此語極未安。」（二程全書 伊川文集五，與呂大臨論中書）伊川以中爲性的氣象，不是性的本體。呂大臨以中爲性。後來羅從彥和李延平承繼呂大臨的思想，靜坐以見性未動時的氣象，而識性的本體。中，爲未動；既是性的本體，則動便是反動性的本體，因此，力求靜，心無思無慮。明初儒者繼承朱熹的思想，都批評羅從彥和李侗偏於禪。

王守仁主張未發之中爲良知：

「未發之中，卽良知也。無前後內外，而渾然一體者也。有事無事可以言動靜，而良知無分於有事無事也。寂然感通可以言動靜，而良知無分於寂然感通也。動靜者，所遇之時；心之本體，固無分於動靜也。理無動者也。動卽爲欲，循理則雖酬酢萬變，而未嘗動也。從欲則雖槁心，一念而未嘗靜也。動中有靜，靜中有動，又何疑乎？」（王文成公全書 卷二，傳習錄中）

王守仁所說的中，乃是正、不偏、光明、善。心的本體卽良知的本體，心的本體常是靈明，常是明德，常自然知是非，常直接照徹每樁事之理。良知好似明鏡，姸媸來臨，卽能照形。良知沒有動靜可言；在照出是非上看，常可以說是動，在自然照出是非，而無思無想上看，常可以說是靜。良知因爲是直接體驗，有不用思想的靜，卻又有知的動。當事件對着我的良知時，我卽有直接的經驗，看見是非。良知和直接經驗「無前後內外，渾然一體」，

「心之本體，固無分於動靜也。」太陽的光，不分有物無物，常是照，照着物或沒有照着物，太陽的光並沒有變動。良知的知「無分有事無事」常是光照；並不因爲有事，遂感通而有知，無事便寂然而靜，故「而良知無分於寂然感通也。」

中爲未發之中，通常解釋爲心沒有動時的氣象或本體；既是未發，便是靜；因此以心的本體爲中爲靜。王守仁對於動靜有他自己的解釋。

「理無動者也，常知常存，常主於理，卽不覩不聞，無思無爲之謂也。不覩不聞，無思無爲，非槁木死灰之謂也。覩聞思爲，一於理，而未嘗有所覩聞思爲，卽是動而未嘗動者也。所謂動亦定，靜亦定，體用一原者也」（同上）

守仁不從動去看動，而從動的效力去看動。良知本體不覩不聞，無思無爲，卽是不動，然而卻照徹一切事的是非。照徹乃是知，覩聞思爲的效果也是知，良知不動而有了動的效果，因此便不分動靜，也就是不動而動，卽靜而有動，「體用一原」了。反對者卻說：「夫常知常存，常主於理，明是動也，已發也。」（同上）守仁答說常知常存乃是心的本體，例如太陽的光常照，這種照，不能說是動，也不能說是靜，也無所謂已發未發。反對者又說：「若以循理爲靜，從欲爲動，則於動中有靜，靜中有動，動極而靜，靜極而動者不可通矣。若以有事而感通爲動。無事而寂然爲靜。則於所謂動而無動，靜而無靜者，不可通矣。若以未發在已發之先，靜而生動，是至誠有息，聖人有復也，又不可矣。若謂未發在已發之中，則不知未發已發俱當主靜乎，抑未發爲靜而已發爲動乎。抑未發已發俱無動無靜乎，俱有動靜乎？」（同上）這種發難，根本沒有懂得陽明的思想，陽明以心本體沒有動靜可言，動靜是屬於情慾的，中庸說動靜和未發已發，都是喜怒哀樂的事。心本體既沒有動靜，便沒有未發和已發可說。心本體常是光明，常在照。若把情慾的動靜對心本體來說，則心本體應當說是靜，說是未發。動靜是用，本體沒有動靜。上面責難的人所發的問，都是和心沒有關係。

王守仁以良知爲心本體，爲天理，沒有動靜，又合動靜爲一，沒有未發和已發，又合未發已發爲一。在良心的直接體驗中，人自己和心，和理，和事，都融會爲一，渾然一體。

「知此，則知未發之中，寂然不動之體，而有發而中節之和，感而遂通之妙矣。」（同上）

王守仁所講良知之『中』，不同於羅從彥、李侗所講未發之『中』。羅從彥和李侗注意在未發之靜，分動靜爲二，靜坐以求靜，靜乃同於槁木死灰，一切都空虛。這乃是朱熹及宋元明儒者所攻擊佛教的虛靜，靜中無物，心中死靜。然而禪宗不接受這種批評，因禪宗在心無念的空虛中，有本體眞如的體驗，眞如則是一切萬法的自性，實而不空。王守仁的良知本體。有同於眞如。在良知的直接體驗中，有本體的理，融會一切，非動非靜，亦動亦靜，不發而中節，不感而妙通。

「照心，非動者，以其發於本體明覺之自然，而未嘗有所動也。有所動即妄矣。妄心亦照者，以其本體明覺之自然者，未嘗不在其中，但有所動耳。」（王文成公全書　卷二，傳習錄中）

良知自然照明是非，不是有動。動屬於情，情動常能掩蔽良知，掩蔽良知則是妄。情動時，良知仍在中間，因此說「妄心亦照者」。良知本體絕對不妄，而是至善。

良知本體是知，便自然而知善惡，不用思慮，若加思慮，已不是良知本來面目。佛教禪宗也講不思念善惡，讓本體眞如自然明現。

「不思善不思惡時，認本來面目，此佛氏爲未識本來面目者，設此方便。本來面目卽吾聖門所謂良知。今旣認得良知明白，卽已不消如此說矣。隨物而格，是致知之功，卽佛氏之常惺惺，亦是常存他本來面目耳。體段工夫大略相似，但佛氏有箇自私自利之心，所以便有不同耳。今欲善惡不思，而心之良知清靜自此，此便有自私自利，將迎意必之心。」（王文成公全書卷二，傳習錄中）

守仁自己說明他的致良知主張和禪宗的禪法相似。致良知是體認心的本來面目，禪宗明心見性也是爲認心的本來面目。禪宗的本來面目是眞心，就是眞如；守仁的本來面目是良知，良知本來沒有善惡，沒有動靜，禪宗卻講不思善惡以求心的寧靜，這是一種自私自利。再者，良知本來面目，現示事件的善惡，這是指導人爲善避惡。禪宗則專爲求心安寧，這便是自私自利。

我們可以問一個問題：在孟子的思想裏，良知是天生向善的傾向，小孩天生知道愛父母，向善的傾向來自人性，人性是善。因此，孟子的良知代表人性之善。王守仁的良知不是向善的天生傾向，而是知道是非，這種知道是非之知，是心本體。心本體爲什麼有是非之知，是不是因爲性是善呢？心的本體是理，理是性，理不僅是善，而且是善不善的標準。『理』，乃是良知的本體，也就是是非之知的理由。良知所以是行善行惡的標準。

「心之體，性也，性卽理也。天下寧有心外之性，寧有性外之理乎？……理也者，心之條理也。是理也，發之於親則爲孝，發之於君則爲忠，發之於朋友則爲信，千變萬化至不可窮竭，而莫非發於吾之一心。」（王文成公全書卷八，書諸陽卷　甲申）

孟子的良知，基於性善；王守仁的良知，基於性理；一以善爲基礎，一以理爲基礎，然實事上理卽是善，理和善也都是人性，孟子和陽明講良知時，看法不同，故以性作基礎所採的方面便有不同。

良知人人皆有，善人有，惡人有；作善時有，作惡時有；祇是作惡時和在惡人時，爲私慾所掩蔽。

「孟子云：是非之心，知也。是非之心，人皆有之。卽所謂良知也，孰無

是良知乎！但不能致之耳！」（王文成公全書 卷五，與陸元靜第二書 壬午）

「良知在人，隨你如何，不能泯滅，雖盜賊亦自知不當爲盜，喚他做賊，他還忸怩。」（王文成公全書 卷三，傳習錄下）

一切人都有良知，一個人的一切都包括在良知內，性、理、心、知、事、善德都是一個良知。

「夫惟有道之士眞有以見其良知之昭明靈覺圓融洞徹，廓然與太虛而同體。太虛之中何物不有，而無一物能爲太虛之障礙。蓋自良知之體，本自聰明睿知，本自寬裕溫柔，本自發強剛毅，本吾齋莊中正文理密察，本自溥博淵泉而時出之，本無富貴之可慕，本無貧賤之可憂，本無得喪之可欣戚，愛憎之可取舍。」（王文成公全書 卷六，答南元善書 丙戌）

良知是人心，人心爲天淵，靈覺圓融，本體至善。仁義善德，由心而發；剛強溫柔，由心而起；富貴貧賤，不屬於心。聖人之學全在於致良知，「其於富貴貧賤得喪愛憎之相值，

若飄風浮靄之往來變化於太虛，而太虛之動固常廓然其無礙也。」（同上）

（丁）致良知──知行合一

王守仁在大學問裏說：

「凡意念之發，吾心之良知無有不自知者。其善歟，惟吾人之良知自知之；其不善歟，亦惟吾心之良知自知之，是皆無所與於他人者也。故雖小人之爲不善，旣已無所不至，然其見君子，則必厭然揜其不善而着其善者，是亦可以見其良知之有不容於自昧者也。今欲別善惡以誠其意，惟在致其良知之所知焉。」（王文成公全書　卷二十六，大學問）

致良知爲王守仁學說之頂點，在「語錄」和「書信」裏無處不講致良知。聖人和君子之學，祇是致良知。一般人的修身，祇是致良知。致良知，是使良知是非之知，行之於事，良知在自己以內就包括『行』，知而不行，不能是致良知。

「吾子謂語孝於溫凊定省，孰不知之；然而能致其知者鮮矣。若謂粗知溫凊定省之儀節，而遂謂之能致其知，則凡知君之當仁者，皆可謂之能致其仁之知，知臣之當忠者，皆可謂之能致其忠之知，則天下孰非致知者邪？以是而言，可以知致知之必在於行，而不行之不可以爲致知也，明矣。知行合一之體，不益較然矣乎！」（王文成公全書 卷二，傳習錄中）

王守仁到貴州龍場的第二年，已年三十八歲，始倡知行合一論。當然弟子徐愛不讚成這種學說，想不再從學。守仁要他舉出疑點，予以答覆。

「徐愛因未會先生知行合一之訓，決於先生。

先生曰：試舉看。

愛曰：如今人已知父當事，兄當弟矣，廼不能孝弟，知與行分明是兩事。

先生曰：此被私欲隔斷耳，非本體也。聖人教人知行，正是要人復本體；故大學指出眞知行以示人曰：『如好好色，如惡惡臭。』夫見好色屬知，好好色屬行，只見色時已是好矣，非見後而始立心去好也。聞惡臭屬知，惡惡臭屬行，只聞臭時已是惡矣，非聞後而始立心去惡也。又如稱某人知孝，某人知弟，必其人已曾行孝行弟，方可稱他知孝知弟。此便是知行之本體。

愛曰：古人分知行爲二，恐是要人用二有分曉否？

先生曰：此正失却古人宗旨。某嘗說：知是行之主意，行實知之功夫，知是行之始，行實知之成，已可理會矣。古人立言所以分知行爲二者，緣世間有一種人，懵懵然，任意去做，全不解思惟省察。是之爲冥行妄作，所以必說知而後行，無繆。

又有一種人，茫茫然懸空去思索，全不肯着實躬行，是之爲揣摸影響，所以必說行而後知，始眞。

此是古人不得已之教，若見得時，一言足矣，今人却以爲必先知然後能行，且講習討論以求知，俟知得眞時方去行，故遂終身不行，亦遂終身不知。

某今說知行合一，使學者自求本體，庶無支離決裂之病。」（王文成公全書卷三十二 年譜一，三十八歲。）

這一段語錄把知行合一的理論說得明白，但是只就理之當然而說，沒有就理之所以然而說。理之當然，凡人知道孝親，必定實行孝親，才能說是知道孝。普通說有的人行而不知，有的人知而不行，這都不是眞的知，乃是私慾掩蔽的知。

理之所以然，則是良知的知，爲是非之知。爲人行事的準則，人應當遵從。當良知指示一事該做時，就必定要做，做了，良知就完全表現出來了，不做，良知的是非就沒有表現出來，就是沒有良知。當良知指示一事不該做時，就不做，良知完全表現出來了，若是做了，良知的是非就沒有表現出來，就是沒有良知。良知爲是非之知，是非是做或不做的準則。這種準則和本體上，自然見諸實行。例如草木自然行有益於自己生命的事，自然不做危害生命的事；禽獸也是如此。因爲牠們都有一種自然的衝動，衝動就是行。人對於自己生命有益或有害的事，在生理方面，具有自然的衝動，不經過心而自然實現。在精神生活方面，即是心靈生活方面，有益於心靈爲善，有害於心靈爲惡，對於心靈有善有惡的自然衝動即是良知。因爲心靈本體是知，心靈的善惡衝動也有知，便是良知。人是有自由的，由心主宰。心主宰時，不能阻礙良知的實行，否則心的本體反對自己，良知從本體說一定見諸實行。但是人心另有一種成份，稱爲情慾，是不屬於心的本體。然而在心內，情慾可以阻礙良知的實行。因此，在本體上說良知就是行，沒有行就沒有良知。所以知行合一。然所謂行，乃是關於是非之行，即是該做或不該做的行。當然，人的每樁行爲，都屬於倫理的是非；但每一行爲應該如何去行，即行的節目，則不屬於良知之知。例如科學的實驗，良知祇說這種實驗可做或不可做，至於如何去做，則屬於科學的智識。良知的行，和良知的知，知行合一。科學的知和科學的行，則分爲兩事。通常所說的知，祇是通常的智識，不是良知之知，可以和行分開爲二。通常說一個人知道行孝，而不行孝，乃是通常的智識，他務必要加一番努力，才決意行孝。在他行孝時，才有行孝的良知。在行了孝以後，或沒有行孝以前，通常說人有良心的印證，知道行了孝便覺得滿意，知道沒有行孝便覺得羞愧。這種知也不是良知，而是良知的後果，後果當然和良知相連。

良知，是事情當前時，所有是非之知。一事當前，當做或不當做，良知予以指示。王守仁說良知如同一座鏡子，事物在鏡中出現，鏡中便現出事物的形像，這就是良知。若沒有事物，鏡中不會有形像。若沒有事物，心也不會表現良知。良知的當前事物，乃是具體事物，就是行，不是抽象的事。所以一有良知，便有行，乃事所必然。

良知，是直接體驗。我們要體驗孝，必須體驗孝的行。否則，便不能有體驗，譬如拍電影。要有動作才有像可拍。良知的直接體驗，是體驗良知在一事上的表現，若沒有事，當然沒有直接體驗，便沒有知。知行是一，沒有行，就沒有知。

「聖人無所不知，只是知箇天理，無所不能；只是能箇天理。聖人本體明白，故事事知箇天理所在，便去盡箇天理，不是本體明後，却於天下事物都便知得便做得來也。天下事物，如名物度數草木鳥獸之類，不勝其煩，聖人須是本體明了，亦何緣能盡知得。」（王文成公全書 卷三，傳習錄下）

王守仁把良知之知，加以解釋。『知』是知天理，不是知名物。因此，『行』也是天理所有的行，而不是名物之知所發動的行。天理之行和天理之知，常合爲一。

「夫盡心知性知天者，生知安行，聖人之事也。存心養性事天者，學知利行，賢人之事也。殀壽不貳，修身以俟者，困知勉行，學者之事也。」（王文成公全書 卷二，傳習錄中）

知行合一，爲本體之要求；然人心有私慾，常不能表現良知，因此行惡。唯有聖人本體光明，沒有私慾，便能盡心，常表現良知，知性知天。心中有私慾，若能存心養性，使私慾不障碍良知，則是賢人。普通一般人，則須困知勉行，克制私慾，使良知表現。

「先生曰：我輩致知，只是各隨其分限所及，今日良知見在如此，只隨今日所知，擴充到底。明日良知又有開悟，便從明日所知，擴充到底。如此，方是精一功夫。與人論學亦須隨人分限所及。如樹有這些萌芽，只把這些水去灌漑。萌芽再長，便又加水，自拱把以至合抱，灌漑之功，皆是隨其分限所及。若些小萌芽，有一桶水在，盡要傾上，便浸壞他了。」（王文成公全書　卷三，傳習錄下）

人的本體相合，良知的本體也相同。然而每個人的氣質不同，所以情慾便不相同。不能開始劈頭就說，一下都把私慾克除，祇能順序而進；故說：「須隨人分限所及」。良知是當可之知，應就當今之知，擴充到底，今日擴充今日的良知，明日擴充明日的良知。擴充就是行，知行在當前，合而爲一。

「蓋學之不能以無疑，則有問。問卽學也，卽行也。又不能無疑，則有思，思卽學也，卽行也。又不能無疑則有辨，辨卽學也，卽行也，辨旣明矣，思旣愼矣，問旣審矣，學旣能矣，又從而不息其功焉，斯之謂篤行。非謂學問思辨之後，而始措之於行也。是故以求能其事而言，謂之學；以求解其惑而言，謂之問；以求通其說而言，謂之思；以求精其察而言，謂之辨；以求履其實而言，謂之行。蓋析其功而言則有五，合其事而言則一而已。此區區心理合一之體，知行並進之功，所以異於後世之說者，正在於是。」（王文成公全書 卷二，傳習錄中，答顧東橋書）

顧東橋來書說：「人之心體本無不明，而氣拘物蔽，鮮有不昏，非學問思辨以明天下之理，則善惡之機，眞妄之辨、不能自覺，任意恣情，其害有不可勝言者矣。」（同上）王守仁答覆，指出這種思想爲社會流行之思想，似是而非。通常都認爲人心對於許多事件，常不知所從，非先研究不可。易經說卦曾說「窮理盡性以至於命」（第一章）中庸第二十章也曾說：「博學，審問，愼思，明辨，篤行。」然而這每種求學的功夫，不已經就是行嗎？博學是行，審問是行，愼思是行，明辨是行，並不要在篤行時，纔是行。「盡天下之學，無有不行而可以言學者。」該博學的時候，就去博學，這就是致知良，就是知行合一。該審問的時候，就去審問，也就是致良知，就是知行合一。至於說篤行，乃是「不息其功」，把博學，審問，愼思，明辨的功夫，繼續不斷；這又是行，並不是「學問思辨之後，而始措之於行。」若要按普通的說法，把事件好了以後，盡心去做，知行分而爲二；這種知，已經是對於善惡的條目，而不是善惡的原則。良知之知爲大原則。條目的知爲學問的知。

窮理盡性，若對於天理而言，不能出於人心。「夫萬事萬物之理，不外於吾心，而必曰：窮天下之理，是殆以吾心之良知爲未足，而必外求於天下之廣，以裨補增益之，是猶析心與理爲二也。」（同上）若對於事理的條目，則可以予以研究；然而這種研究不能和良知之行相分離，「故必仁極仁，而後謂之能窮仁之理。義極義，而後謂之能窮義之理。極仁則盡仁之性矣，極義則盡義之性矣，學至於窮理至矣，而尙未措之於行，天下寧有是邪？」（同上）窮理盡性必要知行合一，纔可以說眞眞窮理盡性。

「知之眞切篤實處卽是行，行之明覺精察處卽是知，知行工夫本不可離，只爲後世學者分作兩截用功，失却知行本體，故有合一並進之說」（同上）

知行爲良知的兩方面，『行』因爲良知是眞實的，不是虛假的；『知』因爲良知是靈明的，不是盲目的。

問題在於普通把陽明所說的良知之知，和普通所說的學問之知相混。尙書曾說：「非知之艱，行之惟艱。」（書經 說命中）論語也講學而後行，中庸又講博學審問愼思明辨加以篤行，普通人便不容易懂得陽明的知行合一論。陽明認爲古書上的話，是因爲人們不懂得人心的本體，聖賢們乃提醒人們去研究學問，然而聖賢們同時又囑咐人們要去實行所學，否則不稱爲學，便是知行合一的宗旨。而且聖賢們所提倡的學，是在求知天理，終究要歸到人心的天理。而且窮理之學，也是由良知所引發。

(4) 修 身

王守仁在中國哲學思想史上，爲一偉人。他的思想神秘深奧，但不如朱熹的廣博。他似乎一位宗敎家先知，熱情地宣講一種救世的音訊。對於自己所宣講的音訊，是有宗敎家的信心；尤其對於自己所宣講的救世音訊，自己貫徹到底地實行。他是思想家，宣講家，實行家。

（甲）實踐

學者們批評王守仁近於禪，以他的致良知有似於禪宗的頓悟。禪宗頓悟以靜寂爲主，以超越世物爲目的；雖說禪師們曾說不避世事，然心已不在世事上。王守仁自己確切地肯定致良知不是虛靜，而是實踐功夫。

「區區格致誠正之說，是就學者本心日用事爲間，體究踐履實地用功是多少次第，多少積累在，正與空虛頓悟之說相反。聞者本無求爲聖人之志，又未嘗講究其詳，遂以見疑，亦無足怪。若吾子之高明，自當一語之下，便瞭然矣。乃亦謂立說太高，用功太捷，何邪？」（王文成公全書　卷二　傳習錄中　答顧東橋書）

顧東橋來書說：「但恐立說太高，用功太捷。後生師傳影響謬誤，未免墮於佛氏明心見性，定慧頓悟之機，無怪聞者見疑。」（同上）後來王守仁的弟子們沒有領悟他的實踐工夫，墮於空虛，引起了思想界的反抗。但是王守仁本人則一心在實踐上下工夫。他的致良知論不是憑空的幻想，乃是從憂患困頓的生活裏體驗而得，又一生時時體驗，自認所得的印證，確實不妄。

「丁亥年九月，先生起復征思田，將命行時，德洪與汝中論學。汝中舉先生教言曰：『無善無惡是心之體，有善有惡是意之動，知善知惡是良知，爲善去惡是格物。』

德洪曰：此意如何？

汝中曰：此恐未是究竟話頭。若說心體是無善無惡，意亦是無善無惡的意，知亦是無善無惡的知，物亦是無善無惡的物矣。若說意有善惡，畢竟心體還有善惡在。

德洪曰：心體是天命之性，原是無善無惡的；但人有習心，意念上見有善惡在。格致誠正修，此正是復那性體功夫。若(意)原無善惡，功夫亦不消說矣。

是夕，侍坐天泉橋，各舉請正。

先生曰：我今將行，正要你們來講破此意。二君之見，正好相資爲用，不可各執一邊。我這裏接人，原有此二種。利根之人，直從本源上悟入。人心本體原是明瑩無滯的，原是箇未發之中。利根之人，一悟本體卽是功夫，人己內外一齊俱透了。其次，不免有習心在，本體受蔽，故且敎在意念上實落爲善去惡。功夫熟後，渣滓去得盡時，本體亦明盡了。汝中之見，是我這裏接利根人的；德洪之見，是我這裏爲其次立法的。二君相取爲用，則中人上下，皆可引入於道。若各執一邊，眼前便有失人，便於道體上各有未盡。旣而曰：已後與朋友講學，切不可失了我的宗旨！

無善無惡是心之體，
有善有惡是意之動，
知善知惡的是良知，
爲善去惡是格物。

只依我這話頭，隨人指點，自沒病痛。此原是徹上徹下功夫。利根之人，世亦難遇。本體功夫，一悟盡透，此顏子明道所不敢承當，豈可輕易望人！人有習心，不敎他在良知上實用爲善去惡功夫，只去懸空想箇本體，一切事焉，俱不着實，不過養成一箇虛寂。此箇病痛，不是小小，不可不早說破。

德洪汝中俱有省。」（王文成公全書 卷三，傳習錄下。）

王守仁借用佛教的術語，分利根之人和鈍根之人，適用兩種修身法。但守仁也按儒家的遺傳分聖人、賢人、普通的人，三者的修爲法也不同。利根的人可以說是聖人，聖人沒有私慾，保持心本體的靈明，一反觀自心，「人至內外一齊俱透了。」聖人修身的功夫，在於反觀自心，明見自心本體的理。守仁以這種明見天理，不是禪宗的頓悟，禪宗頓悟後是空寂，聖人明見天理則有實行。鈍根的人是普通的凡人，儒家所謂賢人，雖不屬利根，也不屬鈍根，只是有習心，習心因私慾而習於邪，賢人的修身功夫在指改正習心。改正習心，王守仁指出在於誠意。意是心之動，動而不誠於良知，卽是惡。修身功夫，在於心常惺惺，對於意將動時之機，提防不正，一切功夫，盡在意上面。

「夫人必有欲食之心，然後知食，欲食之心卽是意，卽是行之始矣。食味之美惡，必待入口而後知，豈有不待入口而已先知食味之美惡者邪，必有欲行之心，然後知路，欲行之心卽是意，卽是行之始矣。路歧之險夷，必待身親履歷而後知，豈有不待身親履歷，而已先知路之險夷者邪！」（王文成公全書　卷二，傳習錄中，答顧東橋書。）

在人行事的歷程中，先有『意』想做一事，然後良知示以這事的善惡，眞眞的善惡在於『意』確實照着良知去做。良知和『意』合而爲一，則有善，不合而爲一，則有惡。修身的重點故在『意』。

王守仁教學生，常勉勵他們實踐修身工夫，決不容許空談致良知。

「先生曰，諸公在此，務要立箇必爲聖人之心，時時刻刻，須是一棒一條痕，一摑一掌血，方能聽吾說話，句句得力。若茫茫蕩蕩度日，譬如一塊死肉，打也不知得痛癢，恐終不濟事。回家只尋得舊時伎倆而已，豈不惜哉！」（王文成公全書　卷三，傳習錄下。）

「問：近來妄念也覺少，亦覺不曾想著定要如何用功，不知此是工夫否？先生曰；汝且去着實用工，便多這些着想也不妨，久久自會妥帖。若纔下得些功，便說效驗，何足爲恃？」（同上）

「一友自嘆私意萌時，分明自心知得，只是不能使他卽去。先生曰：你萌時，這一知處便是你的命根，當下卽去消磨，便是立命功夫。」(同上)

這都是實際的功夫，時刻注意着『意』之動機，一覺不正，立刻消磨。這種消磨和『意』的功夫並不容易，乃是『一棒一條痕，一摑一掌血』的痛下鞭策，繼續不餒，纔能見效。

(乙) 精 誠

着實修身，爲學者最切身的事，不能疏忽鬆弛，切宜自強力行，以求精進。

「故曰：惟精惟一。精，精也；專，一也；精則明矣，明則誠矣。是故明，精之爲也；誠，一之基也；一，天下之大本也；精，天下之大用也。知天地之化育，而況於文也技能之末乎。」(王文成公全書 卷七，送宗伯喬白巖序)

王守仁提出：精，專，一，誠，明，五個字。精是深入，爲能深入，應爲專。心若專，則有一，有一則明，明則誠。

「精一之精，以理言；精神之精，以氣言。理者，氣之條理；氣者，理之運用。無條理，則不能運用，無運用，則亦無以見其所謂條理者矣。精則精，精則明，精則一，精則神，精則誠；一則精，一則明，一則神，一則誠；原非有二事也。但後世儒者之說與養生之說，各滯於一偏，是以不相爲用。前日精一之論，雖爲原靜愛養精神而發，然而作聖之功，實亦不外是矣。」（王文成公全書　卷二，傳習錄中　答陸原靜書。）

精是精於理，精於理則心專於理，除去一切雜念，心便專一。宋朝理學家如程頤和朱熹主張持敬，持敬是主一。主一，便是專一。「精字，從米姑，以米譬之，要得此米純然潔白，便是惟一意。」（王文成公全書　卷一，傳習錄上　）

「梁日孚問：居敬窮理是兩事，先生以爲一事，何如？

先生曰：天地間只有此一事，安有兩事。若論萬殊，禮儀三百，威儀三千，又何止兩；公且道居敬是如何，窮理是何如？

曰：居敬是存養工夫，窮理是窮事物之理。

曰：存養箇甚？

曰：是存養此心之天理。

曰：如此，亦只是窮理矣。

曰：且道如何窮事物之理？

曰：如事親便要窮孝之理，事君便要窮忠之理。

曰：忠與孝之理，在君親身上，在自己心上？若在自己心上，亦只是窮此心之理矣。且道如何是敬？

曰：只是主一。

如何是主一？

曰：如讀書便一心在讀書上，接事便一心在接事上。

曰：如此，則飲酒便一心在飲酒上，好色便一心在好色上，却是逐物，成甚居敬工夫？

日孚請問。

曰：一者天理，主一是一心在天理上，若只知主一，不知一卽是理，有事時便是逐物，無事時便是着空。惟其有事無事，一心皆在天理上用功，所以居敬亦卽是窮理。……

問：窮理何以卽是盡性？

曰：心之體，性也，性卽理也。窮仁之理，眞要仁極仁；窮義之理，眞要義極義。仁義只是吾性，故窮理卽是盡性。……

日孚曰：先儒謂一草一木亦皆有理，不可不察。如何？

先生曰：夫我則不暇，公且先去理會自己性情，須能盡人之性，然後能盡物之性。

日孚悚然有悟。」（王文成公全書　卷一，傳習錄上）

王守仁堅守合一的主張，理，性，心是一，事之理在心。窮理盡性，守敬主一，乃是一事，卽是使心的天理實現在事上。心是人的本體，因心卽是性，性卽是理，心的本體則是良知，良知便是人的本體。人的一切行事，乃是自己對於人物的關係，不僅是倫理的事，乃自己對人的關係，就是一草一木，也是人對草木的關係，而不是草木的物理。既是自己對於人物的關係，人便要看自己處置關係的道理，因此一切都以自心本體爲主體。自心本體又不是任憑自己主觀去想，乃是客觀的天理。因此王守仁雖事事以心爲主，卻又不是唯心論。因此修身功夫，便要精於天理，使不爲物慾所蔽。天理不爲物慾所蔽，心中便只有天理，沒有雜念，心便主一。既沒有物慾所蔽，天理當然光明，天理既光明，意便可誠了，意誠則是致良知，天理在事上實現。

致良知的關鍵在於意，良知本來是就是行，然而人有自由，自己作主宰。主宰者是心，心所主宰的是意，心若能主宰着意，則知行合一不發生問題。但是因爲人心常有私慾，私慾便作障碍，使心不能主宰意。因此意的誠，便是修身的關鍵點。

「工夫難處全在格物致知上，此卽誠意之事。意旣誠，大段心亦自正，身亦自修。但正心修身工夫，亦各有用力處，修身是已發邊，正心是未發邊，心正則中，身修則和。」(同上)

修身從廣義說，包括一切修養功夫，從狹義說，則指修養身體的行動。修身的全部工夫，就是格物致知，格物致知的要點，就是誠意。誠意在於意受心的主宰，意和心合一。意不妄動，動則中節，中節稱爲和。和是合於中，中爲心的本體，心的本體是良知，意便和良知相合。意是行，行在於事，意和良知合一，當然就有知行合一，知事合一；王守仁合一的主張就能貫徹。

「先生問在坐之友，比來工夫何似？
一友舉虛明意思。
先生曰：此是說光景。
一友敘今昔異同。
先生曰：此是說效驗。
二友惘然請是。
先生曰：吾輩今日用功，只是要爲善之心眞切。此心眞切，見善卽遷，有過卽改，方是眞切工夫。如此，則人欲日消，天理日明；若只管求光景，說效驗，却是助長外馳病痛，不是工夫。」（同上）

眞實工夫，在於爲善之心眞切，眞切卽是誠意。不能祇講良知本體之善，也不能祇想良知之知本來是行，知行本來合一；這種想法雖是合理；然而在修身的工夫上，會成爲懸空的虛想，久而流爲任性所慾都以爲是良知的行，變爲放蕩不羈。或者，變爲虛靜空寂，和人生脫離關係。王守仁所以教導弟子，要實際上去克慾，使意不妄動。

「守衡問大學工夫，只是誠意，誠意工夫只是格物。修齊治平，只誠意盡矣，又有正心之功，有所忿懥好樂，則不得其正，何也？先生曰：此要自思得之，知此則知未發之中矣。守衡再三請。曰：爲學工夫有淺深，初時，若不着實用意去好善惡惡，如何能爲善去惡？這着實用意便是誠意。然不知，心之本體原無一物，一向着意去好善惡惡，便又多了這分意思，便不是廓然大公。書所謂無有作好作惡，方是本體。所以說有所忿懥好樂，則不得其正，正心只是誠意工夫。裏面體當自家心體，常要鑑空衡平，這便是未發之中。」（同上）

修身成聖之學，只是誠意工夫。成聖的基本條件，是着實去好善惡惡；這只是誠意。心的本體本來光明，本來純淨，中間沒有一物，卽無偏好，這就是未發之中。心中若有好惡，心卽不正，除去好惡，恢復本來之中；這又是誠意。但是這未發之中，和着實好善惡惡是不是有衝突呢？未發之中是沒有好惡，誠意去着實好善惡惡，豈不是心有好惡嗎？實際上着實好善惡惡，是爲克除私慾，以恢復良知本體，良知本體雖無好惡，然而良知之行則不能不好善惡惡。因此，誠意是克除良知的障礙，使良知的知行合一，卽是致良知。沒有誠意，決不能致良知。

「志道問荀子云養心莫善於誠，先儒非之，何也？先生曰：此亦未可便以爲非。誠字，有以工夫說者。誠是心之本體，求復其本體，便是思誠的工夫。明道說以誠敬存之，亦是此意。大學欲正其心，先誠其意，荀子之言固多病，然不可一例吹毛求疵。」（同上）

誠是心的本體，和未發之中爲心的本體，都是說心的本體，本來純淨。良知常知中有行，如中庸所說「誠者，天之道也。」（第二十章）但所說誠意則是工夫，則是恢復心的本體，存養心的本體。

「蔡希淵問：文公大學新本，先格致而後誠意，工夫似與首章次第相合。若如先生從舊本之說，卽誠意反在格致之前，於此尚未釋然。先生曰：大學工夫卽是明明德，明明德只是箇誠意。誠意的工夫，只是格物致知。若以誠意爲主，去用格物致知的工夫，卽工夫始有下落。卽爲善去惡，無非是誠意的事。如新本先去窮格事物之理，卽茫茫蕩蕩，都無着落處，須用添箇敬字，方才牽扯得向身心上來，然終是沒根源。若須用添箇敬字，緣何孔門倒將一箇最緊要的字落了，直待千餘年後要人來補出。正謂以誠意爲主，卽不須添敬字。所以擧出箇誠意來說。正是學問的大頭腦處。於此不察，眞所謂毫釐之差，千里之繆。大抵中庸工夫只是誠身，誠身之極，便是至誠。大學工夫只是誠意，誠意之極便是至善，工夫總是一般。今說，這裏補箇敬字，那裏補箇誠字，未免畫蛇添足。」(王文成公全書 卷一 傳習錄上)

學問的大頭腦處，只是誠意；因爲王守仁的四句敎說：「無善無惡是心之體，有善有惡是意之動，知善知惡是良知，爲善去惡是格物。」善惡來自意之動，修身之道便在『意之動』一點上，使意動時，都能中節，中節卽是合於心本體的良知，也就是說恢復心的本體；這種功夫稱爲誠。王守仁最注意誠意的工夫，在上面所引他的語錄，我們便可以看出。然而誠意的工夫也不能只是講恢復心的本體，否則將陷於空幻，守仁敎導學生時，便給他們實際的指示。

「敎約，

每日清晨，諸生參揖畢，敎讀，以次，遍詢諸生在家，所以愛親敬長之心，得無懈忽，未能眞切否？溫凊定省之儀，得無虧缺，未能實踐否？往來街衢，步趨禮節，得無放蕩，未能謹飭否？一應言行心術，得無欺妄非僻，未能忠信篤敬否？諸童子務要各以實對，有則改之，無則加勉。敎讀，復隨時就事，曲加訓諭開發，然後各退就席肄業。」

（王文成公全書　卷二，傳習錄中）

王守仁的教授法，切近實際，就日常生活指導學生實習修身，一切行之以誠，無事可以苟且虛僞。他所問的「未能眞切否？」「未能實踐否？」「未能忠信篤敬否？」都是實事求是，切實反省的工夫。學生日常所接觸的，是家庭，是街衢，在這些應對進退方面，力求行事合於天理。但基本的教育，則在於「一應言行心術」，不能欺妄非僻，而應是忠信篤敬。言行心術，不欺妄，便是誠。

「龍場諸生教條」中提出：立志，勤學，改過，責善四事。四事，不講致良知，不談心本體，只就實際生活，切實去做。所講理由，取自實際的生活，如立志爲善，則「父母愛之，兄弟悅之，宗族鄉黨敬信之。」，爲惡「則父母怒之，兄弟怨之，宗族鄉黨賤惡之。」

(丙) 靜 坐

在宋朝理學家的修身工夫裏，靜坐佔着重要的地位。從周敦頤開始，佛家坐禪的習慣就被引進儒家的修身中。後來羅從彥和李侗把靜坐作爲求未發之中的首要工夫，朱熹乃加以撥正。朱熹不一心提倡靜坐，只標出主靜。主靜的範圍較比靜坐廣，同時也改正以靜坐空虛自心的偏差。元朝和明朝的儒者，追隨朱熹的學說，然大都主張靜坐。陳白沙爲自由派人士，傾心求靜，然不拘於靜坐。王守仁的修身工夫，本屬簡單，祇注意心意的動。但爲養成注意心的動之習慣，則須收心，使心不亂，心不亂則安，心安便可注意到意的動。王守仁便教學生靜坐。

「一友靜坐有見，馳問：先生答曰：吾昔居滁時，見諸生多務知解口耳異同，無益於得，姑教之靜坐。一時窺見光景，頗收近效。久之，漸有喜靜厭動，流入枯槁之病，或務爲玄解妙覺，動人聽聞。故近來只說致良知。良知明白，隨你去靜處體悟也好，隨你去事上磨鍊也好。良知本體原是無動無靜的，此便是學問頭腦。我這箇話頭，自滁州到今，亦較過幾番，只是致良知三字無病。」(王文成公全書　卷三，傳習錄下)

王守仁四十二歲時到滁州(冬十月)，督馬政。年譜說「地僻官閑，日與門人遨遊瑯琊瀼泉間，月夕則環龍潭而坐者數百人。……於是從遊之徒，自滁州始。」(王文成公全書　卷三十二)來從的人加多，指導門生的工作也加重。開始，因學生們心多外馳，又喜歡談論。年譜記說「月夕環坐龍潭時，門生歌聲振山谷，諸生隨地請正，踴躍歌舞。」(同上)有似乎目前大專學生在夏令營中的氣態。王守仁乃教他們靜坐。靜坐爲收心，消除雜念。

「孟源問靜坐中，思慮紛雜，不能強禁絕。

先生曰：紛雜思慮，亦強禁絕不得，只就思慮萌動處，省察克治，到天理精明後有箇物，各付物的意思，自然精專，無紛雜之念。大學所謂知止而後有定也。」（王文成公全書 卷三十二，年譜，四十二歲。）

靜坐不能沒有思索，佛教坐禪也有坐禪方法，教學禪坐的人，心中有主。王守仁教初學者靜坐，靜坐必定有雜念，雜念不能直接去禁止，禁止雜念煞費氣力，而且是越禁越多。越想禁雜念以避免心煩，卻因禁止不了將更加心煩。守仁教以在念將萌動時，即去克治，克治的方法，不是直接去克，而是要心中有物，即心中專於目前的事，存想應付這事的天理，故云：「到天理精明後有箇物，各付物的意思。」

「九川問：近年因厭泛濫之學，每要靜坐，求屏息念慮，非惟不能，愈覺擾擾，如何？

先生曰；念如何可息，只是要正。

曰：當自有無念時否？

先生曰：實無無念時。

曰：如此，却如何言靜？

曰：靜未嘗不動，動未嘗不靜，戒謹恐懼卽是念，何分動靜。

曰：周子何以言定之以中正仁義而主靜？

曰：無欲故靜，是靜亦定動亦定的定字，主其本體也。……

又問：用功收心時，有聲色在前，如常聞見，恐不是專一？

曰：如何欲不聞見？除是槁木死灰，耳聾目盲則可。只是雖聞見而不流出，便是。

曰：昔有人靜坐，其子隔壁讀書，不知其勤惰，程子稱其甚敬，何如？

曰：伊川恐亦是譏他！

又問：靜坐用功，頗覺此心收斂，遇事又斷了，旋起箇念頭，去事上省察，事過又尋舊功，還覺有內外，打不作一片。

先生曰：此格物之說未透，心何嘗有內外，卽如惟濬（九川）今在此講論，又豈有一心在內照管？這聽講說時專敬，卽是那靜坐時心，功夫一貫，何須更起念頭。人須在事上磨鍊做工夫，乃有益。若只好靜，遇事便亂，終

無長進。那靜時工夫，亦差似收斂，而實放溺也。」(王文成公全書 卷三，傳習錄下)

王守仁教初學的學生靜坐，後來發覺靜坐沒有益處，反而有害，他便不鼓勵學生去做了。他修身的目標，在於常能看到自心本體的良知，好似禪宗的目標，在看到自心的本體眞如。禪宗的南宗雖不主張坐禪，但要求心中無思無念，而且要無心；這是絕對的靜寂。王守仁教學生看到本體良知，必定要除去慾情，慾情的動爲意之動，意若不動則慾情不動。然而卻不能禁止意的動，「除非是槁木死灰耳聾目盲則可。」因此，便要省察意在萌動之機，使意動合於良知。然而，意之動就是心之動，省察意動的心也是同一箇心，「又豈有一心在內照管？」心觀察自己之動，動中要有天理，這就是格物致知。

「劉君亮要在山中靜坐，先生曰：汝若以厭外物之心去求之靜，是反養成一箇驕惰之氣了。汝若不厭外物，復於靜處涵養，卻好。」(同上)

守仁反對禪宗的教條。而說心「實無無念時」，靜坐中所求的，不是無念；主靜的目的，也不是無念；因爲人不能什麼都不想。但是禪宗的無思無念，並不是主張什麼都不想，而是不想善不想惡，也不想行善頓悟的方法，一切任憑自然發展，心中平靜無所追求，而說到無心。無心卻又不是空寂，無所追求，又不是呆木或失望，乃是放棄自有的假心，讓眞心眞如自然出現。王守仁講致知，不以自心爲假心，也不以外面事物爲虛無，而是要使自心良知貫徹到事物上，良知的理卽是事物的理，當然不能用禪宗的無思無念，而是要良知專於目前的事物，在良知和事物間沒有爲私慾所動的雜念來間隔，良知就致於事物。

「爾那一點良知，是爾自家底準則，爾意念着處，他是便知是，非便知非，更瞞他一些不得。爾只不要欺他，實實落落，依着他做去，善便存，惡便去，他這裏何得穩當快樂；此便是格物的眞訣，致知的實功。」

(同上)

(丁) 親身體驗

格物致知，全在乎省察意念之動，意念有動，良知就指出動的是非，人便要誠於良知，着實按着良知去做。難處就在乎按着良知去做，因爲慾情有自己的想望，卽不合天理的想望，把良知擋住，使不能實現。人便要克除這些慾望，使良知實現。但爲克除慾望，心中靜定也是要緊。

「雨霽僧堂鐘磬清，春溪月色特分明。
沙邊宿鷺寒無影，洞口流雲夜有聲。
靜後始知羣動妄，閒來還覺道心驚。
問津久已慚沮溺，歸向東皋學耦耕。」（王文成公全書　卷十九　霽夜。）

「江日熙熙春睡醒，江雲飛盡楚山青，
閑觀物態皆生意，靜悟天機入窅冥。
道在險夷隨地樂，心忘魚鳥自流形。
未須更覓義唐事，一曲滄浪擊壤聽。」（王文成公全書　卷十九　睡起寫懷。）

「靜後始知羣動妄」，寫出他自己親身的體驗，靜思乃能體察行動的邪妄，在動中則不能體驗得到，他不是反對行動的人，自己作官率兵，常在行動之中，但他要有靜時去反省。

「靜悟天機入窅冥」，靜的功效更加積極，更加高深，使人深入天機的玄妙，天機的玄妙在於天地妙生之德，他靜觀春時萬物都是生意，乃能深入天機的窅冥。

在他尚未主張格物致良知以前，遊心於佛老，更是常想靜寂。

「久落泥途惹世情，紫崖丹壑是平生。
養眞無力常懷靜，竊祿未歸羞問名。
樹隱洞泉穿石細，雲廻溪路入花平。
道人只住層巒上，明月峯頭有磬聲。」（王文成公全書　卷二十　夜宿香山林宗師房次韻第二首。）

王守仁心向道教養生術，以紫崖丹壑爲自己度日的佳處，「養眞無力常懷靜，」他追求老莊的靜。後來在貴州龍場，從困苦顚沛中體驗到良知的光瑩。隨從良知行動積極，身在軍營，心則求爲聖賢。

「一竅誰將混沌開，千年樣子道州來。

知。

「須知太極元無極，始言心非明鏡臺。

始信心非明鏡臺，須知明鏡亦塵埃。

人人有箇圓圈在，莫向蒲團坐死灰。」（王文成公全書 卷二十 書汪進之太極巖二首。）

譏笑坐禪是坐死灰，他決無心教人靜坐。指出人人有箇圓圈，圓圈在人心，圓圈是良

「四十餘年睡夢中，而今醒眼始朦朧。

不知日已過停午，起向高樓撞曉鐘。」

「起向高樓撞曉鐘，尚多昏睡正懵懵。

縱令日暮醒猶得，不信人間耳盡聾。」（王文成公全書 卷二十 睡起偶成。）

他自認四十餘年是作夢，然而現在已體驗到致良知，便向全國倡致良知說，猶如「起向

高樓撞曉鐘」，雖然有人反對，不理會的更有人，然必有人聽從，因「不信人間耳盡聾」。

「一雨秋涼入夜新，池邊孤月倍精神。
潛魚水底傳心訣，棲鳥枝頭說道眞。
莫謂天機非嗜欲，須知萬物是吾身。
無端禮樂紛紛議，誰與青天掃宿塵。」（王文成公全書　卷二十　碧霞池夜坐）

守仁這時已體驗到另一境況，天地萬物在生命裏互相關連，互相貫通。「須知萬物是吾身」，人和萬物爲一體，卻因人間禮儀相分別，「誰與青天掃宿塵」？他乃主張一體之仁。

(5) 一體之仁

儒家以人和天地萬物相連，人心靈明乃能體驗這個關係。孟子曾說萬物皆備於我，我應該仁民而愛物。中庸以我能盡我的個性，就能盡人的性，進而能盡物的性，以贊天地的化育。漢朝儒家主張天人感應，同類之氣相應相生。宋朝朱熹以天地之心爲仁，化生萬物，人得天地之心爲心，人心爲仁，仁與萬物相通。張載在西銘篇更說「乾稱父，坤稱母，民吾同胞，物吾與也。」

王守仁講論心學，以心統一一切，心和物爲一。心的本體爲良知，良知爲光明的理，在理的光明內，心、情、意、行、事、物，都合而爲一。我在良知的直接體驗裏，體驗到這種合一。這種合一爲知的合一，卽知善惡；爲行的合一，卽行善去惡。在心以外無所謂善惡的知，無所謂善惡的行。我的倫理道德生活，很單純地成爲心的生活。外面一切善惡的行爲，祇是外在的形式，行爲的意義都在於心。一個兒子的多溫夏凊，若沒有孝親的心，就一點意義都沒有，祇是一種行爲的物質形式。

這種心物合一，爲『知』的心物合一，是認識的作用，一切都歸於良知的『知』。雖然這種『知』，不僅是認識上的『知』，而是實現於事物的『行』，爲心靈的直接體驗；然而追究到底，還不免是善惡的知。

在人的整體生命上，王守仁又有另一種的體驗。人心本體不僅是理，是良知，而是整體的生命。心就是生命。

「周子靜極而動之說，苟不善觀，亦未免有病。蓋其意從太極動而生陽，靜而生陰說來，太極生生之理，妙用無息，而常體不易。太極之生生，卽陰陽之生生，就其生生之中，指其妙用無息者，而謂之動，謂之陽之生，非謂動而後生陽也。就其生生之中，指其常體不易者，而謂之靜，謂之陰之生，非謂靜而後生陰也。若果靜而後生陰，動而後生陽，則是陰陽動靜截然各自爲一物矣。陰陽一氣也，一氣屈伸而爲陰陽；動靜一理也，一理隱顯而爲動靜。春夏可以爲陽爲動，而未嘗無陰與靜也。秋冬可以爲陰爲靜，而未嘗無陽與動也。春夏此不息，秋冬此不息，皆可謂之陽謂之動；春夏此常體，秋冬此常體，皆可謂之陰謂之靜也。」（王文成公全書　卷二，傳習錄中，答陸原靜書）

王守仁沒有講形上宇宙論，他祇講致良知。致良知爲倫理學；然而儒家的倫理學以易經的形上宇宙論爲根基，王守仁也採用了易經的思想，加以自己的解釋。

整個宇宙爲不息的生生，生生的根本爲太極。太極本體可以從兩方面去看：從生生不息去看；從本體不易去看。這兩方面不是分析的抽象觀，而是具體生命的體驗。從宇宙中可以體驗到不息的生命，可以體驗到不易的常體。守仁乃說不息的生命，稱之爲陽，稱之爲動；

不易的常體，稱之爲陰，稱之爲靜。因爲生命不是抽象的觀念，乃有生生不息的氣，有常存不易的理。理氣和太極爲一，陽陰動靜和太極也爲一。這個一不是單純的一，不是數學抽象的一，而是活潑潑生命之一。太極爲生命，陽陰動靜以及理氣都是生命，一切在生命中合而爲一。

陸原靜曾來書問守仁：「元神、元氣、元精，必各有寄藏一之處，又有眞陰之精，眞陽之氣，」（同上）這一切究竟怎樣解釋。王守仁答說：

「夫良知一也，以其妙用而言謂之神，以其流行而言謂之氣，以其凝聚而言謂之精，安可以形象方所求哉。眞陰之精，卽眞陽之氣之母；眞陽之氣，卽眞陰之精之父，陰根陽，陽根陰，亦非有二也。苟吾良知之說明，則凡若此類皆可以不言而喻。」（同上）

太極爲生命的根本，爲生命的統一；心乃人的太極，心卽是人的生命之根。在心內，人的生命的一切合而爲一。神、氣、精、陰、陽，爲惟一的良知，良知因是心本體，神、氣、精、陰陽，也就是心；心是神、是氣、是精、是陰、是陽。心的氣，神妙莫測，乃稱爲神。

心的氣能凝聚，乃稱爲精。凝聚之精爲陽氣的母，陽氣的精爲陰氣的父，陰陽相互爲根。

> 「問：程子云：仁者以天地萬物爲一體，何墨氏兼愛，反不得謂之仁？
>
> 先生曰：此亦甚難言，須是諸君自體認出來始得。仁是造化生生不息之理，雖瀰漫周遍，無處不是，然其流行發生，亦只有箇漸，所以生生不息。如冬至一陽生，必自一陽生而後漸漸至於六陽，若無一陽之生，豈有六陽。陰亦然。惟其漸，所以便有箇發端處，惟其有箇發端處，所以生；惟其生，所以不息。」（王文成公全書 卷一，傳習錄上）

宇宙間和人心具有不息的生命，生命不息之理乃是仁。生命之理有幾個要點：一、有箇發端處，因爲生命漸漸發揚，既是漸變，便有發端處。二、生命漸變，不是一時頓然完成。三、不息，生命漸變，乃生生不息。孟子講仁愛，以推己及人，由近及遠爲原則，責斥墨子爲不仁。

> 「問：人心與物同體，如吾身原是血氣流通的，所以謂之同體，若於人便

異體了，禽獸草木益遠矣，而何謂之同體？

先生曰：你只在感應之幾上看，豈但禽獸草木，雖天地也與我同體的，鬼神也與我同體的。

請問。

先生曰：我看這箇天地中間，甚麼是天地的心？

對曰：嘗聞人是天地的心。

曰：人又甚麼教做心？

對曰：只是一箇靈明。

曰：可知充天塞地，中間只有這箇靈明。人只爲形體自間隔了。我的靈明便是天地鬼神的主宰。天沒有我的靈明，誰去仰他高；地沒有我的靈明，誰去俯他深；鬼神沒有我的靈明，誰去辯他吉凶災祥。天地鬼神萬物，離却我的靈明，便沒有天地鬼神萬物了；我的靈明，離却天地鬼神萬物，亦沒有我的靈明。如此，便是一氣流通的，如何與他間隔得！

又問：天地鬼神萬物，千古見在，何沒了我的靈明，便俱無了？

曰：今看死的人，他這些精靈游散了，他的天地萬物尚在何處！」（王文成公全書卷一，傳習錄上）

這一段大道理，爲王守仁學說中最深妙點。他以天地萬物的存在，不是本體的存在，而是生命的體驗。若沒有生命的體驗，則物就不存在了。天地萬物要有人的靈明纔算存在，人的靈明要有天地萬物也纔算存在。責難的人便問，天地萬物在我出生以前，千古常在，爲什麼要有我的靈明纔有在呢？責難的人是從本體方面去講存在，天地萬物從本體上說，各有各的存在，和我的靈明不相關。但是王守仁則從生命方面去看，靈明是人心，人心所以靈明在於能知道，能體驗物的生命。假使在我面前什麼都沒有，我面前是一片黑，一片空虛，我的靈明亦等於無。再說天地萬物若沒有人的靈明去認識去體驗，天地萬物是死呆的，誰也不知道他存在。因此萬物的存在，是我的心，因看靈明而體驗到物和我生命的意義，如天的高，地的深，鬼神的災祥。心的靈明給天地鬼神萬物以存在的意義，存在的意義不是萬物本體的意義，而是和我生命的關連。例如山，在山的本體上可以有很多的意義，礦物方面的，地質方面的，生物方面的；但是山在我心內所有的意義，則是山在我心內所引起的感想，山是高的，是雄偉的或是憂鬱的。這種在心內所引起的感想，則是漢朝儒家所說的同類的氣互相感應，山由氣而成，心也由氣而成，心的氣是靈明，因此能够神妙地與萬物的氣發生感應，王守仁說：「如此，便是一氣流通的，如何與他們間隔得。」

人與天地萬物的一氣相通，不僅在感應上，而且也是在生命的流行上。人爲發展自己的生命，需要食物的滋養；食物來自動物、植物和礦物。

「蓋天地萬物，與人原是一體，其發竅之最精處，是人心一點靈明。風雨露雷日月星辰禽獸草木山川土石，與人原只是一體。故五穀禽獸之類，皆可以養人；藥石之類，皆可以療疾。只爲同此一氣，故能相通耳。」(王文成公全書 卷三，傳習錄下)

天地萬物和人，皆由氣而成，「只爲同此一氣，故能相通。」生命爲氣的發揚，人的生命雖以精神生活爲主，然而身體的生命乃爲精神生命的要件，人身體的氣和萬物之氣相同，因此能相流通。

人的生命，以精神生命，即心靈的生命爲主，人的心爲仁，仁爲生生，爲愛，王守仁遂進而主張一體之仁。一體之仁：第一，在生命上，人和萬物爲一體；第二，在仁愛上，人和萬物爲一體。人既和萬物在生命上相連，人的仁愛也被包括萬物，人的心遂和萬物相通。

「陽明子曰：大人者，以天地萬物爲一體者也，其視天下猶一家，中國猶一人焉。若夫間形骸而分爾我者，小人矣。大人之能以天地萬物爲一體也，非意之也，其心之仁本若是。其與天地萬物而爲一也，豈惟大人，雖小人之心，亦莫不然，彼顧自小之耳。

是故見孺子之入井，而必有怵惕惻隱之心焉，是其仁之與孺子而爲一體也。孺子猶同類者也，見鳥獸之哀鳴　觫而必有不忍之心焉，是其仁之與鳥獸而爲一體也。鳥獸猶有知覺者也，觳見草木之摧折，而必有憐憫之心焉，是其仁之與草木而爲一體也。草木猶有生意者也，見瓦石之毀壞而必有顧惜之心焉，是其仁之與瓦石而爲一體也。

是其一體之仁也，雖小人之心亦必有之，是乃根於天命之性，而自然靈明不昧者也，是故謂之明德。……故夫爲大人之學者，亦惟去其私欲之蔽，以自明其明德，復其天地萬物一體之本然而已耳，非能於本體之外而有所增益之也。」（王文成公全書　卷二十六，大學問）

王守仁主張天地萬物爲一體，由於人心之仁，人心之仁，根於人的人性，稱爲明德，可以爲私慾所蔽，故須明明德。

仁爲愛之理，愛爲仁之用；乃是朱熹的思想，王守仁沒有明白地把仁和愛加以這種分析，卻把「仁愛惻隱」連在一起，以親民爲仁之用。然而王守仁的『一體之仁』也不能僅僅解釋爲愛，因爲他以仁爲人的本體，自然靈明不昧。孟子曾說仁爲人心，朱熹曾以人得天地之仁以爲人心，都是把仁看爲人的心。王守仁以人心的本體爲良知，良知靈明不昧；良知的名字用於善惡之知，仁的名字則用於生命之生。人的本體爲良知，爲生，爲心。

王守仁以良知，綜結天地鬼神萬物爲一，良知卽是心，能體驗天地萬物在生命上和我的聯繫，沒有我的靈明，就沒有天地萬物，沒有天地萬物，也沒有我的靈明；卽是沒有我的心，就沒有天地萬物，沒有天地萬物，也沒有我的心。所以說，人是天地的心，人心給與天地萬物所有的意義。

從生命存在上說，我的生命和天地萬物的生命，卽我的存在和天地萬物的存在，也聯繫爲一體；沒有天地萬物的存在，當然不能有我的存在；沒有萬物的生命，我的生命也不能有。沒有我的生命，卽是沒有人的生命，天地萬物的生命等於沒有生命，因爲生命的成全點，和生命的目的，是在人的生命，缺少人的生命，萬物的生命就不是生命了。

從仁愛方面說，仁是心的本體。心本體就是生命，生命本來就趨於發展，生生不息，生生不息便是仁。生生不息卽是天地萬物的生命爲整體的生命，生命在空間和時間內發展，便是天地萬物的生命。人心的生命和整體的生命爲一個生命，自然傾向發展。生命的發展爲仁，仁在人心的表現就是愛護萬物的生命；因此乃說『一體之仁』。

「夫聖人之心，以天地萬物爲一體。其視天下之人，無外內遠近，凡有血氣，皆其昆弟赤子之親，莫不欲安全而教養之，以遂其萬物一體之念。天下之人心，其始亦非有異於聖人也，特其間於有我之私，隔於物欲之蔽，大者以小，通者以塞，人各有心，至有視其父子兄弟如仇讎者。聖人有憂之，是以推其天地萬物一體之仁以教天下，使之皆有以克其私去其蔽，以復其心體之同然。」（王文成公全書　卷二，傳習錄中）

「仁者，以萬物爲一體。不能一體，只是己私未忘。全得仁體，則天下皆歸於吾仁。」（同上　卷三，傳習錄下）

聖人之心卽仁者之心，以天地萬物爲一體。所謂「以」，不是心裏想想，「非意之也，其心之仁本若是」，乃是心本來就是這樣。因此，萬物一體，不僅是知識的知，不僅是感情的愛，更不是幻想的想，而是心的本體是這樣，「根之於性」，性爲生命之理，萬物的生命相連，生命發展乃整體生命的發展。人心的仁，即人心的生命本體，和萬物爲一體。

王守仁沒有引中庸第二十二章，贊天地化育的思想。中庸的篇章裏有幾處提出聖人化育萬物的思想，中庸第二十二章說出至誠的人，盡己性而盡人性而能盡物性，乃能贊天地的化育，贊天地的化育，乃是我的性所必然的發展。因此，人人皆然，不論賢愚；但能被私慾所蔽。人須克慾以恢復「其心體之同然。」

一體之仁爲王守仁思想的最高點，他講聖人之學，聖人之學在於一體之仁。不僅是「萬物皆備於我，」而且我也在萬物。這種精神生活，由致良知而出發。良知爲至善，爲靈明，也就是心，就是理。萬物和我的關係，良知自然知道，自然指示我合理地去行。在知行合一時，我直接體驗到心的善。

心爲一切的中心，本體是善，是靈明，是良知。心和事相合一，則是致良知，爲知行合一的實境。心和天地鬼神萬物相接，給予天地萬物鬼神以存在的意義，可以說萬物因我心的靈明而存在。

心的本體，也是生命，生命在天地萬物中爲一整體生命，生命是生生不息，流通在萬物裏。我心的生命，即是萬物一體的生命，天地萬物生生不息，也就是我心的生命流於萬物。

這就是『一體之仁』。

王守仁講『一體之仁』的心學，不是祇存想心的本體，亦非祇求靜以反觀自己的心，他講求克慾，除去心裏對於良知和對於仁的障礙。所以他教導學生着實地去求誠意，誠意在格物。格物爲修身的途徑。因此，王守仁的思想通常以格物致知爲標榜。

誠意爲格物致良知的必要方法，對於事事物物都要在意將動之機上留心，人常有惺惺然，不能憑空說致知。普通常說朱熹重在道學問，陸象山重在尊德性，王守仁認爲這是錯誤。尊德性和道學問不能分離，朱陸兩人乃是兩者並重，王守仁自己也以尊德性和道學問合而爲一。他根據這種思想作了「朱子晚年定論」。（王文成公全書　卷三）

(二) 王學流派

王守仁曾住陽明洞講學，學者稱他爲陽明先生。陽明在世時，學者從遊受教者很多。這些門生弟子後來在各方傳授致良知論，使陽明的思想傳遍中國，且遠及日本韓國。但是人多思想雜，在明末引起了強大的反響；起來攻擊者竟佈滿各處，終使王學衰微而不能再振興。

王學的流派，明儒學案按地域而分爲：浙中，江右，南中，楚中，北方，粵閩，泰州。浙中十九人，江右二十七人，南中九人，楚中二人，北方七人，粵閩二人，泰州十八人。分區中夾有「止修學案」，乃李材一人的學案。

明儒學案載黃宗羲說：「自姚江指點出良知，人人現在，一反觀而自得，便人人有個作聖之路。故無姚江，則古來之學脈絕矣。然致良知一語，發自晚年，未及與學者深究其旨，後來門下，各以意見攙和，幾同射覆，非復立言之本意矣。先生之格物，謂致吾心良知之天理於事事物物，則事事物物皆得其理。以聖人敎人，只是一個行。如博學，審問，愼思，明辨皆是行也。篤行之者，行此數者不已是也。先生致之於事物，即是行字，以救空空窮理，只在知上討個分曉之非。」(明儒學案 卷十，姚江學案)

黃宗羲指出陽明弟子的分派，有的追求認識心的本體，以爲良知，把致良知的致字拋棄了；有的把四句敎分成四層，性在先，意在後，意動而有知，有知而格物，把陽明知行合一和事理合一的原則毀了；有的以在已發時求良知，敎人在『和』上著力，失去了未發之中的本體。但在門生弟子中，有的人平易簡樸，遵守師訓，

在門生弟子的學派中，浙中、江右、泰州三區的人數較多，中間多有代表性學者。我們便就這三派中選擇代表性學者的思想，予以述說。

(1) 浙中——錢德洪・王畿

浙中的王門弟子，首為同邑後進，而與陽明過從最篤的人，當推徐愛、錢德洪。

徐愛字曰仁，號橫山，餘姚馬堰人。正德十二年卒（公元一五一六年），年僅三十一歲。陽明嘗以顏淵比之。因年歲輕，沒有深入陽明學理；又因陽明當時還沒有提出致良知的學說，徐愛記述陽明語錄第一卷，雖已有良知和致知的思想，但那時陽明尚在講澄心靜坐的時期。徐愛自記從學的經歷說：「予始學於先生，惟循跡而行，久而大疑且駭，然不敢遽非，必反而思之。思之稍通，復驗之身心。既乃怳若有見，已而大悟，不知手之舞足之蹈，曰：此道體也，此心也，此學也，人性本善也，而邪惡者客感也，去之在於一念。」（明儒學案　卷十一，浙中王門學案一，文集，贈薛尚謙）正德三年，陽明到貴州龍場，年譜說：「先生始悟格物致知。」次年，「後徐愛因未會先生知行合一之訓，決於先生。」陽明告訴他：「某今說合一知行，使學者自求本體，庶無支離決裂之病。」（王文成公全書　卷三十二）

(甲) 錢德洪

(A) 緒論

陽明的同邑弟子中最著者，當推錢德洪。德洪字洪甫，號緒山，餘姚人。生於明孝宗弘治九年（公元一四九六年），卒於明神宗萬曆二年（公元一五七四年），壽七十九歲。德洪從陽明受教，在宸濠亂平以後，陽明回越的時候。陽明後往征思田，德洪留在越中書院。陽明去世，德洪往貴溪奔喪。嘉靖十一年，赴廷試，出爲蘇學教授。後補國子監丞，陞刑部主事，因劾武定侯郭勛，論罪下獄。郭勛死，乃出獄。在野三十年，講學不輟。明儒學案本傳記羅念庵論德洪的思想說：

「緒山之學數變；其始也，有見於爲善去惡者，以爲致良知也；已而曰：良知者無善無惡者也，吾安得執以爲有而爲之，而又去之；已又曰：吾惡夫言之者之淆也，無善無惡者見也，非良知也，吾惟執吾所知以爲善者而爲之，以爲惡者而去之，此吾能爲者也，其不出於此者，非吾所得爲也。

又曰：尚吾之言猶二也，非一也；夫子嘗有言矣，曰：至善者心之本體，動而後有不善也。吾不能必其無不善，吾無動焉而已。彼所謂意者動也，非是之謂動也。吾所謂動，動於動焉者也。吾惟無動，則在吾者常一矣。」（明儒學案 卷十一，錢緒山，會語）

陽明的良知說，只說良知爲心本體，爲未發之中，爲性爲天理。致良知，則致良知的天理於事物，使事物與良知合而爲一。陽明沒有詳細加以解說，更沒有就本體方面和倫理善惡方面予以分析；因此門生弟子對着這種高深神妙，而又一切凝聚爲一的思想，都不能透徹領會，祇就每人才力和修養，去領悟和實踐。德洪指出當時同門的學者中，所有不合陽明思想的解釋。

「公（甘泉）曰：良知不由學慮而能天然自有之知也。今遊先生之門者，皆曰良知無事學慮，任其意智而爲之，其知已不入良，莫之覺矣，猶可謂之良知乎！所謂致知者，推極本然之知，功至密也。今遊先生之門者，只依良知，無非至道，而致之之功，全不言及，至有縱情恣肆，尚有自信爲良

知者。立教本旨，果如是乎？」（明儒學案 卷十一，錢緒山德洪 會語）

湛甘泉評論陽明弟子的偏激思想，一則不知良知的本意，以爲是「任其意智而爲之」，良知已不是是非之知，成爲任意的藉口。一則不力行致良知，捨棄誠意格物的工夫，而「有縱情恣肆」的放蕩生活。這是兩種極端偏激的錯誤行動，都來自一種偏激思想。德洪指出這一種謬誤：

「昔者吾師之立教也，揭誠意爲大學之要，指致知格物爲誠意之功。門弟子聞言之下，皆得入門用力之地。用功勤者，究極此知之體，使天則流行，纖翳無作，千感萬應，而眞體常寂，此誠意之極功。……吾師既沒，吾黨病學者善惡之機，生滅不已，乃於本體提揭過重，聞者遂以誠意不足以盡道，必先有悟，而意自不生。格物非所以言功，必先歸寂而物自化。遂相與虛憶以求悟，而不切乎民彝物則之常，執禮以求寂，而無有乎圓神活潑之機，希高凌節，影響謬戾。而吾師平易切實之言，雍而不宣。」

（同上）

這一派以虛靜求未發之中，稱爲悟道，有悟而後有善惡之知。虛靜求未發之中，已經爲宋朝羅從彥李侗等人的主張，完全以禪學爲表率。陽明的一派弟子，走入空寂之禪，忘卻了日常的倫理。

(B) 良知

德洪講學，追隨師說。良知爲心本體，靈虛昭察，天理自然昭著，是非明顯。

「良知天理，原非二義。以心之靈虛昭察而言，謂之知；以心之文理條析而言，謂之理。靈虛昭察，無事學慮，自然而然，故謂之良。文理條析，無事學慮，自然而然，故謂之天。」（明儒學案 卷十一，浙中學案一，錢緒山論學書）

「心之本體，純粹無雜，至善也。良知者，至善之著察也，良知卽至善也。心無體，以知爲體，無知卽無心也。知無體，以感應之是非爲體，無是非，卽無知也。意也者，以言乎其感應也。物也者，以言乎其感應之事也，而知則宰乎事物是非之則也。」（明儒學案 卷十一，浙中學案一 錢緒山德洪會語。）

陽明常說心之本體爲知，良知卽心之本體。這種本體無動靜之可言，自然靈明昭著，事當前，卽顯示是非。是非之理爲心的天理，也就是事物之理。良知沒有善惡，乃是至善。善惡起自意之動；意因物的感應而動，意動並不影響心，心應爲之主宰。

陽明曾以心的靈明爲天地的心。天地鬼神萬物，因着心的靈明而有；心因着天地鬼神萬物，也纔有心的靈明。因爲天地鬼神萬物因着心的知，纔有存在的意義，心因着天地鬼神萬物，纔有靈明之知。德洪進而加以解釋：

「充塞天地間，只有此知。天只此知之虛明，地只此知之凝聚，鬼神只此知之妙用，四時日月只此知之流行，人與萬物只此知之合散，而人只此知之精粹也。此知運行萬古有定體，故曰太極。原無聲臭可卽，故曰無極。太極之運無跡，而陰陽之行有漸，故曰一生二生四生八，以至庶物露生，極其

萬而無窮焉。……」(同上)

這種解釋，和陽明的思想有所不同。陽明以心作爲天地之心的靈明能『知』萬物；所謂知，不是見聞之知，而是心之知，給予天地鬼神萬物以存在的意義。這種意義是天地鬼神萬物的存在，和人心的存在所有的關係。關係是雙方面的。缺少一方，則另一方面也不存在。因此，陽明說沒有心的靈明，就沒有天地鬼神萬物，沒有天地鬼神萬物也沒有人心的靈明。錢德洪則以『知』爲宇宙元始，「知運行萬古有定體，故曰太極」，知爲太極之元，也就是無極之元，然後有陰陽，有四時，有萬物，「極其萬而無窮焉。」這就把『知』和心相脫離了，整個宇宙都由『知』而生；這種生乃是本體的化生，而不是陽明所說的『存在意義』。若說「充塞天地間，只有此知」，和宋儒所說充塞天地間，只有一氣，有什麼分別呢？只是以知去代替氣；然而陽明只承認宇宙間有氣。這一種解釋，也改變了陽明心外無理的主張。陽明主張心外無理，理是事物和我的關係，這種關係，第一是倫理的意義；即是善惡是非；第二是存在的意義。例如天之高，地之厚。這種關係以心的知爲主體，知卽是心，所以是以心爲主體。但是和唯心論的思想不同，因爲陽明不是講萬物在本體方面的存在，而是講對我心的意義。錢德洪講知，以知爲天地萬物之元，就本體存在方面講，則墮入佛教的唯心論。

「天地間只此靈竅，在造化統體而言，謂之鬼神；在人身而言，謂之良知。惟是靈竅，至微不可見，至著不可掩。使此心積凝純固，常如對越神明之時，則眞機活潑，上下昭格，何可掩得。若一念厭斁，卽恍惚散漫矣。」（同上）

這是以靈竅，卽是知，和心相脫離，知在造化統體，也在人身，而不是陽明以心知統合萬物，萬物在人心，與知合而爲一。德洪以人在統體造化裏，與萬物相合。這種充塞宇宙之知，是不是良知？應該是良知。然而若是良知，良知和心有分離。良知是天地萬物的本體又是心的本體，良知可以在心以外了，便是心外有良知。德洪不能這麼說，可是按他的思想則有這種結論。因此，他對於良知的意義，就有些模糊不清。

「聖人於紛紜交錯之中，而指其不動之眞體，良知是也。是知也，雖萬感紛紜，而是非不昧。雖衆欲交錯，而清明在躬，至變而無方，至神而無迹者，良知之體也。」（同上）

「心之本體，純粹無雜，至善也。良知者，至善之著察也。良知卽至善也。心無體，以知爲體，無知卽無心也。知無體，以感應之是非爲體，無是非，卽無知也。意也者，以言乎其感應也。物也者，以言乎其感應之事也。而知則主宰乎事物是非之則也。」(同上)

良知爲不動眞體，靈明昭著，是非不昧。心之本體，爲至善。良知爲「至善之著察也。」

(C) 在已發中求未發

良知旣是心的本體，無善無惡之至善。怎麼又是至善的顯示，再者，心以良知爲本體，怎麼又說「心無體，以知爲體」呢？這個知應是良知，若是良知，則是心的本體，便不能說心無體。最不容易解釋的，則是「知無體，以感應之是非爲體。無是非，卽無知也。」這不是把不動主體的良知，作成事物是非的感應嗎？他是把體用相混。陽明曾講體用合一，良知和致良知合一，也卽知行合一。德洪竟把良知和意相混了；因爲他雖然分別良知爲感應之是非。意是事物的感應，實則事物的感應卽是是非。

「先師曰：無善無惡心之體。雙江即謂良知本無善惡，未發寂然之體也。養此則物自格矣。今隨其感物之際，而後加格物之功，是迷其體以索用，濁其源以澄流，功夫已落第二義。論則善矣！殊不知未發寂然之體，未嘗離家國天下之感，而別有一物在其中也。即家國天下之感之中，而未發寂然者在焉耳。此格物爲致知之實功，通寂感體用而無間，盡性之學也。」(同上，論學書。復周羅山)

問題就來了，而且問題很微妙。

良知爲無善無體的本體，爲未發之中；這是陽明的主張。聶雙江便主張守寂靜本體，即是守未發之中。排除對於防備已發不中的一切功夫，「功夫已落第二義」，德洪認爲良知之體常有感應，在感應之中，「而別有一物在其中也」，即感應之『中』。在感應時求中，即是在已發時求中，「此格物爲致知之實功」。

「人有未發之中，而後有發而皆中節之和。此先師之言，爲註中庸者說也。……離已發而求未發，必不可得，久之則養成一種枯寂之病。」（同上，論學書。復何吉陽）

陽明曾主張愼防於將發尙未發之機，使將發之動與良知合一，良知之理顯於已發之動和事物中，若已發之後再求心之中，卽是求良知之理，則已不是良知之理，而是知識之知。陽明以「未發之中卽良知也，無前後內外，而渾然一體者也。……動靜者所遇之時，心之本體，固無分於動靜也。」（王文成公全書 卷二，傳習錄中）陽明不分未發和已發，良知爲一，已發屬於意，意有善惡，修身在於誠意。門生弟子對於這一點，多未有悟，而只想在心上作功夫。德洪則主張從已發去求未發，就實際的事上去求致良知。

「問致知有乎心悟。

曰：靈通妙覺不離人倫事物之中，在人實體而得之耳，是謂之心悟。世之學者，謂斯道神奇秘密，藏機隱竅，使人渺茫恍惚，無入頭處，固非眞性之悟。」（明儒學案 卷十一，錢緒山德洪，會語）

陽明視致良知說，爲求學成聖的最簡單的途徑；從致知一方面說，實在很簡單；然而就良知本體與心和事物合一方面說，則深密離奇，不易捉摸。門生弟子因此各有各的解釋。德洪則就簡易實踐方面解說。

「格物之學，實良知見在功夫。先儒所謂過去未來，徒放心耳。見在功夫，時行時止，時默時語，念念精明，毫釐不放，此卽行著習察實功格物之功也。於此體當切實，著衣喫飯，卽是盡心至命之功。」（明儒學案 卷十一，浙中學案一，錢緒山德洪，論學書，與陳兩湖。）

在日常行事上，著實格物，使意誠心正，不祇就心本體上講說；這是德洪的主張。在陽明將征思田時，於天泉橋和門生講論良知。德洪和汝中（王畿）——各人把自己的意見舉出來，請陽明指示。汝中講良知本體，德洪講復性工夫。陽明說兩人所說都對，汝中所講，爲利根人用，德洪所講，爲利根以下的人用。爲利根以下的人怎麼講呢？

「其次（利根以下人）不免有習心在，本體受蔽，故且教在意念上實落爲善去

惡，功夫熟後，渣滓去得盡時，本體亦明盡了。」(王文成公全書 卷三，傳習錄下)

明儒學案「錢德洪傳」說：「先生與龍溪親炙陽明最久，習聞其過重之言。龍溪謂寂者心之本體，寂以照爲用，守其空知而遺照，是乖其用也。先生謂未發竟從何處覓，離已發而求未發，必不可得。是兩先生之良知，但以見在知覺而言，於聖賢凝聚處，盡與掃除。在師門之旨，不能無毫釐之差。龍溪從見在悟其變動不居之體，先生只於事物上實心磨練，故先生之徹悟，不如龍溪，龍溪之修持不如先生，乃龍溪竟入於禪，而先生不失儒者之矩矱，何也？龍溪懸崖撒手，非師門宗旨所可繫縛，先生則把纜放船，雖無大得，亦無大失耳。」(明儒學案 卷十一，錢緒山)

(乙) 王畿

(A) 緒論

王畿字汝中，別號龍溪，浙江山陰人。生於明孝宗弘治十一年戊午(公元一四九八年)，卒於明神宗萬曆十一年癸未(公元一四五八年)，享年八十六歲。嘉靖二年癸未下第，從文成受學。

雖中會試，仍隨師受敎。文成門生弟子日多，不能親自敎授，乃托龍溪轉敎。故文成門生中多人出自王畿門下。文成去世，畿奔喪到廣信，斬衰以完畢喪事，然後守心喪。後任南京職方主事，稍後遷武官郎中。因宰相夏貴溪惡王學，乃去官，在林下四十餘年，講學不輟。

王畿爲傳播王學最得力的學者，然而王學也因他而失卻原有面目。黃梨洲於明儒學案說：「陽明先生之學，有泰州、龍溪而風行天下，並因泰州龍溪而失其傳。泰州龍溪時時不滿其師說，益啟瞿曇之秘而歸之師，蓋躋陽明爲禪矣。然龍溪之後，力量無過於龍溪者，又得江右爲救正，故不致十分決裂。」（明儒學案 卷三十二）

泰州爲王艮，龍溪卽王畿，兩人都以禪學解釋陽明的致良知論，故「躋陽明爲禪矣。」

在天泉橋論學時，王畿和錢德洪各舉自己的意見求正於陽明。「汝中舉先生敎言曰：無善無惡是心之體，有善有惡是意之動，知善知惡是良知，爲善去惡是格物。德洪曰：此意如何？汝中曰：此恐未是究竟話頭。若說心體是無善無惡，意亦是無善無惡的意，知亦是無善無惡的知，物亦是無善無惡的物矣。若說意有善惡，畢竟心體還有善惡在。……先生曰：我今將行，正要你們來講破此意。二君之見，正好相資爲用。不可各執一邊。我這裏接人，原有此二種，利根之人，直從本源上悟入人心。本體原是明瑩無滯的，原是箇未發之中。利根之人，一悟本體卽是功夫，人已內外一齊俱透了。……汝中之見，是我這裏接利根人的。」

（陽明全書　卷三，傳習錄下）

陽明教學時，兩位入門弟子已經有兩種主張，陽明指定兩種主張代表他的兩層格物致知方法。但是兩種主張都不能各以爲是，而互相排斥。也就是說明兩種主張都對，然每一種都不能代表他的全部思想，所以警戒他們「不可各執一邊。」錢德洪和王畿後來卻都各執己見，自立門戶。王畿批評當時同門中的派系。

「良知宗說，同門雖不敢有違，然未免各以其性之所近，擬議攙和。

有謂良知非覺照，須本於歸寂而始得，如鏡之照物，明體寂然，而妍媸自辨，滯於照則明反眩矣。

有謂良知無見成，由於修證而始全，如金之在鑛，非火符鍛鍊，則金不可得而成也。

有謂良知是從已發立教，非未發無知之本旨。

有謂良知本來無欲，直心以動，無不是道，不待復加銷欲之功。

有謂學有主宰有流行，主宰所以立性，流行所以立命，而以良知分體用。

有謂學貴循序，求之有本末，得之無內外，而以致知別始終。此皆論學同異之見，不容以不辨者也。寂者心之本體，寂以照爲用，守其空知而遺照，是乖其用也。見入井孺子而惻隱，見嘑蹴之食而羞惡，仁義之心，本來完具，感觸神應，不學而能也。若謂良知由修而後全，撓其體也。良知原是未發之中，無知無不知。若良知之前，復求未發，卽是沉空之見矣。古人立教，原爲有欲設，銷欲正所以復還無欲之體，非有所加也。主宰卽流行之體，流行卽主宰之用，體用一原，不可得而分，分則離矣。所求卽得之之因，所得卽求之之證，始終一貫，不可得而別，別則支矣。吾人服膺良知之訓，幸相默證，務求不失其宗，庶爲善學也已。」

（王龍溪全集 卷一 撫州擬峴臺會語。或明儒學案卷十二，語錄）

王畿舉出了六派思想，予以辨白。這六派的思想，都是在良知本體以外作工夫，或在照上，或在修證上，或在已發上，或在銷欲上，或在主宰上，或在修行次序上，王畿辨白這幾派都有失陽明的原來思想。那末他自己的思想怎樣？

(B) 先天、後天

龍溪從先天後天和有無入手，講說他的主張。

「先生謂遵巖子曰：「正心，先天之學也；誠意，後天之學也。」

遵巖子曰：必以先天後天分心與意者，何也？

先生曰：吾人一切世情嗜欲，皆從意生。心本至善，動於意始有不善。若能在先天心體上立根，則意所動自無不善，世情嗜欲自無所容，致知功夫自然易簡省力，所謂後天而奉天時也。若在後天動意上立根，未免有世情嗜欲之雜，纔落牽纏，便費斬截，致知功夫，轉覺繁難。欲復先天心體，便有許多費力處。顏子有不善未嘗不知，知之未嘗復行，便是先天易簡之學；原憲克伐怨欲不行，便是後天繁難之學，不可不辨也。」

（王龍溪全集　卷一，三山麗澤錄）

陽明的四句教以有善有惡爲意之動，正心在於誠意，然正心誠意爲一；王畿乃分心意爲二，以心爲先天，意爲後天。心的本體無善無惡，則意也不能有善惡，善惡來自心體以外，卽來自世情嗜欲。這種先天和後天的主張，和四有四無論相關連。王畿在天泉橋論道時，曾說：「若說心體無善無惡，意亦是無善無惡的意，知亦是無善無惡之知，物亦是無善無惡之物矣。若說意有善惡，畢竟心體還有善惡在。」（王文成公全書 卷三，傳習錄下）

(C) 四有四無

王畿的語錄中，也記錄這樁論學的對話：

「陽明夫子之學，以良知爲宗。每以門人論學，提四句爲敎法：無善無惡心之體，有善有惡意之動，知善知惡是良知，爲善去惡是格物。學者循此用功，各有所得。緖山錢子謂是師門敎人定本，一毫不可更易。先生謂夫子立敎隨時，謂之權法，未可執定。體用顯微，只是一機。心意知物，只是一事。若悟得心是無善無惡之心，意卽是無善無惡之意，知卽是無善無惡之知，物卽是無善無惡之物。蓋無心之心則藏密，無意之意則應圓，無知之知則體寂，無物之物則用神。

天命之性純粹至善，神感神應，其機不容已，無善可名。惡固本無，善亦不可得而有也，是謂無善無惡。若有善有惡，則意動於物，非自然之流行，着於有矣。自性流行者，動而無動；着於有者，動而動也。意是心之所發，若是有善有惡之意，則知與物一齊皆有，心亦不可謂之無矣。緒山錢子謂若是，是壞師門教法，非善學也。先生謂學須自證自悟，不從人脚跟轉。若執着師門教法，以爲定本，未免滯於言詮，亦非善學也。」

（王龍溪全集　卷一，天泉證道紀）

四有四無的主張，不來自陽明的四句教，而是來自王畿的主張。陽明明白地說心之本體是無善無惡，意之動有善有惡。王畿卻說：若心是無善無惡，則心、意、知、物，四者都是無善無惡；若意是有善有惡，則心、意、知、物，四者都是有善有惡。原因在那裏？原因是王畿所說：「心意知物，只是一事。」

陽明也曾說心意知物合一，知是良知，良知爲心本體，意和物在『行』時纔有；心與物相交接時，乃動而有意，心動則良知顯現於意中，同時也顯現於物中。因良知爲心之理，意中有理，物中有理，同爲一理。因此，陽明說心意知物合一，即是在良知內合一，而不是本體論『存有』的合一。既然不是本體上存有的合一，則意之動有善惡，不影響心本體的無善無惡之至善。意之善惡，由良知指出，由格物去實踐，陽明便講知行合一，良知所指出的爲善去惡，在物上實現出來。

王畿以心意知物的合一，在於本體存有的合一，心意知物同是一事，即是一個同一的存有。因此，若心體爲無善惡，意知物三者也同是無善惡；若是意有善惡，心知物三者也同是有善惡。四者既爲同一存有的異名，凡一名所有本性的特性，必是其他三名的特性。

在陽明看來，惡不是心所有，而是來自私慾，私慾掩蔽良知乃有惡。王畿則認爲惡不存在，而是由於人以爲有。人不知道自心之至善，而以外在的方法去求善，既求善，便有惡，善惡爲對立名。王畿乃標出四無；無心、無意、無知、無物。以無而悟見心的本體，本體是靜寂。然而本體又是動，自然流行，無所謂知行，祇是悟見本性。本性既悟，自然照明，心理必顯，既無善惡問題，也無修身問題。

「良知是天然之靈機，時時從天機運轉，變化云爲，自見天則，不須防檢，不須窮索，何嘗照管得，又何嘗不照管得。」(王龍溪全集 卷四，豐城答問)

「良知是造化之精靈，吾人當以造化爲學。造者自無而顯於有，化者自有而歸於無。吾之精靈，生天生地生萬物，而天地萬物復歸於無，無時不造，無時不化，未嘗有一息之停，自元會運世，以至於食息微渺，莫不皆然。如此則造化在吾手，而吾致知之功，自不容已矣」（同上，東遊會語）

「良知本體，原是無動無靜，原是變動周流，此便是學問頭腦。若不見得良知本體，只在動靜二境上揀擇取舍，不是妄動，便是著靜，均之爲不得所養。」（王龍溪全集　卷四，東遊會語）

王畿講解陽明所說心與天地鬼神萬物的關係，又從本體存有去講。陽明所說萬物因心的靈竅而有，心的靈竅也因萬物而有，這層關係是在萬物存在的意義上，而不是在萬物的本體存有上。陽明說沒有心的靈竅誰知道天的高和地的厚。王畿卻說良知是造化的精靈，良知生天生地生萬物，良知有造化的功能，沒有一點的停留。這是把易經的生生思想混合到禪宗的實相論。禪宗以心的實相爲眞如，眞如又是一切萬有的實相，實相既是人心實相，人心便是萬有的根源和實相。萬有都無自性，乃無實相，都是以實相眞如的存在而爲存在，也就是以心的存在爲存在。王畿把心的實相，稱爲心的精靈，心的精靈生天生萬物。「如此，則造化在吾手，而致知之功，自不容已矣。」

(D) 致良知

這樣，致良知不是別的，祇是造化的流行，而不是致善惡之知。本無善惡，心是至善，至善的流行，必定是善。心祇要悟見自性，保存自性，自信性爲至善，則一切行動莫不善，何必去防檢？所謂防檢，「不是妄動，便是著靜」，反生惡事。

「夫鄉黨自好與賢者所爲，分明是兩條路徑。賢者自信本心，是是非非，一毫不從人轉換。鄉黨自好卽鄉愿也，不能自信，未免以毀譽爲是非，始有違心之行，狥俗之情。」（王龍溪全書 卷五，與陽和張子問答）

陽明的學說，主要點爲致良知，致良知的工夫在於誠意。王畿學說的主要點在於悟見自性，絕不講誠意。悟見自性爲求學成性的根本。自性稱爲良知，良知本體光明，無分未發已發，無分內外。

「人心虛明，湛然其體，原是活潑，豈容執得定？惟隨時練習，變動周流，或順或逆，或縱或橫，隨其所爲，還他活潑之體，不爲諸境所礙，斯謂之存。」（王龍溪全集　卷五，華陽會語）

「良知者，性之靈根，所謂本體也。知而曰致，翕聚緝熙，以完無欲之一，所謂功夫也。良知在人，不學不慮，爽然由於固有，神感神應，盎然出於天成，本來眞頭面，固不待修證而後全。若徒任作用爲率性，倚情識爲通微，不能隨時翕聚以爲之主，倏忽變化，將至於蕩無所歸，致知之功，不如是之疏也。」（王龍溪全集　卷五，書同心册）

良知爲性的靈根，爲心的本體，自然虛明，隨事顯明天理，周流活潑，不能執定一種方式。禪宗也說禪是活潑潑的，隨機而發，不可爲方圓。人爲致良知，祇在悟見良知，王畿說：「知而曰致」悟見良知稱爲悟見本體，本體乃是常在，凡人不能悟見，是因世情嗜欲所亂。爲致良知，不要從意之動上，也不要從世情嗜欲上去下功夫，卻要從心的本根上去求悟。「若能在先天心體上立根，則意所動無不善。」

悟見自性實相，似禪宗講頓悟。「天泉證道記」說陽明以王畿所說爲「頓悟之學也」。

王畿自己講獨知。獨知是在萬欲紛紜之中，一念獨見良知，似乎在滿天亂雲之中有一孔清明，透見天體陽光。

「萬欲紛紜之中，反之一念獨知，未嘗不明，此便是天之明命，不容磨滅所在。故謂愼獨工夫，影響揣摩，不能掃蕩欲根則可，謂獨知有欲則不可。謂獨知卽是天理則可，謂獨知之中必用天理若二物則不可。」（王龍溪全集 卷十，答洪覺山）

「良知卽是獨知，獨知卽是天理。獨知之體，本是無聲無臭，本是無所知識，本是無所粘帶揀擇，本是徹上徹下。獨知便是本體，愼獨便是功夫。……只此便是未發先天之學。……若謂良知只屬後天，未能全體得力，須見得先天，方有張本，卻是頭上安頭，斯亦惑矣。」（王龍溪全集 卷十，答洪覺山）

獨知卽是良知，人能獨知，卽悟見自性。既悟見自性，再不須兢兢業業去修身，祇信良知自然流行，無有不善。功夫便祇在心上立根，一面相信自己的良知，一面讓自性天然流露，「神感神應，盎然出於天成，本來眞面目，固不待修證而復全。」所以自信乃是工夫。

「知者心之本體，所謂是非之心，人皆有之。是非本明，不須假借，隨感而應，莫非自然。聖賢之學惟自信得及。」（王龍溪全集 卷四，答林退齋）

「知而曰致」，王畿所謂致良知，是在悟見本性，不是陽明所說致知之是非之理於物。王畿的致良知，是就心體上說。陽明的致良知，是就事物上說。王畿教人致知，是在世情嗜欲中能獨見心之本體。

「當萬欲騰沸之中，若肯反諸一念良知，其眞是眞非，炯然未嘗不明。只此便是天命不容滅息所在，便是人心不容蔽昧所在。此是千古入賢入聖眞正路頭。」（王龍溪全集 卷九，答茅治卿）

陽明講良知的直接體驗，是當事物與意交接時，我便直接體驗良知，在直接體驗中，知與物合一，知與行合一。這種致知，可以說是用，然而因爲良知同時俱在，因此說體用合一。王畿講悟見本性，也是直接的體驗，這種體驗乃是祇體驗良知本體，良知本體爲寂爲靜，於是直接體驗良知便是靜是寂。雖然王畿也說良知本體不動不靜，亦動亦靜，常自然流行，一息不停。王畿的直接體驗，祇是體驗本體，不包括用。

(E) 格物

格物的工夫，陽明看爲誠意的工夫，使良知當意和物相接時，良知不爲情欲所蔽，而能致於行。所以是對於良知之用所有的工夫。王畿則以格物爲悟見本性的工夫，是對於良知之體所有的工夫，不是對於良知之用；因爲一個人祇要悟見本性，再不須修證，自然行善。這完全跟禪宗的思想相合。

「致知在格物，言致知在格物上，猶云舍格物更無致知工夫也。如雙江所教格物上無功夫，則格物在於致知矣。」(王龍溪全集 卷十，答羅念庵一)

言辭上，和陽明所說一樣，然而意義則不同，因爲兩人所講的致知不同。陽明講致良知於事物，王畿講悟見自性。

王畿也講物與意交接時的格物，使意不流於欲，須要寡欲。

「天生蒸民，有物有則，良知是天然之則，物是倫物所感應之跡。……感應迹上循其天則之自然，而後物得其理，是之謂格物，非卽以物爲理也。人生而靜，天之性也。物者因感而有，意之所用爲物，意到動處，易流於欲，故須在應迹上用寡欲工夫，寡之又寡，以至於無，是之謂格物。非卽以物爲欲也。」（王龍溪全集　卷之二　斗山會語）

這種格物，在意上用寡欲工夫，又與陽明所說格物相合了；然而這已是後天工夫。王畿曾說：「知而曰致，翕聚緝熙，以完無欲之一，所謂工夫也。」『以完無欲』使能悟見自性本體良知，纔是先天工夫。陽明曾說王畿的主張，爲接利根之人。這種人沒有私慾之擾，一見本體，一切都順當而爲善。若以這種主張敎一切的人去修養，便流於空虛，流於放蕩。這就是王畿主張的流弊，他自己辨白說：

「一友問致良知工夫如何用？先生曰：良知是天然良竅，變動周流，不爲典要，覿面相呈，語默難賅，聲色不到。雖曰事事上明，物物上顯，爭奈取舍些子不得。然此不是玄思極想推測得來，須辨個必爲聖人之志。從一點靈竅實落致將去，隨事隨物，不要蔽昧，此一點靈竅。久久純熟，自有覿面相呈時在，不求其悟，而自悟也。」（王龍溪全集　卷四，留都會紀）

良知周流，沒有典要，古來聖賢所擬的修身規則，都不必用。祇從良知的靈竅，「隨事隨物，不要蔽昧。」這還不是玄妙嗎？他卻說：「此不是玄思極想推測得來，須辨箇必爲聖人之志。」他肯定一個人要有爲聖人的決志，又要自信良知的明照。但這還逃不了空疏。

王畿爲養有良知，主靜主寂；然他以靜有動，以寂不空，靜動合一。

「主靜之學，在識其體而存之，非主靜之外，別有求仁之功也。靜爲萬化之原，生天生地生萬物，有不能違焉。是謂廣生大生，乾坤之至德也。……世之談學者，或謂靜中易至頹墮，須就動上磨鍊。或謂動中易至蕩搖，須就靜中攝養。……夫根有利鈍，習有淺深，學者各安分量。或動上磨鍊，或靜中攝養，或動靜交參，……及其成功一也，此權法也。聖學之要，以無欲爲主，以寡欲爲功，寡之又寡，以至於無。無爲而無不

爲，寂而非靜，感而非動，無寂無感，無動無靜，明通公溥，而聖可幾矣。此實際也。」（王龍溪全集　卷五，書同心册卷）

「先生曰：寂之一字，千古聖學之宗，感生於寂，寂不離感。舍寂而緣感，謂之逐物，離感而守寂，謂之泥虛。夫寂者，未發之中，先天之學也。未發之功，却在發上用。先天之功，却在後天用。」（王龍溪全集　卷六　致知議辨）

中庸講聖人之學，也嘗有點神秘色彩，王畿論聖人之學，則言辭似乎易經和中庸，實際則合於禪學。「無動無靜，無寂無感」，乃是禪宗的師法。楊慈湖曾主張無意，王畿則主張無心無意。這都講無，雖無不是虛空；然修身的規矩則也是無了。

「大匠誨人，必以規矩；然得手應心之妙，不出規矩之外，存乎人之自悟耳。」（王龍溪全集　卷五，與陽和張子問答）

雖有規矩，然由人去自悟，這就是莊子所說庖丁解牛的人，眼不看，而以神會了。所以王陽明說這是爲利根的人。

「或問致知難易，因舉念菴收攝保聚之說請正。先生曰：致知之功，非難非易，襲於其易，則忽而無據。狃於所難，則阻而鮮入。善學者默體而裁之，求所以自得焉可也。」(同上 卷八，致知難易解)

利根之人，能自領悟，能自體會。一般人則須有規矩可循。王畿常肯定格物致知，都由人自悟，其他一切修身功夫，都爲後天之學，而他所重的，則是先天之學。陽明的思想包括先天後天，且以先天後天合於一。王畿祇取了一半，而以爲致良知之說，故學者評他破壞師說。但他自己早已說過，不在別人腳跟上轉，他不完全依照老師的主張。所以說：「陽明先生之學，有泰州龍溪而風行天下，亦因泰州龍溪而失其傳！」(明儒學案 卷三十二)

羅洪先評王畿的思想說：「龍溪之學，久知其詳，不俟今日。然其謂工夫，卻又無工夫可用，故謂之以良知致良知，如道家先天制後天之意。其說實出陽明口授。大抵本之佛氏，翻傳燈諸書，其旨洞然。……分明二人屬兩家風氣(陽明龍溪各為一家)今比而同之，是亂天下

也。持此應世，安得不至蕩肆乎」(明儒學案 卷十八，江右學案三，羅念庵洪先與聶雙江書)

(2) 江右—聶豹•羅洪先

江右王學以鄒守益資格最老，他生於明孝宗弘治四年辛亥(公元一四九一年)，卒於明世宗嘉靖四十一年壬戌(公元一五六二年)年七十二歲。明儒學案卷十六本傳說「先生之學，得力於敬。……夫子之後，源遠而流分。陽明之後，不失其傳者，不得不以先生爲宗子也。」他在答聶雙江書中說：「越中之論誠有過高者，忘言絕意之辨，向亦駭然，及臥病江上，獲從緒山龍溪切磋，漸以平實，其明透警發處，受教甚多。夫乾乾不息於誠，所以致良知也。懲忿窒慾，遷善改過，皆致良知之條目也。若以懲忿之功爲第二義，則所謂如好好色，如惡惡臭，已百已千者，皆爲剩語矣。源源混混以放乎四海，性之本體也。有所壅蔽，則決而排之，未嘗以人力加損，故曰行所無事。若忿慾之壅，不加懲窒，而曰本體原自流行，是不決不排，而望放乎海也。苟認定懲窒爲治性之功，而不察流行之體，原不可以人力加損，則亦非行所無事之旨矣。」(明儒學案 卷十六，東廓論學書)鄒守益抱守陽明的思想，以性本體爲至善，然習心和私慾能掩蔽人性，均懲窒慾使良知能致於事物。祇守性的本體而不窒慾，不可；窒慾而忘本體又不可，須兩層功夫兼有。守益傳述陽明學說，在家四十餘年不輟，兒子和孫子也都傳陽明之學，然影響力不大。

江右學派影響力大者，當以聶豹和羅洪先兩人，他們兩人的思想，和陽明的思想又有些不同。

(甲) 聶 豹

(A) 緒 論

聶豹字文蔚，號雙江，永豐人。生於明憲宗成化二十三年丁未（公元一四八七年），卒於明世宗嘉靖四十二年癸亥（公元一五六三年），享年七十七歲。

聶豹於正德十二年成進士，知華亭縣，後召入爲御史，直言諫諍。後官巡撫薊州右僉都御史，轉兵部侍郎，陞尚書，加太子少傅。因和嚴嵩不睦，遂以老疾致仕。他一生祇和陽明通書問道，沒有在門下領教。陽明去世後，他設位，北面再拜，始稱門生。

明儒學案卷十七本傳說：「先生之學，獄中閑久靜極，忽見此心眞體，光明瑩徹，萬物皆備。乃喜曰：『此未發之中也，守是不失，天下之理，皆從此出矣。』乃出與來學立靜坐法。」聶豹的格物致知，以『主靜歸寂』爲主。

在王畿的語錄裏有「致知議辨」，記述聶豹和王畿的辯論，在「語錄」及王龍溪全集的卷六裏有辯論九則，每則由雙江發問，龍溪作答。語錄係王畿的門生所記，不一定能客觀地把聶豹的思想完全說出。分敍如下：

第一項問題：王畿以先天後天的分法，「以體用分先後，而非以美惡分也。」內外的區分，也應保持。攻擊王畿的無先後無內外，「設曰：良知之前無性，良知之外無情，卽是良知之前與外無心，語雖玄而意則舛矣。」

第二項問題：反對王畿以「知屬乾字，遂謂乾知爲良知，不與萬物作對爲獨知。」聶豹認爲良知和萬物相關連，陽明講知行合一，心事合一，而不是以良知爲悟見自性的獨知。

第三項問題：攻擊王畿專在心體上用功夫，「獨知是良知的萌芽處，與良知似隔一層，此處著功，雖與半路修行不同，要亦是半路的路頭也。致虛守靜，方是不睹不聞之學，歸根復命之要。」聶豹說明自己的主張，在於「致虛守靜。」

第四項問題：在於『幾』。王畿認爲「謂聖學只在幾上用功，有無之間，是人心眞體用，當下具足，是以見成作工夫看。」聶豹則主張「夫寂然不動者，誠也；感而遂通者，神也。今不謂誠神爲學問眞功夫，而以有無之間，爲人心眞體用，不幾於舍筏求岸，能免望洋之嘆乎？」

第五問題：在心有所主。聶豹以格物致知，人心自作主宰，「今不從事於所主，以充滿乎本體之所重，而欲坐享其不學不慮之成，難矣！」

第六問題：聶豹以良知和知識有分別，良知之外有知識。「今謂良知之外，別無知，疑於本文爲贅，而又以空爲道體。」「但不知空空與虛寂有何所別！」

第七問題：聶豹認爲「仁是生理，亦是生氣，理與氣一也，但終當有別。」反對王畿的調息法，「馭氣攝靈，與定息以接天地根，諸說恐是養生家所秘，與吾儒之息，未可強同，而要以收斂爲主，則一而已。」

第八問題：聶豹主張「良知是性體自然之覺是也，故致知，當先養性。」王畿認爲「覺無未發，亦不可以寂言。求覺於未發之前，不免於動靜之分，入於茫昧支離而不自覺。」

第九項問題：在於『息』。聶豹說：「卽之所謂息者，蓋主得其所養，則氣命於性，配義與道，塞乎天地生生之機也。……今以虛寂爲禪定，謂非致知之旨，則異矣！佛氏以虛寂爲性，亦以覺爲性，又有皇覺正覺圓覺明覺之異，佛氏養覺而嗇於用，時儒用覺而失所養，此又是其大異處」。

從上面的九則問答，可以看到聶豹的思想，他主張良知自知自覺，然應有所養，養則在乎『致虛守靜』良知以體用分先後，分內外，明物察倫，以仁義行。

(B) 良知體驗

「伏誦教言，及所致緒山書，知我丈之學，日造精深，洞悟未發之旨，以爲發用流行之根。謂良知自能知能覺，而不以知覺爲良知。故孩提之愛敬，令人於未發處體驗。師門正法眼藏，得我丈一口道破，當下便有欛柄入手，不犯道理，知解分疏，有功於師門大矣。竊意良知無分於未發已發，所謂無前後內外，而渾然一體也。……」（王龍溪先生全集　卷九，答聶雙江）

王畿指出聶豹主張於未發處體驗良知，錢德洪曾和聶豹意見不合，有所辯論。

「先師曰：無善無惡心之體，雙江卽謂良知本無善惡，未發寂然之體也，養此則物自格矣。今隨其感物之際，而後加格物之功，是迷其體以索用。濁其源以澄流，功夫已落第二義。論則善矣，殊不知未發寂然之體，未嘗離家國天下之感，而別有一物在其中也。即家國天下之感之中，而未發寂然者在焉耳。此格物爲致知之實功，通寂感體用而無間，盡性之學也。」

（明儒學案　卷十一，錢緒山德洪論學書，復周羅山）

錢德洪主張在已發中求未發，聶豹主張在未發中求已發，王畿則主張不分未發已發，究竟何者是陽明的思想？王陽明主張未發已發合一，這種合一在知行合一上成立，而知行之合一，則在於誠意，意是心之動，屬於已發。故致知的功夫在於未發之幾，使意動時，良知致於行，知行乃合一。若是意已動，動而不合於天理，良知沒有致知，知行不一。事既已成，則祇有改過。

聶豹主張在未發中體驗已發，求心的未發，心未發卽心本體，本體卽是良知。

「良知本寂，感於物其而後有知。知其發也，不可遂以知發爲良知，而忘其發之所自也。心主乎內，應於外而後有外，外其影也，不可以其外應者爲心，而遂求心於外也。故學者求道，自其求乎內之寂然者求之，使之寂而常定。」（明儒學案　卷十七，聶雙江豹，雙江論學書，答許玉林）

不以知覺爲良知，知覺乃心與外物相接而起，知覺由良知而來。良知本體，光明瑩徹，寂靜不變。先要知道良知本體，然後纔能應接事物。聶豹所以主張養未發寂然之體。然而這種知不是獨知，應和事物相對。這一點和王畿不相同。

「所貴乎本體之知，吾之動無不善也。動有不善，而後知之，已落二義矣。」(同上)

「以獨爲知，以知爲知覺，遂使聖人洗心密藏一段反本工夫，潛引而襲之於外，繼使良知念念精明，亦只於發處理會得一個善惡而去取之，其於未發之中，純粹至善之體，更無歸復之期。」(同上)

本體之知，知見良知之本體。本體爲未發之中，爲純粹至善之體。致良知，先要知見本體良知，又要在心發爲意動時，歸復到本體。這一點和王畿不同。王畿講致良知爲知良知本體，然以悟知本體爲已足，不理會和事物相接時的行。聶豹講知見本體，然以知和事物相對而有行，行和知應合一。

「識得未發氣象，便是識取本來面目。敬以持之，常存而不失。到此地

位，一些子習氣意見著不得。胸次灑然，可以概見。又何待遇事窮理而後然耶？卽反覆推究，亦推究乎此心之存否。」(同上)

識得未發氣象，爲能知的主要點，識得以後，「敬以持之」。這得持敬工夫，不是爲誠意以致知行合一，而是爲保全本體之知。保全了本體之知，胸懷開朗，不滯於物。所以說朱熹窮理的功夫，乃煩瑣而無用。

心以主體，寂然而靜，乃未發之中。知見本體則應也是寂然而靜。在慾情動蕩時，當然不能知見本體，在努力修身的動作中，也見不到本體。本體之知爲寂靜，人要寡欲以至於無欲，而後心纔寂靜。

「夫無時不寂，無時不感者，心之體也。感惟其時，而主之以寂者，學問之功也。故謂寂感有二時者非也。謂工夫無分於寂感，而不知歸寂以主夫感者，又豈得爲是哉。」(明儒學案 卷十七，江右學案二，聶雙江論學書，答東廓)

『心』常寂而常知，與物交接時卽有感。感時，心仍寂，寂中有動，動而不動。心以寂而主宰對外物的感，這要靠人的學問工夫。人要鍛鍊心常不亂，常自主宰，常能體驗到本體。

「思慮營欲，心之變化，然無物以主之，皆能累心。惟主靜則氣定，氣定則澄然無事。此便是未發本然，非一蹴可至。須存優游，不管紛擾與否，常覺此中定靜，積久當有效。」（同上，答戴伯常）

主靜以存未發本然之性，聶豹認爲不是一天就可達到，須要經過長期的鍛鍊，乃能在思慮營欲中體驗本體的靜。

這種講法，使人疑慮。若說聖人，則是心地清明，常見本體。通常人都有慾情，怎樣能悟見本體呢？說是寡欲，寡欲使至於無；但若不能寡欲呢？在寡欲的歷程中，人尙未能見性本體，他怎樣致良知呢？聶豹沒有說到這幾點，所以人家批評他的學說，不切實際。

「疑予說者，大略有三：其一，謂道不可須臾離也，今日動處無功，是離之也。其一，謂道無分於動靜也，今曰功夫只是主靜，是二之也。其一，謂心事合一，仁體事而無不在，今日感應流行，著不得力，是脫略事爲，類於禪悟也。

夫禪之異於儒者，以感應爲塵煩，一切斷除而寂滅之，今乃歸寂以通天下之感，致虛以立天下之有，主靜以該天下之動，又何嫌於禪哉。」

（明儒學案 卷十七，江右學案二，聶雙江豹論學書，與王龍溪）

聶豹主守本體以寂靜，心與物交接，良知自然流行，沒有動的功夫。因此，以陽明的思想來評衡他的思想，則是分動靜爲二，分事物和心爲二，捨棄了動的工夫和事物的行，因此動靜不合一，心事不合一，心物不合一。他和王畿相似，忽略了行。雖然他也注重事物，也注意到動，較比王畿祇主張悟見自本體爲佳，然比較陽明的主張，他的主張就顯出太寂靜，太重本體的知而忽略了致良知於事物之行。王畿和他都未能追隨陽明致良知的理想。

(C) 主靜

聶豹說他主張：「歸寂以通天下之感，致虛以立天下之有，主靜以該天下之動。」他主張的代表名詞，該當是『歸寂守靜』。陽明的主張是積極的主張，積極使意誠於良知，良知能實現在事物上。良知說是善該做，便做，良知說是惡該去，便去，知和行便合一。

聶豹以良知本體兼有動靜，在未發時，寂靜虛默，當受物感應時，良知自然流行，不必人加功夫。因爲良知既是不慮而知，又是不學而能。知就是行，靜就是動。人能歸寂靜的本體，一切事物的感應，自然與良知相通，良知自然流行到事物內，故曰：「歸寂以通天下之感。」

良知本體爲虛，虛爲虛靈，爲精神。良知之外無理，卽心外無理，而天地萬物因心的虛靈而有。因此，在良知的虛靈中可以包括萬有，所以「致虛以立天下之有。」

良知本體爲靜，卽是未發之中。良知本體自然流行於感應的事物，所謂靜卽是動，而是不動之動，卽爲「主靜以該天下之動。」

聶豹以心主乎內，心寂而無欲，則通於萬物的感應，沒有思慮，自然流行於萬物。爲達到這種境界，先要洗心，又要退藏，保守未發的虛寂。

怎樣能寡欲以保持虛寂？利根的人本少慾情，卽有慾情，也易於明理見性；利根以下的人，則爲寡欲？應該主靜。

「或問：周子言靜，而程子多言敬，有以異乎？曰：均之爲寡欲也。周曰：無欲的靜，程子曰：主一之謂敬；一者，無欲也。然由敬而入者，有所持循，久則內外齋莊，自無不靜。若入頭便主靜，惟上根者能之。蓋天資明健，合下便見本體，亦甚省力。而其弊也，或至厭棄事物，賺入別樣蹊徑。是在學者顧其天資力量而慎擇所由也。近世學者猖狂自恣，往往以主靜爲禪學，主敬爲迂學，哀哉。」（明儒學案 卷十七，聶雙江豹。困辨錄，辨中）

聶豹的主靜近於禪學，禪學以虛靜而悟見本體實相，由實相而空一切萬物假相。聶豹主靜以絕欲，心寂靜無動。他和禪學不同點，在於本體寂靜而通於萬物的感應，他肯定有萬物，有感應，良知本體不動而流於萬物的感應。小孩不學而知愛親，見小孩將跌入井中而自然往救，這就是良知本體的自然流於事物的感應。

問題則在於人生有幾次這樣的本性流露的事？人行事，常都是經過思慮而後行，王陽明教人在思慮時見到良知，誠意以致良知於行。王畿和聶豹都祇說良知自然流行，所以學者批評爲空疏，爲禪。

「自得者，得其本體而自歉也。工夫不合本體，非助則忘，忘助皆非道。」（同上，困辨錄，辨心）

聶豹的主要點，在於保持本體的虛明，可以通於萬物的感應。所謂主靜，即爲勉力達到保持本體，不爲使良知能致於事物。他肯定良知自然必定通於事物，必在人去努力，一有努力，便是「非助則忘，忘助皆非道。」他的理由，卻援用陽明的主張。「先師云：良知是未發之中，廓然大公的本體，便自能感而遂通，便自能物來順應，此是傳習錄中正法眼藏。」(同上，困辨錄，辨誠)可是他沒有看到陽明曾說良知可以被私慾所蔽，知不能致於行，即是感而不通。這種不通，不來自良知本體，來自私慾，因此講寡欲以致良知於行。聶豹和王畿卻把私慾歸之於掩蔽知，而不是掩蔽行。陽明曾說就是習慣作偷竊的人，也知道不該偷竊，即是良知具在，然而偷竊的人不能致良知於行。所以陽明以私慾障蔽行，不是障蔽知。聶豹、王畿都翻過來解釋，祇注意本體的知，而以行爲自然的流通，必定實現。

「問今之學者如何？

曰：今世之學，其上焉者則有三障：一曰道理障，一曰格式障，一曰知識障。講求義理，模倣古人行事之迹，多聞見博學，動有引證。是障雖有三，然道理格式，又俱從知識入，均爲知識障也。三家之學，不足以言豫，責之以變易從道，皆不免有路疾困窮之患。……然尚是儒者家法，可以維持世教，而無所謂敗常亂俗也。

此外又有氣節文章二家，氣節多得之天性，可以勵世磨鈍，廉頑立懦；文章又有古文時文；亦是學者二魔，魔則病心障。……」（同上，困辨錄，辨誠）

儒家所傳修身方法，在聶豹看來，祇是一些庸俗事。事情天天變換，沒有一個道理可以應付一切，若拘守成規道理，必至迂闊不合。他主張以心本體應付一切，心靈活不居，隨事隨應。但是儒家所傳修身法，「可以維持世教，而無所謂敗常亂俗」；徒主以心體應物的人，則能猖狂自恣，敗壞倫常。王學的失傳，罪在這輩人的主張。

(乙) 羅洪先

(A) 緒論

羅洪先字達夫，別號念庵，吉水人。生於明孝宗弘治十七年甲子（公元一五〇四年），卒於明世宗嘉靖四十三年（公元一五六四年）享年六十一歲。

嘉靖八年，洪先舉進士第一，授翰林修撰。丁父母喪，苫塊蔬食，墓廬而居。嘉靖十八年，召拜左春坊左贊善，因皇帝久不視朝，奏請明年元旦，皇太子御文華殿，受百官朝賀。皇帝怒爲咒他不起，革官爲民，終身不仕。

羅洪先沒有親身受過陽明的教誨，「本傳」說：「幼聞陽明講學虔臺，心卽向慕，比傳習錄出，讀之至忘寢食。同里谷平寺中傳玉齋楊珠之學，先生師之，得其根柢。」（明儒學案卷十八）

「本傳」又說：「先生之學，始致力於踐履，中歸攝於寂靜，晚徹悟於仁體。……而聶雙江以歸寂之說號於同志，惟先生獨心契之。」（同上）聶豹在「論學書」裏說：

> 「達夫早年之病，病在於求脫化融釋之速也。夫脫化融釋，原非工夫字眼，乃工夫熟後景界也。而速於求之，故遂爲慈湖之說所入也。以見在爲具足，以知覺爲良知，以不起意爲工夫，樂超頓而鄙艱苦，崇虛見而略實功。……如是者十年矣。……已而恍然自悟，考之詩書，乃知學有本原。心主乎內，寂以通感也，止以發慮也，無所不在。而所以存之養之者，止其所而不動也，動其影也照也發也。發有動靜，而寂無動靜也。於是一以洗心退藏爲主，虛寂未發爲要，利落究竟，日見天精，不屬覩聞。此其近時歸根復命，煞喫辛苦處，亦庶幾乎！知微知彰之學，乃其自性自度，非不肖有所裨益也。」（明儒學案　卷十七，聶雙江豹，雙江論學書，寄劉西峯）

聶豹記述羅洪先思想的變遷，和明儒學案本傳所說有所吻合。雙江記述洪先從慈湖的學說，卽是「歸攝於寂靜」；然而雙江自己也主張歸攝寂靜，洪先接受他的主張，祇是他主張，靜中包括有動，卽是「寂以通感」，他注意到心因物而有感，良知自然通於物的感動。「本傳」所說：「徹悟於仁體」則在於雙江所記洪先思想變遷以後。

(B) 良 知

良知爲心本體，天然知道是非，而且自然順適外物感應。良知本體虛靜，靜而包涵動，不須人爲安排以能順應外物的感，若有安排，則使良知蔽塞。

「所謂良知者，至無而至有，無容假借，無事幫補，無可等待，自足焉者也。來書謂無感而常樂，此是良知本體，卽是戒懼，卽非放逸，卽非蔽塞。……學也者，學其出於良知，而無所動焉者也。窮理也，窮此者也，自然條理，故曰天理卽所謂良知也。安排推測，非天理矣。」(明儒學案。卷十八，江右學案三，羅念庵洪先論學書，答羅岳霽)

「心之本體至善也，然無善之可執。所謂善者，自明白，自周徧，是知是，非知非，如此而已。不學而能，不慮而知，順之而已。惟於此上倚著爲之，便是欲，便非本體，明白亦昏，周徧亦狹，是非亦錯，此非有大相懸隔，只落安排與不安排耳。」（同上，論學書。奉李谷平）

「良知有規矩而無樣式，有分曉而無意見，有主宰而無執著，有變化而無遷就，有渾厚而無鶻突，見好色自好，聞惡臭自惡，不思不勉，發而中節，天下達道，不外是矣。」（同上，論學書，與夏太守。）

羅洪先論良知，講得很明白。良知是心本體，至善至明，爲人行事的規矩；然而沒有一定的樣式，順應一切而不呆板。一遇外物外事，良知自然知道是非，自然是的就做，非的就不做，用不着人去想方法，使良知實行。當心有外物外事之感時，意自然而動，「不思不勉，發而中節」，好比「見好色自好，聞惡臭自惡。」因此，排除一切的人爲方法。這一點，聶豹和王畿都和羅洪先一樣，忽略了人的行動有兩大類：一大類不經過心，稱爲生理的行動，如好好色，如惡惡臭，由生理而到心理，不經過心的反省。另一大類是經過心的反省，要有心的決擇，即是心的主宰。良知之行，是經過心的反省，羅洪先和聶王也都知道這一點，所以說良知是主宰。既是主宰，便不是自然流行，主宰的命令在執行時，可以受到障礙，修身的方法便是除去這些障礙，王陽明稱為誠意寡欲，以致良知。羅洪先等卻以良知的主宰，乃是自然，主宰的命令自然流行，沒有阻擋。引用孟子所說勿忘勿助。一個人在修養的功夫上已經純熟，如孔子所說「七十而從心所欲，不逾矩」，可以達到這種「不思不勉，發而中節」的境界，然決不是不講修養者所能達到。

洪先為聶豹作「困辨錄序」又作「困辨錄後序」，和「讀困辨錄抄序」，說明他自己對良知的見解，也陳述自己讚成雙江的主寂說。

「昔者聞良知之學悅之，以為是非之心，人皆有之，吾惟即所感以求自然之則，其亦庶乎有據矣。已而察之，執感以為據，即不免於為感所役。吾之心無時可息，則於是非者，亦將有時而淆也。又嘗凝精而待之以虛，無計其為感與否也，吾之心暫息矣，而是非之則似亦不可得而歟。……」（明儒學案 卷十八，困辨錄序）

「余讀雙江聶君困辨錄，始而灑然無所疑，已而恍然有所會，久而津津然不能舍，於是附以己見，梓之以傳。……

夫天地之化，有生有息，要之於穆者其本也。良知之感，有動有靜，要之致虛者其本也。本不虛則知不能良知，其發也，其未發則良也。事物者其應，理者其則也，應而不失其則，惟舉虛者能之。故致虛者乃所以致知也。……」（同上，困辨錄後序）

「困辨錄者，聶雙江公拘幽所書，其下附語，余往年手所箋也。同年貴溪原山江君懋恆獲而讀之，取其契於心者，抄以自隨。已而作令新寧，將刻以授諸生，問訣於余。……雖然，余始手箋是錄，以爲字字句句無一弗當於心，自今觀之，亦稍有辨矣。公之言曰：『心主乎內，應於外而後有外，外其影也。』心果有內外乎？又曰：『未發非體也，於未發之時，而見吾之寂體。未發非時也，寂無體不可見也，見之謂仁，見之謂知，道之鮮也。』余懼見寂之非寂也。是故自其發而不出位者言之謂之寂，自其常寂而通微者言之謂之發。蓋原其能戒懼而無思，爲非實有可指，得以示之人也。故收攝斂聚，可以言靜，而不可謂爲寂然之體，喜怒哀樂可以言時，而不可謂無未發之中。何也？心無時，亦無體，執見而後有可指也。……」（同上，讀困辨錄抄序）

在這三篇序言裏，有幾點使我們注意。在第一篇序言裏，洪先說明自己對良知的見解，良知不是人遇事時對這事所有的是非的知，「吾惟卽所感以求其自然之則，其亦庶乎有據矣。」因爲事物很多，對事物之感千萬不窮，心隨着萬事而變，將不免有所亂。良知乃是虛寂之體，「無計其爲感與否」，事來卽自然而應。

在第二篇序言裏，洪先解釋致知。良知爲本，有動有靜，事物爲心的感應，外物和心相交接，心乃有感，感的對象稱爲應，卽是事物。心感應的，爲已發。已發有原則，含於原則卽是中和，也是致知。爲能致知，心要常虛靜。

在第三篇裏，洪先表示自己的意見，和雙江的意見有些不同。雙江以心主內，和外物相感應乃有外。洪先以爲心無內外，心感應時也不出乎自己的位，稱爲寂。不出乎位又能通於萬物的感應，稱爲發。所以已發，心仍在內。雙江以未發時，悟見心的虛寂本體，卽是良知，也是致知。洪先認爲心的本體既是虛寂，不可得見，「執見而後有可指」，從已發而見未發之中。因此，要主靜，「故收攝斂聚，可以言靜。」

(C) 立靜

羅洪先立靜，靜而不失修養。王畿主張良知自然流行，不能以人爲的修養使良知感應有效。雙江立靜寂，主張在心體上用功夫，在未發中體驗已發。洪先則立靜以勉勵修養。

「龍溪子曰：良知者，感觸神應，愚夫愚婦與聖人一也，奚以寂，奚以收攝爲？予不答，已而腹饑索食。龍溪子曰：是須寂否，須收攝否？予曰若是，則安取於學？饕餮與禮食，固無辨乎？

他日，愼溪子曰：良知本寂，無取乎歸寂，歸寂者心槁矣！良知本神應，無取乎照應，照應者義襲矣。吾人不能神應，不可持以病良知，良知未嘗增損也。

予曰：吾人常寂乎？曰：不能，則收攝以歸寂，於子何病！吾人不能神應，謂良知有蔽可乎？曰：然。曰：然，則去蔽而良知明，謂聖愚有辨，奚不可？求則得，舍則失，不有存亡乎？養則長，失則消，不有增損乎？擬而言，議而動，不有照應乎？是故不可泯者，理之常也，是謂性。不易定者，氣之動也，是謂欲。不敢忘者志之凝，命之主也，是謂學。任性而不知辨欲，失之罔。談學而不本眞性，失之鑿。言性而不務力學，失之蕩。

龍溪子曰：如子之言，固未足以病良知也。」（同上，良知辨）

羅洪先主學，主修養，較比聶豹更近於陽明。他以性屬理，欲屬氣，欲可以障蔽良知，應用功夫去寡欲。人不能常寂靜，不靜則欲動，則宜收攝以歸靜。學者所求的在於辨別性和欲，立靜以寡欲。因此他的主張和王畿不相同。

「言其收斂，謂之存養；言其辨別，謂之省察；言其抉擇，謂之克治。省察者言其明，克治者言其決；決則愈明，而後存養之功純，內不失己，外不失人；動亦定，靜亦定，小大無敢慢，始終條理，可以希聖矣。」（同上，書王有訓扇）

「今之言者，心與言馳，馳則離其主矣。離其主，則逐乎所引之物。」（同上，說靜）

收斂心神以存養良知，省察自己的生活以辨別自己的處境；克治私欲以行使心的主宰。這些都是立靜的功夫。但洪先的修養功夫，都要歸到寂靜，寂靜爲心的本體，寂靜纔能體驗未發之中，由這種體驗乃能通於事物的感應。心與外物交接而有感時，心應寂靜不亂，「絕感之寂，寂非眞寂矣。感非逐外，故未可言時，以其本寂故也。離寂之感，感非正感矣。此乃同出而異名，吾心之本然也。」（同上，甲寅夏遊記）寂爲本，感爲動；寂有常，感無常，守靜以養寂，卽中庸的愼獨。周子主靜，程子主敬，皆爲對於感的修養，然須收斂歸於靜。

(D) 悟　仁

王陽明思想的終極點，爲一體之仁。王門弟子講良知卻少講仁。鄒東廓的兒子鄒善，曾以學莫要於識仁。洪先的思想，最後則歸到仁。

> 「識仁篇卻在識得仁體，上提得極重，下云與物同體，則是己私分毫攙和不得。己私不入，方爲識得仁體。如此卻只是誠敬守之。……此是吾人生死路頭，非別有巧法，日漸月摩，令彼消退，可以幾及也。」（同上，答張浮峰）

仁是公，不能攙入私意，因公復能有萬物一體之仁。洪先以仁爲『吾人生死路頭』，提出仁道的重要。

「王敬所訪余石蓮洞中，各請所得。敬所曰：吾有見於不息之眞體，天地之化生，日月之運行，不能外是體也，而況於人乎。吾觀於暮春，萬物熙熙，以繁以滋，而莫知爲之，其殆庶幾乎！明道得之，名爲識仁。」(同上，說靜)

王敬所講識仁，仁爲生生之仁，春天洋溢在萬物裏，「萬物熙熙，以繁以滋。」能夠識得萬物的生意，就識得仁。

「能以天地萬物爲體，則我大；不以萬物爲累，則我貴。夫以天地萬物爲體者，與物爲體，本無體也。於無體之中而大用流行，發而未嘗發也。靜坐而清適，執事而安肅，處家而和婉，皆謂之發，而不可執以爲體，常寂常虛，可差可舒，全體廓如。」(同上，示萬曰忠)

仁則以天地萬物爲一體，我大至無量。天地可貴，我與天地爲一體，我有天地的可貴。羅洪先以心爲主，不以體爲有，陽明也以心而與天地萬物爲一，以心與天地萬物爲一體，「於無體之中而大用流行」，生命相通，良知之理相應；於是仁道表現於萬物，「靜坐而淸適，執事而安肅，處家而和婉。」洪先又把仁歸到良知本體，識仁的人，不執事物，也不執自己爲體，「常寂常虛，可卷可舒，全體廓如。」如生產周流萬物，可卷可舒，神妙而不可見，似靜而動，永無止息。

(3) 泰州學派

(甲) 王 艮

(A) 緒 論

泰州屬江蘇揚州府，位於江北。王學的泰州學派，乃不歸於江右學案，而自成泰州學案。泰州學派以王艮爲主，王艮生於泰州的安豐場。明儒學案列泰州學案十八人，爲王學流傳久長的一系。（明儒學案 卷三十二）

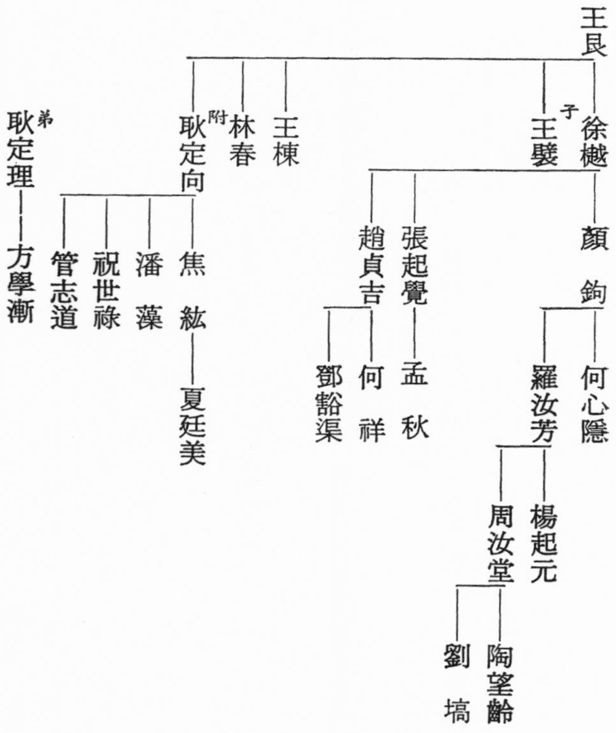

泰州學派的風格是放蕩不羈，且又行怪言奇。王艮初見陽明時，舉笏立於中門，等候陽明迎接，入內，據上座。後又自創蒲輪，招搖道路。陽明深責以意氣太高，行事太奇。後來

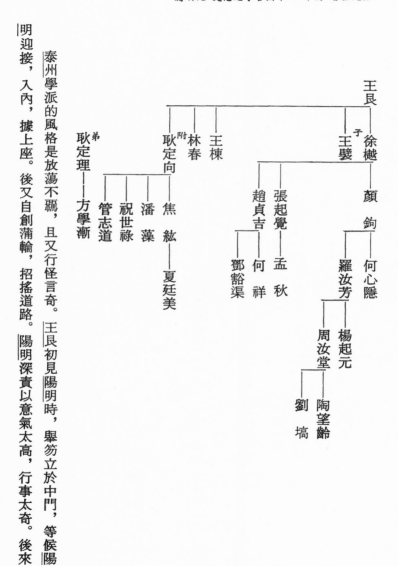

傳到顏鈞、何心隱，完全不受名教羈絡，任性所行，純乎自然，儒者所有規格，都棄而不守。心隱以人心不能無欲，惟寡欲則心存，行善行惡都出於欲。鄧豁渠講良知，不能了解，入山，參禪十年。趙貞吉曾罵他荒謬已極。卒至引起學者反感很深，明末清初學者，乃深恨陽明之學誤國誤世。

王艮字汝止，號心齋，揚州安豐場人，生於明憲宗成化十九年癸卯（公元一四八三年），卒於明世宗嘉靖十九年庚子（公元一五四〇年），享年五十八歲。

七歲，入鄉塾。十一歲，因家貧，出塾，服家事。十九歲，經商山東。二十五歲，謁孔子墓，歸家，日誦孝經論語大學。三十一歲時，築斗室於屋後，暇卽閉戶坐室中讀書，三十八歲，往拜陽明爲師。初見時，舉笏立中門，陽明親自迎接。入室，自據上座，和陽明爭辯，講到良知，自愧不如，下座，拜陽明爲師。次日，忽因疑，又入室據上座，繼續辯論，不能勝，久折服，行弟子禮。陽明很器重他，四十歲，自製蒲輪車，往遊京師。陽明學說當時遭攻擊，攻擊的人更指王艮爲怪人，招搖耳目，陽明寫信痛責，乃回鄉，立書院，常會同學論道。五十八歲時，卒於家。

(B) 思　想

日本岡田武彥和荒本見悟所編王心齋全集(廣文書局)，集後收有清朝李二曲先生「觀感錄敍」，錄敍說：「論曰：心齋先生不由語言文字，默契心宗，一洗俗學支離之陋，毅然以堯舜孔孟以來道脈自任。」全集首有弘化四年潛庵源襄的序，序裏說：「心齋之爲人也，抱雄傑儁邁非常之資，而其立志，直欲造聖人之域而止矣，且其用功易簡直截，逕如霜隼搏空，此豈非心齋平生之事耶！後人既不獲心齋之資稟，而志亦庸下，而喜其易簡，便其捷徑，乃其流之弊，不狂則爲陋也，必矣！然發人之蒙，莫善於易簡之說，顧其志如何耳。」

王艮志在求爲聖人，年二十五歲在山東謁孔廟時，嘆說：「夫子亦人也，我亦人也，奮然懷尙友之志，歸誦孝經論語大學，置書袖中，逢人質義。」(王心齋全集 卷一，年譜)後來他敎導弟子，也常勉勵他們上進。

「學者有求爲聖人之志，始可與言學。先師常云：學者立得定，便是堯舜文王孔子根基。」(王心齋全集 卷二，語錄上)

有求爲聖人之志，所學所習皆向這目標。陽明講致良知，求爲聖人；王艮講自然任性，也求爲聖人；雖方法易簡，不受禮教拘束，然必不爲狂妄。王艮敎導弟子，有志求爲聖人，則須訪求明師良友。

「予謂道在天地間，實無古今之異，自古惟有志者得聞之。孔子曰：『朝聞道，夕死可矣。』其餘何足言哉！嗟夫！有志之士，何代無之。若非明師良友鼓舞於前，誘掖獎勸，抑其過，引其不及，以至於中，其不至於半途而廢，行不著，習不察，流於異端枝葉者，鮮矣！」（王心齋全集　卷之四，安定書院記）

王艮自幸能從陽明受教，又有同門友好互相論道。陽明所教者爲致良知，致良知爲誠意，王艮自己的主張，以誠意爲易簡的途徑。他講誠意比陽明所講誠意，更爲簡易。

「或問天理良知之學同乎？曰：同。有異乎？曰：無異也。天理者，天然自有之理也。良知者，不慮而知不學而能者也。惟其不慮而知不學而能，所以爲天然自有之理；惟其天然自有之理，所以不慮而知不學而能也。」（王心齋全集　卷四，天理良知說）

每人心中有良知，良知乃心的本體，良知又是天然自有之理，隨着良知去成聖，不是最易最便的嗎？

「……我將大成學印證，隨言隨悟隨時躋。
祇此心中便是聖，說此與人便是師。
至易至簡至快樂，至尊至貴至清奇。
隨大隨小隨我學，隨時隨處隨人師。
掌握乾坤大主宰，包羅天地眞良知。
……
我說道心中和，原來箇箇都中和。
我說道心中正，箇箇心中自中正。
常將中正覺斯人，便是當時大成聖。……」（王心齋全集　卷四，大成歌，寄羅念庵）

既然人人有良知，良知是未發之中；因此「原來個個都中和，……個個心中自中正。」

而要緊的事，在於個個能保持自心的中和和中正。保持之道，不能煩雜，應是簡單明瞭。簡易之道，在人自信有天然自足的良知，不要自己去巧立方法。

「來諭謂良知在人信天然自足之性，不須人爲立意做作。足見知之眞，信之篤，從此更不作疑念否。知此者謂之知道，聞此者謂之聞道，修此者謂之修道，安之者謂之聖也。……」（王心齋全集，卷五，答徐鳳岡節推）

「來書所謂動之卽中，應之至神，無以加矣。是故人受天地之中以生，而動之卽中，隨感而應，而應之卽神。……」（同上，答黎樂溪大尹）

所要的是一顆信心，信自己有天然自足之性，動卽中，感卽應，神妙自然，不須人爲立意做作。

王艮講解大學注意到大學講平天下在於治國，治國在於齊家，齊家在於修身，修身在於正心；但爲正心卻不說在於誠意，也不說誠意在於致知格物，祇說物格而後知致，知致而後可以誠意，誠意而後可以正心。所以誠意爲修養的一種獨特的事，卽是說誠意祇是誠意，不用致知或格物的方法。

「心之本體原着不得纖毫意思的，纔着意思，便有所恐懼，便是助長。如何謂之正心是誠意功夫，猶未妥貼。必須掃蕩清寧，無意無必，不忘不助，是他眞體存存，纔是正心。然則正心不在誠意內，亦不在誠意外。……又不是致知了便是誠意。須物格知至而后好去誠意，則誠意固不在致知內，亦不在致知外。……」(王心齋全集　卷三，語錄下)

正心不在於誠意，然要意誠而後可以正心；誠意不在於致知，然要格物致知後而後可以誠意。誠意究竟是什麼？誠意就是相信自己有天然自足之性，動卽中，感卽應，不要再作工夫。

「王子敬問莊敬持養工夫？先生曰：道一而已矣，中也，良知也，性也，一也。識得此理，則見見成成，自自在在，卽此不失，便是莊敬，卽此常存，便是持養。眞體不須防檢。不識此理，莊敬未免着意，纔着意，便是私心。」(同上)

不着意，卽是誠意。自自在在，良知自然流行，不須防檢。若自己想用修行工夫，那就是私意。這樣看來不是任性嗎？一切修養工夫都不要，豈不是放縱情慾嗎？王艮認爲完全不是這樣，性本體卽是良知，良知爲至善；人若任性，祇有作善，不會作惡。惡不能來自人性。他便不讚成程顥的主張，以善惡皆出於性。

「程子云：善，固性也；惡亦不可不謂之性。清，固水也；濁亦不可不謂之水，此語未瑩！恐誤後學。孟子只說性善；蓋善，固性也，惡非性也，氣質也。變其氣質，則性善矣。清固水也，濁非水也，泥沙也。去其泥沙，則水清矣。故言學，不言氣質，以學能變化氣質也。故曰：明得盡渣滓，便渾化。」(同上)

惡，來自氣質；氣質惡，則要變化氣質；這是宋儒的思想。王艮既不主張防檢，卻怎樣變化氣質呢？是不是他以爲變化氣質不合誠意作一事？宋儒主張以持敬去改變氣質，王艮則以爲自然而行，便是莊敬，但若氣質惡，怎麼樣就自自在在便行善呢？他以程顥說惡來自性，恐誤後學；那麼他說氣質惡，而自然任性，不更將遺誤後學嗎？

王艮講安身爲天下之大本，齊家治國平天下，以安身爲本。

「止至善者，安身也。安身者，立天下之大本也。……是故身也者，天地萬物之本也。天地萬物，末也。」(同上)

這一段話，必須有解釋。身爲天地萬物之本，王陽明沒有這樣說。陽明祇說心爲天地萬物之本，同時天地萬物也是心之本。王艮卻說身爲天地萬物之本，他引孟子的話「守孰爲大，守身爲大。」(孟子，盡心)孟子和大學以身爲修德之本，修德要從自己一身開始，然後才能齊家治國平天下。王艮以身爲天地萬物之本，他是以天地萬物之理，都在我以內，原在我心內，他不說心而說身，以身代表我。我爲天地萬物之本。我良知之理，主宰一切。安身，卽是我不慮不懼，自自在在，讓良知以應物。則所謂止於至善，也就是止於良知。

「諸生問曰：夫子謂至善爲安身，則亦何所據乎？先生曰：以經而知安身之爲止至善也。大學說箇止至善，便只在止至善上，發揮物有本末格絜度也。絜度於本末之間而知，自天子以至於庶人，壹是皆以修身爲本。知

本，知之至也，知至，知止也。如是，而不求於未定也；如是而天地萬物不能撓己靜也。……」（同上）

大學所說的本末，是修養的本末，修身爲本，齊家治國平天下爲末。這種本末不是本體論的本末，也不是認識論的本末，而是修養論的本末。王艮的說法，似已牽到本體論或認識論的本末了。他所說的安身，乃是知道以修身爲本，這種知本之知，就是止於至善之止，因爲既知道了根本，心絕不亂而安靜，所以身安。這種知，歸屬於良知。普通說知道修身，不就是實行修身，知不是行；王艮認爲修身祇是順性，知道順性就是順性，知便是行。

王艮講格物，格是絜矩格式。人以自身爲絜矩格式，齊家治國平天下，都按照修身的絜矩格式去行。修身的絜矩是順性，齊家治國平天下，也就是順性。

「或問格字之義？

先生曰：格如格式之格，卽後絜矩之謂。吾身是箇矩，天下國家是箇方，絜矩則知方之不正，由矩之不正也。是以只去正矩，却不在方上求矩正，矩正則方正矣，方正則成格矣，故曰物格。吾身對上下前後左右，是物絜矩，

是格也。」（同上）

孔子也曾說治國的人，先要正身，自身正，則百姓也正，自身不正，則百姓也不正。孔子所講的正身先後，爲倫理方面的先後，而不是本體論的先後，王艮則牽涉到本體論。

「先生謂徐子直曰：何謂至善？
對曰：至善卽性善。
曰：性卽道乎？
曰：然！
曰：道與身孰尊？身與道何異？
曰：一也。
曰：今子之身能尊乎否歟？
子直避席請問曰：何哉夫子之所謂尊身也？
先生曰：身與道原是一件事，聖人以道濟天下，是至尊者道也，人能宏道，是至尊者身也。尊身不尊道，不謂之尊身，尊道不尊身，不謂之尊

道，須道尊身尊，才是至善。」（同上）

尊身的身字，必定不是指着四肢百體的肉體，而是指着我。我尊，因爲我就是道，我就是道，因爲我的性就是道，就是至善。正身，即是正我，我正則天下正。這種正我或我正，原來是在倫理方面的正，王艮運用陽明的良知說，良知爲本體，爲至善，結論便是良知卽是我，我和道爲一。這種思想似乎很合邏輯，實際上並不相合；因爲我雖以良知爲本體，除本體外，我還有別的部份，例如氣質。氣質有惡，我便有惡，我就不是至善了。王艮承認人有氣質，也承認氣質有惡，卻把氣質排擠在人以外，只看良知本體，我便成了至善。我既成了至善，我自自在在，所爲沒有不善的。把孔子所說「七十而從心所欲，不逾矩」，看成每個人所有的現實，也看成不要經過七十年的修養工夫而就有的現實。王陽明曾告訴王畿說：這種順性而善的現實，乃利根人所有。

王艮講順性，卽是順良知以動。若有不善之動，則使恢復本體之善，稱爲『復初』。

「治天下有本，身之謂也。本必端，端本，誠其心而已矣。誠心，復其不善之動而已矣。不善之動，妄也；妄復，則無妄矣。無妄，則誠矣。誠，則無事矣。故誠者，聖人之本。聖，誠而已矣。是學至聖人，只復其不善之動而已矣。知不善之動者，良知也。知不善之動而復之，乃所謂致良知，以復其初也。」（王心齋全集 卷四，復初說）

一切關於正身的事，祇是一個誠意的誠。『誠』雖千百萬遍去講，也祇是一個致良知。王艮講致良知爲「知不善之動而復之」，究竟怎樣『復』呢？一個兒子行一樁不孝的事，知道了這是不善，便不做了，這是復，這是致良知於行。然而知道了事是不善，便不做了，在知道不善和不做不善，這其間有距離，並不是同一，須要經過下苦工夫，纔能勝過中間的距離，而王艮輕輕地用一個復字，就算完成了一切。

王艮既以誠意爲順性，順性則自自在在，一切皆善，人生便不必常有戒愼恐懼的心，人生便是快樂。人生不樂，乃是人自己把自己關在一切樊籬之中。王艮有一篇文章，題爲「鰍鱔說」，一作「鰍鱔賦」。文中述說他在街市看見養着一缸鱔魚，鱔魚多，缸小，魚彼此壓着不動，好像一些死魚。忽然一條鰍魚從鱔魚裏跳出，左右周遊，缸水動了，鱔魚也動了。忽然又下了一場大雨，鰍魚「乘勢，躍入天河，投於大海，悠然而逝，縱橫自在，快樂無邊。」可是它想鱔魚在缸裏很可憐，乃「奮身化龍，復作雷雨」，使缸裏的鱔魚也得自由。

王艮自說要作鰍魚，作一詩：

「一旦春來不自由，遍行天下壯皇州，有期物化天人和，麟鳳歸來堯舜秋。」（王心齋全集　卷四，鰍鱔說）

人生本樂，然自作束縛；若衝破籬環，一切順性，則一生快樂。這種思想，本是莊子的思想。

「人心本自樂，自將私欲縛。私欲一萌時，良知還自覺。一覺便消除，人心依舊樂。樂是樂此學，學是學此樂。……」（王心齋全集　卷四，樂學歌）

孔子曾稱讚顏回居陋巷而樂，孔子自己也常安心而樂。孔子的樂卽是孟子所說問心無愧，「仰不愧於天，俯不怍於人」，孟子乃有浩然之氣。然而浩然之氣，由集義而成；孔子的樂，在於安身立命。王艮的順性而樂，則類於莊子的自然順性。因此，學者批評王艮的心學爲疏狂，黃宗羲說：陽明的心學，因着龍溪和心齋風行天下，卻也因着他倆而失了傳。

（乙）羅汝芳

羅汝芳、字惟德，號近溪，江西南城人。生於明武宗正德十年乙亥（公元一五一一年），卒於明神宗萬曆十七年己丑（公元一五八九年）年七十四歲。他出生後兩年，徐愛卒；出生後十三年，陽明卒。他所以沒有見到陽明，沒有從他受學。他的老師爲顏鈞，顏鈞的老師爲徐樾，徐樾爲王艮的門生。

顏鈞字山農，從徐樾學，主張性和明珠一樣，本來不染塵埃，何必要有戒愼恐懼？平時祇要率性而行，純任自然，便不會有錯。顏鈞行動不定，引人鄙視仇視，被捕下獄。羅汝芳賣自己的田產爲營救他，六年的工夫侍養他。他出獄赴戍所。歸鄉後，活到八十多歲，他來看汝芳時，汝芳已老，還是親自送水送菓，不讓兒孫替代。可見汝芳對於老師的敬重。

汝芳於萬曆五年，棄官，專心授徒，所至弟子滿室。他的思想繼承王艮和顏鈞的思想，實踐簡易之道。

耿定向曾爲近溪子明道錄作序，當時，近溪還未去世，定向在序文裏對於近溪的思想表示懷疑，然對於他的生活，則表示欽佩。「蓋實有諸已矣，故又沖然道然，未嘗施施然自是而自矜也。」（羅近溪先生明道錄。日本岡田武彥，荒木見信合編。廣文書局）明道錄又有胡僖和郭斗所做的兩篇序，兩人都是羅汝芳在雲南的同時官吏，都稱許汝芳在雲南的政績，能實行自己的政見，「認眞持定，不奪於利害，不怵於毀譽，不搖於榮辱。」(同上)

羅汝芳在語錄裏，首先講大學所說的知：

「自大學之道至此，凡言知者八；初言知止，次言知所先後，可見知先後卽知所止也。次言致知在格物，又次言物格而后知至，末則復言知本則知至。然則至善之爲本末，而本末之爲格物也。……蓋所謂誠其意者，卽大學之本之始事也。毋自欺以至歷引淇澳諸詩，康誥諸書，而及夫無訟之說者，皆求知夫誠意之所以爲物之本，所以爲事之始，而一一須合夫至善之格者也。」(近溪子明道錄 卷一，會語)

大學的八個知字，實則意義相同，在知道誠意，誠意乃是「物之本，事之始。」知不是從外面去求知，而是反觀自心，心有事理，自心能明通，卽是有知。

「問知之爲知之一章。

曰：吾輩爲學，蓋學聖也。聖者，明之通；而知者，明之實也。夫子告子路以知，是卽告之以通明之聖也。……故夫子直指以示之曰：由，汝欲從知以入聖乎？吾將誨汝以知之所以爲知也。……今汝之意必曰盡知其所不知，方謂汝心有知，方謂汝心通明，而後爲聖耶？如此爲知，則知從外得而非本心之靈光。……知者知之，不知者亦知之，則汝心之知何等光顯，何等透徹，何等簡易直截，又何必盡知其所不知者而後爲知也哉！……」

（近溪子明道錄　卷二，會語）

羅汝芳講知，雖沒有提出良知，實卽講良知。自心光明，暢照一切，不是外面見聞之知，而是自心明德的光照。自心顯明自心，本體瑩潔。這種顯明自心，卽是赤子之心。

「問大人不失赤子之心，其說維何？曰：凡看經書須先得聖賢口氣。如此條口氣，則孟夫子非是稱述大人之能，乃是贊嘆人性之善也。……我看孟子此條，不是說大人方能不失赤子之心，卻是說赤子之心，自能做得大人。若說赤子之心，止大人不失，則

全不識心者。……」（近溪子明道錄　卷六，會語）

「天初生我，只是個赤子。赤子之心，渾然天理，細看其知不必慮，能不必學，果然與莫之爲而爲，莫之致而至的體段，渾然打得對同過，然則聖人之爲聖人，只是把自己不慮不學的見在，對同莫爲莫致的源頭，久久便自然成個不知思不勉而從容中道的聖人也。」（明儒學案　卷三十四　泰州學案三，羅近溪汝芳，語錄）

人生來的一顆心，清瑩無瑕，孩童的赤子之心就代表這種生來的心。這種赤子之心，對於外面的事物，自然知道應付，不必學。聖人爲人，就在於完全表現赤子之心，一切都天然，不加勉強。羅汝芳常常講這種赤子之心。

「問：今時談學者皆說有個宗旨，而先生獨無。自我細細看來，則似無而有，似有而無也。

曰：如何是似無而有？

曰：先生雖隨言對答，然多歸之赤子之心，便是似無而有也。

曰：如何是似有而無也？

曰：纔說赤子之心，便說不慮不學，却不是似有而無，茫然莫可措手也？

曰：孔孟門庭果然風光別樣，吾子以似在有無之間言之，卻亦善於形容矣。其實不然我今問，子原日初生，亦是赤子否？

曰：是。

曰：初生旣爲赤子，難說今日此身不是赤子長成？

曰：今我此身果是赤子養成，而非他也。

曰：此時我問子答，是知能之良否？

曰：是知能之良也。

曰：此個問答要慮學否？

曰：不要慮不要學也。

曰：如此以爲宗旨，儘是的確爲有矣，安得猶言似有而無耶？

曰：今言學貴宗旨者，是欲使吾儕有所憑據，好去執持用工也。若只如前說，我問你答，隨聲應口，則個個皆然，時時如是，雖至白首，終同凡夫，又安望其有道可得，有聖可成也耶？

曰：吾子此疑，果是千古不決之公案，然却是千聖同歸之要轍也。……

曰：今時勿論世俗是非，且請教赤子之心如何用功？

曰：心爲身主，身爲神舍，身心二端原樂於會合，苦於支離。……到此方信大道只在此身，此身渾是赤子，又信赤子原解知能，知能本非慮學。至是精神自來貼體，方寸頓覺虛明。……

曰：此後却又如何用工？

曰：吾子只患不到此處，莫患此後工夫。子若不信，請看慈母之字嬰兒，場師之培寶樹，其愛養滋扶意思何等切至，而調停斟酌機括何等神妙。子固莫能爲問，我亦莫可爲答也已。」（近溪子明道錄　卷三，會語）

這一段內容，明白表現出羅汝芳講學的宗旨和主張。他講學的宗旨在勉人成聖，講學的主張在於相信赤子之心。赤子之心不僅是善，而且能夠使人自然向善。赤子之心卽是良知，爲心本體，爲身主宰。身爲我的一切行動，行動由心作主，以身合一，身完全由心主宰，則一切自然是善。王艮以身爲天地萬物根本，羅汝芳也注重『身』。身爲心靈之舍，整個充滿赤子之心。身心本是合一，然人因追求外物，把身和心分開了。祇有利根慧眼的人纔能回觀自心，相信自己的赤子心。用不着修行工夫，不知不慮，自心清明，通於事物。人的工夫，在於保持這種心境。保持的工夫，乃是誠。

「問誠者自成一章，……

曰：此章所重在一成字。蓋天下之所最貴者，惟成全之難能爾！若誠之爲誠，充實完美，自然而成者也。惟成出自然而充實全美，則隨時隨處，無所不有，無所不通，而道則自爲達道也。」(同上，會語)

誠是誠於自己，使自己赤子之心通於萬事萬物。王畿講自然，王艮講順性，羅汝芳講赤子之心，都是像禪宗祇講頓悟，頓悟以後一切清明，祇有實相，世物都在實相的光照中，和實相相融通。龍溪，心齋，近溪，祇講良知，人一明見良知，良知光照一切。近溪且說人自身就是一本中庸。我就是中和，就是仁智。

「則仁知中和，昔在書冊者，今皆渾全在我此身，則光岳元神，浩然還復，充塞至寶，輝焰赫爾，朗照乾坤。」(同上，會語)

人自己就是中庸，就是仁智，聖賢所講的都是自身的經驗，所講的中庸仁智就是他們自己。這樣，凡是人都有良知，都和聖人一般，便也都是中庸仁智，可是凡人不知道，不相信。羅汝芳的弟子問他，心中有善念又有雜念，善念多爲雜念所勝，有什麼對治方法。他說方法就是注意眼前一刻，

「工夫緊要只論目前。今且說此時相對，中心念頭果是何如？

曰：若論此一時，則此已恭敬安和，只在專志聽教，一毫雜念也自不生。

曰：吾子既已見得此時心體有如此好處，卻果信得透徹否。

大衆忻然起曰：據此時心體，的確可以爲聖爲賢，而甚無難事也。

曰：諸君目前各各奮躍，……孟子自可欲之善，便到大而化，聖而神，古今一路，學脈眞是簡易直截，眞是快活方便。……」（近溪子明道錄　卷五，會語）

簡易直截，快活方便，乃是羅汝芳修行的大路。他不計較修行工夫，大膽順性而行。一個弟子問他，承他指教做聖人，卻反覺到工夫不着實際，心中茫然。他再指教說：

「此中有個機括，只怕汝或不能自身承當爾。
曰：教我如何承當。
曰：汝若果然有大襟期，有大氣力，又有大大識見，就此安心樂意，而居天下之廣居，明目張膽而行天下之達道。工夫難得湊泊，即以不屑湊泊為工夫，胸次茫無畔岸，便以不依畔岸爲胸次，解纜放船，順風張棹，則巨浸汪洋，縱橫任我，豈不一大快事也耶！
大衆嘩然曰：如此果是快活。……」（同上 卷六，會語）

這是相信自己，大膽放任，安於任何境遇。能一心清明，即安於清明；若一心煩亂，即安於煩亂，決不計算用工夫去改善。縱橫任我，自身和天地萬物同體，形骸徹底同化，忘卻物我。

「蓋天地無心以生物而爲心，心本不生以靈妙而自生。故天地之間，萬萬其物也，而萬萬之物莫非天地生物之心之所由生也，天地間之物萬萬其生也，而萬萬之生，亦莫非天地之心之靈妙所由顯也，謂之曰萬物皆備於我。則我之爲我也，固盡品彙之生以爲生，亦盡造化之靈以爲靈。此無他，蓋其生其靈，渾涵一心，則我之與天原無二體，而物之與我又奚有殊致也。……」（近溪子明道錄 卷六，會語）

祇從仁的觀點看，羅汝芳和禪宗就不相同。禪宗和天台華嚴的觀法，都在消失自我，消失萬物，而融化於眞如實相。儒家的萬物皆備於我，以致一體之仁，則以我而融會天地萬物。融會的焦點是心之仁，仁爲生，在生命中，我心的靈活。給萬物活的生命，在生命中天地萬物和我，融會在我心中。

「蓋仁之一言，乃其生生之德，普天普地無處無時不是這個生機。山得之而爲山，水得之而爲水，禽獸得之而爲禽獸，草木得之而爲草木。天命流行，物與無妄。總曰：天命之謂性也。然禮經云：天地之性人爲貴。人之所以獨貴者，以其能率天命之性而成道也。如山水雖得天性生機，然只成得個山水，……惟幸天命流行之中，忽然生出汝我這個人來，卻便心虛意妙，頭圓足方，耳聰目明，手恭口止，生性雖亦同乎山水禽獸草木，而能鋪張顯設，平成乎山川，調用乎禽獸，裁制乎草木……以有覺之人心，而弘夫無爲之道體，使普天普地，俱變做條條理理之世界，而不成混混沌沌之乾坤矣。

衆復讚曰：公祖之言，正所謂人者，天地之心，天地設位，而聖人成能也。

予曰：此心字與尋常心字不同，……蓋人叫做天地的心，則天地當叫做人的身。如天地沒人爲主，就像人睡着了時，身子完全現在，却一些無用。……」（近溪子明道錄 卷八，會語）

生生之生機，融合人和天地萬物爲一體之仁；然而人心靈明，給天地萬物以生命的意義。王陽明曾說沒有人心就沒有天地萬物，沒有萬物也沒有人心。羅汝芳的生活觀，兼有莊子的生活觀和禪宗的生活觀，然骨子裏則是孟子的仁，和浩然之氣。

第四章 明末哲學思想

明末哲學思想乃王陽明心學的反響。在明代中葉王學興盛的時候，已有學者不讚成王學的良知說。這些學者雖不是明末實學的前驅，然和明末學者有一共同點，即都反對致良知說的空疏。

王陽明同時的學者，不同意他的良知說的，有兩位知名的學者：一是湛若水，一是羅欽順。兩人都出生在陽明以前，去世在陽明以後，湛若水且自成一派，弟子眾多，流傳頗廣，明儒學案列有十人（明儒學案 卷三十七）。羅欽順則未立門戶，僅列在明儒學案卷四十七的「諸儒學案」中。

(一) 湛若水

(1) 緒論

湛若水字元明，號甘泉，廣東增城人，生於明憲宗成化二年丙戌（公元一四六六年），卒於明世宗嘉靖三十九年庚申（公元一五六〇年），壽九十五歲。弘治乙丑年登進士，擢編修。母喪，墓廬三年。後陞南京祭酒，禮部侍郎，最後官至尚書，歷官禮部、吏部、兵部三部尚書。

湛若水為陳白沙的門生，致仕後，凡足跡所到，必建書院以祀白沙。白沙曾有信給他說：「近因衰病，精力大不如前，恐一旦就木，平生學所至如是，譬之行萬里之途，前程未有脫駕之地，眞自枉了也。思於吾民澤告之，非平時漫浪得已不已之言也。倘天假之年，其肯虛擲耶。」（白沙子 卷三，與湛民澤第三書）白沙老年時希望湛若水能繼承他的學說。

若水和陽明有朋友的交誼。當陽明在吏部講學時，若水和陽明定交。陽明的年譜說：「然師友之道久廢，咸目以為立異好名。惟甘泉湛先生若水，時為翰林庶吉士，一見定交，共以倡明聖學為事。」（王文成公全書 卷三十二，年譜。三十四歲）若水後來奉使往安南册封國王，陽明作序送行，說：「某幼不問學，陷溺於邪僻者二十年，而始究心於老釋，賴天之靈，因有所覺，始乃沿周程之說求之，而若有得焉。顧一二同志之外，莫予冀也，岌岌乎仆而後興，晚得友於甘泉湛子，而後吾之志益堅，毅然若不可遏，則予之資於甘泉多矣。甘泉之學務求自得者也。」（同上，卷七，別湛甘泉序年譜，四十歲）陽明年譜說陽明四十九歲始揭致良知之說，這一年陽明寫一封信給湛若水說：「隨處體認天理是眞實不誑語，鄙說初亦如是，及根究志兄命意發端處，卻似有毫釐未協；然亦終當殊途同歸也。」(同上，卷五，答甘泉)年譜又記陽明五十七歲，因病辭官，由廣西還鄉，路過湛若水的故居，題一詩曰：「我聞甘泉居，近連菊坡麓。十年勞夢思，今來快心目。徘徊欲移家，山南尚堪屋。渴飲甘泉泉，饑食菊坡菊，行看羅浮雲，此心聊復足。」(同上，卷三十四)若水與陽明有信札往返，討論格物致良知說，他以陽明的格物，仍舊以物爲外。「格物之義，以物爲心意之所著，兄意只恐人舍心求之於外，故有是說。不肖則以爲人心與天地萬物爲體，心體物而不遺，認得心體廣大，則物不能外矣。故格物不在外也。格之致之心又非在外也。於物若以爲心意之著見，恐不免有外物之病。」(明儒學案　卷三十七，甘泉學案，與陽明論學書。)「蓋兄之格物之說，有不敢信者四。自古聖賢之學，皆以天理爲頭腦，以知行爲工夫。兄之訓格爲正，訓物爲念頭之發，則下文誠意之意，卽念頭之發也。正心之正，卽格也，於文義不亦重複矣乎？其不可一也。又於上文知止能得爲無承，於古本下節以修身說格致爲無取，其不可二也。兄之格物訓云，正念頭也。念頭之正否，亦未可據。……則吾兄之訓徒念頭，其不可者三也。論學之最始者，則說命曰學於古訓乃有獲，……孔子告哀公則曰，學問思辨篤行，其歸於知行並進，同條共貫者也。若如兄之說徒正念頭，則孔子止曰德之不修可矣，而又曰學之不講何耶？……其不可者四也。」(同上，答王陽明　論格物)若水和陽明交情深厚，都求爲聖賢。兩人學說則主張不同，各持己見。

(2) 思 想

(甲) 體認天理

湛若水不講良知，而講天理，以隨處體認天理爲成聖的工夫。

「天理二字，聖賢大頭腦處。若能隨處體認，眞見得，則日用參前倚衡，無非此體，在人涵養以有之於己耳。」（同上，上白沙先生）

「一友問何謂天理？

衡答曰：能戒愼恐懼者，天理也。

友云：戒愼恐懼是工夫。

衡曰：不有工夫，如何得見天理。……

先生曰：戒愼恐懼是工夫，所不覩不聞是天理。工夫所以體認此天理也，無此工夫，焉見天理？」（同上，語錄）

所說，都是一些境況。心中戒愼恐懼時，能體認心中的天理。即是體認未發的心體。這個境況，不覩不聞，也不能解說。王陽明的弟子們乃用禪宗的話，只說心體光明。然而究竟什麼是天理？

「舜臣問正應事時，操存此心，在身上作主宰，隨處體認吾心身天理眞知，覺得吾心身生生之理氣，所以與天地宇宙生生之理氣脗合爲一體者，流動於腔子，形見於四體，被及於人物。遇父子則此生生天理爲親，……萬事萬物，遠近巨細，無往而非吾心身生生之理氣，根本於中，而發見於外，名雖有異，而只是一箇生生理氣，隨感隨應，散殊見分焉耳，而實非有二也。……未審是否？先生曰：如此推得好，自隨處體認以下至實，非有二也。……」（同上）

所謂天理，卽是生生之理。湛若水接受宋儒理一而殊的主張，生生之理爲一，每物又有各自的生生之理。生生之理在人爲心的生活，心的生活爲精神生活，孟子所謂惻隱、是非、羞惡、辭讓之心。隨處體認天理，便是體認精神生活之理，使發見於外，應接事物。

「一友患天理難見。衡對曰：須於心目之間求之，天理有何形影，只在這些虛靈意思，平鋪著在。……先生曰：看得儘好，不增不減，不輕不重，不前不卻，便是中正，心中正時，天理自見。……」（同上）

怎樣體認得天理？要人心中正時，天理便見。心中正，不爲慾情所蔽習心所牽。「心之生理，即是性」（同上，語錄）但是祇講心中正便見天理，仍是空談，人要知道如何使心中正。

「一友語經哲曰：須無事時敬以直內，遇有事方能義以方外。經哲曰：恐分不得有事無事。聖人心事，內直則外自方。學者恐義以方外事，亦是做敬以直內工夫。……不知是否？先生曰：隨處體認天理，兼此二句包了，便是合內外之道，敬以包乎義，義以存乎敬，分明不是兩事。……」（同上）

湛若水主張隨處體認天理，他以天理爲生理，即是人性。人有理氣，理爲性，氣有情慾，情慾能蔽天理。但天理雖可爲情慾所蔽，天理卻常在，也常可發見。人要從日用事上，以體認天理。

「經哲向前領師尊教，每令察見天理。哲苦天理難見，正坐失於空中摸索耳。近就實地尋求，始覺日用間，一動一止，一事一物，無非這個道理，分明有見。……故千古聖賢授受，只一個中，不過全此天然生理耳。學者講學，不過講求此中，求全此天然生理耳。入中之門曰勿助勿忘，中法也。以中正之法，體中正之道，成中正之教也。體認天理，即體認中也。但中字虛，天理字眞切，令人可尋求耳。不知是否？先生曰：體認正要如此眞切，若不用勿助勿忘之規，是無也。」(同上)

體認天理，在日常生活裏去體認，即事事合情合理。湛若水不講心外無理，然他以心爲主宰，理當然在人心。人心有理，事物也有理，理一而殊，事物雖殊之理，和人心之理合一，這就是事事體認天理。

「先生嘗言是非之心，人皆有之，此便是良知，亦便是天理。……良知二字，自孟子發之，豈不欲學者言之。但學者往往徒以爲言，又言得別了，皆說心知是非皆良知。知得是，便行到底，知得非，便去到底，如此是致。恐師心自用，還須學問思辨篤行，乃爲善致。」(同上)

湛若水說天理卽是良知，但他不願講良知，而願講天理，因爲講良知容易流於空疏，「師心自用」。他講體認天理，應用學問思辨篤行。

(乙)論　心

湛若水標立體認天理爲自己的主張；體認天理要由心去體認，心虛靈能知。若水作有「心性圖說」，又繪有「心性圖」。

湛甘泉心性圖說：

「性者，天地萬物一體者也。渾然宇宙，其氣同也。心也而不遺者，體天地萬物者也。

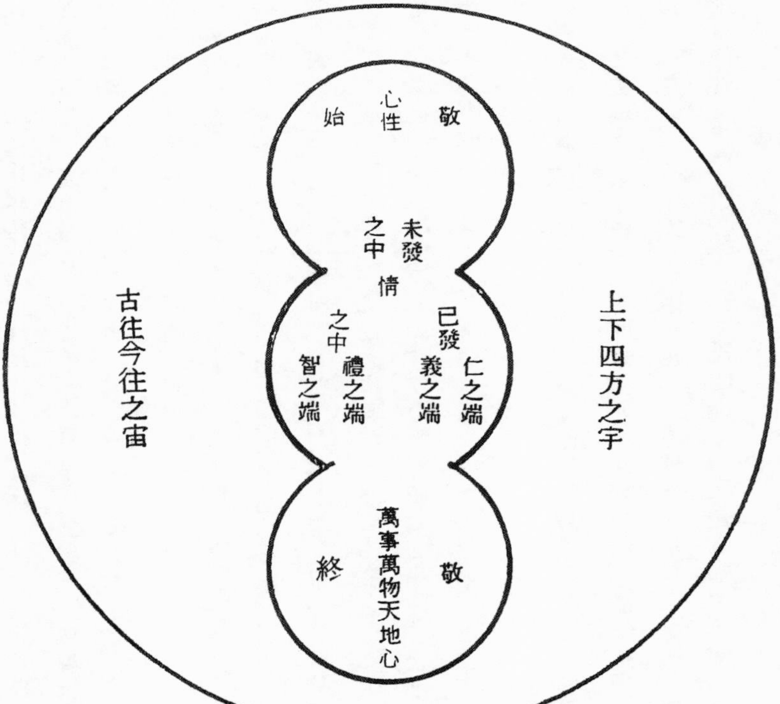
上下四方之宇
古往今往之宙
敬
心性
始
未發之中
情
已發之中
仁之端
義之端
禮之端
智之端
敬
萬事萬物天地心
終

性也者，心之生理也。心性非二也，譬之穀焉，具生意而未發。未發，故渾然而不可見，及其發也，惻隱羞惡辭讓是非萌焉，仁義禮智自此焉始分矣。故謂之四端，端也者，始也，良心發見之始也。是故始之敬者，戒懼慎獨以養其中也。

中立而和發焉。萬事萬化自此焉，達而位育不外是矣。故位育非有加也。全而歸之者耳，終之敬者，卽始之敬而不息焉者也。

曰：何以小圈？曰：心無所不貫也。何以大圈？曰：心無所不包也。包與貫實非二也。故心也者，包乎天地萬物之外，而貫夫天地萬物之中者也。中外非二也，天地無內外，心亦無內外，極言之耳矣。故謂內爲本心，而外天地萬事以爲心者，小之爲心也甚矣！」（明儒學案　卷三十七，甘泉學案一）

在這篇圖說裏有幾點須要說明：性，氣，心，心包萬物又貫萬物，無內外。

『性』，「心之生理也」。性是理，理是生理，性在心內。既是生理，萬物在生命上連成一體；因此說：「性者，天地萬物一體者也。」這種思想也是王陽明的思想。

『心』，虛靈能知，未發時爲理，發而爲四端。心又是良知，良知始發，卽爲四端。心因虛靈乃能體萬物而不遺。所謂體萬物而不遺，即是體認萬物的生理而合爲一體。這種體認宜用戒懼愼獨去保養，能夠保養，然後能夠發育，體認萬物的心在開始時爲四端，發育以後則能保有萬物，贊天地之化育。

『氣』天地萬物的成素，心也由氣而成。理是生理，生命的發育則是氣，「渾然宇宙，其氣同也。」氣有清濁陰陽，人心之氣清，形體之氣濁。心主宰而立志，志以氣行。

『心包萬物』，心虛靈有知，能體萬物而不遺。人心有生理，和萬物的生理相同，而且人心的生理高於萬物，包含萬物生理。『心又貫通萬物』，因人心在生命上和萬物的生命相連，宇宙間的生理和氣，周流萬物，生生不息。

『無內外』，心無內外，天地無內外，這似乎是唯心論。所謂心無內外，因萬物都包含在心之中，同時，天地萬物和心也無內外。然而這種無內外，不是本體論的內外，也不是知識論的內外，而是在生命上，互相貫通。

從上面的解釋，我們可以領悟湛若水所說體認天體。當事物和心相接時，心就體認事物的理，這種事物之理本也在心內，所以心的體認，並不是出乎心之外。所體認的事物，不是事物本身，而是事物之理。理則不分內外。體認了天理，則須去行。陽明以知行合一，知就是行，沒有行也沒有知。若水以知行不是一個，體認天理是知，然知亦不是行；所以他講敬之始終。

「夫學不過知行，知行不可離，又不可混。說命曰：學於古訓乃有獲。知之非艱，行之惟艱。中庸必先學問思辨而後篤行，論語先博文而後約禮，孟子知性而後養性，始條理者，知之事，終條理者，聖之事。程子知所有而養所有，先識仁而以誠敬存之，若僕之愚見，則於聖賢常格內尋下手，庶有自得處。故隨處體認天理而涵養之，則知行並進矣。」（同上，答顧箬溪。）

王陽明主張知行合一，湛若水主張知行並進。若水雖不主張先知後行，然他主張知行不混，這是他們倆人的學說不相同點。

但是湛若水和王陽明有相同之點，即主張心無內外；因此爲修身的正心誠意，都是內心的工夫。王陽明講誠意，使意動時，良知之知能致行於事上，所以稱爲格物。格爲正，物爲念頭，卽意。湛若水批評陽明的格物把心分成內外。良知之心在內，意念之心在外。實際上，陽明所講的意和事物合一，又和心合一。湛若水以心不分內外，他便反對孟子的求放心說。

「孟子之言求放心，吾疑之。孰疑之？曰：以吾之心而疑之。孰信哉？信吾心而已耳。吾常觀吾心於無物之先矣，洞然而虛，昭然而靈。虛者，心之所以生也；靈者，心之所以神也。吾常觀吾心於有物之後矣，窒然而塞，憒然而昏。……其虛焉靈焉，非由外來也，其本體也。其塞焉昏焉，非由內往也，欲蔽之也，其本體固在也。……心體物而不遺，無內外，無終始，無所放處，亦無所放時，其本體也。……放者一心也，求者又一心也，以心求心，所爲憧憧往來，明從爾思，祇益亂耳，況能有存耶！故欲心之勿蔽，莫若寡欲，寡欲莫若主一。」（明儒學案 卷三十七，甘泉學案一，求放心）

孟子不主張「心無內外」。按着常情，人想念外面事物時，人心放在外面事物上。當然，在本體方面說，心並沒有出去，心想一事物時，事物是在心中。但是，普通人們都說心想事物，心隨事物跑，孟子乃說心不要隨着事物跑，而要常清明，如同人在半夜醒來時，很清明地看見自己的心。湛若水從本體方面說，心想事物，心靈沒有外放，不能講論求放心，祇能講寡欲。然而「心體物而無遺」這句話也來自孟子。隨處體認天理，天理爲人心本體，體認天理，乃心見自己本體。人心不見本體，即是慾情所蔽。因此，人要寡欲，以變化氣質。

「學無難易，要在察見天理，知天之所爲如是，涵養變化氣質，以至光大爾，非杜撰以相罔也。」(同上，甘泉論學書，寄王純甫)

寡欲，則能察見天理；寡欲也使心作主。心作主即是主一，外物不能進入。

「心存則有主，有主則物不入。不入，則血氣矜忿窒礙之病，皆不爲之害矣。大抵至緊要處，在執事敬一句。……此心有主，則書冊山水酬應，皆吾致力涵養之地，而血氣矜忿窒礙，久將自消融矣。」(同上，答陳惟浚)

湛甘泉的學說，乃是心學，以心的天理爲主，隨處察見心的本體以體認天理。心本來虛靈清明，祇為慾情所蔽，人應寡欲。黃宗羲以隨處體認天理，天理無處，心也無處，這樣便是在寂中去體認，或在感中去體認。實際上，隨處體認乃是隨事體認，在每一事中，自己察見心中的天理。甘泉的門生乃說體認天理和致良知相同。

(二) 羅欽順

(1) 緒論

羅欽順，字允升，號整菴・吉安泰和人，生於明憲宗成化元年乙酉（公元一四六五年），卒於明世宗嘉靖二十六年丁未（公元一五四七年），享年八十三歲。弘治五年壬子（公元一四九二年）和湛若水同舉鄉試，王陽明也在同年舉浙江鄉試。次年，欽順舉進士，授翰林院編修，在同一年王陽明卻以會試不第，歸餘姚結詩社於龍泉山。明武宗正德六年（公元一五一一）羅欽順為南京國子司業，時章楓山為祭酒，都能正己以率人，國子監在當時名盛一時。因故觸奄宦劉瑾，削職為民。瑾被誅後，復職，於正德十二年，陞南京禮部右侍郎，上乞歸省疏，改吏部右侍郎。十四年秋，再上疏乞休。嘉靖初，拜南京吏部尚書，改入禮部，丁父憂，歸家。服滿，起原官，改吏部，嘉靖六年上疏切辭，當年七月奉旨致仕。家居二十年，卒後，贈太子太保，謚文莊。

羅欽順平生守禮不苟。明儒學案本傳說：「先生家居，每平旦正家冠升學古樓，羣從入，敍揖畢，危坐觀書，雖獨處無惰容。食恆二簋，居無台榭，燕集無聲樂。」（卷四十七）

他求學的經歷，先從事科舉，在京師作官時，因逢一老僧問禪，通宵不睡，熟思禪話，自信得悟。後來，又再讀儒家聖賢書，漸覺所悟禪理，乃心的虛靈之妙，不是人性的理。然後用心研究，年到六十，悟到心性的意義，乃講理氣和心性，承繼宋儒朱熹的思想，然又和朱熹的思想有別。

(2) 性理

羅欽順和朱熹不同的一點，在於理氣的分別。朱熹主張理氣爲二元，雖不相離，互有分別。羅欽順有似張載，祇主張有氣，理在氣中。

「自夫子贊易，始以窮理爲言，理果何物也哉？蓋通天地，亘古今，無非一氣而已。氣本一也，而一動一靜，一往一來，一闔一闢，一升一降，循環無已，積微而著。由著復微，爲四時之溫凉寒暑，爲萬物之生長收藏，爲斯民之日用彝倫，爲人事之成敗得失，千條萬緒，紛紜轇轕，而卒不克亂，有莫知其所以然而然，是卽所謂理也。初非別有一物，依於氣而立，附於氣以行也。或者因易有太極一言，乃疑陰陽之變易，類有一物主宰乎其間者。是不然。夫易乃兩儀四象八卦之總名，太極則衆理之總名也。云易有太極，明萬殊之原於一本也。因而推其生生之序，明一本之散爲萬殊也。斯固自然之機，不宰之宰，夫豈可以形跡求哉。……

所謂朱子少有未合者，蓋其言有云：理與氣決是二物，又云氣強理弱，又云若無此氣，則此理如何頓放，似此類頗多。」（明儒學案 卷四十七，羅整菴欽順 困知記。）

整個宇宙都是氣，氣自然變化，變化之道稱爲理。氣和理不相對待，理在氣中。在朱熹的思想裏，理和氣爲二物，但不能分離，沒有先後，同時存在。有一物存在，卽有物之理和氣，理限制氣，氣限制理。羅欽順則主張宇宙萬物的元素爲氣，氣自然而變動，乃有各種循環的現象。氣的變動有一定的原則，這種原則，自然而有，祇是氣的原則，稱爲道，稱爲理。易所講的爲宇宙變易，有兩儀四象八卦，這些就是理；而理的總稱卽是太極。張載曾講氣的本體爲太虛之氣，由太虛之氣而分陰陽，陰陽的變化卽是道。易經也說一陰一陽之謂道。羅欽順承受朱熹的影響，以太極爲理的總滙，又接受『理一而殊』的主張；既是這樣，就不容易貫徹氣和理不分的主張。例如，他說：

「天人一理，而其分不同。人生而靜，此理固在於人，分則屬乎天也。感物而動，此理固出乎天，分則屬乎人矣。君子必愼其獨，以此夫！」(同上)

上面一段，宜由道心和人心去解釋，天爲道心，人爲人心。天人一理，道心和人心同一理。人生而靜，人在靜中看到道心，又由道心能分辨人心。感物而動，應付的理該是道心，若混亂不一，乃是人心。在這裏明明是由理作主，不能不標出理。羅欽順自己卻不願承認。

「薛文清讀書錄，甚有體認工夫，然亦有未合處。所云理氣無縫隙，故曰器亦道，道亦器，其言當矣。至於反覆證明氣有聚散理無聚散之說，愚則不能無疑。夫一有一無，其爲縫隙也大矣。安得謂之器亦道，道亦器耶！蓋文清之於理氣，亦始終認爲二物，故其言未免時有窒礙也。竊嘗以爲氣之聚，便是聚之理，氣之散，便是散之理，惟其有聚有散，是乃所謂理也。」

(同上)

氣有聚散，聚散卽是理。朱熹以氣所以聚散者爲理，羅欽順不讚成「所以」兩字，以爲聚散就是理。然而聚散是氣的聚散，不能說爲理的聚散。易經曾說「一陰一陽之謂道」，不是以陰陽爲道，因爲易經明明說「形而上者謂之道」，陰陽不屬於形而上；然而陰陽之理則爲道。同樣，聚散不是理，聚散之道乃是理。

「說卦傳曰：『觀變於陰陽而立卦，發揮於剛柔而生爻，和順於道德而理於義，窮理盡性以至於命。』後二句皆主卦爻而言。窮理者，卽卦爻而窮之也。蓋一卦有一卦之理，一爻有一爻之理，皆所當窮，窮到極處，却止是一理。此理在人則謂之性，在天則謂之命。心也者，人之神明，而理之

存主處也。豈可謂心卽理，而以窮理為窮此心哉！」（同上，論學書 答允恕弟）

照上段所說，更不能不以理和氣有分。黃宗羲在明儒學案的羅整菴學案中，批評羅欽順的理氣不分說在心性論裏，不能貫徹。「朱子雖言心統性情，畢竟以未發屬之性，已發屬之心，卽以言心性者言理氣，故理氣不能合一。先生之言理氣，不同於朱子，而言心性則與朱子同，故不能自一其說耳。」（明儒學案 卷四十七）羅欽順主張理氣不分，然而主張心性有別。朱熹以心統性情，性為理，情為氣，心有理和氣。理為抽象，心為具體。羅欽順也不讚成陸象山和王陽明以心卽理的主張，窮理不是反觀自心。

(3) 心

「程子言性卽理也，象山言心卽理也，至當歸一，精義無二，此是則彼非，彼是則此非，安可不明辨之。吾夫子贊易，言性屢矣。曰乾道變化，各正性命，曰成之者性，曰聖人作易以順性命之理，曰窮理盡性以至於命。但詳味此數言，性卽理也明矣！於心亦屢言之，曰聖人以此洗心，曰易其心而後語，曰能說諸心。夫心而曰洗曰易曰說，洗心而曰以此，試詳味此數語，謂心卽理也，其可通乎！且孟子嘗言理義之悅我心，猶芻豢之悅我口，尤爲明白易見。故學而不取證於經書，一切師心自用，未有不自誤者也。」（同上，困知記）

他列舉孔子和孟子的話，以證明性卽理，心不是理，明明反對陸象山和王陽明，而接受朱熹的主張。羅欽順曾研究佛學，不讚成佛教的心說，他以爲陸王的心說有似於佛教的心說，故極力反對。

「夫不思而得，乃聖人分上事，所謂生而知之者，豈學者之所及哉！苟學而不思，此理終無由而得。凡其當如此自如此者，雖或有出於靈覺之妙，而輕重長短，類皆無所取中，非過焉斯不及矣。遂乃執靈覺以爲至道，謂非禪學而何？蓋心性至爲難明，象山之談，正在於此。……嘗考其言有云，心卽理也。然則性果何物耶！又云在天者爲性，在人者爲心。然則性果不在人耶？既不知性之爲性，舍靈覺卽無以爲道矣。謂之禪學，夫復何疑！……」（同上）

羅欽順批評陸象山不知性之爲性，因象山以性爲心，心性沒有分別。中庸講性而少講心，孟子講性而多講心，心性相混，出於孟子。王陽明以爲陸象山之學，直承孟子的絕學。但是孟子並沒有以心爲性，而只是說心有仁義禮智的端緒，又說修心以養性。孟子是講性在心內，性由心而顯。象山則說心卽理，窮理盡性乃是反觀自心。孟子又曾講良知爲不學而知，又講勿忘勿助，王陽明和門弟子特別標出孟子的這種主張，以人心本體的善，自然流行到所應接的事物，不可藉用修爲的工夫，羅欽順反對王陽明的致知格物說：

「孟子曰：『孩提之童，無不知愛其親也，及其長也，無不知敬其兄也。』以此實良知良能之說，其義甚明。蓋知能乃人心之妙用，愛敬乃人心之天理也，以其不待思慮而自知此，故謂之良。近時有以良知爲天理者，然則愛敬果何物乎？程子嘗釋知覺二字之義云：知是知此事，覺是覺此理。又言：佛氏之云覺，甚底是覺斯道？甚底是覺斯民？正斥其知覺爲性之謬耳！夫以二子之言，明白精切如此，而近時異說之興，聽者曾莫之辨，則亦何以講學爲哉！」（同上）

良知爲心之用，而且爲心的妙用。王陽明以良知爲心的本體，爲心的天理。羅欽順和他意見不同。佛家禪宗的覺悟，在於覺悟心的實相本體，和陽明之說相似。欽順予以責斥，因而反駁王陽明的格物說，提出三點疑問。

「物者，意之用也。格者，正也，正其不正以歸於正也，此執事格物之訓也。來教云：格物者，格其心之物也，格其意之物也，格其知之物也。正心者，正其物之心也；誠意者，誠其物之意也；致知者，致其物之知也。夫謂格其心之物，格其意之物，格其知之物，凡其爲物也三。謂正其物之心，誠其物之意，致其物之知，其爲物也，一而已矣。就三物而論，以程子格物之訓推之，猶可通也，以執事格物之訓推之，不可通也。就一物而論，則所謂物者，果何物耶？如必以爲意之用，雖極安排之巧，終無可通之日，不能無疑者一也。執事謂意在於事親，卽事親是一物。意在於事君，卽事君爲一物。諸如此類，不妨說得行矣，有如川上之嘆，鳶飛魚躍之旨，試以吾意著於川之流鳶之飛魚之躍，若之何正其不正以歸於正邪，不能無疑者二也。執事又云，吾心之良知，卽所謂天理也。致吾心良知之天理於事事物物，則事事物物皆得其理矣。致吾心之良知者，致知也；事事物物各得其理者，格物也。審如所言，則大學當云格物在致知，知至而後物格矣。且既言精察此心之天理以致其本然之良知，又言正惟致其良知以精察此心之天理，然則天理也，良知也，果一乎？果非一乎？察也致也，果孰先乎，孰後乎？不能無疑者三也。」（同上，論學書，與王陽明）

王陽明以物爲意之動，甘泉曾稱爲念頭。良知和天理爲一，致知和精察天理沒有先後，格物在正物；羅欽順懷疑這幾點，主張天理不是良知，不是心；致知格物有先後，性和心有分別。致知在格物，沿用朱熹的思想，研究天地萬物之理，以得知天理。

「以良知爲天理，乃欲致吾心之良知於事事物物，則是道理全在人安排出事物，無復本然之則矣。」（同上，論學書，答歐陽少司成）

羅欽順批評王陽明爲唯心論，一切道理由人自己去安排，沒有客觀的本然之則。王陽明主張理是一理，內外合一；所以說致吾心良知的天理於事物，不是主觀唯心論。羅欽順則接受程朱的主張，以理一而殊，每一事物有自己的理，所以應該研究事物之理。他說：「所謂理一者，須就分殊上見得來，方是眞切。」

孟子曾講「萬物皆備於我」，陽明學派常說心包萬物，羅欽順反對這一說，

「愚嘗謂人心之體，卽天之體，本來一物。但其主於我者謂之心。若謂其心通者，洞見天地人物，皆在吾性量之中。而此心可以範圍天地，則是心大而天地小矣，是以天地爲有限量矣，本欲其一，反成二物，謂之知道，可乎？

易有太極，是生兩儀，乃統體之太極。乾道變化，各正性命，則物物各具一太極矣。其所謂太極則一，而分則殊，惟其分殊，故其用亦別。若謂天地人物之變化皆吾心之變化，而以發育萬物歸之吾心，是不知有分之殊矣。旣不知分之殊，又惡可語夫理之一哉。……況天地之變化，萬古自如，人心之變化，與生俱生，則亦與生俱盡，謂其常住不滅，無是理也。慈湖誤矣！藐然數尺之軀，乃欲私造化以爲己物，何其不知量邪！」（同上）

人的心體和天地同體，沒有大小，所以沒有人心包天地的說法；不然便以天和人爲二了。這種思想本是王陽明的思想，但王陽明講一體之仁。朱熹也曾講天與人同體，因都同一理。羅欽順以天地人物同一氣。且理又爲一，所以講天人同體，沒有大小的分別，不宜說人包天地。然而羅欽順卻又以爲萬物的化生，乃是天地萬物的變化，不能說人心化生萬物。楊簡以人和天地同功，人心化生萬物，因爲人心之仁和天地之仁相合爲一。且中庸也說至誠者贊天地的化育。羅欽順說人贊天地的化育，乃是天和人之理相同。理相同，稱爲仁。

「易曰：『立人之道，曰仁與義。』其名易知，其理未易明也。自道體言之，渾然無間之謂仁，截然有止之謂義。自體道者言之，心與理一之謂仁。……事與理一，則動中有靜，斯截然矣。截然者，不出乎渾然之中。事之合理，卽心與理一之形也。心與理初未嘗不一也，有以間之，則二矣。然則何修何爲而能復其本體之一邪？曰敬。」(同上)

羅欽順主張心與性有分別，心和理也有分別；但是心必合於理，心和理常應爲一。因爲理是性，心一定要合於性。心和理的相合稱爲仁。這種相合，有本體方面的相合，有心動的相合；兩者都稱爲仁。在本體方面，心常和理相合，卽未發之中；心動時可以相合，可以不相合，相合時，卽是合於中的中和。不相合時，要以敬去使之合一。

(4) 敬

羅欽順主張以敬使心和理能恢復本體之一。在本體方面，心和理常是合一。理旣是性，性爲心的理，在本體上心和理不能分離。就如說性和心有分別，然不能分離，也不能衝突。但是心動時，欲情能使心和理相離，心之動便不合於理，卽是中庸所說不中節。宋朝程朱學派都主張守敬作爲修爲工夫，使心之動常合於理。王陽明學派雖主張誠意以致良知，然都認爲心的本體之善，自然流於事物，不必要有修爲工夫，羅欽順繼承程朱的思想，努力修行。

「良心發見，乃感應自然之機，所謂天下之至神者，固無待於思也。然欲其一一中節，非思不可。研幾工夫，正在此處。故大學之教，雖已知止有定，必慮而後能得之，若此心粗立，猶未及於知止，感應之際，乃一切任其自然，遂以爲卽此是道，其不至於猖狂妄行者幾希！」(同上，答允恕弟)

良知，乃心和事物相感應對，自然發見，表示是非，這是心的靈妙，不待思慮，然而良知發見後，心之動不一定就中節，需要思慮研究，以修行工夫爲助。若一切任其自然，難免墮於猖狂。陽明學派的後期學人，就發生這種現象。羅欽順講存養工夫，存養工夫卽是存心養性。

「孔子教人，莫非存心養性之事，亦未嘗明言之也，孟子則明言之矣。」(同上，困知記)

大學中庸都講愼獨，又講戒愼恐懼，使人能保存自心的淸明，臨事不亂。宋儒李延平從羅豫章學，豫章從楊龜山學，敎人於靜中體認人心未發之中，見得氣象，戒愼恐懼去保養。

「學者於未發之中，誠有體認工夫，灼見其直上直下，眞如一物之在吾目，斯可謂之知性也矣。亹亹焉戒愼恐懼以終之，庶無負子思子所以垂敎

之深意乎。」（同上）

「存養是學者終身事，但知旣至與知未至時意味逈然不同。知未至時，存養非十分用意不可，安排把捉，靜定爲難，往往久而易厭。知旣至時，存養卽不須大段著力，從容涵泳之中，生意油然，自有不可過者，其味深且長矣。……」（同上）

初學的人，須著力下工夫，以誠敬去明心。明心則可以安心思慮，思慮則可以知。「大抵存養是思主，省察乃輔佐也。」（同上）存養以思爲主，思纔可以知道事物的分殊之理。孟子曾說「先立乎其大者」，大者卽是思，象山和陽明都以爲，良知在則理自明，何用於思？這豈不是禪學嗎？

羅欽順在思想上承接程朱，而又別於程朱，講理氣，講心性，理氣爲一，心性有分。他批評禪宗「有見於心，無見於性」，也批評象山講心不講性，反對象山和陽明的心學；然多提象山，少提陽明，因和陽明同時，不能了解陽明的全部學說。他的思想雖少有新見解，然能保持實踐修身之學；且深明佛學，力加攻擊，也代表明代中葉的獨立學風。

(三) 東林學派

東林在明史中，稱爲東林黨，黨則是政治性的組織，不是學術性的團體。但是東林黨的起源，起源於東林書院，書院乃講學之所，故東林又代表一個學派。這種學術性團體和政治性的組織互相結合，原因出於當時的社會環境。明末的學術趨勢，因着王陽明學派末流的空疏狂妄，引起一般人的攻擊。泰州學派的焦竑，攻擊程明道，以佛學優於儒家，他篤信李卓吾之學。以卓吾未必爲聖人，可作一狂人，坐聖人第二席。李卓吾名贄，生於泉州，四十歲始讀陽明書，五十六歲開始寫書授徒。居佛院裏，與和尚往來，又出入花街柳巷，後乃落髮爲僧，猖狂不守禮法，所到處，青年蜂從如狂，朝官乃彈劾他惑亂人心，被逮下獄，在獄中自殺，陽明學派末流的任性疏狂，引起學者的痛惡。當時國家的政治又不清明，國內常有變亂，國外有韃靼和朝鮮的叛變。朝政執於宦官之手，皇帝常不親政。因此學者乃一反陽明心性之學，主張實踐的學說。又痛心朝政的腐敗，清言攻擊內閣朝臣。因此，乃造成學者批評政治的風氣，東林書院因而成爲反對政府的中心，形成干涉政治的東林黨。

(1) 顧憲成

(甲) 緒　論

顧憲成字權時，別號涇陽先生，江蘇無錫人，生於明世宗嘉靖二十九年庚戌（公元一五五〇年），卒於明神宗萬曆四十年壬子（公元一六一二年），年六十二歲。

憲成七歲，始讀大學、中庸。八歲時，從俞氏受論語。九歲，讀孟子。十歲，讀尚書。年十五，因家貧不能延請教師，就讀隣近私塾，晚晌回家，篝燈苦讀不輟。萬曆四年丙子（公元一五七六年）年二十六歲，舉應天鄉試第一，從事性命之學，每天讀濂洛關閩諸子的書，是年冬，丁父憂。萬曆八年，舉進士，授戶部主事。當張君正宰相病重時，朝廷的大官署名替他齋醮，憲成拒不署名。調吏部，旋告假歸鄉，家居讀易，讀春秋，號書室爲小心齋，講學於泮宮，補吏部驗封司主事。後署稽勳司員外郎，因奏論時事，謫貴陽州判官。次年，移司理處州府。時明朝朝廷因立儲，各方以清正自居的官吏都上書請立皇子，諫責神宗不理朝事。顧憲成讚成立儲。時理學家呂坤作「閨範圖說」，羣以爲逢迎鄭貴妃，同時出現所謂妖書，諷詆建儲爲掩耳盜鈴，皇太子將必被廢，由鄭貴妃的兒子承接大位。朝野人士都相信妖書爲清流人士所作。清流人士與政府，已成對立的形勢。顧憲成一次與朝臣婁江爭議，婁江說：「近有怪事。內閣所是，外論必以爲非，內閣所非，外論必以爲是。」憲成答說：「外間亦有怪事。外論所事，內閣必以爲非，外論所非，內閣必以爲是。」（明儒學案 卷五十八，東林學案一）萬曆二十二年，時憲成任職文選司，因疏請召王家屏爲相，被革職爲民。憲成罷官，在鄉中東林書院講學。東林書院在宋朝時爲楊時講學的舊院。憲成的弟弟允成也被罷官，回鄉講學，一時不滿於朝廷的學者，都和憲成兄弟互通往來，年青來學者多得院舍不能容納。講學論道，批評朝政，儼然成了在野政黨，東林的聲名滿天下，反對的人遂稱他們爲東林黨。屢因朝廷內閣的人選，和反對者常互相衝突。後因推薦淮撫李三才，招致天下怨怒，然憲成在家講學著書，有質疑編，質疑續編，商語集，五經餘，桑梓錄，識仁答語，自反錄，萬曆四十年，卒於鄉。

（乙）哲學思想

王陽明主張無善無惡是良知，良知自知是非，陽明的弟子門生多有主張任性自然，沒有不善。顧憲成對於這種思想，痛切辯駁。

「近世喜言無善無惡，就而卽其旨，則曰：所謂無善，非眞無善也，只是不著於善耳。予竊以爲經言無方無體，是恐著了方體也。言無聲無臭，是恐著了聲臭也。言不識不知，是恐著了識知也。何者，吾之心，原是超出方體聲臭識知之外也。至於善，卽是心之本色，說恁著不著，如明是目之本色，還說得個不著於明否？聰是耳之本色，還說得個不著於聰否？」

（明儒學案　卷五十八，東林學案一，小心齋劄記）

「管東溟曰：凡說之不正，而久流於世者，必 其投小人之私心，而又可以附於君子之大道者也。

愚竊謂無善無惡四字當之。何者？見以爲心之本體，原是無善無惡也，合下便成一個空；見以爲無善無惡，只是心之不着於有也，究竟且成一個混。空則一切解脫，無復掛礙，高明者人而悅之，於是將有如所云：以仁義爲桎梏，以禮法爲土苴，以日用爲緣塵，以操持爲把捉，……混則一切含糊，無復揀擇，圓融者便而趨之，於是將有如所云：似任情爲率性，以隨俗襲非爲中庸，以闇然媚世爲萬物一體。……

由前之說，何善非惡，由後之說，何惡非善。……

陽明目空千古，直是不數白沙，故生平並無一語及之。」(同上)

陽明的四句敎本是合一，不分層次；「無善無惡心之體，有善有惡意之動，知善知惡是良知，爲善去惡是格物。」陽明主張心事合一，知行合一，以良知爲本體，良知光明爲我所體認時，意和事和良知爲一，善則行，惡則去。陽明的弟子錢德洪和王畿卻開始討論四無四有問題，導致後來以仁義爲桎梏，任情爲率性。顧憲成主張心之本體是至善，不能說是無善無惡。若設心是無善無惡，則善惡不分，卽無所謂善惡。因爲率性而行，性無善無惡，善惡乃是人意所造成。陽明的思想，是心的本體超於善惡，乃是至善，善惡之分，在於意動時中節不中節，因此要誠意使中節而致良知，但他的弟子們都忽略了這一層工夫，以致引起時人的攻擊。

「性卽理也，言不得認氣質之性爲性也。心卽理也，言不得認血肉之心爲心也，皆喫緊爲人語。」(同上)

「自昔聖賢論性，曰帝衷，曰民彝，曰物則，曰誠，曰中和，總總只是一個善。告子卻曰性無善，無不善，便是要將這善字打破。自昔聖賢論學，有從本領上說者，總總是個求於心；有從作用上說者，總總是個求於氣，告子卻說不得於言，勿求於心，不得於心，勿求於氣，便是要將這求字打破。善字打破，本體只是一個空。求字打破，工夫也是只一個空。故曰：告子禪宗也。」(同上)

孟子以性爲善，性善的表現在於心，所以要收放心，要養性，或說存心養性。告子以性心無善惡，便等於心在倫理上一切都是空白，憲成說他是禪宗。

爲致良知，陽明以良知爲體，致爲用，然體用合一。人能體認良知時，即是致良知於事物。反對陽明的人說性爲體，良知爲用，致良知爲使行事合於性的善，即合於未發之中。弟子中又問憲成說這兩說孰當？

「曰似也，而未盡也。夫良知一也，在惻隱爲仁，在羞惡爲義，……非可定以何德名之也。只因知字與智字通，故認知爲用者，既專以分別屬之。認知爲體者，又專以智屬之，恐亦不免各墮邊見矣。……性體也，情用也。曰知曰能，才也，體用之間也。……陽明先生揭致知，特點出一個良字，又曰性無

不善，故知無不良，其言殊有斟酌。」（同上，小心齋劄記）

顧憲成宗於孟子，分性情才。人雖性善，作惡者仍多，人須要修養自己的心性。朱熹講格物以致知，逐事研究，以知天理，既知而以敬去存養。

「朱子之釋格物特未必是大學本指耳，其義卻甚精。語物則本諸帝降之衷，民秉之彝，夫子之所謂性與天道，子思之所謂天命，孟子之所謂仁義，程子之所謂天然自有之中，張子之所謂萬物之一原。語格……則約之以四言，或考之事爲之著，或察之念慮之微，或求之文字之中，或索之講論之際，蓋謂內外精粗（粗），無非是物，不容妄有揀選於其間。……」（同上）

格物以求知天理，孔孟子思等歷代聖賢都教學者勉力自修。陽明卻說：反求諸心，心所是則是，心所非則非，雖和聖人的言論不合，仍不改自己的信心。

「陽明先生曰：求諸心而得，雖其言之非出於孔子者，亦不敢以爲非也。

求諸心而不得，雖其言之出於孔子者，亦不敢以爲是也。此兩言者，某竊疑之。夫人之一心，渾然天理。其是，天下之眞是也；其非，天下之眞非也。然而能全之者幾何？惟聖人而已矣。……苟不能然，而徒以兩言橫於胸中，得則是，不得則非，其勢必至自專自用，憑恃聰明，輕侮先聖，註腳六經，無復忌憚，不亦誤乎！陽明嘗曰：心卽理也，某何敢非之，然而言何容易！孔子七十從心不逾矩，始可以言心卽理，七十以前，尚不知如何也？……若漫曰心卽理也，吾問其心之得不得而已，此乃無星之秤，無寸之尺，其於輕重長短，幾何不顚倒而失錯哉。」（明儒學案 卷五十八，東林學案一，論學書，與李見羅）

憲成批評陽明的致良知說，多就事而論。陽明學派的末流，憑恃聰明，無復忌憚，憲成以這種後果，歸之於陽明的致良知說。陽明的本心必不以憑自心而無忌憚。他主張良知爲是非之知，爲天然的善惡標準。他祇說出於孔子或不出於孔子之言，並沒有說違反孔子之言，孔子固然沒有講論人心的一切是非。憲成爲救時弊，不能不由陽明學派末流的弊端，上溯到陽明的學說，以澄清源流，使世人能明瞭學說的病根。

憲成反對陽明思想，目的在於振興士氣，力求實際負責，以救國家的危亡。他在當時的聲望，不在於提倡理學，而在於切言時事，痛責時弊，把死生置在度外，敢直言不諱。

「孔孟之言，看生死甚輕。以生死爲輕，則情累不干。爲能全其所以生，所以死，以生死爲重，則惟規規焉驅殼之知，生爲徒生，死爲徒死。……人身之生死，有形者也，人心之生死，無形者也。衆人見有形之生死，不見無形之生死，故常以有形者爲主，聖賢見無形之生死，不見有形之生死，故常以無形者爲主。」(同上，小心齋劄記)

東林學者的精神，就在於以無形之生死爲主，蓋養孟子所說的大丈夫的氣慨，『貧賤不能移，威武不能屈』，以在野的境遇，負國家興亡的負任，不拘守『言不出位』的遺訓，敢代國民呼籲。所惜，東林旣成爲黨派，便良莠不齊，多有意氣用事，沽名釣譽的人，以至弄得國事日非。

(2) 高攀龍

(甲) 緒論

高攀龍字存之，別號景逸，常州無錫人。生於明世宗嘉靖四十一年壬戌（公元一五六一年），卒於明熹宗天啟六年丙寅（公元一六二六年），年六十五歲。

攀龍於明神宗萬曆九年（公元一五八一年）補邑諸生，萬曆十二年丁母憂，始志於學。萬曆十七年己丑舉進士，尋丁父憂，讀禮三年，服滿，授行人。上疏駁四川僉事張世則毀滅程朱之學，起造水居，爲靜坐讀書。因劾朝貴，被謫揭陽添註典史，半載後歸鄉，乃和顧憲成復修東林書院，每月三天，在書院講學，遠近來者數百人。萬曆三十四年，他和顧憲成會於虞山書院，三十六年赴毘陵經正堂會，三十八年講學焦山，四十一年講學於金沙志矩堂，四十二年赴荊州明道書院會。天啟元年（公元一六二一年）忽被召爲光祿寺臣，陞大理寺少卿，署寺事。天啟四年陞都察院左都御史，劾御史崔呈秀，天啟五年，忤逆奄魏忠賢，坐移宮案，削籍爲民，東林書院被毀。明年，更以東林邪黨罪名被捕。然不願被辱，投水自殺。

高攀龍曾自序爲學的次序云：年二十五歲，聞李復陽和顧憲成講學，乃立志求學，按朱熹所講的守敬力行修身，但常鬱鬱不樂，自覺拘束。後讀程子所說心在腔子裏，便求正心，頓自輕鬆快活。四十六歲時，實信孟子性善說，次年，了悟程子鳶飛魚躍必有其事的意義。

當他被謫赴揭陽時，在船上厚設蓐席，嚴之規矩，半日靜坐，半日讀書，實踐程朱所講誠敬主靜。五十歲時，始實信大學知本的宗旨，次年，又通中庸的大義，自以爲中庸之道不可名言，程子名曰天理，陽明稱爲良知。以後，便涵養求精，工夫求密，心如太虛，不計死生。（參考明儒學案 卷五十八 忠憲高景逸先生攀龍）

(乙) 思　想

攀龍的思想，承接宋儒，孟子、中庸和程朱的思想。朱熹生平不喜歡個人有個悟字，以避免入禪，特別講格物致知。高攀龍不讚成王陽明的致良知，主張朱熹的格物。

「大學致知在格物，物格而后知至。陽明曰：所謂致知格物者，致吾心之良知，於事事物物也。……**是格物在致知**，知而後物格也。……又曰：格物者，格其心之不正，以歸於正，是格物在正心誠意，意誠心正，而後格物也。」（明儒學案 卷五十八，東林學案一，辨，陽明辨）

陽明把大學的次序翻倒了，大學以正心在誠意，以致知在格物。人研究事物的天理，按照天理去誠意而正心。陽明則以良知即是天理，致良知的天理於事物即是致知而格物。

高攀龍說：

「格物是隨事精察，物格是一以貫之。」

「窮理者格物也，知本者物格也。窮理一本而萬殊，知本萬殊而一本。」

「學者以知至爲悟，不悟不足以爲學，故格物爲要。」

(明儒學案　卷五十八，東林學案一，高攀龍語)

格物在格事物之理，學者須有精進的志向，努力不懈。然而理一而殊，萬物之理各不同，然總根則同於一生生之理。這種理在人心。高攀龍雖不接納他的致良知說，却走近王陽明的心學。

「纔知反求諸身，是眞能格物者也。」

「人心之靈，莫不有知，良知也。因其已知而益窮之，至乎其極，致良知也。」

「朱子曰：致知格物，只是一事，格物以理言也，致知以心言也。由此觀

之，可見物之格，卽知之至，而心與理一矣。」（同上）

「心與理一」，爲王陽明承繼陸象山的主張，然而朱熹並不完全反對，理在天地萬物裏是「一而殊」，「殊」在萬物，「一」在萬物又在人心，祇是朱熹不特別提出這一點。朱熹也講道心和人心，道心則是理。王陽明則主張心卽理，致人心的良知於事物，心和事合一。高攀龍祇說格物和致知爲一事，格物是求事物之理，致知是心知事物之理，心知事物之理，則「心與理一」。雖有似於陸象山的心學，實則爲朱熹的格物說。黃宗羲在明儒學案高攀龍本傳末說：「先生之格物，本無可議，特欲自別於陽明，反覺多所杆格耳」，不是深明格物說的評語。

王陽明爲致良知，主張誠意；高攀龍追隨大學之道，以修身應特別正心。心爲人的主宰，心正則欲情動時能中節。因此，他的修身從正心下工夫。他自己述說正心工夫的歷程。先是看了大學或問，見到朱熹所說修身要道莫如敬，便專用力於肅恭收斂，持心於方寸間，使心不外放。可是覺得太拘緊，鬱鬱不樂，大不自便，而且稍一鬆弛，心卽散漫。後來讀程子所說心在腔子裏，腔子就是身子，乃大歡喜，以心在方寸間，渾身都是心，便用工夫，使心身相得，行動不和心相違。當他被謫揭陽時，在船上規定半日靜坐，半日讀書。靜坐時不帖當，祇將程朱所示法門參求。凡誠敬主靜，觀喜怒哀樂的未發光景，以及默坐澄心，體認天理，樣樣照行，日夜不息。心中覺得氣清澄時，有浩然塞乎天地的氣概。船行兩月，觀賞山水，猛然見到明道所說：「萬變俱在人，其實無一事」。心中開朗，實在沒有一事。從揭陽歸鄉，參照佛學老學，見到佛老的精微處，儒家聖學都具有。他的結論說：

「學者神短氣浮，須數十年靜力，方得厚聚深培。而最受病處，在自幼無小學之教，浸染世俗，故俗根難拔，必埋頭讀書，使義理浹洽，變易其俗腸俗骨，澄神默坐，使塵妄消散，堅凝其正心正氣乃可耳。」（明儒學案卷五十八，東林學案一，高攀龍本傳）

人心清明，便是天理，然不能放他自由出入，常須收斂。收斂的工夫，便是靜坐。

「靜坐之法，喚醒此心，卓然常明，志無所適而已。志無所適，精神自然凝復，不待安排，勿著方所，勿思效驗。

初入靜者，不知攝持之法，惟體貼聖賢切要之言，自有入處。靜至三日，必臻妙境。

靜坐之法，不用一毫安排，只平平常常，默然靜去。此平常二字，不可容易看過，卽性體也。以其清淨，不容一物，故謂之平常。」（同上，說，靜坐說）

靜坐法爲程子接承周濂溪主靜的思想，參照佛教坐禪的方法而開始的，楊時、羅從彥、李侗引爲修身的唯一工夫，以體認未發之中。朱熹放棄了這種方法，元明儒者又實行靜坐，高攀龍爲檄正陽明學派末流的頹風，乃主張靜坐以正心。攀龍的靜坐，爲默思聖賢的教訓，使心主於天理。陽明學派末流人士，以人心自然明朗，任心所欲，不加修養工夫，走入疏狂。東林學派力行實踐，修養品性，以敎人格，憂心國事，議論朝政。攀龍自己有信心說：

「嘗妄意以爲今日之學，寧守先儒之說，拘拘爲尋行數墨，而不敢談玄說妙，自陷於不知之妄作。寧稟前哲之矩，硜硜爲鄉黨自好，而不敢談圓說通，自陷於無忌憚之中庸。積之之久，倘習心變革，德性堅凝，自當恍然知大道之果不離日用常行，而步步踏實地，與對塔說相輪者遠矣。」（明儒學案

卷五十八　東林學案一，論學書。答葉臺山）

這種步步踏實地的精神，造成了明末學術的趨勢。東林學派以踏實底精神以求報國。攀龍投水自盡前，草遺疏說：「臣雖削奪，舊係大臣，大臣受辱，則辱國，故北向叩頭，從屈平之遺則，君恩未報，結願來生」（同上）

(四) 劉宗周

(1) 緒論

明朝哲學思想的結局，應以劉宗周爲代表。劉宗周字起東，號念臺，浙江山陰人，生於明神宗萬曆六年戊寅（公元一五七八年），卒於明福王弘光六年乙酉（公元一六四五年），即清世祖順治二年，年六十八歲。九歲時，從外大父章頴受書。十一歲從外大父往壽昌，在黌宮讀書。年十七，應童子試。年二十，應禮部試，不中，歸家，病目三年。家貧幾不能有日用餐食。萬曆二十九年辛丑，年二十三。萬曆三十二年除行人司行人，陞禮部主事，劾魏忠賢奄奸。天啟二年轉光祿寺少卿。崇禎二年，講學蕺山，標愼獨宗旨，起爲順天府尹，次年，辭職歸里，召對文華殿，皇帝問人才、糧餉、流寇三事，宗周以仁政擧賢相答，皇帝厭他迂闊，用爲工部左侍郎。屢上書言朝政，皇上以不識時務，因是時遼東告急，流寇滿地。宗周乃上疏請解官歸里。崇禎十五年，起用爲吏部左侍郎，陞左都御史，因直言忤旨，革職歸家。清兵入京，明室南渡，宗周復原官。南京淪陷，福王入浙，浙省陷，宗周乃說：「身不在位，不當與城存亡，獨不當與土存亡乎！故相江萬里所以死也。世無逃死之宰相，亦豈有逃死之御史大夫乎！」（明儒學案 卷六十二）遂絕食二十日而死。

劉宗周的思想，雖和王陽明同出浙江，然他反陽明的致良知說，標擧愼獨。以身心都爲一氣的流行，若能以誠，使氣通而復，必定行動合於禮義。這種工夫稱爲愼獨。

(2) 心　性

劉宗周辨別佛儒之分，認爲儒者以意爲修身的要點，意連接物和心，意誠則心正。物在外，心在內，意使心物相連。佛家則不講意祇講心，所講的心又是虛。儒家講本心，本心是實，是性，是天理。

「釋氏之學本心，吾儒之學亦本心。但吾儒自心而推之意與知，其功夫實地，却在格物，所以心與天通。釋氏言心便言覺，合下遺却意，無意則無知，無知則無物。其所謂覺亦祇是虛空圓寂之覺，與吾儒體物之知不同。其所謂心，亦只是虛空圓覺之心，與吾儒盡物之心不同。象山言心，本未嘗差，到慈湖言無意，分明是禪家機軸，一盤托出。」(明儒學案　卷六十二，蕺山學案，語錄)

宗周不直接批評陸象山的心學，因爲他也接受部份的象山心學。他不否定心是理，然而他不肯定心的理會自然流露，所以主張朱熹的格物。物有物之理，心有心的天理，天理雖也在萬物，然而萬物又各有自己的理。若不研究物理而徒觀自心之理，這種理將是抽象的玄理，不切於實事。故「其功夫實地，卻在格物。」格物爲求知物理，由物理而反歸心的天理，因爲理一而殊。反歸心的天理，「所以心與天通」。佛家講覺，覺是自心覺悟自心的本體實相，在覺悟時，要空虛自己的心，所覺的實相，又是超越世界的無，覺所以是虛空圓寂，心也是虛空圓寂。楊簡講心的虛明，便是「禪家機軸，一盤托出。」言外也就責斥陽明學派末流的虛無怪誕。

宋儒和明儒都把持『未發之中』，有的人把『未發之中』作爲心的本體，有的作爲未發氣象。陽明學派都以未發之中爲本體，劉宗周則以氣象爲：

「延平教人看喜怒哀樂未發時作何氣象，此學問第一義工夫。未發時有何氣象可觀？只是查檢自己病痛，到極微密處，方知時雖未發，而倚著之私，隱隱已伏，纔有倚著，便易横決。若於此處查考分明，如貫虱車輪，更無躱閃，則中體恍然在此。而已發之後，不待言矣。此之謂善觀氣象者。」(同上)

李延平實際上是教人觀未發時之本體，朱熹不採他的思想和方法。劉宗周解釋爲觀氣象，實則是自己省察，看是否隱伏有私欲。在意將動之機，私欲必動，這時要有横決，壓抑私欲。

「問未發氣象從何處看入？

曰：從發處看入。

問：如何用工夫？
曰：其要衹在愼獨。
問：兼動靜否？
曰：工夫衹在靜。故云主靜立人極，非偏言之也。
問：然則何以從發處看入？
曰：動中求靜，是眞靜之體，靜中求動，是眞動之用。體用一原，動靜無端，心體本是如此。」（同上）

理學家說來說去，總是這幾句。心的本體是天理，是靈明，明則能知，靈則神，神則妙，妙則妙乎動靜。心的本體是靜，然既有靈明之知則又是動，動則和物相接。要看心的本體，由動處去看，動本是本體的靜，動中便可見心的本體。舉簡單的例來說，人心生來有孝的天理，心自己知道這種天理，在兒子和父親相接觸時，心便知道此時此地該有的孝道。心所知道的天理，不是虛無空渺之理，而是實事之物。在實事的孝道裏，人心的天理和天地相通。人心和事實相合爲一。所以是在已發中看入未發的氣象和本體。

「動中有靜，靜中有動者，天理之所以妙合而無間也。靜以宰動，動復歸靜者，人心之所以有主而常一也，故天理無動無靜，而人心惟以靜爲主。」(同上)

靜爲性，爲體；動爲心，爲用；靜爲主。普通常說心爲人身之主，因講主時，必講動，心之動爲意，故以心主意。宗周說靜爲主，主是規律，是原則，主須按性而動，靜乃爲主。王陽明不分性和心，以心卽理，理卽性，心便是性，心性合一。

「動而無動，靜而無靜，神也，性之所以爲性也。動中有動，靜中有靜，物也，心之所以爲心也。」(同上)

以性爲神，以心爲物，不是朱熹的思想，而是滲合王陽明的思想。朱熹以性無動靜可言，就是說無善惡可言，是超乎動靜善惡，而是動靜善惡之理。理爲抽象，不稱爲神妙。王陽明以性爲良知，良知爲神。朱熹不以心爲物，而以心爲神；然而陽明以心爲物，物是意念，意念有動靜。

> 「無極而太極，獨之體也。動而生陽，卽喜怒哀樂未發，謂之中。靜而生陰，卽發而皆中節，謂之和。纔動於中，卽發於外，發於外則無事矣。是謂動極復靜，纔發於外，卽止於中，止於中則有本矣，是謂靜極復動。一動一靜，互爲其根，分陰分陽，兩儀立焉。若謂有時而動，因感乃生，有時而靜，與處俱滅，則性有時而生滅矣。蓋時位不能無動靜，而性體不與時位爲推遷。故君子戒懼於不睹不聞，何時位動靜之有。」（同上）

將周濂溪太極圖說的宇宙論轉移到人性上，劉宗周企圖爲自己所標『愼獨』的主張，定下形上的基礎。他以人的性，爲本體，乃無極而太極。所謂愼獨，以性爲本體，稱「無極而太極，獨之體也」。通常理學家以靜爲本，乃性的特性，劉宗周則以陽爲未發之中，有似於易經的重陽輕陰。性無動靜，因感而有動靜，這種動靜應稱爲心的動靜；劉宗周以靜而生陰，爲心之動。心之動爲意，意之動爲情，情動而中節謂之陰，謂之和。即是中庸所說陰的特性爲順爲和。動爲未發，陰爲已發，「互爲其根」。已發爲已感而發，發而須中節，中節卽合於性的本體，本體爲獨，因此君子戒愼於所不睹不聞，常思合於本體之性，這就是愼獨。

「問意與心分本體流行否？曰：來教似疑心爲體，意爲流行。愚則以爲意是心之體，而流行其用也。但不可以意爲體，心爲用耳。程子曰凡言心者皆指已發而言，旣而自謂不然。愚謂此說雖非通論，實亦有見。蓋心雖不可以已發言，而大學之言心也，則多從已發，不觀正心章專以忿懥好樂恐懼憂患言乎，分明從發見處指點耳。」（同上，來學問答，答董標心意十問）

心爲體，意爲用，這是宋儒的解釋，朱熹以心統性情。劉宗周雖說心爲意之體，但又說「不可以意爲體，心爲用耳。」朱熹說心統性情，並不以心爲已發，而是以情爲已發，故說忿懥恐懼好樂。這一些都是情，中情講已發或未發，由情方面去講。未發之中，不可由已發去知道，祇是在已發時應表現天理，使發而中節，則可知性的天理，而不是未發的氣象。未發的氣象爲中，爲靜，已發時的天理，不是這種氣象。然爲修養，則常守中庸的教訓，拘守着未發和已發的兩個層次。王陽明嫌這種層次過於空疏，乃講良知。良知爲未發之中，即是是非之知，已發則是致良知，致心的天理於事事物物，致則是意。劉宗明不講致良知，而且想救致良知之弊，乃講愼獨，獨爲心的體，愼獨是使心的體，見於已發之時，已發爲意，他乃特別注意『意』。然而他又不能明瞭地說意是心之動，把心和意混合不清。

「問：一念不起時，意在何處？

曰：一念不起時，意恰在正當處也。念有起滅，意無起滅也。今人鮮不以念爲意者，道之所以常不明也。」（同上）

念和意有分別，乃說得明白；然而意究竟是什麼？意和心有什麼關係？

「問：意屬已發，心屬未發否？

曰：人心之體，存發一機也。心無存發，意無存發也。蓋此心中一點虛靈不昧之宰，常常存，亦常常發。」（同上）

心不是已發也不是未發，心是本體。意也沒有已發和未發，意是什麼呢？意是心中一點虛靈不昧的主宰，指揮念頭，指揮情感，使情感發而中節。這一點解釋，在中國哲學上還算是一最清楚點。疑念無主，意有主，心有主而無主，因不可以念爲意，尤不可以意爲心。

曰：「心既有主而無主，正是主宰之妙處，決不是離開意之有主又有個心之有主而無主，果有二心，是有二心也。」（同上）因此正心便先要誠意，意常守天理，心便可以常正。

「誠以體言，正以用言，故正心先誠意。由末以之本也。中庸言中和，中卽誠，和卽正，中爲天下之大本，誠爲正本也。凡書之言心也，皆合意知而言者也。獨大學分意知而言之一節，推進一節，故卽謂心爲用，意爲體亦得。」（同上）

心包有知和意，乃儒家一貫的思想。中爲本，卽心的天理。誠於心的天理，也是修身之本。意誠於天理，心的情在發時纔能正，正乃中節，便是和，稱爲用。修身之道在情感發動時，意能主宰使合於天理而得中節之和，這便是中庸所說的『天下之達道也』。

(3) 愼　獨

劉宗周有四句體認親切法：

「身在天地萬物之中，非有我主之私。
心在天地萬物之外，非一膜之能囿。
通天地萬物爲一心，更無中外可言。
體天地萬物爲一本，更無本心可見。」（同上，語錄）

這四句「體認親切法」，若放在王陽明的語錄裏，並不顯得不調和。然實則有所不同。牟宗三教授曾說：「依劉蕺山，大學之言愼獨是從心體說，中庸之言愼獨是從性體說，依此而有心宗性宗之分。從心體言愼獨，則獨字所指之體卽好善惡惡之『意』是也。」（從陸象山到劉蕺山頁四五三，學生書局）牟教授以陸象山直指本心，爲顯教；劉宗周以意根最微，歸向最微的意爲愼獨的密教。姑不論顯教密教不是儒家的術語，卽劉宗周的愼獨也並不完全以意爲主。宗周自己說「無極而太極，獨之體也。」又說「動靜無端，心體本是如此。」而就上面的四句「體認親切法」說；心和天地相通，不能關在腔子裏。這種相通，基本上是理一而殊，人和天地萬物有同一之理，雖各有分殊，究竟基本的理相同。因着基本的同一之理，心能體萬物而爲一，體爲一種體認，爲一種知覺，爲一種感悟。劉宗周不以心之本體爲良知，良知爲理，理不分內外，心和萬物合一；而是以心靈明有知，由知而體認萬物。

「主靜之說，大要主於循理。然昔賢云：道德言動，皆翕聚爲主，發散是不得已事，天地萬物皆然，則亦意有專屬，正黃藥止兒啼，是方便法也。」(同上)

於主靜。

愼獨注重在『意』，爲一種方便法。主要還是在於循理。爲能循理，須要收心，收心在

「或曰：愼獨是第二義，學者須先識天命之性否？曰：不愼獨，又如何識得天命之性。」(同上)

重說一遍。

愼獨爲識天命之性。上文已講過心，性，意的意義和關係，爲懂得愼獨的意義，不煩再

「一心也，而在天謂之誠，人之本也。在人謂之明，天之本也。故人本天，天亦本人。離器而道不可見，故道器可以上下言，不可以先後言。

『有物先天地』，異端千差萬錯，從此句來。一氣之變，雜然流行，類萬物而觀，人亦物也。而靈者不得不靈，靈無以異於蠢也。故靈含蠢，蠢亦含靈。類萬體而觀，心亦體也。而大者不得不大，大無以分於小也。故大統小，小亦統大。」（同上）

「人心徑寸耳，而空中四達，有大虛之象，虛故生靈，靈生覺，覺有主，是曰意。此天命之體，而性道教所從出也。」（同上）

「人本天，天亦本人。」都從心上說。心爲人之本，心有理，有靈，有覺；理爲人之本。理由天生，稱爲天理，故說人本天。人心既有靈，有知，有覺，天由人心之知和覺，而能表現，如道由器而顯，故說天亦本人。這一點有似於王陽明所說，沒有心就沒有天地，沒有天地也沒有心。宗周所說沒有陽明那麼廣，那麼徹底；他祇由心和性理去說，他主張天命卽是天，不分爲二。但在另一方面，宗周有一種說法爲陽明所沒有的，他說宇宙祇是一氣的流行，人物同類同體，人雖然是靈，靈的理卻也含在不靈的物內，祇是不能顯出。心雖然靈明，也是人的本體，則和萬物同體，故曰人沒有本心。這一種思想的根基，在於萬物同一生生之理，生命之理的表現，則在物理各有不同，然萬物都具有生命之理，祇有在人心，生命之理全部顯出。

人心靈明，含有天地萬物之理，而能體認萬物，乃和萬物相通。然而人心的靈明常能遭欲情的蒙蔽，人心因此有一主宰，主宰爲『意』。『意』能主宰情的發動使中節而和。故劉宗周的愼獨，特別注意『意』的誠。

中庸稱誠爲天之道，劉宗周說：「一心也，而在天謂之誠，人之本也。」人心稱爲誠，因人心有天命之性，性是天理，當然是誠。意之誠，是意歸向本體，卽歸向天命之性，所以說：「不愼獨，又何識得天命之性。」誠意不是歸到極微的意，而是使意歸到心的體。

「疑，說文，意，志也。增韻，心所向也。說文於志字下，志，意也。又曰，心之所之也，未有以意爲心者。曰：心所向曰意，正是盤針之必向南也。只向南，非起身至南也。凡言向者，皆指定向而言，離定字便無向字可下，可知意爲心之主宰矣。心所之曰志，如志道、志學，皆言必爲聖賢的心，仍以主宰言也。心之所之，與心所往異。」（同上，來學問答，答史孝復）

意爲心的主宰，意的決定爲志，有志再去做，則是往。心之往不是心之所之。劉宗周特加分析愼獨在於意之誠。

「今來教曰：學至誠意，微之微矣，卓哉見也。意有好惡，而無善惡。然好惡祇是一機。易者，幾者，動之微，吉之先見者也。故莫粗於心，莫微於意。」（劉子文編乾坤正氣集　卷四百十七，答葉潤山民部。環球書局）

「莫微於意」，意爲心的主宰，主宰最要是在動未動之幾時，能有判決。愼獨乃以意爲主。

「大學言格物，而未有正傳，獨於誠意章言愼明，愼明卽格致第一義。」（乾坤正氣集　卷一百十七，與錢生仲芳）

宗周不讚成陽明所說「無善無惡心之體」，以天地間道理只是有善而無惡，人求學祇爲爲善而去惡。他也不讚成陽明所說「爲善去惡是格物」，因爲爲善就是去惡，去惡就是爲

善，兩個不能重覆。（同上，答秦生履思十）

「在虞書所謂精一，在孔門所謂克己，在易所謂洗心，在大中所謂慎獨一也。後儒所謂一，所謂主敬立本致良知——一也。……今世俗之弊，正在言復不言克，言藏密而不言洗心，言中和而不言慎獨，言立大本而不言心官之思，言致知而不言格物，遂不免離相求心，以空指道，以掃除一切為學，以不立文字當下卽是性宗，何怪異學之紛紛也。」（同上，與陸以建年友二）

此將儒家傳統的修身之道，很簡單地說明了，又把陽明學派末流的弊病也簡單地說明了，他立意要回到儒家的基本傳統上，以大學中庸所講慎獨爲修身之本。對於慎獨的解釋，劉宗周每多混淆不清，有時標出講良知，但所講和陽明不同，尤其對於致知格物的解釋也有自己的意見。

劉宗周以心與物爲一體，沒有先後。他所謂一體，和王陽明所說物爲心之動，格物爲正心之動。宗周所說的物是外物，然天地萬物與心同一氣同一理，無分內外。一心之主爲意，不能在物上去求。

「弟所爲主翁者，果卽物以求之乎，抑先物以求之乎？如先物而求之也，則心自心，物自物矣。而復本心以格物，是役其心於外物也，勢必偏內而遺外矣。焉能格之？焉能致之？卽其所爲格而致焉者，亦格其無物之物，而非吾之所爲物也。且致其無知之知，而非吾之所爲知也。且其所爲誠與正者，亦無意之意無心之心，而非吾之所爲心與意也。修齊治平一舉而空之矣。此龍溪之說所以深陷於釋氏而不自知也。若卽物以求也，則物未嘗外也，而知亦未嘗內也。卽格而卽致矣。……」

(同上，與王宏臺年友)

王畿龍溪以良知本體之善，自然流行，所謂致知格物，無心無意，也是無物。宗周以物和心爲一體，卽物求心，物不在外，卽物致知，知不在內。實際上宗周接受陽明所說心物一體之說，但卻不願祇講理，而不講氣。陽明祇講理，他的主張乃落虛空疏狂。宗周講氣，然講氣而以心物一體，問題頗多，且多矛盾；因爲不但心物合一，而且心物同一。若祇從體認上說尚可通，從本體上說則不可通。

宗周以意爲心的主宰，這種知和意有什麼關係？心本體靈明能知，則知和意合一，沒有先後。心是知是意。

「有善有惡意之動，知善知惡知之良。二語決不能相入，則知與意是兩事矣。將意先動而知隨之耶？抑知先主而意隨之耶？如意先動而知隨之，則知落後著不得爲良。如知先主而意隨之，則離照之下安得更留鬼魅？若或驅意於心之外，獨以知爲心，則法唯有除意，不當誠意矣。且以來經傳無有以意爲心外者，求其說而不得，無乃卽知卽意乎？果卽知卽意，則知良意亦良，更不待言。」（劉子全書　卷十二，學言）

陽明以知和意爲兩事，知是良知，意爲心和外物的接觸，陽明也以知意合一，不分先後。宗周以知和意爲一，不能分先後；卻因陽明分知意爲二，乃有先後的辨難。牟宗三教授認爲這種辨駁不通；實則兩人所對知意的觀念不同，故產生這種辨難。

劉宗周也不讚成陽明『一體之仁』說，他以爲人和天地本是一體，不因仁而合一。

「仁者，以天地萬物爲一體，非仁者以天地萬物爲一體也。若人與天地萬物本是二體，必借仁者以合之，蚤已成隔膜見矣。人合天地萬物以爲人，猶之心合耳目口鼻四肢以爲心。今以七尺言人，而遺其天地萬物皆備之人者，不知人者也。以一膜言心，而遺其耳目口鼻四肢皆備之心者，不知心者也。……然識破此理，亦不容易，看下文存敬之一語，直是徹首徹尾工夫。若不用誠敬存之之功，又如何能識破。至此爲既識破後，又須誠敬工夫，作兩截見者，亦非也，學者大要只是愼獨，愼獨卽是致中和，致中和則天地位萬物育，此是仁者以天地萬物爲一體實落處，不是懸空識想也。」（乾坤正氣集，答秦生履思 五）

宗周的天人一體思想，以心爲天地萬物之心。然而不能以天地萬物和人的身體一樣，都充滿了心。人的身體充滿心，故有知覺，但不能說天地萬物充滿人心也有知覺。天地萬物究竟是誰的身體？祇能說心靈能知，心知萬物，萬物被心所知，乃有生命的意義和價值。而生命的意義和價值，都在人心內。人能愼獨而反歸心的本體，意則主宰情慾，使能中節而有中和。這是愼獨以誠意的意義。意爲心的主宰，主宰心的意，有意而有動，動因意的主宰而中節。誠敬主靜乃是愼獨的工夫。然所謂靜，不是靜坐，而是歸到心的本體的中。

「昨言學當求之於靜，其說終謬。道無分於動靜，心無分於動靜，則學亦無分於動靜。……所云造化人事，皆以收斂爲主，發散是不得已事，正指獨體邊事。天向一中分造化，人從心上起經綸是也。非以收斂爲靜，發散爲動也。……故曰：君子之學愼獨而已矣。」（同上，示金鋐鮑濱二主）

宗周以心無動靜，學者不能在動靜中求修養工夫，祇是愼獨以歸心本體，稱曰獨體。牟宗三教授說：「蓋蕺山已將意與念分開矣，將大學之意提升至超越層，定爲『心之所存之主』，而非視爲受感性影響的『心之所發』之念也。如此界定之『誠意』，誠之功首先在格至，此則從『知』說；其次在『愼獨』，此則從『行』說。只有戒愼恐懼於獨居閒居之時，而無一毫之自欺，此誠體始眞能時時呈現。因此，此誠體亦曰『獨體』，即獨時不自欺不瞞昧所呈現眞實無妄之體也。」（從陸象山到劉蕺山，頁四七九）牟先生以格至爲知，愼獨爲行，不合符劉宗周的思想，宗周不從知行兩層，他雖不主張陽明的知行合一，然而他的愼獨是回歸心的本體獨體，不稱爲行。

劉宗周作人譜，似周濂溪作人極圖和人極圖說，以解釋他的靜獨修養法。

人極圖

無極
太極

一曰：凜閒居以體獨。

「夫人心有獨體焉，卽天命之性，而率性之道所從出也。愼獨而中和位育，天下之能事畢矣。然獨體至微，安所容愼？惟有一獨處之時可爲下手法。」（人極圖解）

動而
無動

二曰：卜動念以知幾。

「獨體本無動靜，而動念其端倪也。動而生陽，七情著焉。念如其初，則情返乎性，動無不善，動亦靜也。轉一念，而不善隨之，動而動矣。是以君子有『愼動之學』……。」(同上)

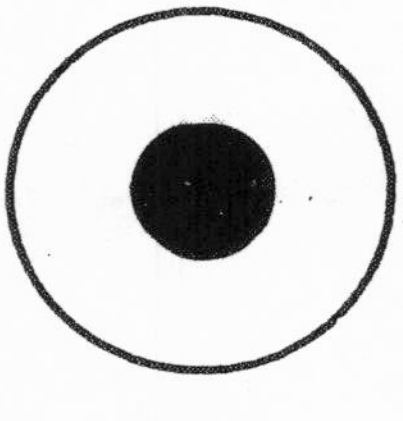

靜而無動

三曰：謹威儀以定命。

「愼獨之學既於動念上卜貞邪，已足端本澄源。而念不自念泯也，容貌辭氣之間有爲之符者矣。所謂靜而生陰也。……」(同上)

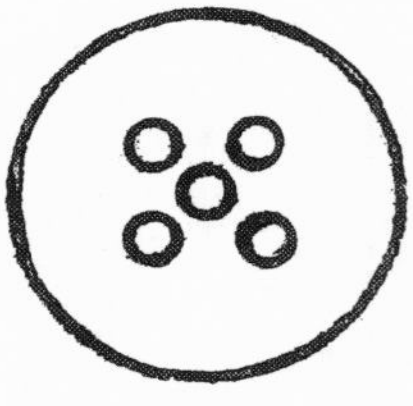

五行攸敍

四曰：敦大倫以凝道。

「人生後，便爲五大倫關切之身，而所性之理與之一齊俱到。分寄五行，天然定位。父子有親，屬少陽之木，喜之性也；君臣有義，屬少陰之金，怒之性也；長幼有序，屬太陽之火，樂之性也，夫婦有別，屬太陰之水，哀之性也；朋友有信，屬陰陽會合之土，中心之性也。此五者天下之達道也。……」(同上)

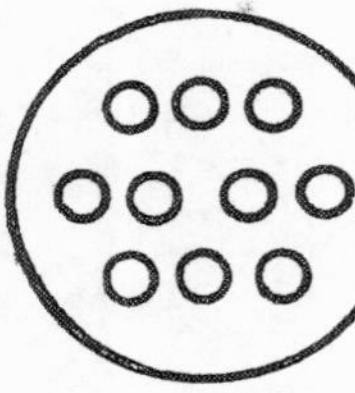

物物太極

五曰：備百行以考旋。

「孟子曰：『萬物皆備於我矣』，此非意言之也，只繇五大倫推之，盈天地間皆吾父子兄弟夫婦君臣朋友也。……」(同上)

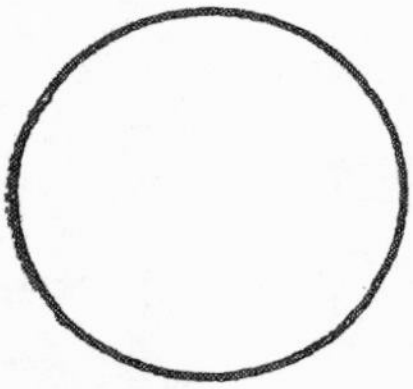

其要無咎

六曰：遷善改過以作聖。

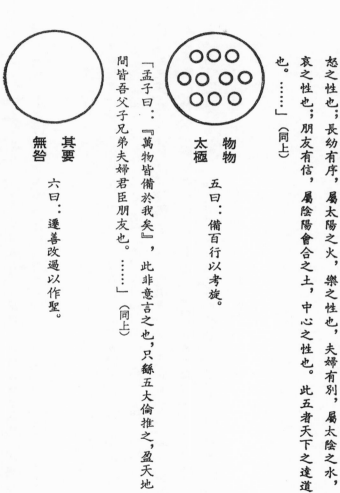

「自古無見成的聖人，卽堯舜不廢兢業。其次，只一味遷善改過，便做成聖人，如孔子自道可見。……」(同上)

宗周又作「證人要旨」爲人譜續篇一；「紀過格」，「訟過法」，「改過說」爲人譜續篇二。藉著圖形以說明修養成聖的歷程。以人性爲本體，稱爲獨體，人心以意爲主，當返回本體，使情感之動而能中節。人性爲無極而太極，太極動而不動，靜而不靜，卽愼獨以意主宰，使行動在外有威儀而內合於節。陰陽生五行，由愼獨回歸本性而有五倫之義。從五行而生萬物，人由五倫而具備天下萬物之義理。最要又是一圓圈的無極而太極，卽人有過則宜改過以歸本性。劉宗周繼承程朱的格物致知，兼秉象山陽明之心學，然想避免陽明學派末流的禪宗疏狂氣態，乃回歸程朱的主敬。但他的主敬，則以愼獨歸回本體爲主。

劉宗周雖非東林學派，氣節則有東林的超越世俗的氣態，忠君愛國，以國事爲己事，終以身殉。

(五) 西洋哲學的輸入

(1) 利瑪竇和同輩的耶穌會士

中國哲學思想，受外來哲學思想的影響，因漢末魏晉南北朝印度佛教的進入，佛教哲學思想在隋唐時已形成一大系統，對於宋明的理學，影響很深。然所謂影響，在問題的研究上，影響較大，例如心和性的問題，心和理的問題，格物致知的問題，主敬守靜的問題，都因着佛學有高深的思想，宋明理學家乃根據易經中庸大學深入這些問題的研究，結果造成宋明理性之學。然在內容方面，影響較少。宋明理學家除極少數人，如王畿、李贄等以外，都反對佛教。

中國哲學思想第二次受外來哲學思想的影響，則在民國以來，西洋哲學思想進入中國，影響遍及全國。然西洋哲學思想的進入中國，在明末已開端緒。

明末傳講西洋哲學思想者，爲天主教耶穌會士。耶穌會士利瑪竇（Matteo Ricci）於明神宗萬曆十一年（公元一五八三年），到廣東肇慶定居，萬曆二十八年十二月二十一日（公元一六〇一年正月八日）到達北京定居，這是近代天主教在中國第一位定居中國的教士。利瑪竇爲義大利中部馬柴拉達（Macerata）人，生於公元一五五二年，卒於公元一六一〇年（萬曆三十八年）享年五十八歲。

利氏到中國，深明中國風土人情，精通中國四書思想，在義大利時曾習地理、數學、哲學和神學。在肇慶時，曾以西僧自居，著袈裟。到了韶州，和瞿太素交往。太素名汝夔，父徐景淳，曾官至禮部尚書。太素勸利氏改袈裟爲儒服，學習四書和書經詩經，和儒者談孔孟的倫理道德。利氏由韶州往南昌，到南京，定居北京，和當時的名士，葉向高、馮應京、方以智都有交往，徐光啟、李之藻、楊廷筠更成爲信友。利氏和當時同住北京的耶穌會士，龐廸我、熊三拔、艾儒略，和儒者朋友結交，談論西方的學術，儒者朋友都認爲足以發揚中國古來的科學，如天文、曆算、水利、輿地，中國古代雖有傳授，但都多不爲人重視，也不合於實利。利氏和同時的會士便向儒者朋友介紹西學，繪印萬國輿圖，翻譯科學書籍，西洋科學開始傳入中國。

艾儒略 (Julis Aleni) 曾作西學凡一篇，略舉當時所稱的西學。

「極西諸國總名歐邏巴者，隔於中華九萬里，文字語言經傳書籍，自有本國聖賢所記。其科目考取，雖國各有法，小異大同，要之盡於六科。一爲文科，謂之『勒鐸理加』；一爲理科，謂之『斐錄所費亞』；一爲醫科，謂之『默第濟納』；一爲法科，謂之『勒義斯』；一爲教科，謂之『加諾

搦斯』；一爲道科，謂之『陡祿日亞』。」（天學初函 一，頁一——十七。學生書局）

六科的譯名爲直譯拉丁文原名，拉丁原名文科爲 Retorica 譯爲「勒鐸理加」。理科爲 Philosophia 譯爲「斐祿所費亞」。醫科爲 Medicina譯爲「默第濟納」。法科爲 Lex譯爲「勒義斯」。教科爲 Jus Canonica，譯爲「加諾搦斯」。道科爲 Theologia 譯爲「陡祿日亞」。

明方以智的滕萬信筆也說：

「西儒利瑪竇泛重溟入中國，讀中國之書，最服孔子。其國有六種學，事天主，通曆算，多奇器，智巧過人。」

六科，爲當時歐洲大學所有科目。艾儒略在西學凡中加有解釋。文科卽文學。儒略說大都歸於四種：「一，古賢名訓。一，各國史書。一，各國詩文。一，自撰文章議論。然「勒鐸理加」原意則爲文法學和議論法。理科，乃是哲學，儒略說：「理學者，義理之大學也。人以義理超於萬物，而爲萬物之靈。格物窮理，則於人全而於天近。」儒略說明當時歐洲大學哲學課程的大綱。

「此裴祿所者，立爲五家，分有門類，有支節，大都學之專者，則三四年可成。初一年學「落日加」(Logica)夫「落日加」者，譯言明辯之道，以言諸學之根基，辯其是與非，虛與實，表與裏之諸法。卽法家敎家必所借徑者也。總包六大門類：一門是落日加之諸豫論，……一門是萬物五公稱之論，……一門是理有之論，……一門是十宗論，卽天地間萬物十宗府，一謂自立者，如天地人物，一謂依賴者，不能自立，而有所依賴焉以成。自立獨有一宗，依賴則分而爲九。……一門是辯學之論，……一門是知學之論，卽論實知與憶度與差謬之分。此第一家也。

第二年專學「費西加」(Phisica)爲裴祿所之第二家，費西加，譯言察性理之道，以剖判萬物之理，而爲之辯其本末，原其性情。……亦分有六大門類。其第一門謂之聞性學，又分爲八支。其一爲費西加之諸預論，其二總論物性，其三總論有形自立之物性，其四講物性之三原，其五總講變化之所成，其六講物性之所以然，其七講依賴有形者，其八總論天地與其有始無始否，有盡無盡否。而此八大支論各有本書具載，此爲聞性之學也。其第二門，則論有形而不朽者，如言天之屬。三門論有形而能朽者，如人獸草木等，與其生長完成諸理。四門，總論四元行本體，火氣水土，與其相結而成物。五門詳空中之變化，地中之變化，水中之變化。五門論有形而生活之物，分爲五支：其一，先總論生活之原所謂魂者，次論生長之魂與其諸能，次論知覺之魂，與其五官之用，四識之職等。次論靈明在身之魂，與其早悟愛欲之諸理，次論靈魂離身後之諸能何如。而性命之理盡，格物之學可造矣。

第三年，進『裴祿所』第三家之學，所謂『默達費西加』者(Metaphysica)譯言察性以上之理也。……分爲五大門類：其一，豫論此學與此學之界；二總論萬物所有超形之理，與其分合之理；其三總論物之眞與美，四總論物之理與性與體與其所有之由；五論天神『諳若』(Angelus)終論萬物之主。……然尚未到『陡祿日亞』所按經典天學而論，蓋彼又進一學也。

第四年總理三年之學，又加細論幾何之學，與修齊治平之學。……

修齊治平之學名曰『厄第加』者(Ethica)，譯言察義理之學，……是第五家，大約括於三事：一察衆事之義理，考諸德之根本，觀諸行之情形，使知所當從之善，當避之惡，所以修身也。一論治家之道，居室處衆，資業孳育，使知其所當取當戒以齊家也。一區別衆政之品節，擇善長民，銓敍流品，考覈政事，而使正者顯庸，邪者迸棄，所以治天下也。……」

（同上，西學凡）

抄錄這一大段文章，爲使讀者知道當時艾儒略所列舉的理學，即是歐洲的「士林哲學」(Philosophia Scholastica)，所列舉的分類，即是理則學，自然哲學，形上學，倫理學，然加有幾何算學，所以稱爲五家。除幾何學外，所列哲學四種分類，西洋哲學現在仍然通用。艾氏又略言哲學的來源，來自希臘亞里斯多德。

「大裴祿之學何所起乎？昔我西土古賢，觀天地間變化多奇，雖已各著爲論，開此『裴祿』之學。然多似是而非，終未了決。其後有一大賢，名亞理斯多，其才識超卓，其學深淵，其才曠逸，爲歷山大王之師。……」

（同上）

當時明末學者第一次見到萬國輿圖，多驚奇不敢取信。然利氏等從西方來，實際經歷許多國土，不能有疑。對於利氏等所傳西學，則從譯文可窺一二。所譯書籍以天文曆算數學爲最多，徐光啟當時負責修改曆法，清初湯若望(Joanne Adam Schall Von Bell)主管欽天監。利瑪竇和徐光啟譯有幾何原本。龐迪我（Didacus de Pantoja）和熊三拔（Sabbatins de Ursis）等譯有水利學書籍。關於哲學的書，在明天啟七年（公元一六二七年）葡萄牙籍耶穌會士傅汎際（P. Futardo）譯名理探。這本書爲葡國高固勃耳（Coimbra）大學所用理則學講義。傅氏和李之藻合作，譯出全書的前十餘卷，後有人續譯，但明刻本祇十卷，名理探的內容，爲講解亞立斯多德的理則學。傅氏和之藻又譯有寰有詮六卷，爲亞氏論天四卷的葡國大學講義，在崇禎元年付梓。畢方濟和徐光啟共譯靈言蠡勺，也爲葡國大學講義，天啟四年刋印。利瑪竇曾著交友論，二十五言，畸人十篇，天主實義。這都是明朝末年，耶穌會士介紹西洋哲學的譯著。士林哲學的集大成者爲聖多瑪斯（S. Thomas Aquinas），所著神學綱要（Summa Theologica），集神學哲學於一爐，清初利類思節譯二十六卷，安文思譯六卷，都在康熙年間刊行。（參考方豪著，中西交通史第五册第五章第七節）

當時和耶穌會士交往的儒者雖多，然能讀到他們的著作人則不多，讀了而相信的人更少。在這些相信的人中，以徐光啟、李之藻、楊廷筠爲最著。他們和利瑪竇都認爲，天主教教義和西洋士林哲學，和儒家思想不相衝突，並且可以補儒家的不足。

「自是四方人士，無不知有利先生者，諸博雅名流，亦無不延頸願望見焉。稍聞其緒言餘論，卽又無不心悅志滿，以爲得所未有。而余亦以間遊從請益，獲聞大旨也。則余向所嘆服者，是乃糟粕煨燼，又是乃糟粕煨燼中萬分之一耳。……」（天學初函第一冊，增訂徐文定公全集 二十五言跋）

「非譚玄以罔生，卽佞佛爲超死。死可超，生可罔，世有是哉！人心之病愈劇，而救心之藥不得不瞑眩。瞑眩適于德，猶是膏粱之適於口也。有知十篇之於德，適也，不畸也。」（天學初函第一冊，李之藻。畸人十篇序）

「臣累年以來，因與講究考求，知此諸陪臣最眞最確。不止踪跡心事，一無可疑，實皆聖賢之徒也。且其道甚正，其守甚嚴，其學甚博，其心甚眞，其見甚定。……諸陪臣所傳天學，眞可以補益王化，左右儒術，救正佛法也。」（增訂徐文定公全集 卷五，徐光啓辯學章疏）

徐光啟和李之藻都是篤信天主教的信友，他們讚揚利氏的學術思想，或者令人疑爲捧場。今另引一序。

「沾沾守其師說，而謂六合外，盡可不論不議，此豈通論乎！要以風氣各殊，本原自一；塗徑雖異，指歸則同。一數何也？曰天也。謹其一則可于一參不一，亦可以不一證一。先聖后聖不必同而道同。卽東西海，南北海之聖人亦不必同，而無不同矣。天學一教入中國，于吾儒互有同異，然認主歸宗，與吾儒知天，事天，若合符節。至于讀理析敎，究極精微，則眞有前聖所未知而若可知，前聖所未能而若可能矣。」（艾儒略西方答問，朱嘉德序）

利瑪竇的思想，綜合西洋思想和儒家思想，以成中國天主教的思想，他同輩的耶穌會士也有這種態度。但是他的後一輩耶穌會士對他的態度起懷疑，而後來進入中國的傳教士更反對他的方法，乃造成康熙皇帝乾隆皇帝反西學的心理。雍正以後教難迭起，禁止西士入內，西方的科學和哲學思想遂再沒有傳人。名理探在清末民初再爲學界所重視。畢方濟的靈言蠡勺也在這時候再印行世。茲引靈言蠡測引：

「亞尼瑪之學，於費祿蘇非亞中，爲最益爲最尊。古有大學榜其堂曰認己。謂認己者，是世人百千萬種學問根宗，人人所當先務也。其所稱己何也？先識己亞尼瑪之尊，亞尼瑪之性也。若人常想亞尼瑪之能，亞尼瑪之美，必然明達世間萬事！如落花流水，難可久衰。……」（天學初函第二册，畢方濟，靈言蠡勺引，學生書局）

「亞尼瑪」（Anima）譯言靈魂，有些像中國哲學的魂，又像中國哲學的心。宋明哲學對於心性問題，爭論頗多，硏究也深。亞立斯多德已經講靈魂，聖多瑪斯更按天主敎信仰講解靈魂的靈明能知，主宰人身，而且永存不朽。徐光啟、李之藻等都接受這種思想。他們所接受的另一思想，則是相信書經、詩經的皇天上帝，卽是天主敎所信仰的天主，因此說「認主歸宗，與吾儒知天，事天，若合符節。」

(2) 方以智

當明末西學輸入中國時，徐光啟，李之藻誠心接受，王船山則反對，有一個不反對而相當接受的人，則是方以智。方以智不是天主敎信友，他晚年且避世入禪，他接受西學，發自研究學術的心理。

方以智字密之，號曼山，又號浮山愚者。桐城人，生於明萬曆三十九年（公元一六一一年），卒于清康熙十年（公元一六七一年）享年六十一歲。

崇禎十三年方以智中進士，任翰林檢討。當崇禎自縊時，被李自成所執，受酷刑，後乘夜逃出。到南京，又遭阮大鋮搜捕，遂逃到南海。永曆時，以智被任爲詹事府左中允，被太監王坤誣劾，免職。清兵入廣東，下令搜捕以智，乃在梧州出家爲僧，奉曹洞宗的覺浪道盛（天界丈人）爲師，避不見人，以終忠於明朝的精神。

方以智爲中國哲學史上第一個接受西洋哲學思想的人。當時徐光啟、李之藻雖在接受西學方面，較比方以智更深更廣，然而光啟所注意者在天文數學，之藻所注重者在於水利，兩人在修身方面也接受了天主教的修身之道；然而他倆在中國思想史上沒有發生影響，也不是專長於哲學的人。方以智則有哲學著作，而受西洋思想影響。他的著作很多，除文集詩集外，關於哲學有藥地炮莊，東西均，易餘，性故（會宜編），一貫問答，多灰錄（語錄），愚者智禪師語錄，通雅。在臺灣出版的，有物理小識（商務）（包括在通雅內），東西均（中華）藥地炮莊（廣文），愚者智禪師語錄（大藏經）

在認識論方面，方以智開清朝考據之風氣，然受有西洋科學的影響，重證據，他稱這種研究法爲「質測」。

「今日文教明備，而窮理見性之家，反不能詳一物者，言及古者備物致用，物物而宜之之理，則又笑以爲迂濶無益，是可笑耳！卑者自便，高者自尊，或舍物以言理，或托空以愚物，學術日裂，……安得聖人復起，非體天地之撰，類萬物之情，焉能知其故哉？」（物理小識 總編）

「盈天地皆物也，人受其中以生，生寓于身，身寓於世，所見所用，無非事也。聖人制器利用以安其生，因表理以治其心，器固物也，心亦物也。深而言性命，性命亦物也。通觀天地，天地亦物也。推而至於不可知，轉以可知者攝也。以費知隱，重玄亦實，是物物神神之深幾也。寂感之蘊，深究其所自來，是曰『通幾』。物有其故，實考究之，大而元會，小而草木螽蠕，類其性情，徵其好惡，推其常變，而曰『質測』。質測卽藏通幾者也。有竟棄質測而冒擧通幾，以類其宥密之神者。誰是合外內，貫一多而神明者乎？萬曆年間，遠西學入，詳于質測而拙于通幾。然智者推之，彼之質測，猶未備也。儒者守宰理而已。聖人通神明，類萬物，藏之于易，呼吸圖策，端幾至精，曆律醫占，皆可引觸，學者幾能研極之乎？」

（方中通 物理小識編錄自序）

方以智講認識論的兩種研究方法：一種是「通幾」，一種是「質測」。通幾爲中國哲學的研究法，通是會通，幾是幾微或幾妙，卽是會通微妙。微妙或幾微在明朝王陽明的學派中，都是指着心，或指心體，或指心動之幾。中國哲學的研究法爲一種直接體認的方法不是歸納，也不完全是演繹，而是一種以心去體會。質測則是科學研究法，是用證據實驗的證明。方以智說：「物有其故，實考究之」。但是他也不滿意西洋的科學方法，他認爲「拙于通幾」。僅用實驗方法，對於哲學上的問題並不能解決。他以爲易經纔是上乘，能够研究宇宙的變化，用「仰則觀象於天，俯則況測於地」，乃能「類萬物」，然又能以體會的方法去會通天地變化的神妙，所以說「聖人通神明」。宋明儒者都有格物致知的問題，朱子講研究物理，陸象山和王陽明則主張反觀自心天理。照他看來，還都不能是認識的良法。他自己曾讀過天學初函，「西儒利瑪竇，……曰天學初函，余讀之，多不解。」（膝寓信筆）天學初函不是利瑪竇所著，乃是一部類書，由李之藻編輯。書裏收有利瑪竇的幾種著作：交友論，畸人十篇，二十五言，天主實義等，其他各卷則是與利氏同時的耶穌會士的作品。書中有徐光啟和利瑪竇所譯幾何原本，然書中多講天主教教義和修身之道，所以他說：「多不解」。雖多不解，然和西士熊三達、畢方濟、湯若望都相交往，頗知西洋的理則學，且精天文學。他的兒子方中通曾說：

「先生（湯若望）崇禎時已入中國，所刊曆法故名崇禎曆書，與家君（方以智）交最善，家君亦精天學，出世（為僧）絕口不談。」（方中通 物理小識緣起）

他既精於天文，從西士講習西洋曆法，豈能不講西洋理則學？他便告「質測」的術語。

「此中之秩序條理，本自現成，特因幾務而顯耳。格物之則卽天之則，豈患執有則膠，執無則荒哉？若空窮其心，則悠忽如幻，」（愚者智禪師語錄示中履）

從上一段話裏，表現了方以智哲學思想的一項特色，他想會通佛儒道。

「愚者曰：何處非沃焦歸墟乎？中衍曰：人皆謂源一而流分，曾知源分而流合乎？水出于山，山各一谷，漸合而溝澮，漸合而江河，歸于海，則大合矣。豈非流合而源分乎？然則源一之說奈何？曰：源爲流之源，流則源之源也。地形如胡桃肉，凸者爲山，凹者爲海，海各歸地心，地心轉出于山頂，猶人身之血也。自非格物者，以費表隱，何能決信！」（藥地炮莊　卷五，秋水篇，評北海寓言）

一切思想派系，可以是同源而分流，然也可以分源而同流。儒釋道乃源起不同，然能合流而歸於一。藥地炮莊爲莊子內、外篇的評語。他對莊子的看法，以莊子爲儒家的反面，然而所講爲同一理。同一理有正反兩面，儒家從正面講，老莊從反面講。理，若從一面去講，多有暗昧不明的地方，從正反兩方面去講，則理纔能明白，藥地炮莊的幾篇序文，說明這種態度：「卽常謂天下之道，不舉兩端，不能見一端；不舉外景，不能見內景。莊生好游衍於兩端，而以一端歸其覺。……自天界老人發托孤之論，藥地又舉而炮之，而莊生迺爲堯舜周孔之嫡子矣。其與孟子同功，而不與孟子同報者，孟子以正，莊子以反，孟子以嚴，莊生以誕。嚴與正者，其心易見，而反與誕者，其旨難知也。此莊氏之書所以萬古獨稱渾沌者乎？」（藥地炮莊 莆田盧中人余颺敍）「吾故曰：炮儒者，莊也；炮教者，宗也，茲帙雖曰炮莊，實兼三教五宗而大炮之也。」（藥地炮莊 黃梅破額晦樵者戒顯拜稾）

方以智自己在「炮莊發凡」裏說：

「聖學，宗教，各各會通，且得乎心，面面可入。如或各得所近，各執師說，一任世出世間，大小偏全。」

他在全書中，常本着這種思想，註解莊子。在莊子內篇的開端評語，便見這種思想：

「無內外而有內外，故先以內攝外。內篇凡七而總於遊。愚者曰：遊卽息也，息卽無息也。太極遊於六十四，乾遊於六龍。莊子之御六氣，正抄此耳，始以表法言之，以一遊六者也。齊主世如內三爻，符宗應如外三爻，各具三諦，逍遙如見無首之用，六龍首尾，蟠於乾亢，而見飛於法昀，惕躍爲幾乎。六皆法昀，則六皆蟠皆幾也。姑以寓數約幾言之。自兩儀加倍至六層爲六十四，而舉太極則七也。乾坤用爻亦七也。七者，一也，正表六爻，設用而轉爲體，太極至體而轉爲用也。……寓數約幾，惟在奇偶方圓，卽冒費隱。對待者，二也，絕待者，一也。可見不可見，待與無待，皆反對也，皆貫通也。一不可言，言則是二，一在二中，用二卽一。南北也，鯤鵬也，有無也，猶之坎離也。體用也，生死也，善用貫有無，貫卽冥矣。不墮不離，寓象寓數，絕非人力思慮之所及也。是誰信得及耶！善寓莫如易，而莊叟寓言以化執。至此，叟不可執。」（藥地炮莊卷一，內篇引評）

易經以象數象徵宇宙的變化至理，「善寓莫如易」。莊子以寓言而使宇宙變化至理，現於人事之中，人心乃逍遙不執於一事一處，「而莊叟寓言以化執」。不執，乃佛教的心學。方以智把三家的思想，冶於一爐。他在「藥地炮莊發凡」裡說：

「就世目而言，儒非老莊，而莊又與老別，禪以莊宗虛無自然爲外道。若然，莊在三教外乎！藏身別路，化歸中和，誰信及此？杖人故發托孤之論，以寓彌縫，闡其玅叶。嘗曰：道若不同，不相爲謀矣。是聖人以道大同於天下，必不使異端之終爲異端也。鄒忠介云：『纔欲合三教，便是妄想』。或曰：『不必引彼證此』。且近裡，且放下，此過關者截人語。若肯切已深參，自有咷笑時節。……」

王船山很敬重方以智，曾有詩兩首：

「洪爐滴水試烹煎，窮措生涯有火傳。
衰雁頻分弦上怨，凍蜂長惜紙中天。
知恩不淺難忘此，別調相看更輾然。
歸識五湖霜月好，寒梅春在野塘邊。」

「長夜悠悠二十年，流螢死焰燭高天。
春浮梦里迷歸鶴，敗葉雲中哭杜鵑。
一線不留夕照影，孤虹應繞點蒼烟。
何人抱器歸張楚，餘有南華內七篇。」（船山遺書，薑齋六十自定稿）

王船山和方以智同時，對明朝的忠忱也一心。船山說他「洪爐滴水試烹煎」，以各種思想治於一爐，惋惜他「春浮棼里迷歸鶴」，晚年遁跡禪棼。我們以方以智結束明朝的哲學思想史，再以王船山作清初哲學思想史的代表人。